이아주소 1

Annotations on the Erya

옮긴이 이충구(李忠九)는 경기도 과천에서 출생하여 성균관대학교 대학원 국어국문학과에서 석사·박사 과정을 수료하고 문학박사 학위를 취득하였다. 독립기념관 전문위원을 역임하였고, 현재 성균관대학교 강사로 재직하면서 한중철학회 회장을 맡고 있다.

옮긴이 임재완(林在完)은 부산에서 출생하여 성균관대학교 대학원 한문학과에서 석사·박사 과정을 수료하였으며, 태동고전연구소(지곡서당 6기)를 수료하였다. 성균관대학교 강사 및 삼성문화재단 삼성미술관 리움 선임연구원을 역임하였고, 현재 수원시 역사박물관 전문위원으로 재직하고 있다.

옮긴이 김병헌(金柄憲)은 경북 영양에서 출생하여 성균관대학교 대학원 한문학과에서 석사·박사 과정을 수료하였다. 성균관대학교 강사 및 독립기념관 전문위원을 역임하였다. 현재 ㈜사문원 대표이다.

옮긴이 성당제(成唐濟)는 충남 예산에서 출생하여 성균관대학교 대학원 한문학과에서 석사·박사 과정을 수료하고 문학박사 학위를 취득하였다. 현재 성균관대학교 강사 및 서울대학교 규장각 한국학연구원으로 재직하고 있다.

이아주소 1

1판 1쇄 발행 2004년 12월 30일
1판 2쇄 발행 2008년 3월 25일

옮긴이 / 이충구·임재완·김병헌·성당제
펴낸이 / 박성모
펴낸곳 / 소명출판
등록 / 제13-522호
주소 / 137-878 서울시 서초구 서초동 1621-18 (란빌딩 1층)
대표전화 / (02) 585-7840
팩시밀리 / (02) 585-7848
somyong@korea.com / www.somyong.co.kr

ⓒ 2004, 한국학술진흥재단

값 26,000원

ISBN 978-89-5626-128-7 94030
ISBN 978-89-5626-127-0 (전6권)

이아주소(爾雅注疏) 1

Annotations on the Erya

이충구 · 임재완 · 김병헌 · 성당제 공역

『이아(爾雅)』는 선학(先學)들이 '여러 경전의 요체[群經之樞要]', '제자백가의 지침[百氏之指南]'이라고 하였다. 훈고(訓詁)를 연구하고 주소(注疏)를 다는 이들은 모두 『이아』를 근거로 삼았으며 『이아』가 13경에 편입되자 이를 극도로 추숭하였다. 『이아』의 가치는 훈고학의 기초를 확립했다는 점, 사어(詞語)의 다양한 옛 뜻을 보존하고 있다는 점에 있다. 따라서 『이아』는 고대 문헌을 학습하고 문화유산을 계승하는 데에 중요한 도구이다.

한자 독해의 원조(元祖), 훈고의 으뜸 고전으로서 『이아』의 위치는 확고하다. 『이아』의 피석사(被釋詞 : 標題語)와 해석사(解釋詞 : 說明語), 그리고 본문을 주해한 주(注)·소(疏) 및 음의(音義)는 독음해의(讀音解義)에 직결되므로, 해당 한자의 음의(音義)를 이해할 뿐만 아니라, 한자의 독해법칙까지 살필 수 있다. 한마디로 『이아』는 한자 뜻풀이의 지침서라고 하겠다.

이러한 중요성의 전제 아래 『이아』의 경문(經文)과 주소(注疏)와 음의(音義) 등을 한국어로 번역하여 옮긴 것이다. 『이아』의 번역은 한자의 한국적 독해, 즉 한자의 한국음의를 명확히 하고, 나아가 한자의 한국적 독해 방식·경향을 제시했다는 데 그 의의가 있다. 그러므로 이로부터 한자 독해는 물론, 한자의 국어훈고 즉 한자의 국어의미 추구, 한자의미의 한국적 이해를 꾀할 수 있다. 이렇듯 한국어 사용자는 번역에 의해 한자의 의미를 파악하게 되므로, 『이아』의 번역은 결국 한국인에게 한자를 이해시키는 길잡이가 될 것이다.

이 번역이 갖는 의의를 몇 가지 들 수 있다.

첫째, 한자에 관한 최고(最古) 원전의 번역이다. 『이아』는 한자서로서 『설문해자(說文解字)』보다 훨씬 앞선다. 따라서 『이아』 번역은 한자 주석의 근원에 대한 국어번역이라고 할 수 있다.

둘째, 사서삼경 등 제경전을 해석하는 데 많은 도움이 될 수 있다. 『이아』에 수록된 한자는 특히 『시경(詩經)』을 비롯한 제경전에서 채록하여, 이를 훈고라는 입장에서 전문적으로 풀이한 것이다. 그러므로 『이아』 번역을 통해 제경전에 나오는 해당 한자의 의미를 분명히 이해할 수 있다.

셋째, 한자의 한국적 독해, 즉 한자의 한국 음의를 명확히 제시한다. 따라서 한국어 사용자들이 『이아』에 제시된 한자의 자음과 자의를 이해하는 데 도움을 줄 것이다.

넷째, 자전 편찬에 도움을 줄 수 있다. 『이아』는 자전의 원조라고 할 수 있다. 『이아』의 각 한자 의미는 자전에 모두 채택되어야 하는데, 이따금 누락된 것도 있고 또 부정확하게 주석된 경우도 있다. 그러므로 『이아』 번역은 자전의 미흡한 부분들을 보충하는 중요한 자료가 될 것이다.

다섯째, 『이아주소』의 번역은 세계 최초라는 점이다. 근래 『이아』 번역서가 나온 바 있으나 주소까지 함께 번역된 것은 없다.

번역 작업은 1998년 1월에 착수하였다. 윤번제로 원문과 역문을 준비하고 주로 격주 일요일에 함께 모여 낭독해 가면서 검토하였다. 작업이 상당히 진척된 2000년 가을에는 한국학술진흥재단의 동서양학술명저번역 지원 사업에 채택되어 진도에 박차를 가하게 되었다. 약 1년 뒤인 2001년 9월 30일에 번역을 마쳐 학술진흥재단에 보고하고, 출판 허가를 받아 지금 출간하게 된 것이다. 출간이 늦어진 것은 벽자 등의 장애로 번역자와 출판사 양측에서 교정에 시간과 노력을 많이 들였기 때문이다.

번역에 참여한 인원은 출입이 있었는 바, 작업을 본격적으로 추진하여 마무리한 사람은 4명이다. 김병헌·임재완 연구원은 처음부터 참여하였고, 본인과 성당제 연구원은 1999년 2월에 합류하였다. 끝까지 함께 하지 못한 동학들에게 아쉬워하며 한편 고마움을 느낀다.

역자들이 이 번역을 감당하기에는 매우 벅찬 것이었다. 그럼에도 이를 시도한 것은 『이아』를 독파해보자는 학문적 욕구 때문이었다. 그러나 애로도 많았다. 특히 『이아』에 인용된 『시경』을 비롯한 제경전 구절의 풀이를 주자(朱子) 및 그 학파의 주석에 의거하지 않고 십삼경주소본(十三經注疏本)의 주석에 의거해야 했으므로, 지금까지 익혔던 선입관을 버리고 번역해야 하는 데서 고민이 많았다. 미흡한 점에 마음이 끌린다. 지금 작업을 끝내면서 그 결과에 대하여 매우 부끄러운 생각이 든다. 다만 주소까지 몇 차례 읽었다는 것으로 위안을 삼고자 한다. 부족한 점은 제현의 질정으로 보충되기를 기대한다.

이 책이 나오는 데에는 많은 도움을 받았다. 특히 한국동양철학회를 통하여 학술진흥재단에 번역사업이 신청된 일은 깊이 기억될 것이다. 성균관대학교 임형택 교수님께서는 일찍부터 관심을 두시고 이끌어주셨다. 학술진흥재단 관계자 제위께서는 번역지원 사업에 채택하고 출판을 허락해 주셨다. 그리고 소명출판에서는 어렵고 지루한 출판을 맡아주셨다. 감사드린다.

2004년 12월

이충구 씀

『이아』 해제

1. 『이아』와 주석본(註釋本)[1]

　『이아』는 성립된 이후 많은 주석서(註釋書)가 나왔다. 본서에서 다룬 것은 『이아』와 그것을 풀이한 3가지의 주석서이다. 『이아』는 한자 1자 및 다음절어(多音節語)에 대해 의미를 위주로 풀이한 자의서(字義書)이고, 『이아주(爾雅注)』는 곽박(郭璞)이 『이아』 경문(經文)을 풀이한 주석서이고, 『경전석문(經典釋文)』(『爾雅音義』)은 육덕명(陸德明)이 『이아』 경문 및 곽박의 『이아주』를 문자(文字) 위주로 풀이한 주석서이고, 『이아소(爾雅疏)』는 형병(邢昺)이 『이아』 경문 및 곽박의 『이아주』를 전반적으로 풀이한 주석서이다. 이들에 대한 개요를 나누어 약술한다.

---

1) 이에 대한 것은 다음을 주로 의거하여 쓰여졌다. 朱祖延 主編, 『爾雅詁林敍錄』, 湖北教育出版社, 1998; 胡奇光・方環海 撰, 『爾雅譯註』, 上海古籍出版社, 上海, 1999; 李賢淑, 『爾雅訓詁分析』, 서울대 석사논문, 1977; 齊佩瑢, 『訓詁學槪論』, 漢京文化事業有限公司, 臺北 中華民國 74年; 정명수・장동우 역, 『훈고학의 이해』, 동과서, 1997.

1) 『이아(爾雅)』

『이아』는 중국에서 가장 연원이 오래된 훈고서이다. 훈고는 동주(東周) 때에 기재하여 두지 않으면 뜻이 인멸될 우려가 있고 또 사방의 제후국과 왕도의 한자음이 달라 이해하기 어려웠기 때문에 발생했다고 한다. 모두 19편에 2,091항목으로 4,300여 사어(詞語)를 풀이하였다.

『이아』의 작자에 대하여는 5가지의 이설이 있다.

①西周의 周公 저작설로, 삼국 魏나라 張揖의 『上廣雅表』에 보인다.
②戰國 초기의 孔子 門人 저작설로, 동한 鄭玄의 『駁五經異義』설에 보인다.
③전국 말년의 저작설로, 何九盈의 『中國古代語言學史』와 趙振鐸의 『訓詁學 史略』에 보인다.
④서한 초년의 저작설로, 宋 歐陽修의 『詩本義』에서 『이아』를 설명한 글에 보 인다.
⑤서한 중·후기의 저작설로, 周祖謨의 『爾雅之作者及其成書之年代』에 "武帝 이후 哀·平帝 이전에 있었을 것이다"고 한 것이 보인다.

『이아』에는 특히 『시경(詩經)』의 어휘가 많이 채택되어, 그 발생은 공자가 『시경』을 산삭한 이후로 추정되었고, 오늘날은 진한(秦漢)시대의 편찬으로 인식되고 있다. 호기광(胡奇光)은 초고(初稿)와 정고(定稿)의 성립시기가 다르다고 하여, 초고는 전국 말기에서 진(秦)나라 초기에 이룩되고, 정고는 서한 초기에 이룩되었다고 하였다.

『이아』라는 이름에 대해서는 몇 가지 주장이 있다. 유희(劉熙)는 『석명(釋名)』「석전예(釋典藝)」에서 "『이아』의 '爾'는 '昵'로, '가깝다'는 뜻이고, '雅'는 '義'로 '바르다'는 뜻이다[爾雅, 爾, 昵也. 昵, 近也. 雅, 義也. 義, 正也]"라고 하였다. 『한서(漢書)』「예문지(藝文志)」의 '장안(張晏)' 주(注)에는 "'爾'는 '가깝다'는 뜻이며, '雅'는 '바르다'는 뜻이다[爾, 近也. 雅, 正也]"라고 하였다. 이는 바로 『이아』가 각지의 방언을 소통시켜 '아언(雅言, 바른 말,

일상의 말)에 접근'하기 위해 편찬되었음을 의미한다. 곽박(郭璞)의 『이아주(爾雅注)』에서는 『이아』가 "고금의 다른 말을 풀이하고 지방마다 다른 말을 소통시키기 위한 것[所以釋古今之異言, 通方俗之殊語]"이라고 보았다. 『이아』는 각 지방의 방언을 소통시키는 기능뿐 아니라, 고금의 서로 다른 언어를 해석하는 기능도 지니고 있었다. 『대대례기(大戴禮記)』 「소변(小辨)」에 "『이아』를 가지고 현대어를 살펴보면 말을 변별할 수 있다[爾雅以觀于今, 足以辨言矣]"고 한 말에는 대체로 이러한 의미가 포함되어 있다. 황간(黃侃)은 『이아략설(爾雅略說)』에서 다른 주장을 하여, "'雅'를 '正'으로 풀이하는 것은 뒤에 생긴 것이며, 실은 '夏'의 가차자이다. 『荀子』 「榮辱」편에서는 '越나라 사람은 월나라를 편안해 하고, 초나라 사람은 초나라를 편안해 하고, 군자는 '雅'를 편안해 한다'고 하였다. 「儒效」편에서는 '초나라에 살면 초나라 사람처럼 행동하고, 월나라에 살면 월나라 사람처럼 행동하고, 하나라에 살면 하나라 사람처럼 행동한다'고 하였다. 두 문장은 거의 같고 '雅'와 '夏'라는 글자만이 바뀌어 보이므로, '雅'가 곧 '夏'의 가차자라는 것을 알 수 있다[雅之訓正, 誼屬後起, 其實卽夏之借字. 荀子榮辱篇云, "越人安越, 楚人安楚, 君子安雅." 儒效篇則云, "居楚而楚, 居越而越, 居夏而夏." 二文大同, 獨雅夏錯見, 明雅卽夏之假借也]"라고 하였다. '아(雅)'는 '하(夏)'와 음(音)의 유사성으로 인해 '하(夏)'의 의미를 빌렸다는 것이다. 이에 따르면 '아언(雅言)'이란 공통어에 지나지 않는다. 다만 황간은 앞의 말을 이어서 "이를 명확히 아는 사람은 첫째 『이아』가 제하의 공통어였고, 둘째 『이아』가 경전의 상용어였고, 셋째 『이아』가 훈고의 정의였음을 알 수 있다[明乎此者, 一可知爾雅爲諸夏之公言, 二可知爾雅皆經典之常語, 三可知爾雅爲訓詁之正義]"고 하였다. 이는 그도 『이아』의 '아(雅)'에 '정(正)'과 '상(常)'의 의미가 있음을 인정한 것이다.

　　『이아』의 내용은 한자 및 한자어를 풀이한 것으로, 19편 체제의 편차와 분류가 종합성 사서(辭書)를 이루고 있다. 『한서(漢書)』 「예문지(藝文志)」에는 "『爾雅』三卷二十篇"이라 하였다. 원래 「서(序)」편이 있었으나, 당송 때에 잃어서 19편이 되었다. 이는 중국 최초의 분류 사전으로, 그 19편의 편목(篇目)은 다음과 같다.

「釋詁」·「釋言」·「釋訓」·「釋親」·「釋宮」·「釋器」·「釋樂」·「釋天」·「釋地」·「釋丘」·「釋山」·「釋水」·「釋草」·「釋木」·「釋蟲」·「釋魚」·「釋鳥」·「釋獸」·「釋畜」

이 19편은 모두 '석(釋)' 글자 돌림으로, 개괄하면 크게 둘로 나눌 수 있다. 앞 3편은 일반적인 사어(詞語) 즉 보통사어(普通詞語)를 해석하였고, 나머지 16편은 각종 사물의 명칭 즉 백과명사(百科名詞)를 해석하였다. 백과명사는 사회생활과 자연만물의 양방면으로 나뉜다. 다시 사회생활 명사는 사람의 가족 관계와 일상생활로 나뉘고, 자연만물 명사는 천문·지리·식물·동물 등의 종류로 나뉜다. 이를 일목요연하게 표로 나타내면 다음과 같다.

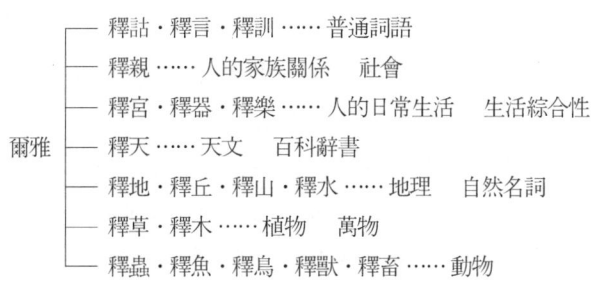

일반 사어를 「석고」·「석언」·「석훈」 3편으로 나눈 이유는, 육덕명의 『경전석문』의 해석에 따르면 "의미가 같지 않으므로 명칭을 세운 것 또한 달라서이다[意義不同, 故立號亦異]"라고 한다. 이 3편의 의미의 차이에 대하여 학의행(郝懿行)은 『이아의소(爾雅義疏)』에서 설명하였는바, 「석고」는 "모두 옛말을 오늘날의 말로 풀이한 것[皆擧古言, 釋以今語]"이고, 「석언」은 "일상적으로 사용되는 글자를 다른 의미로 풀이한 것[約取常行之字,

而以異義釋之]"이고, 「석훈」은 "모양을 형용한 말이 많으므로, 뜻을 중복하는 겹친 글자가 편 속에 자주 실려 있는 것[多形容寫貌之詞, 故重義疊字累載于篇]"이라고 하였다. 이러한 해석이 일리가 있기는 하지만 실제로 이 세 편은 분명하게 구별되지 않는다. 이 때문에 육덕명은 『경전석문』 「석훈(釋訓)」에서 "「석고」 이하 세 편은 모두 시대와 지역에 따른 말을 풀이하였는데, 음의가 같지 않으므로 호칭을 확립함도 역시 달랐다[釋詁已下三篇, 皆釋古今之語·方俗之言, 音義不同, 故立號亦異]"라고 주장하였던 것이다. 오히려 이 주장이 무난하다.

사물의 명칭에 대한 16편에는 사회 현상에서 자연 현상까지 광범위한 내용이 실려 있다. 「석친」은 친속의 명칭을 해석하고 있다. 이는 일종의 사회 관계로, 다시 종족(宗族)·모당(母黨)·처당(妻黨)·혼인(婚姻)의 네 가지로 구분되었다. 「석궁」은 가옥의 명칭을 해석한 것이다. 그 가운데는 가옥과 연결된 도로·교량이 포함되었다. 「석기」는 각종 기물의 명칭을 해석한 것이다. 그 가운데는 의복과 식물이 포함되었다. 「석악」은 음악과 악기의 명칭을 해석한 것이다. 「석천」은 천문과 관련된 명칭을 해석한 것으로 사시(四時)·풍우(風雨)·성명(星名)·제명(祭名) 등 12종류가 속해 있다. 「석지」는 지리와 관련된 명칭을 해석한 것으로, 구주(九州)·십수(十藪) 등 7가지로 나누어 있다. 「석구」는 저절로 형성된 높은 지대의 명칭을 해석한 것으로, 구(丘)와 애안(崖岸)의 둘로 나뉘었다. 「석산」은 산악에 관련된 명칭을 해석한 것이다. 「석수」는 물 흐름과 관련된 명칭을 해석한 것이다. 「석초」는 초본식물의 명칭을 해석한 것인데, 그 가운데는 목본식물 일부가 포함되어 있다. 「석목」은 목본식물의 명칭을 해석한 것이다. 「석충」은 곤충의 명칭을 해석한 것이다. 「석어」는 어류의 명칭을 해석한 것이다. 그 가운데는 파충류까지 포함되어 있다. 「석조」는 조류의 명칭을 해석한 것이다. 「석수」는 들짐승의 명칭을 해석한 것으로, 4가지로 나뉘었다. 「석축」은 가축의 명칭을 해석한 것으로, 6가지로 나뉘었다.

『이아』의 경서(經書) 편입은 12번째로 이루어졌다. 『이아』는 역대 학자들이 "칠경을 살피는 척도이자 학문의 사다리[七經之檢度, 學問之階路]"(張揖「上廣雅表」)라고 찬양하였다. 훈고를 연구하고 주소를 하는 이들은 모두 『이아』를 근거로 삼았기 때문이다. 한나라 문제(文帝)는 『이아』 전기박사(傳記博士)를 두어, 사실상 『이아』를 『논어(論語)』·『효경(孝經)』·『맹자(孟子)』와 같이 '준경전(準經典)'으로 중시하였다. 무제(武帝) 때 교육제도는 『논어』·『효경』에 『이아』를 붙여 중학(中學)의 과목으로 하고, 『오경』을 대학(大學)의 과목으로 하였다. 무제 이후 『논어』·『효경』이 경(經)으로 승격되어 『오경』과 병렬되어 『칠경(七經)』으로 불렀다. 서한 말년 유흠(劉歆)이 고문경학(古文經學)을 창립하면서 훈고(訓詁)를 중시하고, 그가 지은 『칠략(七略)』에 『이아』를 『효경』의 뒤에 붙였다. 그리고 반고(班固)의 『한서』「예문지」 역시 그렇게 하였다. 그 뒤 『수서(隋書)』「경적지(經籍志)」에는 『논어』 뒤에 붙였다. 이와 같이 한당의 권위 있는 역사서에는 『이아』를 소학(小學 : 漢字學) 종류에 편입시키지 않고, 『칠경』의 하나인 『논어』 또는 『효경』의 뒤에 붙였다. 초당(初唐) 때에 『예(禮)』가 삼례(三禮)로 나뉘어 『주례(周禮)』·『의례(儀禮)』·『예기(禮記)』로 되고, 『춘추(春秋)』가 삼전(三傳)으로 나뉘어 『좌전(左傳)』·『공양전(公羊傳)』·『곡량전(穀梁傳)』으로 되고, 이것이 『역(易)』·『서(書)』·『시(詩)』와 함께 『구경(九經)』으로 불렸다. 그리고 이것과 『논어』·『효경』을 합하여 『십일경(十一經)』으로 불렸다. 마침내 당(唐) 문종(文宗) 개성(開成) 2년(837)에는 『이아』를 승격시켜 『십이경(十二經)』으로 하고, 송(宋)에 들어와 다시 『맹자』를 승격시켜 『십삼경(十三經)』으로 하였다. 『이아』는 『십이경』 또는 『십삼경』에 편입되어 극도로 추숭되었는데, 경으로의 편입 순서는 『논어』·『효경』의 뒤와 『맹자』의 앞에 든다.

　　『이아』의 가치로는 첫째 훈고학의 기초를 확립했다는 점을 들 수 있다. '훈고(訓詁)'라는 말도 『이아』의 「석훈(釋訓)」·「석고(釋詁)」에서 가져온 것이다. 보통어휘 및 사회생활·자연만물의 명사를 수습하여 배열·해석함으로써 독립된 언어학 즉 훈고학을 개창했던 것이다. 훈고학은 춘추·전국 시기에 싹텄으나 당시의 훈고는 고인의 언급 혹은 저작에 보이는 몇 몇 사어(詞語)에 대한 간단한 해석이거나, 전대의 한 편 혹은 몇 편의 논저를 문맥에 따라 해석한 것이 전부였다. 『이아』에 이르러서야 고금의 다른 말들과 지방마다 다른 말, 그리고 각종 명물을 전체적으로 연구하고 체계적으로 정리하게 되었다. 아울러 의미를 통석한 것들을 모아 조략하게나마 조리가 있는 분류 사전 체제를 갖춤으로써 훈고학의 기초가 마련되었다. 둘째 사어의 다양한 옛 뜻을 보존하고 있는 것이다. 이러한 고훈(古訓)은 주로 경전을 해석하기 위한 것이기는 하지만, 그것을 통해 선진(先秦)의 다른 전적을 해석하는 데에 활용할 수 있다. 따라서 『이아』는 고대 문헌을 학습하고 문화 유산을 계승하는 중요한 도구이다. 이 책이 없었다면 선진시대 문헌을 이해하기가 매우 어려웠을 것이며, 고어의 의미 변화를 탐색하기도 쉽지 않았을 것이다. 셋째 군경(群經) 및 자(子)·사(史)를 통괄하여 해석한 것이다. 『창힐편(倉頡篇)』 등은 글자를 이해하기 위한 교재였으므로 분량이 적었고, 뒤에 『설문(說文)』이 나왔으나 문자의 본의(本義)에 치중하여 『육경(六經)』에 상응하지 않는 것이 있었고, 또 『모전(毛傳)』은 『시경(詩經)』 1경만을 풀이하여 군경에 미치지 못했다. 오직 『이아』가 군경을 풀이한 것이었다. 그리하여 『이아』에 대해 전대흔(錢大昕)은 "『육경』의 뜻을 연구하려면 반드시 『이아』로부터 시작해야 한다[欲窮『六經』之旨, 必自『爾雅』始]"라고 하고, 곽박은 『이아』를 "구가자류의 나루터이고, 육예의 열쇠이다[九流之津涉, 六藝之鈐鍵]"라고 하여, 고전의 본원을 탐구하는 기초 도구로 인식하였다.

『이아』는 높은 평가를 받았으나, 결점도 지적되었다. 첫째 수록된 사어 및 의미항이 충분하게 갖추어지지 못한 점이다. 2091항목의 4300여 사어(詞語)는 어휘 수가 적은 것이다. 둘째 분류가 비과학적인 것이 있는 점이다. 「석궁」에 도로와 교량을, 「석기」에 의복과 식물을 포함시켰다. 셋째 다의사(多義詞)로 사어(詞語)를 해석함으로써 의미가 명확히 드러나지 않는 점이다. 예컨대 「석고」에 "台(이)·朕·賚·畀·卜·陽은 予의 뜻이다[台朕賚畀卜陽, 予也]"라고 하였는데, '여(予)'에는 '주다'와 '자기'라는 두 가지 뜻이 있다. '이(台)·짐(朕)·양(陽)'은 '자기'라는 뜻이지만 '뇌(賚)·비(畀)·복(卜)'은 '주다'는 뜻이다. 이 경우 다의사인 '여(予)'의 의미 파악에 난점이 있다. 넷째 연용(連用)된 글귀 안에서 피석사와 해석사를 뽑아 제시하여 주석을 그르친 것이다. 「석언(釋言)」의 "謀, 心也"는 『서경(書經)』 「홍범(洪範)」의 "謀乃及心"의 연용된 글귀에 있는 것인데, '심(心)'을 가지고 '모(謀)'를 해석하였다. 또 「석훈(釋訓)」의 "穰穰, 福也"는 『시경(詩經)』 「주송(周頌)」 「집경(執競)」의 "降福穰穰"의 연용된 글귀에 있는 것인데, '복(福)'을 가지고 '양양(穰穰)'을 해석하였다. 이러한 풀이는 적의성을 그르친 것이다.

『이아』의 주석은 일찍부터 이룩되어 많은 종류가 있다. 최초 주석자는 한나라의 건위문학(犍爲文學)인데, 사신사인(史臣舍人)·건위사인(犍爲舍人)으로도 불리며 한(漢) 무제(武帝) 때 대조(待詔)였다. 그의 성명은 확실하게 전해지지 않아 '사인(舍人)'이 이름 또는 관직 명칭이라 하기도 하고, '사(舍)'가 성(姓)이라 하기도 하고, '사인(舍人)'은 성이 곽씨(郭氏)라 하는 등 이설이 많다. 그 뒤 유흠(劉歆)·번광(樊光)·이순(李巡)·손염(孫炎)이 모두 한나라 주해자이다. 진(晋)나라에는 곽박의 『이아주(爾雅注)』 5권이 있는데, 주석에 18년을 들인 뛰어난 저작으로 오늘까지 매우 중시되고 있다. 육조 이후로는 심선(沈旋)·시건(施乾)·사교(謝嶠)·고야왕(顧野王)·배유(裴瑜)·육덕명(陸德明)·정초(鄭樵) 등이 있다. 송나라 형병은 곽박『이아주』를 기본으로 『이아소(爾雅疏)』 10권을 지었는데, 곽박 주와 함께 『십삼경주소(十三經注疏)』에 채택되었다. 청나라에는 『이아』에 대한 저술이 많았는데, 그 중에 소진함(邵晉涵)의 『이아정의(爾雅正義)』, 학의행(郝懿行)의 『이아의소(爾雅義疏)』 등이 널리 통용되고 있다.

『이아』는 자체의 주석뿐만 아니라, 그와 유사한 저작을 이루게 하였다. 예컨대 『광아(廣雅)』·『소이아(小爾雅)』 등과 같은 저술이 나와, 후세의 '아학(雅學)'을 선도하였다.

한국에서는 『이아』에 대한 관심과 연구가 매우 적은 편이었다. 『이아』를 다룬 글은 윤휴(尹鑴)의 『이아친속기(爾雅親屬記)』, 계덕해(桂德海)의 『이아편목(爾雅篇目)』, 이규경(李圭景)의 『독이아변증설(讀爾雅辨證說)』이 있다. 그러나 중국의 주소와 같은 본격적인 저술은 찾아보기 어렵다. 조선시대에 『사서삼경』이 경연에서 강론되고 과거시험 과목에 들었던 것에 비하면, 『이아』는 경서로서 제대로 인정받지 못한 것이다. 이러한 경향은 특히 성리학의 성행과 관련된 것으로 보인다. 『이아』는 성리학과 관련이 적어 관심을 끌지 못한 소외된 경서라고 하겠다. 그러나 『이아』·『경전석문』이 아주 도외시된 것은 아니어서 충주(忠州) 사고(史庫)와 춘추관에 보관한 기록이 있고,[2] 조정에서 정무를 논의하는 중에 『이아』를 인용한 경우가 가끔 보인다.[3] 종합적으로 볼 때 한국에서는 『이아』를 대체로 중시하지 않았다고 할 것이다. 그 결과는 한국 학계에서 한자의 의미를 충실히 이해하지 못하게 되는 결함을 초래하게 된 것이다. 이점을 감안하면 『이아』의 중시는 한자의 이해, 나아가 경서 및 기타 한적의 풀이에 밑받침이 될 수 있는 것이다.

2) 『이아주(爾雅注)』

『이아주』는 진(晉)의 곽박(郭璞, 276~324)이 지었다. 곽박은 저명한 학자이며 문학가로, 자는 경순(景純)이고, 하동(河東) 문희현(聞喜縣) 사람이다. 『진서(晉書)』「곽박전(郭璞傳)」에 "경술을 좋아했고, 널리 배우고 재주가 뛰어났으며 언론에는 능하지 못했지만, 사부는 중흥의 으뜸이었다. 고문(古文)·기자(奇字)를 좋아했고 음양역산에 뛰어났다[好經術, 博學有高才, 而訥于言論, 詞賦爲中興之冠. 好古文奇字, 妙于陰陽曆算]"고 하였다. 서진(西晉)이 망

---

2) 命史官金尙直 取忠州史庫書冊以進 …… 廣韻經典釋文國語爾雅 …… 其餘下春秋館 藏之(太宗實錄 12년 8월 己未).

3) 영조실록(26년 12월 戊子)에 "『이아』에 肉倍好(변두리가 구멍에 2배인 구슬)를 璧이라 하는데, 肉는 邊이며 好는 구멍이다"를 인용하는 등 실록의 『이아』의 글자 인용은 여러 곳에 보인다.

하자 진나라 왕실을 따라 남으로 건너와 저작좌랑(著作佐郞)을 지냈고, 뒤에 왕돈(王敦)의 기실참군(記室參軍)이 되었는데, 왕돈이 기병하려는 것을 간언하여 저지하다가 도리어 살해되었다.

곽박은 저작이 많다. 『이아주(爾雅注)』·『이아도(爾雅圖)』·『도찬(圖贊)』·『이아음의(爾雅音義)』·『모시습유(毛詩拾遺)』·『주역신림(周易新林)』·『삼창주(三蒼注)』·『산해경주(山海經注)』·『방언주(方言注)』·『목천자전주(穆天子傳注)』·『초사주(楚辭注)』 및 시(詩)·부(賦)·뇌(誄)·송(頌)이 있으나, 대부분 일실되었다.

『이아주(爾雅注)』는 곽박의 역작으로, 자신의 「이아서(爾雅序)」에 "깊이 연구하여 궁극까지 연구한 지 모두 18년이었다[沈研鑽極, 二九載矣]"[4]고 하여, 노력을 경주하였음을 말하였다. 또 「이아서」에 "비록 주를 한 사람이 십여 인이지만 아직 상세하게 갖추어지지 않아, 모두 어지럽고 잘못된 것이 많고 빠지고 소략한 것이 있다. 이 때문에 특이한 견문을 모으며 구설을 합하고, 여러 나라의 말을 상고하며 노래하는 세속의 뜻을 채집하였고, 번광·손염 두 사람의 주를 종합하고, 여러 말을 널리 통하게 하였다[雖注者十餘, 然猶未詳備, 竝多紛謬, 有所漏略. 是以復綴集異聞, 會稡舊說, 考方國之語, 采謠俗之志, 錯綜樊孫, 博關群言]"고 하여, 각 지방의 말과 고금 학자의 견해를 망라했다고 하였다. 인용된 서적은 50종 정도이다.

주석 방법은 과거 학자보다 뛰어났다. 금어(今語)로 고어(古語)를 풀이하고, 당대(當代) 방언(方言)으로 아언(雅言)을 증명했을 뿐만 아니라. 음도(音圖)로 보충하여, 독자에게 그 이름을 알며 그 뜻을 이해케 하며 그 물건을 변별케 하였다. 이러한 독특한 견해는 한유(漢儒)들의 "주는 전을 어기지 않으며, 소는 주를 파괴하지 않는다[注不違傳, 疏不破注]"는 입장과 반대가 되었다. 주(注)의 풀이는 언어 발전의 각도에서 『이아』를 연구하여 과거 학자를 맹종하거나 기존학설에 구애받지 않고, 대담하게 잘못을 바로잡

4) '二九載'는 18년을 말한다. 형병의 『이아소』에 "謂深沈研覈, 鑽求窮極, 凡十八載, 故云二九載矣"라고 하였다.

고 번잡을 제거하였다. 이것은 바로 그의 「이아서」에서 "그 쓸모 없는 것은 없애고 잡초와 같은 것이 있으면 뽑아 없애 버렸다. 일에 은밀하고 막히는 것이 있으면 근거를 끌어들여 증명하였다[剟其瑕礫, 摰其蕭稂, 事有隱滯, 援據徵之]"고 한 글에 드러난다. 예컨대 「석고(釋詁)」의 '현황(玄黃)' 주에서 "怴癙·玄黃은 모두 사람 병의 통칭인데, 해설자가 말의 병이라고 하였으니, 그 뜻을 그르쳤다[怴癙玄黃, 皆人病之通名, 而說者便謂之馬病, 失其義也]"라 하였다. 주석 태도는 근엄하여 의심이 있는 것은 남겨두고 억단하지 않았다. 그러므로 그의 주에는 '미상(未詳)·미문(未聞)'이라고 한 곳이 100여 곳이나 된다. 이 외에 곽박이 제기한 '어지경중(語之輕重)', '성전(聲轉)', '어전(語轉)', '가차음(假借音)', '연면자불분훈(連綿字不分訓)' 등 규율성을 띤 개념은 후세에 청나라 학자들에게 "소리에 의해 뜻을 구하고, 소리·뜻이 긴밀히 결합되었다[因聲求義, 聲義密合]"라는 학문 방법의 선구가 되어, 훈고학상 큰 공헌을 하였다.

이에 따라 곽박의 『이아주』는 역대로 학자들에게 추숭을 받았다. 당나라 육덕명은 『석문(釋文)』 「서록(序錄)」에서 "과거 유학자들은 억설을 많이 하여, 모르는 것을 남겨두는 뜻에 어긋났다. 곽경순 만은 널리 견문하고 힘써 기억하여 고금을 자세히 살펴, 『이아주』를 지었는데 세상에 중시되었다[先儒多爲億必之說, 乖蓋闕之義, 唯郭景純洽聞强識, 詳悉古今, 作『爾雅注』, 爲世所重]"라고 하였으며, 송나라 형병은 『이아소서(爾雅疏序)』에서 이 책을 일컬어 "가장 으뜸으로 칭송된다[最爲稱首]", 또는 "학자가 조종으로 한다[學者祖焉]"라고 하였다. 『사고전서총목제요(四庫全書總目提要)』에서도 이 책을 "주석한 것은 근거할 것이 많다. 후인들이 서로 보정하였으나, 대강은 곽박의 범위를 벗어나지 못하였다[所注多可據, 後人雖迭爲補正, 然弘綱大旨, 終不出其範圍]"라고 칭찬하였다.

그러나 『이아주』에도 결점이 없는 것은 아니다. 곽박은 번광·손염의 주장을 인용하면서 유래를 밝히지 않은 것이 있고, 또 폄손을 많이 가하였다. 이 외에 글자대로만 해석하여 요령을 잃은 곳도 있다. 이러한 하자는 옥의 티에 비유된다. 이 책은 현존하는 비교적 완전하고 가장 오래된 『이아』 주석본이다. 따라서 『이아』 연구에는 이 책을 제일 중요한 것으로 삼았다.

곽박의 『아아주』는 후학들에 의해 다시 주석이 가해졌는데, 육덕명의 『아아음의』, 형병의 『아아소』, 그리고 청(淸) 소진함의 『이아정의(爾雅正義)』, 학의행의 『이아의소(爾雅義疏)』 등이 그것이다. 이리하여 『이아』는 단행본 이외에도 '주본(注本)', '주소본(注疏本)', '정의본(正義本)', '의소본(義疏本)'이 있게 되었다.

3) 『경전석문(經典釋文)』

『경전석문(經典釋文)』은 당의 육덕명(陸德明, 550~630)이 저술한 한자서 음의에 대한 전체 제목이고, 『이아』의 음의에 대한 구체적 제목은 『이아 음의(爾雅音義)』이다. 『경전석문』에는 권수를 표시한 아래에 책 제목을 따라 각각 『○○음의』라고 하였는데, 『이아』는 『이아음의』 「상(上)」・「중(中)」・「하(下)」로 다시 제목을 제시하였다. 『경전석문』은 모두 30권으로, 풀이한 경전이 『주역』・『이아』 등 14종[5]이다. 그 중에 권29・권30 두 권이 『이아음의』이다.

육덕명은 이름이 원랑(元郞)이고 자(字)가 '덕명(德明)'인데, 자가 통용되었다. 소주(蘇州) 오(吳) 사람이다. 수(隋)의 비서학사(秘書學士)・국자조교(國子助敎), 당의 국자박사(國子博士)・오현남(吳縣男)이 되었다. 당의 저명한 경학자・훈고학자로서, 구당서(舊唐書)・신당서(新唐書)에 모두 전(傳)이 있다. 고조(高祖)가 석전(釋奠)을 마치고 강경을 할 때에 육덕명이 요점을 분석하자, 고조는 기뻐하고 "육덕명이 한번 거론하여 바로 단언하니, 현명하다고

---

5) 『十二經』에 『老子』・『莊子』가 들었고, 『孟子』는 경서가 아니었으므로 없다.

하겠다[德明一擧輒蔽 可謂賢矣6)]"라고 칭찬하고, 비단 50필을 하사하였다. 뒤에 태종은 육덕명의 저술이 많은 것을 보고 포백 200단(段)을 그의 집에 하사하였다.

육덕명은 여러 저술에서 특히 『경전석문』에 노력을 기울여, 그의 「자서(自序)」에서 "고금을 아울러 기록하고 그 요점을 포괄하고 6적을 연구하고 9류에서 채집하고 이동을 찾아냈다[古今並錄, 括其樞要, 硏精六籍, 采摭九流, 搜訪異同]"라고 하였는데, 과장이 아니라는 것이다. 그리고 『사고제요』에서는 "채집한 것은 한·위·육조의 음절 230종이다. 또 겸하여 여러 유학자의 훈고를 싣고 각본의 이동을 증명하였다. 뒷날 과거의 의미를 고찰할 수 있는 것은 주소 이외에 오직 이 책에 의존한다[所采漢魏六朝音切二百三十餘家, 又兼載諸儒之訓詁, 證各本之異同. 後來得考見古義者, 注疏以外, 惟賴此書之存]"라고 찬양하였다.

석문(釋文)이란 의미와 성음에 대한 해석이다. 따라서 이 14종 경전의 석문을 분리하여 모두 '음의(音義)'라고 부르는데, 『주역음의』·『상서음의』와 같은 것이 그것이다. 육덕명의 「자서」에 "계묘년(583)에 대학에서 강의를 맡게 되었다. 이 기회를 활용하여 『오전』·『효경』·『논어』 및 『노자』·『장자』·『이아』 등에 음을 다는 일을 마무리지었다. 고음과 금음을 모두 기록하고, 경문과 주문(注文)을 자세하게 밝혔으며 뜻풀이도 아울러 변별하여 일가의 학문을 보여 전하였다[…… 爾雅等音, 古今幷錄, 經注畢詳, 訓義兼辨, 示傳一家之學]"라고 하여, 이 책을 편찬한 취지와 범례를 설명하고 있다. 당시는 경학을 둘러싼 금고문 학파의 투쟁이 일단락되었을 때이므로, 고문학과 금문학의 설을 아울러 기록하였다. 『석문』은 경문을 주석했을 뿐만 아니라 주문까지도 해석하였으므로, "경문과 주문을 자세하게 밝혔다"고 하였다. 또 경문과 주문에 대한 주음(注音)뿐만 아니라 경문과 주문의 의미를 밝혔으므로, "뜻풀이도 아울러 변별하였다"고 하였다.

---

6) 『唐書』 권198.

『석문』에는 문자의 형태 분석이 언급되기도 하였다. 『주역음의』에서 '역(易)'자를 풀이하면서 우번(虞翻)의 『참동계주(參同契注)』를 인용하여 "「易」 글자는 日 아래에 月을 따른다[字從日下月]"고 하였다. 또 「설괘」에서 왕 숙(王肅)의 주장을 인용하여 "天이 서북으로 기운 것이 无이다[天屈西北爲 无]"고 하고, '사(邪)'를 풀이하면서 "글자를 耶로도 쓴다[字又作耶]"고 하였다. 그러나 이러한 상황은 결코 보편적이지 않을 뿐 아니라, 대부분이 문자를 교감 대조하고 다른 설을 보존하기 위한 것이었으므로, 『설문해자』에서 모든 글자의 자형구조를 일일이 설명하여 조자 본의를 명백하게 밝히려 한 것과는 달랐다. 따라서 이 책은 성음과 의미를 함께 주석한 종류에 귀속시키고, 형태·성음·의미를 결합한 종류로 분류하지는 않는다.

『경전석문』은 230여 학자의 주해 채록, 제가의 훈고, 각 판본의 차이에 대한 고증을 함께 싣고 있어, 고한어의 형태·성음·의미를 연구하기 위한 중요한 자료가 된다. 황작(黃焯)은 「관우경전석문(關于經典釋文)」이라는 글에서 『경전석문』의 장단점을 정리하였는바, 장점으로는 성음을 바로잡고, 와전과 오류를 바로잡고, 이문(異文)을 남겨두고, 일문(佚文)을 보존하고, 여러 판본에서 자료를 수집하고, 여러 주장을 겸비하고, 이음(異音)을 함께 기재하였다는 것이다. 그리고 단점으로는 편파적이고, 시비를 변별하지 않았고, 잘못 해석한 것이 있음을 지적하였다.

한국에서 『경전석문』에 대한 관심과 연구는 거의 없었다고 해도 과언이 아니다. 위의 『이아』 설명에서 『경전석문』을 『이아』와 함께 사고·춘추관에 보관하라는 것이 있었고, 『육서심원(六書尋源)』[7])의 인용서적 목록에 『경전석문』이 들어 있다. 이에 의하면 『경전석문』은 널리 통용되지는 않았어도 잊혀지지는 않은 한자서라고 할 것이다.

---

7) 權丙勳(1864~1941)의 저술. 30책. 1940년 프린트본으로 출판되었다. 단일 문자서로 는 최대의 저술이다.

4)『이아소(爾雅疏)』

　『이아소』는 송(宋)의 형병(邢昺, 932~1010) 등이 지었다. 형병은 자가 숙명(叔明)으로 경학자이다. 태종(太宗) 때 구경급제(九經及第)에 뽑혔고, 진종(眞宗) 때 국자좨주(國子祭酒)·한림시강학사(翰林侍講學士)가 되고, 함평(咸平) 2년에 조서를 받아 두호(杜鎬)·서아(舒雅)·손석(孫奭) 등과『주례(周禮)』·『의례(儀禮)』·『춘추공양전(春秋公羊傳)』·『춘추곡량전(春秋穀梁傳)』·『효경(孝經)』·『논어(論語)』및『이아』를 교정하였다. 아울러『효경(孝經)』·『논어(論語)』·『이아』 3책은 소(疏)를 지었는데, 즉『논어정의(論語正義)』·『이아소(爾雅疏)』·『효경정의(孝經正義)』가 그것이다. 이 3책은『십삼경주소(十三經注疏)』에 채택되었다. 관직은 예부상서(禮部尙書)에 이르렀다.

　『이아소』의 주지는 형병의「이아소서(爾雅疏序)」에 "지금 이미 칙령을 받들어 교정하는 데에 그 일을 살피는 것은 반드시 경적으로서 근본을 삼고, 이의(理義)의 설명은 곽박으로 위주하였습니다[今旣奉勅校定, 考案其事, 必以經籍爲宗, 理義所詮, 則以景純爲主]"라고 하여, 곽박에 의거하였음을 밝히고 있다. 이 책이 완성되자 학관(學官)에 쓰이고, 이로부터 곽박의 주를 연구하는 이들은 이 소에 의거하게 되었다. 이리하여 육덕명의『이아음의』와 함께 필요불가결한 책이 되었다.

　형병『소』의 장점은 황간(黃侃)의『이아략설(爾雅略說)』에 3가지로 요약하였다. 첫째 곽주(郭注)의 미비를 보충한 것이다. 곽주의 미비를 형병이 완결시킨 것은 아니지만, 예컨대 "菿·肇·逐·求·卒·虜·宧·徒駭·太史·胡蘇" 10가지는 모두 경적에 의거하여, 곽박의 누락을 보충하였다. 둘째 성의(聲義)의 통함을 알아낸 것이다. 근래 학자들이 성(聲)으로『이아』를 풀이하는 것은 그 단서가 형병에게서 열린 것이다. 예를 들면 "哉·怡·謨·謐·亮·詢·矗·逈·嵩·茂"는 모두 성을 말미암아 그 통차(通借)를 얻은 것인데, 다만 완비되지는 않은 것이다. 셋째 사언(詞言)의 예(例)를 통달시킨 것이다. 근래 학자에게『이아』에 조례가 있다고 하는 설은 이미 형소에서 지적되었던 것이다. 예컨대 「석고」는 주공에게서 모두 나왔다고 해도 해롭지 않고, 제목 차례는 애초 정해진 규례가 없었고, 조자(造字 : 六書에 의해 글자를 만듦)와 용자(用字 : 만든 글자를 사용함)가 반드시 다 같은 것은 아니라는 등의 조항은 편의함을 따라 바로 말을 하였던 것이다.

형소(邢疏)의 결점은 크게 두 가지가 지적되었다. 첫째 소는 주를 파괴하지 않는다는 규정에 얽매여, 곽주에서 언급하지 않은 것은 널리 찾지 않았다. 과거의 주석을 보충한 것이 있으나, 채집한 것이 적어 자세히 갖추지는 못한 것이다. 둘째 곽주를 부연했어도 여러 말을 널리 채집하지 않고, 다른 경서의 주석을 옮겨 놓은 것이다. 예컨대 「석천(釋天)」 일단은 『예기(禮記)』 「월령(月令)」의 「소(疏)」를 전부 답습했고, 「오악(五嶽)」 일단은 『시경(詩經)』 「대아(大雅)」 「숭고(嵩高)」의 「소」를 전부 답습했다. 이리하여 역대로 형소에 대한 논의는 동이가 많았고, 청대에 이르러 더욱 포폄이 일치하지 않았다.

2. 『이아』 주석의 실상[8]

『이아』는 한자를 주석한 훈고서이다. 피석사(被釋詞 : 標題語)에 대한 해석사(解釋詞 : 說明語)의 경향을 파악하는 일은 『이아』에 수록된 한자 및 한자어 독해의 본령이다. 그리고 이 독해에 의한 한국어 반영은 『이아』의 한국적 독해 방식, 경향을 제시하는 것이다. 이는 한자 독해, 나아가 한자의 국어훈고 즉 한자의 국어 의미 추구, 그리고 한자 의미의 한국적 이해

---

8) 이에 대한 것은 다음을 주로 전재 또는 참고하여 쓰여졌다. 李忠九, 「『爾雅』音義考」, 『韓中哲學』 제5집, 1999.12; 李忠九, 「『爾雅』註釋 考」, 『斗溪尹柄魯教授定年紀念國語國文學論叢』, 국학자료원, 2001.8.

라는 의의가 있는 것이다. 이를 위하여 '전주(轉注)와 국의', '음주(音注)와 국의'로 나누어 살펴보고자 한다.

1) 전주(轉注)와 국의(國義)

전주는 육서(六書)의 운용 법칙에 속하는 일의수자(一義數字)가 되는 것이다. 허신(許愼)은 "전주는 부류를 하나의 부수로 세워서 같은 뜻으로 서로 받으니, '考'와 '老'가 그것이다[轉注者, 建類一首, 同意相受, 考老是也]"(『說文』「敍」)라고 하였는데, 이를 주석한 단옥재(段玉裁)는 『이아』「석고」제1조의 "初·哉·首·基·肇·祖·元·胎·俶·落·權輿, 始也"를 들었다. '초(初)·재(哉)' 등은 전주 방식에 의해 모두 '시(始)'라는 의미로 풀이된 것이다.

'초(初)·재(哉)' 등의 경문 및 곽주·형소를 제시하면 다음과 같다.

> 初·哉·首·基·肇·祖·元·胎·俶·落·權輿, 始也.
> 郭注:『尙書』曰, "三月哉生魄."『詩』曰, "令終有俶." 又曰:"俶載南畝." 又曰, "訪予落止." 又曰, "胡不承權輿." 胎⁹⁾胎未成, 亦物之始也. 其餘皆義之常行者耳. 此所以釋古今之異言, 通方俗之殊語. ○ 肇, 音兆. 俶, 昌叔切.
> 邢疏:皆初始之異名也. 初者,『說文』云, "從衣從刀, 裁衣之始也." 哉者, 古文作才,『說文』云, "才, 草木之初也." 以聲近借爲哉始之哉. 首者, 頭也, 身之始也. 基者,『說文』云, "牆始築也." 肇者,『說文』作肁, 始開也. 祖者, 宗廟之始也. 元者, 善之長也 長卽始義. 胎者, 人成形之始也. 俶者, 動作之始也. 落者, 木葉隕墜之始也. 權輿者, 天地之始也. 天圓而地方因名云. 此皆造字之本意也. 及乎『詩』·『書』雅記所載之言, 則不必盡取此理, 但事之初始, 俱得言焉. 他皆倣此 ○ 注云,『尙書』曰, ……

---

9) 胚 : 本에 따라 '胚' 또는 '肧'로 쓰였는데,『爾雅詁林』「校勘記」에는 '肧'가 맞다고 하였으며,『正字通』에는 "肧, 俗作胚"라 하여, 胚는 肧의 속자임을 밝혔다.

이들은 모두 '초시(初始:처음)'라는 뜻의 다른 명칭이다. 그러나 이들은 각 글자의 자형에서 추구된 본의뿐만 아니라 인신·가차 또는 별의(別義)에 의해 같은 뜻의 관계를 맺는 것이다.

'초(初)'는 『설문』에 "'衣'를 따르고, '刀'를 따른다. 옷을 만드는 시작이다"고 하였는데, 그 단주(段注)에 "'裁'는 옷을 만듦이다. 옷을 바늘로 만드는데, 칼을 쓰는 것은 옷을 만드는 '始(시초)'이다. 引伸되어 널리 '始'의 명칭으로 한다[裁, 製衣也, 製衣之鍼, 用刀則爲製之始, 引伸爲凡始之稱]"고 하여, '초(初)'의 의미가 '시(始)'로 된 것은 인신(引伸)임을 설명하였다.

'재(哉)'는 고문(古文)을 '재(才)'로 쓴다. 『설문』에 "'才'는 초목의 시초이다"고 하였는데, 소리가 근사하기 때문에 ('哉'는 '才'를) 가차(假借)하여 '재시(哉始:시초)'의 '재(哉:시초)'로 하였다는 것이다. '재(哉)'는 본의가 '문장을 간격 짓는 글귀 속의 감탄 어조사'이다. 『설문』에 "'哉'는 말을 간격 짓는 것이다. '口(입 구)'의 의미를 따르고, '𢦧(상할 재)'가 소리이다[哉, 言之間也. 从口, 𢦧聲]"고 하여, '언지간(言之間)'이 본의인데, 그 「단주」에 "두 가지의 사이를 '間'이라 하고, 한 가지의 끝도 '間'이라 한다. …… 또 '哉'를 풀이하여 '始'라고 함은 끝나면 바로 시작되는 것이다[凡兩者之際曰間, 一者之竟亦曰間, …… 又訓哉爲始, 凡竟卽爲始]"라고 하여, '재(哉)'가 '시(始)'의 의미를 갖게 되는 과정을 설명하였다. '재(才)'는 『설문』에 "'才'는 초목의 '初'이다. ㅣ(直:가지·잎)이 올라가 一(橫:땅)을 꿰뚫음을 따랐으니, 가지·잎이 나오려 함이다. 一은 땅이다[才, 艸木之初也, 从ㅣ上貫一, 將生枝葉也. 一, 地也]"라고 하고, 그 「단주」에 "一은 위 획을 말하고, '將生枝葉'은 아래 획을 말한다[一, 謂上畫, 將生枝葉, 謂下畫]"라고 하고, 『형자전(形字典)』 「재(才)」의 「소전」에 "가운데 하나의 직선은 줄기를 본떴다. …… 아래의 하나의 짧은 횡선은 뿌리를 본떴다[才, …… 中一直象莖幹. …… 下一短橫象根]"라고 하였다. 그리고 재(才)의 '초목지초(艸木之初)'가 '시(始)'의 의미로 된 것에 대하여 「단주」에 "인신되어 무릇 '始'를 일컫게 되었다[引伸爲凡始之稱]"고 하여, 인신으로 설명하였다. '재(哉)'와 '재(才)'는 각각 자형 해설이 다르고 그 자형에 의한 의미가 역시 다른데, '재(哉)'가 '시(始)'의 뜻을 갖는 경우는 '재(才)'를 가차했다는 것이다. 즉 '시(始)'라는 의미일 때 '재(才)'는 본자이고, '재(哉)'는 가차자가 되는 것이다. 이 관계는 『이아고림(爾雅詁林)』「의소(義疏)」에 "'哉'는 '才'의 가차음이다[哉者, 才之假音]"라 하였고, 또 『이아고림(爾雅詁林)』「본자고(本字考)」에 "'哉'는 …… '始'의 뜻이 없다. '始'라고 풀이한 것은 '才'의 가차라고 해야 할 것이다[哉者, …… 無始義, 訓始者當爲才之借]"고 하여, '재(哉)'가 가차자임을 명확히 분별하였다. 가차관계는 '재(哉)'와 '재(才)'의 성근(聲近)에 의한 것인데, '재(戈)'는 『설문』에 "'戈(창 과)'를 따르고 '才'가 소리이다[从戈, 才聲]"라고 하였다. '재(才)'는 '戈'·'哉'에 '土(재)'로 변형되어 성(聲)으로 작용하고 있다.

'수(首)'는 두(頭: 머리)로, 몸의 시작이다. 『설문』에는 '수(首)'를 '百(수)'로 쓰고 상형이라 하였는데, 그 「단주」에 "인신된 뜻에 '始'·'本'이 되었다[引伸之義爲始也·本也]"라고 하여, '수(首)'의 '시(始)'는 인신의라고 하였다.

'기(基)'는 『설문』에 "담을 쌓기 시작하는 것이다"고 하였는데, 그 「단주」에 "'牆始'는 본의이고, 인신되어 무릇 '始'를 일컫는다[牆始者, 本義也. 引申之爲凡始之稱]"라고 하여, '기(基)'의 '시(始)'는 인신된 것이라 하였다.

'肇'는 『설문』에 '肁'로 되어 있는데, "처음으로 열림이다. '戶'·'聿'을 따랐다[始開也. 从戶聿]"고 하였다. 그리고 그 단주(段注)에 의하면 "(肁는) 인신되어 무릇 '始'의 호칭이 되었다. 무릇 경전에서 '肇'를 말한 것은 '肁'의 가차이다. …… '肇'는 '擊'이다[引伸爲凡始之稱, 凡經傳言肇始者, 皆肁之假借, …… 肇, 擊也]"라고 하여, '肁'에 '시(始)'의 뜻이 있음은 인신된 것이고, '肇'의 본의(本義)는 '격(擊)'으로 '시(始)'의 뜻이 있는 것은 '肁'의 가차라고 하였다.

조(祖)는 종묘(宗廟)의 시작이다. 『설문』에 "'祖'는 시조의 사당이다. '示'를 따르고, '且'가 소리이다[祖, 始廟也. 从示, 且聲]"라고 하여 '조(祖)'는 '시조(始祖)'의 '사당(祠堂)'이라 하고, 그 「단주」에 "'祖'는 '始'이다. …… 모두 인신된 뜻이다[祖, 始也. …… 皆引伸之義]"라고 하여 '조(祖)'에 '시(始)'의 뜻이 있는 것은 인신의라 하였다.

원(元)은 선(善)의 으뜸이니, 장(長)은 즉 시작이라는 뜻이다. 『설문』에 "'元'은 '始'이다. '一'을 따르고 '兀'이 소리이다[元, 始也. 从一, 兀聲]"라고 하여 '원(元)'에 '시(始)'의 뜻이 있는 것은 본의로 설명되었다.

태(胎)는 사람이 모양을 이루는 시작이다. 『설문』에 "'胎'는 부인이 잉 태한지 3개월 된 것이다. '肉'을 따르고 '台'가 소리이다[胎, 婦孕三月也. 从 肉, 台聲]"라고 하고, 그 단주(段注)에 "'胎'는 '始'이다. 이는 인신된 뜻이다 [胎, 始也, 此引伸之義]"라고 하여 '태(胎)'에 '시(始)'의 뜻이 있는 것은 인신 의라 하였다.

숙(俶)은 동작의 시작이다. 『설문』에 "'俶'은 '善'이다. '人'을 따르고 '叔'이 소리이다. …… 一曰 '始'이다[俶, 善也, 从人, 叔聲. 詩曰, 令終有俶. 一 曰, 始也]"라고 하여 '숙(俶)'에 '시(始)'의 뜻이 있는 것은 '일왈의(一曰義)'[10] 로 처리하였다.

낙(落)은 나뭇잎이 떨어짐의 시작이다. 『이아고림(爾雅詁林)』「본자고(本 字考)」에 "'落'은 …… '始'의 뜻이 없고, '始'라고 풀이하는 것은 '朔'의 가 차라고 해야 할 것이다[落者, 『說文』, 落, 凡草曰零, 木曰落, 从艸, 洛聲. 無始義. 訓始者當爲朔之借]"라고 하여 '낙(落)'에 '시(始)'의 뜻이 있는 것은 '삭(朔)'(月 一日始蘇也 : 달이 1일에 비로소 소생하다)을 가차한 것이라고 하였다.

권여(權輿)는 천지(天地)의 시작인데, 하늘은 둥글고 땅은 네모지기 때문 에 그렇게 부르는 것이다. 『이아(爾雅)』「석초(釋草)」에서 '권여(權輿)'는 '권 유(薳藇 : 萌芽, 싹)'의 가차라고 하였다.[11] 그리고 이것이 인신되어 '시(始)' (起始, 開端)의 뜻으로 된 것이다(『漢辭典』). 일설에는 『시경(詩經)』「진풍(秦 風)」「권여(權輿)」의 「집전(集傳)」 "權輿, 始也"의 「대전(大全)」에 "저울을

---

10) 一曰義 : 本義 이외의 또 한 가지 뜻. 別義. 俶은 善이 본의이고, 始는 별의가 되는 것이다(『說文』 '䄻'의 「段注」 참조).

11) '其萌薳藇'의 「義疏」에 "『說文』之灌渝, 「釋草」作薳藇, 「釋詁」作權輿, 並同聲假借 字也"라고 하였다.

만들기는 '權(저울추)'부터 하고, 수레를 만들기는 '輿(수레상자)'부터 한다[造衡自權始, 造車自輿始]"라고 하여, '권(權)·여(輿)'가 저울·수레의 처음 만드는 물건이라는 뜻에서 '시(始)'에 연관시키고 있다. '천지지시(天地之始)'에 대하여는 『이아고림(爾雅詁林)』 「호씨고의(胡氏古義)」에서 '권여(權輿)'는 '감여(堪輿)'이고, '일월(一月)'의 '권여(權輿)'로 '천지지시(天地之始)'와 관련시키고, 나아가 널리 '사물지시(事物之始)'까지 확충시켰다.[12]

형병은 위와 같은 자신의 한자 설명에 대하여 "이것은 모두 글자를 만든 본래의 뜻이다"[13]라고 하였는데, 『설문』 등에 의거하여 본의를 추구하고, 그 의미의 변용을 설명했기 때문이다.

'초(初)' 등이 '시(始)'가 된 것은 조자 법칙 즉 상형·지사·회의·형성에 의한 자형 설명에서 추구된 본의만 사용된 것이 아니라, 본의로부터 '시(始)'로 변화되어 쓰이게 된 이유도 설명하였다. 따라서 이들은 본의 이외에도 인신·가차·별의에 의한 '시(始)'라는 공통 의미에서 상통하는 것이다. 이 경우 '초(初)' 등의 모든 한자는 국어 표현이 '시(始)'에 의해 '시작'으로 귀결되고, 다른 갈래의 의미가 있는 것은 논외가 된다. 예컨대 '수(首)'의 '머리'는 주석 대상이 아니고, '처음'이 주석 대상이 되는 것이다.

그러나 '초(初)' 등을 '시작'이라고 풀이했다고 해서 국어주석이 완결되는 것은 아니다. 이들은 각 용례에 의하여 명사·동사·부사 등으로 나타나기 때문에 각 경우에 맞추어 풀이되어야 한다. 예컨대 "三月哉生魄(3월

---

12) 權輿, 疑卽堪輿, 權堪聲相近 …… 堪輿, 天地總名也. 堪輿, 卽權輿聲之轉. …… 月周天進一次, 而與日合宿, 日行月一次而周天, 歷舍于十有二辰, 終則復始, 是謂日月權輿. 蓋權輿爲天地之始, 因而日月所起亦謂之權輿. 更追廣之, 則凡事物之始, 皆謂之權輿. 그러나 『爾雅詁林』 「平議」에는 "權輿二字止作始字解, 非天地之始謂之權輿也. 邢氏誤會其義, 謬甚矣"라고 하여, 邢昺이 權輿를 天地之始와 관련시킨 것은 잘못이라 하였다.

13) 이것은 …… 뜻이다 : 字形에 의한 의미, 즉 本義임을 말한다. 예컨대 "初, 從衣從刀, 裁衣之始也"는 자형의 풀이에서 나온 뜻이다. 이하 '元'을 제외한 "哉·首·基……" 등도 모두 자형에 의한 의미를 제시하고, 이것이 인신·가차되어 모두 '始'로 귀결되는 것이다.

16일)"14)과 "俶載南畝(비로소 앞밭에서 일을 한다)"15)에서는 '처음·비로소'라는 부사로, "令終有俶(享祀에서 마치고 饗燕에서 시작함이 있다)"16)에서는 '시작하다'라는 동사로, "訪予落止(내가 (정치에) 시작을 도모한다)"17)와 "胡不承權輿(어찌 처음을 잇지 않는가?)"에서는 '시작·처음'이라는 명사로 풀이되는 것이다. 이러한 의미의 세분화는 『이아』 주석에서 모두 달성할 수 없다는 한계를 지닌다. '초(初)' 등이 쓰인 용례는 경문에서 제시하지 않았을 뿐만 아니라, 『주소』에서 이들을 모두 제시할 수는 없는 것이다. 따라서 경문의 풀이 '시작'이라는 의미 제시를 일차적 주석으로 하고, 그 이외에 세분화된 의미 추구는 이차적 과제가 되는 것이다.

「석고」의 제2조인 "林·烝·天·帝·皇·王·后·辟·公·侯, 君也"에서는 모두 '임금'이라는 의미이지만 "有壬有林(경대부가 있고 임금이 있다)"에서는 '임금'이라는 명사로, "文王烝哉(문왕이 임금답다)"에서는 '임금답다'라는 형용사로 풀이된다. 그리고 제3조의 "弘·廓·宏·溥·介·純·夏·幠·厖·墳·嘏·丕·奕·洪·誕·戎·駿·假·京·碩·濯·訏·宇·穹·壬·路·淫·甫·景·廢·壯·冢·簡·箌·昄·晊·將·業·蕪, 大也"에서는 수십 자가 모두 '크다'로 귀결되지만, 각 한자의 용례에 의해 여러 가지 품사로 의미 분화가 되기도 하는 것이다.

그러나 피석사가 여러 글자만 있는 것은 아니고, 1자의 피석사에 1자의 해석사로 이루어진 경우도 많다. 예컨대 「석언」 끝의 "昆은 後(뒤)이다. 彌는 終(끝마치다)이다[昆, 後也. 彌, 終也]"를 들 수 있다. 이때는 제시된 피석사 및 그 용례가 적어, 의미의 분화도 적게 나타나므로, 그 표현도 덜

---

14) 三月哉生魄 : '3월에 魄이 처음 생기다'로 직역된다. 魄은 '달의 윤곽에 빛이 없는 부분'을 말한다. 16일부터 조금씩 달빛이 소멸되어 魄이 생기기 때문에 生魄이라 부른다.

15) 비로소 …… 일을 한다 : 『詩經』 「小雅」 「大田」에도 '俶載南畝'가 있는데, 疏에 "始發事于南畝"라 하였다. 그리고 『石峰千字文』에서 「大田」의 글을 인용하고, "南 앏 남"이라고 풀이하였다.

16) 饗燕에서 …… 시작함이 있다 : 「毛傳」의 "始於饗燕, 終於享祀 …… 俶, 始也"를 따랐다. 「鄭箋」은 "俶, 猶厚也"라 하여, 여기에 적용하기 어렵다.

17) 내가 …… 도모한다 : 「鄭箋」의 "謀我卽政之事"를 따랐다.

복잡하다. 그러나 해당 한자의 용례를 철저히 살펴 의미를 추구해야 하는 일은 불가결한 것이다. '종(終)'은 형소에 제시된 용례가 『시경(詩經)』「대아(大雅)」「생민(生民)」의 "위대하다. 그 달을 마쳤다[誕彌厥月]"[18]로 되어 있어, 그 의미는 '끝'이 아니라, '끝마치다'로 되는 것이다.

2) 음주(音注)와 국의

『이아』에 대한 음의(音義) 제시는 여러 가지가 있다. 음(音)은 성운(聲韻), 의(義)는 훈고(訓詁)에 대한 표현을 말한다. '의(義)'는 해당 한자 자체의 의미 풀이고, '음(音)'은 해당 한자를 발화할 수 있게 할 뿐만 아니라, 해의(解義)에 결정적 영향을 주어 그에 따른 의미가 수반되는 것이다. 이러한 음주를 직음(直音)·반절(反切)·여자(如字)로 각각 살펴보고자 한다. 이들에 대한 문제 중에 주된 관심은 동자이음(同字異音)일 때 한·중 한자음이 식별되는 것과 식별되지 않는 것, 그리고 단일음의 한자음에 두어진다.

음주는 곽주에 두루 제시되고, 『경전석문』에는 전반적으로 제시되고, 형소에는 드물게 제시되었다.[19] 위 제시문의 곽주에는 "肇, 音兆. 俶, 昌叔切"이 보이는데, 이러한 음주는 해당 한자의 음을 파악하기 어려울 때 또는 특정 의미를 지정하기 위한 표시가 요구될 때 제시하는 것이다. "肇, 音兆"는 '직소절(直紹切)'[20]로 단음(單音)이다. '숙(俶), 창숙절(昌叔切)'은 이 이외에도 2음이 더 있으므로, '창숙절(昌叔切)'은 특정 음을 제시한 것이고

---

18) 형소에서는 그 풀이를 "言大矣 后稷之在其母 終人道十月而生也"라고 하였다.

19) 형소에는 "迄·臻·極·到·赴·來·弔·艐·格·戾·懷·摧·詹, 至也"(「釋詁」)에서 『方言』을 인용하고, 그 인용 한자의 음을 "假, 音駕. 佫, 古格字. 艐, 古屆字"라고 한 것 등이 드물게 보인다.

20) 『漢字典』에 의함. 이하 같음. 다른 한자서를 제시한 경우는 별도로 출전을 제시함. 直音은 단자음이고 反切은 복음을 표현한 것이 아니다. 단음과 복음 문제는 直音과 反切 어느 경우에도 모두 나타난다.

이에 따라 특정 의미가 추구되는 것이다.[21]

한국 한자음은 직음(直音)·반절(反切)·여자(如字) 등에 의해 주음(注音)된 것이다. 이러한 주음에 의해 한국표음이 동일 한자 안에서 서로 구별되는 경우, 국음이 서로 구별되지 않는 경우, 그리고 한자음이 중국에서 단일음이기 때문에 단일국음으로 되는 경우[22]로 나누어 살피기로 한다.

(1) 직음(直音)

"直音"은 '음(音)'으로 나타나는데, 예를 들면 '雨, 音芋'[23]와 같은 것이다. 이 직음은 '어느 한자에 대하여 그와 동음(同音)의 단일 한자로 음을 나타내는 일' 또는 '표현 방식이 어느 한자 아래에 음을 모(某)라고 주(注)낸 것[字下注音某字 名直音]'이다. 이 경우 피주음자(被注音字: 雨)와 주음자(注音字: 芋)는 동일음이다. 이 주음 방법은 '반절(反切)'이 쓰이기 이전부터 사용된 것이다. 그러나 직음은 해당 한자에 동음자가 없는 경우, 또는 제시된 동음자가 알기 어려운 경우에는 해당 한자의 음독을 곤란케 하기도 한다. 이를 극복한 새 표음 방법이 반절법인데, 반절법이 나온 이후에도 직음은 소멸되지 않고 함께 사용되었다.

① 국음(國音)에 식별되는 직음(直音)

어느 한자의 음이 둘 이상일 때, 직음으로 나타난 한자음이 동일 한자 안에서 다른 음과 서로 구별되고, 그것이 한국 표음에도 구별되어 나타나

---

21) '倣'은 '昌叔切'(昌聲屋韻 入聲)에 의하여 '始(시작하다)'가 된다. '倣'에는 또 '神六切'(禪聲屋韻 入聲)에 의한 '善(착하다)'이 있고, 또 '他歷切'(透聲錫韻 入聲)에 의한 '倜儻(뛰어나다)'이 있다.

22) 중국한자음의 단일음이 한국한자음의 단일음으로만 되는 것이 아니다. '辰'은 '音晨' 뿐으로 '地支名'과 '星名'이 중국에서 동일음인데, 한국음은 '지지 진'과 '별 신'으로 구별된다. 이러한 문제는 별도로 다루기로 한다.

23) '雨'는 '芋'(云聲遇韻 去聲)에 의해 의미가 '降雨也' 즉 '(하늘에서) 내리다'로 된다. '雨'에는 또 '羽'(云聲麌韻 上聲)에 의한 '水從雲下也' 즉 '비'라는 의미가 있다.

는 경우이다.

> 賈, 音古(留·賈, 市也. 郭注, 賈, 音古. 邢疏, 謂市賣買物也) : 「釋言」
>
> 弔, 音的(迄·臻·極·到·赴·來·弔·艐·格·戾·懷·摧·詹, 至也. 郭注, 弔, 音的) : 「釋詁」
>
> 還, 音旋(般, 還也. 郭注, 還, 音旋. 邢疏, 般·還, 反也) : 「釋言」

'고(賈)'는 '음고(音古)'에 의해 음이 '고', 의(義)가 '시(市 : 장사하다)'로 된다. '고(古)'에 의해 '고'로 되고, '고아절(古訝切)' 즉 '가'에 의한 '가(價 : 값)'로 주석되지 않는 것이다.

'적(弔)'은 '음적(音的)'에 의해 음이 '적', 의가 '지(至, 이르다)'로 된다. 그러나 육덕명은 『이아음의』에서 "弔, 如字. 又音的"이라 하여, '조'(如字)와 '적'을 모두 인정하여 2음으로 읽었다. 이 경우 '조(弔)'의 음은 후세에 여자(如字) '조'를 따르지 않고 '적'을 써서[24] 제자전에 수록되어 있다. 그리고 '조'는 '문종아(問終也 : 죽음을 위문하다)' 등을 나타낸다.

'선(還)'은 '음선(音旋)'에 의해 음이 '선', 의가 '반(反 : 되돌리다)'으로 된다. 이 예는 '선종(還踵)'이 '발을 되돌리다'라고 설명한 "還, 讀曰旋. 旋踵, 回旋其足也"[25]에서 보다 잘 드러난다. '선(旋)'에 의해, '호관절(戶關切)' 즉 '환'에 의한 '반(返)·귀(歸 : 돌아오다)'로 주석되지 않는 것이다.

② 국음에 식별되지 않는 직음(直音)

어느 한자의 음이 둘 이상일 때, 직음으로 나타난 한자음이 동일 한자 안에서 다른 음과 서로 구별되나, 그것이 한국 표음에 구별되어 나타나지 않고 동일한 경우이다.

---

24) 「疏」에 인용된 『詩經』「小雅」「天保」의 '神之弔矣' 註에 "弔, 至. 弔, 都歷反"이라 하여, '조'로 하지 않고 '적'으로 하고 있다.
25) 『漢書』「晁錯傳」의 "前死不還踵矣"의 顔師古注.

幾, 音機(邇・幾・昵, 近也. 郭注, 幾, 音機):「釋詁」

予, 音與(台・朕・賚・畀・卜・陽, 予也. 郭注, 予, 音與. 邢蔬, 予卽與也, 皆謂
　　賜與):「釋詁」

縣, 音玄(沃泉縣出. 縣出, 下出也. 郭注, 縣, 音玄):「釋水」

'기(幾)'는 '음기(音機)'(見聲微韻[26] 平聲)로 제시되었는데, 이에 의해 의미
가 '근(近 : 가깝다)'으로 된다. '기(幾)'에는 또 '거희절(居狶切)'(見聲尾韻 上聲)
에 의한 '기하(幾何 : 몇)', '궤리절(几利切)'(見聲至韻 去聲)에 의한 '기(冀 : 바라
다)' 등의 의미가 있다. '기(幾)'의 여러 의미에서 '음기(音機)'에 의해 '가깝
다'로 주석되는 것이다.

'여(予)'는 '음여(音與)'(以聲語韻 上聲)로 제시되었는데, 이에 의해 의미가
'사여(賜與 : 주다)'로 된다. '여(予)'에는 또 '이저절(以諸切)'(以聲魚韻 平聲)에 의
한 '아(我 : 나)'라는 의미가 있다. 특히 '태(台)・짐(朕)'은 '아(我)'로 풀이될 소
지가 농후하나, '음여(音與)'에 의해 '주다'로 되고, '나'로 되지 않는 것이다.

'현(縣)'은 '음현(音玄)'(匣聲先韻 平聲)으로 제시되었는데, 이에 의해 의미
가 '현(懸)과 동자'로서 '계괘(繫掛 : 걸다)'로 된다.[27] '현(縣)'에는 또 '현(現)'
(匣聲霰韻 去聲)에 의한 '지방행정구역명(地方行政區域名 : 행정 단위)'라는 의
미가 있다. '현(玄)'은 '현(現)'과 동성이운으로, '현(縣)'은 '현(玄)'에 의해
'걸다'로, '현(現)'에 의해 '행정 단위'로 된다. 이에 의하면 '현출(縣出)'은
'(샘이) 걸어 달린 듯이 나오다'로 해석된다.

③ 단일음의 직음(直音)에 의한 국음

어느 한자의 음이 중국에서 단일 직음이기 때문에 단일 국음으로 나타

---

26) 見聲微韻:『漢字典』에 의한 41성류・206운목을 표시한 것이다. 이하 反切 또는 直
　　音 다음의 ( )에 나타낸 성운은 모두 『漢字典』에 의거한 것이다. 예외인 경우는 따로
　　출전을 제시한다.
27) '縣'에 대하여『爾雅詁林』「正義」에는 "高懸下溜之泉"이라 하고,『爾雅詁林』「義疏」
　　에는 "縣, 繫也"라고 하여, '懸' 또는 '繫'로 풀이되었다.

나는 경우이다.

洲, 音州.(水中可居者曰洲. 音義, 洲, 音州.) : 「釋水」
秫, 音述(衆‧秫, 注, 謂黏粟也. 音義, 秫, 音述. 疏, 衆一名秫, 謂黏粟也. 說文
  云, 稷之黏者也) : 「釋草」

‘주(洲)’는 직음(直音) ‘주(州)’(章聲尤韻 平聲)에 의해 음이 ‘주’, 의미가 ‘수
중가거자(水中可居者)’ 즉 ‘물 속에 살 수 있는 곳. 섬’으로 된다. 그러나
‘주(洲)’는 제자전에 음(音)이 한가지만 제시되어 있다. ‘주(洲)’에는 ‘취아(聚
也 : 모이다)’ ‘대륙(大陸 : 큰 육지)’의 여러 의미가 있는데, 모두 같은 음이다.
이 경우 직음을 표시해도 음의의 변별이 안 되어 그 효력은 적고, ‘주(洲)’
의 자석(字釋)에 의해 의미가 드러난다. 즉 의미 주석에 의존하는 것이다.
이에 의하면 ‘수중가거자왈주(水中可居者曰洲)’는 ‘물 속에 살 수 있는 곳을
주(洲)라 한다’로 해석된다.
  ‘출(秫)’은 ‘술(述)’(船聲術韻 入聲)에 의해 음이 ‘출’, 의미가 ‘중(衆)’ 즉 ‘찰
기장’으로 된다. 그러나 ‘출(秫)’은 제자전에 1음만 제시되어 있어, ‘장침
(長鍼 : 긴 침)’ 등의 다른 뜻도 모두 모두 같은 음이다. 이 경우 역시 직음
을 표시해도 음의의 변별이 안 되어 그 효력은 적고, ‘출(秫)’의 자석에 의
해 의미가 드러난다. 역시 의미 주석에 의존하는 것이다. 이에 의하면
“衆一名秫 …… 稷之黏者也”는 “衆은 일명 秫이다. …… 稷의 찰진 것이
다”로 해석된다.

  이상에는 직음(直音)에 의한 독해를 세 가지 제시하였다.
  ‘가(賈)’는 국음 고‧가, ‘조(弔)’는 국음 적‧조, ‘환(還)’은 국음 선‧환에
따라 의미의 차이를 보인다. 이는 직음의 상별이 국음의 상별로 나타난
것이다. 동자 안에서의 상이한 음에 의한 의미의 변별이 한‧중에서 같은
경우이다.

그러나 '기(幾)'는 기(平聲)·기(上聲)·기(去聲), '여(予)'는 여(上聲)·여(平聲), '현(縣)'은 현(平聲)·현(去聲)으로 국음에 동음이 되어 표음의 차이를 나타내지 않는다. 이는 직음의 상별이 한국음의 상별로 나타나지 않은 것이다. 동자 안에서의 상이한 음에 의한 표음의 변별이 한·중에서 다른 경우이다. 중국음은 이음이어서 음에 의한 의미의 변별이 가능하지만, 한국음은 동음이 되어 음에 의한 의미의 변별이 불가능하다.

그리고 '주(洲)' '출(秫)'은 직음의 단일음이 한국음의 단일음으로 나타난 것이다. 단일음뿐이기 때문에 직음을 표시해도 동자 안에서의 상호 변별력이 없다.

(2) 반절(反切)

"反切"은 '반절', 또는 '번절'이라고도 읽는데, '○○反' 또는 '○○切'로 나타난다. 이는 '어느 한자에 대하여 2개의 한자로 음을 나타내는 일', 또는 '한자음을 이분(二分)시켜 표현하는 방법'으로, '절(切)'·'반(反)'·'반절(反切)' 이외에도 '번(翻)'·'유(紐)'·'체어(體語)'·'반어(反語)'·'반음(反音)'·'절어(切語)'·'절음(切音)'이라고 하는데, 일찍부터 '반(反)'을 쓰다가 당나라 위정자들이 반란을 두려워하여 '반(反)'을 쓰지 못하게 하자, '절(切)'로 쓰게 되었다. 이리하여 '반절(反切)'로 합칭되었던 것이다. 반절(反切)은 '음을 반복적으로 자세히 토의하고 논의한다'는 뜻이다.

예컨대 '도(都)'의 음을 나타내기 위하여 '당(當)'과 '고(孤)' 두 글자를 사용하여 "都 當孤切"이라고 한 경우, 이때 반절의 앞에 쓰인 글자 '당(當)'을 '반절상자(反切上字)'라고 하고, 뒤에 쓰인 글자 '고(孤)'를 '반절하자(反切下字)'라고 한다. 그리고 음을 알려고 하는 글자 '도(都)'를 '피절자(被切字)'라고 한다.

반절의 기본원리는 '반절상자'에서 음절의 첫소리, 즉 '당(當)'의 첫소리 't(ㄷ)'를 취하여 피절자 '도(都)'의 첫소리로 삼는다(이 첫소리를 聲母라 한다).

'반절하자'에서는 음절의 첫소리 이외의 소리, 즉 '고(孤)'의 첫소리 'k(ㄱ)' 이외의 나머지 소리(이를 韻母라 한다) 'u(ㅜ)'(성조 포함)를 취하여, 피절자 '도(都)'의 첫소리 이외의 소리로 한다. 이같이 만들어진 소리 'tu(도)'가 피절자 '도(都)'의 음이 된다. 이때 '반절상자'에서의 운모는 표음에 아무런 관계가 없고, '반절하자'의 성모도 마찬가지로 표음에 아무런 관계가 없다.

이 문제에는 반절의 쌍성·첩운의 관계를 이해할 필요가 있다. 한어음운학(漢語音韻學)에서는 '반절상자'와 '피절자'를 쌍성(雙聲)이라 하고, '반절하자'와 '피절자'를 첩운(疊韻)이라 한다. 쌍성은 두 글자의 성모가 같은 것이고, 첩운은 두 글자의 운모가 같은 것이다. 예를 들어 "剛 古郎切"이라고 할 때 반절상자 '고(古)'의 성모와 피절자 '강(剛)'의 성모는 똑같은 'k'이므로 '고(古)'와 '강(剛)'은 쌍성이 되고, 반절하자 '낭(郎)'의 운모와 '강(剛)'의 운모는 똑같은 'aŋ'이므로 '낭(郎)'과 '강(剛)'은 첩운이 된다. 이때 '피절자'의 반절자로는 '고(古)'·'강(剛)' 이외에도 '피절자'와 쌍성·첩운의 관계인 한자는 어느 것이라도 쓰일 수 있다. 예를 들면 '동(東)'의 쌍성으로 '덕(德)'이 있고 그 이외에도 '단(端)·도(都)·당(當)·정(丁)' 등이 있는데, 이들은 모두 동(東)의 '반절상자'로 될 수 있다. 그리고 '동(東)'의 첩운으로는 '홍(紅)'이 있고 그 이외에도 '옹(翁)·홍(灯)·공(工)·궁(宮)' 등이 있는데, 이들은 모두 '동(東)'의 '반절하자'로 될 수 있다.

① 국음에 식별되는 반절(反切)

어느 한자의 음이 둘 이상일 때, 반절로 나타난 한자음이 동일 한자 안에서 다른 음과 서로 구별되고, 그것이 한국 표음에도 구별되어 나타나는 경우이다.

亟, 虛記切(屢·暱, 亟也. 郭注, 亟亦數也. 亟, 虛記切) :「釋言」
徵, 之矢反(宮謂之重, 商謂之敏, 角謂之經, 徵謂之迭, 羽謂之柳. 郭注, 皆五音之別名. 徵, 之矢反) :「釋樂」

且, 子予切(六月爲且. 郭注, 且, 子予切. …… 皆月之別名):「釋天」

　'기(亟)'는 '허기절(虛記切)'에 의해 음이 '기', 의가 '지(至 : 이르다)'로 된
다. '기(亟)'에는 또 '거력절(居力切)'에 의해 음이 '극', 의가 '속(速 : 빠르다)'
으로 된다.
　'치(徵)'는 '지시반(之矢反)'에 의해 음이 '치', 의가 '오음지별명(五音之別
名 : 오음의 별명)'으로 된다. '치(徵)'에는 또 '척릉절(陟陵切)'에 의해 음이
'징', 의가 '소(召 : 부르다)·명(明 : 증명하다)' 등으로 된다.
　'저(且)'는 '자여절(子予切)'에 의해 음이 '저', 의가 '월지별명(月之別名 : 6
월의 다른 이름)'으로 된다. '저(且)'에는 또 '칠야절(七也切)'에 의해 음이 '차',
의가 '우(又 : 또)·장(將 : 장차)' 등으로 된다.

　② 국음에 식별되지 않는 반절(反切)
　어느 한자의 음이 둘 이상일 때, 반절로 나타난 한자음이 동일 한자 안
에서 다른 음과 서로 구별되나, 그것이 한국표음에 구별되어 나타나지 않
고 동일한 경우이다.

冠, 古亂反(宮中謂之徛, …… 三達謂之劇旁. 注, 今南陽冠軍樂鄕. 音義, 樂, 音
　　岳, 又音各):「釋宮」
予, 羊汝切(賚·貢·錫·畀·予·貺, 賜也. 郭注, 皆賜與也. 予, 羊汝切):「釋詁」
長, 丁丈反(育·孟·耆·艾·正·伯, 長也. 郭注, 育·養亦爲長, 正·伯皆官長.
　　長, 丁丈反):「釋詁」

　'관(冠)'은 반절이 '고란반(古亂反)'(見聲換韻 去聲)으로 제시되었는데, 이에
의해 국음이 '관', 의미가 "대관야(戴冠也), 거수야(居首也)" 즉 '관을 쓰다',
'으뜸가다' 등과 관련될 수 있으나, 위의 「석궁」의 경우 '관군(冠軍)'이라
는 지명에 쓰여 의미 제시에는 난점이 있다. 그러나 고유명사인 경우 음
의가 없으면 독음에 더욱 곤란을 받는다는 점에서 음의의 제시는 매우

긴요한 것이다. '관(冠)'에는 또 반절(反切) '고환절(古丸切)'(見聲桓韻 平聲)에 의한 '변면지총명야(弁冕之總名也)' 즉 '모자'라는 의미가 있다. '고란반(古亂反)'은 '고환절(古丸切)'과 동성이운으로, 전자는 '관 : 관(모자)을 쓰다'라는 동사로 되고, 후자는 '관 : 모자'라는 명사로 된다. 이에 의하면 '관군(冠軍)'은 '군대에 으뜸가다'로 해석된다.

'여(予)'는 '양여절(羊汝切)'(以聲語韻 上聲)에 의하여 '사여('賜與 : 주다)'가 된다. 이는 위의 직음에서 살펴본 바 '여(予), 음여(音與)'(以聲語韻)와 동음으로, 표기양식만 직음과 반절로 다를 뿐이지 동일한 음이다.

'장(長)'은 '정장반(丁丈反)'(知聲養韻 上聲)에 의하여 '장상(長上 : 우두머리)'이 된다. '장(長)'에는 또 '직량절(直良切)'(澄聲陽韻 平聲)에 의한 '단지대(短之對 : 길다)'라는 의미가 있다.

③ 단일음의 반절(反切)에 의한 국음

어느 한자의 음이 중국에서 단일 반절이기 때문에 단일 국음으로 되는 경우이다.

> 駥, 而融反(馬八尺爲駥. 音義, 駥, 而融反. 疏, 馬高八尺者名駥) : 「釋畜」
> 鮀, 徒何反(鯊, 鮀. 音義, 鮀, 徒何反. 疏, 鯊一名鮀) : 「釋魚」

'융(駥)'은 반절(反切)이 '이융반(而融反)'(日聲東韻 平聲)에 의해 음이 '융', 의미가 '마팔척(馬八尺)' 즉 '8자되는 말'로 된다. 그러나 '융(駥)'은 제자전에 1음(音)만 제시되어 있다. '융(駥)'에는 '마절유력자(馬絶有力者 : 힘이 빼어난 말)의 의미가 있는데, 모두 같은 음이다. 이 경우 반절을 표시해도 음의의 변별이 어려워 그 효력은 적고, '융(駥)'의 자석(字釋)에 의해 의미가 드러난다. 즉 의미 주석에 의존하는 것이다. 이에 의하면 '마고팔척자명융(馬高八尺者名駥)'은 '말의 높이가 8척인 것을 융(駥)이라 이름한다'로 해석된다.

'타(鮀)'는 '도하반(徒何反)'(定聲歌韻 平聲)에 의해 음이 '타', 의미가 '사(鯊)' 즉 '모래무지'로 된다. 그러나 '타(鮀)'는 제자전에 1음만 제시되어 있어, '점(鮎: 메기)' 등의 다른 의미가 있어도 모두 같은 음이다. 이 경우 반절을 표시해도 음의의 변별이 어려워 그 효력은 적고, '타(鮀)'의 자석에 의해 의미가 드러나는 의미 주석에 의존하는 것이다. 이에 의하면 '사일명타(鯊一名鮀)'는 '사(鯊)는 일명 타(鮀)이다'로 해석된다.

이상에는 반절(反切)에 의한 독해를 세 가지 제시하였다.
'기(亟)'는 국음 기·극, '치(徵)'는 국음 치·징, '저(且)'는 저·차에 따라 의미의 차이를 보인다. 이는 반절의 상별이 한국음의 상별로 나타난 것이다. 동자 안에서의 상이한 음에 의한 의미의 변별이 한·중에서 같은 경우이다.

그러나 관(冠)은 '관'(거성)·'관'(평성), 여(予)는 '여'(상성)·'여'(평성), 장(長)은 '장'(상성)·'장'(평성)으로 국음에 동음이 되어 표음의 차이를 나타내지 않는다. 이는 반절의 상별이 한국음의 상별로 나타나지 않은 것이다. 동자 안에서의 상이한 음에 의한 표음의 변별이 한·중에서 다른 경우이다. 중국음은 이음이어서 음에 의한 의미의 변별이 가능하지만, 한국음은 동음이 되어 음에 의한 의미의 변별이 불가능하다.

그리고 '융(駥)', '타(鮀)'는 반절의 단일음이 한국음의 단일음으로 나타난 것이다. 단일음뿐이기 때문에 반절을 표시해도 동자 안에서의 상호 변별력이 없다.

(3) 여자(如字)

"如字"는 '한자(漢字)의 본음(本音)에 따라 독해하는 글자'를 말한다. 음의의 표시에 여자(如字)도 직음·반절처럼 빈번히 나타난다.

여자(如字)로 주음된 결과 한국표음이 동일 한자 안에서 서로 구별되는 경우, 국음이 서로 구별되지 않는 경우, 그리고 한자음이 중국에서 단일음이기 때문에 단일국음으로 되는 경우로 나누어 살피기로 한다.

① 국음에 식별되는 여자(如字)

어느 한자의 음이 둘 이상일 때, 여자(如字)로 나타난 한자음이 동일 한자 안에서 다른 음과 서로 구별되고, 그것이 한국표음에도 구별되어 나타나는 경우이다.

樂, 如字(鍠鍠, 樂也. 注, 鐘鼓音. 音義, 樂, 如字. 疏, 鍠鍠, 樂之聲也):「釋訓」
肉, 如字, 又如授反(好, 如字, 又音耗)(珪大尺二寸謂之玠, …… 肉倍好謂之璧.
　　注, 肉, 邊也. 好, 孔也. 好倍肉謂之瑗. 注, 孔大於邊也, 肉好若一謂之
　　環. 注, 邊孔適等. 音義, 肉如字, 又如授反, 璧邊也, 注及下同. 好如字,
　　又音耗, 璧孔也, 注及下同. 疏, 邊大倍於孔者名璧, 孔大而邊小者名瑗,
　　邊孔適等若一者名環):「釋器」
弔, 如字, 又音的(迄臻極到赴來弔艐格戾懷摧詹, 至也. 音義, 弔如字, 又音的.
　　疏, 弔者, 小雅天保云, "神之弔矣"):「釋詁」

‘악(樂)’은 여자(如字) 즉 ‘음악(音岳)’(疑聲覺韻 入聲)에 의해 음이 ‘악’, 의미가 ‘음악’으로 된다. 이에 의하면 ‘굉굉(鍠鍠)’은 ‘음악의 소리’로 해석된다. 또 ‘악(樂)’은 ‘락’(來聲鐸韻)의 ‘기쁘다’, ‘료’(來聲笑韻)의 ‘치료하다’, ‘요’(疑聲效韻)의 ‘좋아하다’라는 등의 음의가 있는데, 이는 모두 여자(如字)에 의한 것이 아니다.

‘육(肉)’은 여자(如字) 즉 ‘음뉵(音衄)’(日聲屋韻 入聲)에 의해 음이 ‘육’, 또 반절(反切) ‘여수반(如授反)’(日聲宥韻 去聲)에 의해 음이 ‘유’로도 되는데, 의미는 ‘벽변야(璧邊也)’ 즉 ‘구멍난 구슬의 변두리 두께’로 된다. 이 경우 ‘육(肉)’의 음은 후세에 여자(如字) ‘육’을 따르지 않고 ‘유’를 써서 제자전에 수록되어 있다. ‘육’은 ‘자육(裁肉)’ 즉 ‘자른 고기’ 등을 나타낸다. 구슬은 구멍과 변의 두께 비율의 생긴 모양에 의해 차별하여 부르는 것이 있는데, '벽(璧)'·'원(瑗)'·'환(環)'이 그것이다. '벽(璧)'은 변의 두께가 구멍의 2배이고, '원(瑗)'은 구멍의 크기가 변 두께의 2배이고, '환(環)'은 변 두께와 구멍이 같다는 것이다. 이에 의하면 '육배호위지벽(肉倍好謂之璧)'은 '육(肉 : 변 두께)이 호(好 : 구멍)에 배인 것을 벽(璧)이라 한다'로, '호배육위지원(好倍肉謂之瑗)'은 '호(好)가 육(肉)에 배인 것을 원(瑗)이라 한다'로, '육호약일위지환(肉好若一謂之環)'은 '육(肉)과 호(好)가 같은 것을 환(環)이라 한다'로 해석된다.

'조(弔)'는 여자(如字) 즉 '음조(音釣)'(端聲嘯韻 去聲)에 의해 음이 '조', 또 직음(直音) '적(的)'(端聲錫韻 入聲)에 의해 음이 '적'으로도 되는데, 의미는 '지야(至也)' 즉 '이르다'로 된다. 이 경우 '조(弔)'의 음은 후세에 여자(如字) '조'를 따르지 않고 '적'을 써서 제자전에 수록되어 있다. 그리고 '조'는 '문종야(問終也)' 즉 '죽음을 위문하다' 등을 나타낸다. 이에 의하면 "迄臻極到赴來弔艐格戾懷摧詹, 至也"는 '迄·臻·極·到·赴·來·弔·艐·格·戾·懷·摧·詹은 이름이다'로, "神之弔矣"는 '신께서 이르다'로 해석된다.

② 국음에 식별되지 않는 여자(如字)

어느 한자의 음이 둘 이상일 때, 여자(如字)로 나타난 한자음이 동일 한자 안에서 다른 음과 서로 구별되나, 그것이 한국표음에 구별되어 나타나지 않고 동일한 경우이다.

道, 如字(迪綵訓, 道也. 音義, 道如字, 或徒報反非. 疏, 惠迪吉) : 「釋詁」
言, 如字(大簫謂之言. 注, 編二十三管, 長尺四寸. 音義, 言, 如字, 本或作言(竹言), 音同) : 「釋樂」
好, 如字, 又音耗.

'도(道)'는 여자(如字), 즉 '음도(音稻)'(定聲皓韻 上聲)에 의해 음이 '도', 의미가 '리(理)' 즉 '도리'로 된다. '도(道)'에는 또 '음도(音盜)'(定聲号韻 去聲)에 의

한 음이 '도', 의미가 '여도통(與導通)' 즉 '도(導)와 통용'의 '인도하다'라는
의미가 있는데, 이는 여자(如字)가 아니다. 위의 여자의 경우에 '도보반(徒報
反)'28)(定聲号韻 去聲 : 인도하다)을 적용하면 틀린다는 것이다. 여자에 의하면
"迪繇訓, 道也"는 '迪·繇·訓은 도리이다'로, 그리고 "惠迪吉"은 '도리
에 순응하면 길하다'로 해석된다.

'언(言)'은 여자(如字, 疑聲元韻 平聲)에 의해 음이 '언', 의미가 '대소(大
簫)', 즉 '악기 이름'으로 되는데, 이는 '어야(語也)', 즉 '말, 말하다'의 경우
와 동음이다. '언(言)'은 23관을 엮어 만드는데, 길이가 1자 4치라는 것이
다. '언(言)'에는 또 "音銀 魚巾切"(疑聲諄韻 平聲)에 의한 음이 '은', 의미가
'여은통(與誾通)', 즉 '은(誾)과 통용'의 '화합한 모양'이라는 의미가 있는데,
이는 여자(如字)가 아니다. 여자(如字)에 의하면 "大簫謂之言"은 '大簫를
言이라 말한다'로 해석된다.

"好, 如字, 又音耗"는 예문을 위의 "肉 如字 又如授反"에 보였다. '호
(好)'는 여자(如字, 皓聲皓韻 上聲)에 의해 음이 '호', 또 직음(直音) '모(耗)'(曉
聲号韻 去聲)에 의해 음이 또 '호'로도 되는데, 의미는 '벽공야(璧孔也)', 즉
'구슬 구멍'으로 된다. 이 경우 '호(好)'의 음은 후세에 여자(如字)를 따르지
않고 '모(耗)'에 의한 음을 써서 제자전에 수록되어 있다. 그리고 '호(好)'는
'구슬 구멍' 이외에 여자(如字)인 상성인 경우 '미(美)' 즉 '아름답다. 좋다'
로, 거성인 경우 '희환(喜歡)' 즉 '좋아하다'로 쓰이게 되었다. 그러나 국음
으로는 모두 '호'이어서 국음에 의한 의미의 차이가 나타나지 않는다.

③ 단일음의 여자(如字)에 의한 국음

어느 한자의 음이 중국에서 단일음으로 여자(如字)뿐이어서 단일 국음
으로 되는 경우이다.

---

28) '音盗'와 '徒報反'은 똑같이 '定聲号韻'이므로, 모두 同音으로서 '導'의 음을 나타
   낸 것이다.

畢, 如字(簡謂之畢. 注, 簡, 札也. 音義, 畢, 如字. 禮記云, 呻其佔畢, …… 李本作
　　篳同. 疏, 簡, 竹簡也. …… 禮記學記云, 呻其佔畢, 謂但吟誦所視簡之文)
　　　　：「釋器」
鵝, 如字(大塤謂之叫. 注, 塤燒土爲之, 大如鵝子, 銳上平底, …… 音義, 鵝, 如字)
　　　　：「釋樂」

　'필(畢)'은 여자(如字), 즉 '음필(音必)'(幇聲質韻 入聲)에 의해 음이 '필', 의
미가 '간(簡)' 즉 '글쓰는 대쪽'으로 된다. 이 경우 '필(畢)'은 '필(篳)'과 동자
이다. 그러나 '필(畢)'은 제자전에 1음(音)만 제시되어 여자(如字)와 비여자
(非如字)를 가릴 것이 없이 여자(如字)만 있는 것이다. '필(畢)'에는 '田网也
(그물)', '終也(마치다)', '宿名(별 이름)' 등 여러 의미가 있는데, 모두 여자(如
字)로 귀결된다. 이 경우 여자(如字)라고 표현해도 음의의 변별력이 없고,
'필(畢)'의 동자 관계인 '필(篳)' 그리고 '간(簡)'·'찰(札)'의 자석(字釋)에 의해
의미가 드러난다. 즉 의미 주석에 의존하는 것이다. 이에 의하면 '신기점
필(呻其佔畢)'은 '그 살펴본 간찰의 글만 읊조린다'로 해석된다.
　'아(鵝)'는 여자(如字), 즉 '음아(音莪)'(疑聲歌韻 平聲)에 의해 음이 '아', 의
미가 '조명(鳥名)', 즉 '거위'로 된다. 그러나 '아(鵝)'는 제자전에 1음만 제
시되어 여자(如字)와 비여자(如字)를 가릴 것이 없이 여자(如字)만 있는 것
이다. '아(鵝)'에는 '군진명(軍陣名 : 군대의 진 이름)' 등 여러 의미가 있는데,
모두 여자(如字)로 귀결된다. 이 경우 여자(如字)라고 표현해도 음의의 변별
력이 없고, '아(鵝)'가 쓰인 예문에 따라 의미가 드러난다. 즉 문장의 의미
풀이에 의존하는 것이다. 이에 의하면 '대여아자(大如鵝子)'는 '크기가 거
위 새끼 만하다'로 해석된다.

　이상에는 여자(如字)에 의한 독해를 세 가지 제시하였다.
　'樂'은 국음 악·락·료·요, '肉'은 국음 육·유, '弔'는 국음 조·적
에 따라 의미의 차이를 보인다. 이는 여자(如字)의 상별이 한국음의 상별

로 나타난 것이다. 동자 안에서의 상이한 음에 의한 의미의 변별이 한·중에서 같은 경우이다.

그러나 '道'는 '도'(상성)·'도'(거성), '言'은 '언'(평성)·'언'(평성),[29] '好'는 '호'(상성)·'호'(거성)로 국음에 동음이 되어 표음의 차이를 나타내지 않는다. 이는 여자(如字)의 상별이 한국음의 상별로 나타나지 않은 것이다. 동자 안에서의 상이한 음에 의한 표음의 변별이 한·중에서 다른 경우이다. 중국음은 이음(異音)이어서 음에 의한 의미의 변별이 가능하지만, 한국음은 동음이 되어 음에 의한 의미의 변별이 불가능하다.

그리고 '필(畢)', '아(鵝)'는 여자(如字)의 단일음이 한국음의 단일음으로 나타난 것이다. 단일음뿐이기 때문에 여자(如字)라고 표시해도 동자 안에서의 상호 변별력이 없다.

3. 본역(本譯)에 사용한 『이아』 주요 판본

1) 『십삼경주소(十三經注疏) 표점본(標點本) 이아주소(爾雅注疏)』

본역의 대본이다. 1책이다. 『이아주소』의 판본은 여러 가지가 있으나, 최근에 정리된 것을 사용하였다. 출판 사항을 명기하면 다음과 같다.

『十三經注疏』整理委員會, 『十三經注疏(標點本) 爾雅注疏』, 北京大學出版社, 1999年12月, 第1版.

---

29) '言'은 '언'(평성)·'언'(평성) : '言'은 '疑'로 聲紐가 같고 韻이 동일한 平聲일지라도, 元韻과 諄韻으로 차이가 나서 異韻이다. 따라서 異音이다.

이 판본은 『이아』 경문, 곽박의 『이아주』, 형병의 『이아소』 3가지를 단락별로 제시하였다. 특징을 몇 가지 제시하면 다음과 같다.

표점, 즉 구두점·마침표·따옴표·물음표·느낌표 등을 찍음으로 해서 글의 의미 단락을 명확히 제시하였다. 특히 따옴표는 인용의 범위를 지정하고, 물음표는 의문문임을 알려 주는 등 글의 의미 파악에 결정적 역할을 하는 것이다.

교감(校勘)을 하고, 연구성과를 흡수하였다. 완원(阮元)의 『십삼경주소교감기(十三經注疏校勘記)』, 손이양(孫詒讓)의 『십삼경주소교기(十三經注疏校記)』를 전면적으로 수용하였는데, 시비의 판단이 명확한 것은 개정하고, 명확하지 않은 것은 교감기를 제시하고 설명하였다. 그 외에 변증(辨證)·고이(考異)·정오(正誤) 등의 성과를 가려 제시하였다.

저본은 1979년 중화서국(中華書局)에서 영인한 청(淸) 가경(嘉慶) 21년 완원 교각본(校刻本) 『십삼경주소(十三經注疏)』이다.

문자는 간화자(簡化字)를 사용하였다. 본역본에서는 간화자를 번체자(繁體字)로 바꾸었다.

정리한 사람 자신의 견해를 나타낼 때는 '안(按 : 살피건대)'으로 표시하였다.

2) 『이아고림(爾雅詁林)』

『이아』에 대한 제저술을 대조·참고한 것으로, 모두 5책이다. 그리고 자매편으로 『이아고림서록(爾雅詁林敍錄)』 1책이 있다. 출판 사항을 명기하면 다음과 같다.

朱祖延 主編, 『爾雅詁林』, 湖北敎育出版社, 1998.

이 책은『설문고림(說文詁林)』과 같은 체제로 이룩되었다. 역대『이아』
저술에 제시된 내용을 표제자 또는 표제어별로 절취하여 모아 재편집한
것이다.『이아』제서를 총망라하여, 각 사어(詞語)별로 한꺼번에 살펴볼 수
있게 하였다. 이는『이아고림』「제사(題辭)」에 "우리가 두루 보려 하는 옛
주소나 새 해석은 실로 이 속에 있다. 이로부터『이아』학문을 공부하는
이는 널리 다른 책을 구할 필요가 없이 여러 해설이 다 갖추어졌다[吾人
所欲遍覩之舊疏新解, 實在其中矣. 自此治雅學者, 不必廣求他書, 而衆說畢備]"라고
한 것에서 잘 드러난다. 특징을 제시하면 다음과 같다.

한(漢)으로부터 현재까지의『이아』주요 저술 94종을 모아 엮었다.

『이아』경문 조목을 강(綱)으로 하고, 제가의 훈석(訓釋)을 목(目)으로 하
고, 나누어 배열하였다. 경문 다음에는 첫 번째로 곽주(郭注)를 놓고, 다음
에 형소(邢疏)·고주(古注, 輯佚)·보주(補注)·찰기(札記)·교감(校勘)·음석(音
釋)을 놓아 종류끼리 따르게 하고, 그림[圖]을 끝에 붙였다.

표점은 쉼표·마침표를 찍어 독해에 도움을 주었다. 그러나 물음표·
따옴표 등까지 미치지는 않았다.

그리고『이아고림서록』은 상(上)·하(下)로 되어 있는바, 상에서는『이아』
의 「서목제요(書目提要)」·「서발회편(序跋匯編)」·「당대논문선편(當代論文選
編)」을 실었고, 하에서는 「연구전저집록(研究專著輯錄)」·「논문집록(論文輯
錄)」·「연구전저존목(研究專著存目)」을 실었다. 이에 의해 역대『이아』저술
의 작자·내용·판본 등을 파악할 수 있고, 현대의 연구 동향도 살필 수
있다.

3)『경전석문(經典釋文)』

역시 본역의 대본이다. 1책이다.『경전석문(經典釋文)』은 경전 및 제서의
한자 음의를 제시한 전체제목이고,『이아』음의에 대한 구체적 제목은

『이아음의(爾雅音義)』이다.『경전석문』은 모두 30권인데, 그 중에 권29·30의 2권이 『이아음의』이다. 출판 사항을 명기하면 다음과 같다.

陸德明 撰, 黃焯 斷句,『經典釋文』, 北京 : 中華書局, 1983, 1版.

이 『이아음의(爾雅音義)』는 2권을 다시 「상(上)」·「중(中)」·「하(下)」로 나누어 음의를 제시하였다. 경향은 다음과 같다.

한자음을 제시하였다. 직음(直音)·반절(反切)·여자(如字) 등이 보편적으로 표시되었다. 예컨대 「이아서(爾雅序)」(이하 예거도 같음)의 "夫 音符"에 의해 음이 '부'이고 그에 따른 의미가 '발어사'임을 알 수 있다. 또 예컨대 "復 扶又反"에 의해 음이 '부'이고 그에 따른 의미가 '다시'임을 알 수 있다. 특히 음의 제시는 오자를 바로잡을 수 있는 것이다. 예컨대 「석조(釋鳥)」의 "皇, 黃鳥. 郭注, 亦名搏黍"(표점본)를 『이아음의』에서는 "搏, 徒端反"이라고 하였는데, '박서(搏黍)'의 '박(搏)'(박)은 '도단반(徒端反)'에 의해 '단(搏)'의 잘못임을 알 수 있게 된다. 이러한 예는 '리(裏)'와 '과(裏)', '호(壺)'와 '곤(壼)' 등에 흔히 나타나는 것이다. 특정한 음 제시는 이 저술의 특기할 장점이다.

해당 한자의 의미를 제시하였다. 예컨대 "援, 音袁, 引也"라고 하여, '원(援)'의 의미가 '인(引)'이라고 풀이하였다.

대용자(代用字)를 제시하였다. 예컨대 "爾, 字又作邇"라고 하여, '이(爾)'가 '이(邇)'로도 되어 있음을 밝혔다.

이상의 것 이외에도 『이아음의』에는 『설문』 등을 인용하여 자형 해설을 하는 등 여러 가지가 다루어졌으나 음(音)과 의(義)에 대한 것이 보편적으로 나타나고, 그 이외의 자형해설 등은 이따금 나타난다.

이아주소 1

흠정 사고전서 총목 이아주소 11권

欽定四庫全書總目爾雅注疏十一卷

　　晉郭璞注, 宋邢昺疏. 璞字景純, 河東聞喜人. 官至弘農太守, 事蹟具
『晉書』本傳. 昺有『孝經疏』, 已著錄. 案『大戴禮』「孔子三朝記」稱孔子敎
魯哀公學『爾雅』, 則『爾雅』之來遠矣. 然不云『爾雅』爲誰作. 據張揖「進
「廣雅』表」稱周公著『爾雅』一篇(案『經典釋文』以揖所稱一篇爲「釋詁」),今俗所
傳三篇(案『漢志』:『爾雅』三卷. 此三篇謂三卷也), 或言仲尼所增, 或言子夏所
益, 或言叔孫通所補, 或言沛郡梁文所考, 皆解家所說, 疑莫能明也. 於
作書之人, 亦無確指. 其餘諸家所說, 小異大同. 今參互而考之, 郭璞「爾
雅注序」稱: "豹鼠旣辨, 其業亦顯." 邢昺『疏』以爲漢武帝時終軍事.『七
錄』載犍爲文學『爾雅注』三卷(案『七錄』久佚. 此據『隋志』所稱梁有某書, 亡. 知爲
『七錄』所載), 陸德明『經典釋文』以爲漢武帝時人, 則其書在武帝以前. 曹
粹中『放齋詩說』曰(案此書今未見傳本, 此據『永樂大典』所引): "『爾雅』, 毛公以
前其文猶略, 至鄭康成時則加詳. 如‘學有緝熙于光明’, 毛公云: ‘光, 廣
也.’ 康成則以爲學于有光明者. 而『爾雅』曰: ‘緝熙, 光明也.’ 又‘齊子豈
弟’, 康成以爲猶言‘發夕’也. 而『爾雅』‘豈弟, 發也.’ ‘薄言觀者’, 毛公無

訓. ‘振古如兹’, 毛公云: ‘振, 自也.’ 康成則以‘觀’爲多, 以‘振’爲古. 其
說皆本於『爾雅』. 使『爾雅』成書在毛公之前, 顧得爲異哉?” 則其書在毛
亨以後(案『詩傳』乃毛亨作, 非毛萇作, 語詳『詩』正義條下). 大抵小學家綴緝舊文,
遞相增益, 周公·孔子皆依托之詞. 觀「釋地」有鶌鶋, 「釋鳥」又有鶌鶋,
同文復出, 知非纂自一手也. 其書, 歐陽修『詩本義』以爲學『詩』者纂集博
士解詁. 高承『事物紀原』亦以爲大抵解詁詩人之旨. 然釋『詩』者不及十
之一, 非專爲『詩』作. 揚雄『方言』以爲孔子門徒解釋六藝, 王充『論衡』亦
以爲五經之訓故. 然釋五經者不及十之三四, 更非專爲五經作. 今觀其
文, 大抵采諸書訓詁名物之同異以廣見聞, 實自爲一書, 不附經義. 如「釋
天」云: “暴雨謂之涷.” 「釋草」云: “卷施草, 拔心不死.” 此取『楚辭』之文
也. 「釋天」云: “扶搖謂之猋.” 「釋蟲」云: “蒺藜,[1] 蝍蛆.” 此取『莊子』之
文也. 「釋詁」云: “嫁, 往也.” 「釋水」云: “濆大出尾下.” 此取『列子』之文
也. 「釋地」“四極”[2]云: “西王母.” 「釋畜」云: “小領, 盜驪.” 此取『穆天子
傳』之文也. 「釋地」云: “東方有比目魚焉, 不比不行, 其名謂之鰈. 南方有
比翼鳥焉, 不比不飛, 其名謂之鶼鶼.” 此取『管子』之文也. 又云: “邛邛岠
虛, 負而走, 其名謂之蟨.”[3] 此取『呂氏春秋』之文也. 又云: “北方有比肩
民焉, 迭食而迭望.” 「釋地」[4]云: “河出崐崘虛.” 此取『山海經』之文也. 「
釋詁」云: “天·帝·皇·王·后·辟·公·侯.” 又云: “洪·廓·宏·
溥·介·純·夏·幠.” 「釋天」云: “春爲靑陽”至“謂之醴泉.” 此取『尸子』
之文也. 「釋鳥」曰: “爰居, 雜縣.” 此取『國語』之文也. 如是之類, 不可殫
數. 蓋亦『方言』·『急就』之流, 特說經之家多資以證古義, 故從其所重,
列之經部耳. 璞時去漢未遠, 如“逶幠大東”稱『詩』, “釗我周王”稱『逸書』,
所見尙多古本, 故所注多可據. 後人雖迭爲補正, 然宏綱大旨, 終不出其

---

1) 蒺:「釋木」의 본문에는 ‘蔾’로 되어 있다.

2) 四極:「釋地」의 본문에는 ‘四荒’으로 되어 있다(臺本 注).

3) 蟨:「釋地」의 본문에는 ‘蟨’로 되어 있다.

4) 釋地:『爾雅』본문에 의하면 ‘釋水’라고 해야 한다(臺本 注).

範圍. 昺『疏』亦多能引證, 如『尸子・廣澤』篇・「仁意」篇, 皆非今人所及睹. 其犍爲文學・樊光・李巡之注, 見於陸氏『釋文』者, 雖多所遺漏, 然疏家之體, 惟明本注, 注所未及, 不復旁搜. 此亦唐以來之通弊, 不能獨責於昺. 惟旣列注文, 而疏中時復述其文, 但曰郭注云云, 不異一字, 亦更不別下一語, 殆不可解. 豈其初疏與注別行歟? 今未見原刻, 不可復考矣.

　진(晉)의 곽박(郭璞)[5]이 주(注)를 쓰고, 송(宋)의 형병(邢昺)[6]이 소(疏)를 썼다. 곽박은 자가 경순(景純)이고 하동(河東) 문회(聞喜) 사람이다. 관직은 홍농태수(弘農太守)에 이르렀는데, 사적은 『진서(晉書)』의 본인 열전에 갖추어져 있다. 형병은 『효경소(孝經疏)』가 있는데 이미 기록에 나타나 있다. 살피건대, 『대대례(大戴禮)』「공자삼조기(孔子三朝記)」에 일컫기를 공자가 노(魯)의 애공(哀公)에게 『이아』를 배우게 하였다고 하였으니, 『이아』의 유래는 오래되었다. 그러나 『이아』가 누구의 저작인지는 말하지 않았다. 장읍(張揖)[7]의 『진「광아」표(進「廣雅」表)』에 의거하면 주공이 『이아』 일편(一篇)을 지었고(살피건대, 『경전석문(經典釋文)』에는 장읍이 일컬은 일편(一篇)을 「석고(釋詁)」라고 하였다), 지금 민간에 전하는 삼편(三篇, 살피건대 『한지(漢志)』에 『이아』

---

5) 郭璞 : 276~324. 晋의 학자. 문학가. 字는 景純, 河東 聞喜縣 사람이다. 『晉書』「郭璞傳」에 "經術를 좋아했고, 널리 배우고 재주가 뛰어났으며, 언론에는 능하지 못했지만 詞賦는 中興의 으뜸이었다. 古文・奇字를 좋아했고 陰陽曆算에 뛰어났다"고 하였다. 西晉이 망하자 진나라 황실을 따라 남으로 건너와 著作佐郎을 지냈고, 뒤에 王敦의 記室參軍이 되었는데, 왕돈이 기병하려는 것을 간언하여 저지하다가 도리어 살해되었다. 많은 저술이 있었으나 대부분 佚失되고 현재 전하는 것은 『爾雅注』・『山海經注』・『方言注』・『穆天子傳』 등이며, 明나라 張溥가 엮은 『郭弘農集』 2권이 있는데 여기에는 詩 22편, 賦 11편이 수록되어 있다.

6) 邢昺 : 932~1010. 北宋의 경학자. 자는 叔明. 曹州 濟陰人. 九經及第에 뽑히고 禮部尙書를 지냈다. 『論語正義』를 찬술하여 心・性・命・理를 토론함으로써 뒷날 理學者들에게 수용되었고, 그밖에 『爾雅疏』와 『孝經正義』를 남겼는데, 세 저술 모두 『十三經注疏』에 수록되었다(『宋史』 431).

7) 張揖 : 생존연대 미상. 後魏 淸河 사람. 字는 稚讓. 魏 明帝 太和(227~236) 연간에 博士를 지냈다. 저서로 『廣雅』가 전하며, 이외에도 『埤蒼』・『古今字詁』・『難字』・『雜字』・『錯誤字』 등을 저술하였다고 하나 모두 전하지 않는다(『四庫提要』 40).

삼권(三卷)이다. 이 삼편(三篇)은 삼권(三卷)을 말한다)은 혹자(或者)는 '중니(仲尼：孔子)가 증보(增補)한 것이다'고 하고, 혹자(或者)는 '자하(子夏：孔子의 제자)가 증가시킨 것이다'고 하고, 혹자(或者)는 '숙손통(叔孫通)8)이 보충한 것이다'고 하고, 혹자(或者)는 '패군(沛郡)의 양문(梁文)9)이 고찰한 것이다'고 하는데, 모두 해석한 사람들이 말한 것은 의문점을 밝힐 수 없는 것이었다.

책을 만든 사람들에 대해서도 확실한 지적이 없다. 그 나머지 여러 학자들이 말한 것은 대동소이하다. 지금 참고하여 고찰하면 곽박의 『이아주서(爾雅注序)』에 "표서(豹鼠)10)가 이미 변별된 뒤 그 학업이 또한 드러났다"고 하였는데, 형병의 『소(疏)』에서는 한(漢) 무제(武帝) 때 종군(終軍)11)이 한 일이라고 하였다. 『칠록(七錄)』12)에는 건위문학(犍爲文學)13)의 『이아주(爾雅注)』 3권이 실렸는데(살피건대, 『칠록』은 오래 전에 잃었다. 여기서는 『수지(隋志)』에 일컬은 양(梁)에 모서(某書)14)가 있었으나 망실되었다는 것에 의거하여 『칠록』에 실렸던 것을 알겠다), 육덕명(陸德明)의 『경전석문(經典釋文)』에서는 건위문학이 한(漢) 무제(武帝) 때 사람이라 하였으니, 그 책은 무제 이전에 있었던 것이다. 조수중(曹粹中)15)의 『방재시설(放齋詩說)』에 이르기를(살피건대, 이 책은 지

---

8) 叔孫通：생존연대 미상. 前漢의 학자. 漢 高祖 때 禮를 제정하여 皇帝의 권위를 높여 주었다. 관직은 太子太傅를 지냈다(『史記』99).

9) 梁文：생존연대 미상. 經學家. 沛郡 사람.

10) 豹鼠：鼠의 일종으로 豹文이 있는 것이 특징이며, 豹文鼠라고도 한다. 종군이 漢 武帝 때 처음으로 표서라는 짐승을 알았다고 한다. 이는 『爾雅』「釋獸」에 "豹文鼮鼠"에 대한 郭璞의 注에 "鼠文彩如豹者, 漢武帝時, 得此鼠, 孝廉郎終軍知之, 賜絹百匹"이라고 설명하고 있다.

11) 終軍：생존연대 미상. 漢나라 濟南 사람. 字는 子雲. 어릴 때부터 好學하여 辯博能文하여 郡中에서 명성이 있었으며, 18세 때에 博士弟子로 선발되었다(『漢書』64).

12) 七錄：책 이름. 梁 阮孝緒가 정한 서적분류목록. 체재는 劉歆의 『七略』에 기본하여 조금 고쳤다. 그러나 지금은 일실되었다. 『隋書』「經籍志二」 등에 의해 그 개략이 알려졌다.

13) 犍爲文學：생존연대 미상. 漢 武帝 때의 待詔. 犍爲郡文學卒史臣舍人. 犍爲舍人·史臣舍人으로 불린다. 『이아』를 최초로 해설한 『爾雅注』 3권을 지었다(『爾雅詁林敍錄』).

14) 某書：『隋書』「經籍志一」의 『爾雅』 三卷에 대한 주에, "梁有漢劉歆, 犍爲文學·中黃門 李巡『爾雅』各三卷, 亡"이라 하였다. 『爾雅』는 『論語』에 덧붙여 설명하였다.

금 전하는 본을 보지 못하겠다. 여기서는 『영락대전(永樂大典)』[16]에 인용한 것을 근거하였다, "『이아』는 모공(毛公) 이전에 그 글이 간략하였고 정강성(鄭康成 : 鄭玄)에 이르러서는 자세해졌다. 예컨대 '학유집희유광명(學有緝熙于光明 : 빛나고 빛난 사람에게 배운다)'에 대하여, 모공(毛公 : 毛亨)은 '광(光)은 광(廣 : 넓다)이다'고 하였고, 정강성은 '광명(光明)이 있는 자에게 배운다'고 하였는데, 『이아』에는 '집희(緝熙)는 광명(光明)이다'고 하였다. 또 '제자개제(齊子豈弟 : 齊나라 여자가 길을 떠나다)'에 대하여, 정강성은 '발석(發夕 : 저녁에 출발하다)'과 같은 말이라고 하였는데, 『이아』에서는 '개제(豈弟)는 발(發 : 출발하다)이다'고 하였다. '박언관자(薄言觀者 : 많기도 하다[7])'에 대하여, 모공(毛公)은 풀이하지 않았고, '진고여자(振古如玆 : 오래되기가 이와 같다)'에 대하여, 모공(毛公)은 '진(振)은 자(自 : ~부터)이다'고 하였고, 정강성은 '관(觀)'을 다(多 : 많다)라 하고, '진(振)'을 고(古 : 옛날)라 하였는데, 그 설(說)은 모두 『이아』에 근본한 것이다. 만약 『이아』 책이 모공(毛公) 이전에 이룩되었다면 다르게 할 수 있겠는가?"라 하였으니, 그 책은 모형(毛亨) 이후에 있었던 것이다 (살펴건대, 『시전(詩傳)』은 모형(毛亨)이 지었고, 모장(毛萇)이 지은 것이 아니니, 그 말은 『시(詩)』 정의(正義) 조(條) 아래에 자세하다).

대저 소학가(小學家 : 문자학자)는 옛 글자를 모아 엮으면서 번갈아 가며 서로 증익(增益)하고, 주공(周公)·공자(孔子)라고 한 것은 모두 의탁하는 말이다. 살펴건대, 「석지(釋地)」에 '겸겸(鶼鶼)'이 있고, 「석조(釋鳥)」에 또한 '겸겸(鶼鶼)'이 있어 같은 글자가 거듭 나왔으니, 한 사람 손에서 편찬된 것이 아님을 알겠다.

그 책은 구양수(歐陽修)[18]의 『시본의(詩本義)』에서는 『시(詩)』를 배우는

---

15) 曹粹中 : 宋나라 사람. 字는 純老, 號는 放齋. 宣和의 進士. 李光의 사위. 秦檜가 불렀으나 나아가지 않았다. 李光이 귀양가자 曹粹中은 벼슬을 단념하고 放齋라고 自號하였다. 저술에 『詩說』이 있다.
16) 『永樂大典』: 책 이름. 2만 2천 9백 37권. 明나라 永樂 원년에 해진(解縉) 등 奉勅撰. 처음에는 『문헌대성(文獻大成)』이라고 사명(賜名)했었다.
17) 많기도 하다 : 鄭箋의 "觀, 多也"를 따랐다. 집전은 "又將從而觀之"라 하고, 『시경언해』에는 "잠깐 觀호리라"고 하여, '잠깐 보리라'로 번역된다.

사람이 박사(博士)의 해고(解詁 : 訓詁)를 찬집한 것이라고 하였다. 고승(高承)[19]의 『사물기원(事物紀原)』[20]에서도 대저 시인(詩人)의 취지를 해고하였다고 하였다. 그러나 『시』를 해석한 것은 10분의 1에도 미치지 못하니, 전적으로 『시』만을 위하여 지은 것이 아니다. 양웅(揚雄)[21]의 『방언(方言)』에서는 공자(孔子)의 문도들이 육예(六藝 : 六經)를 해석한 것이라고 하였고, 왕충(王充)[22]의 『논형(論衡)』에서도 오경(五經)의 훈고라고 하였다. 그러나 오경을 해석한 것은 10분의 3이나 4에도 미치지 못하니, 다시 전적으로 오경만을 위하여 지은 것이 아니다.

지금 그 글을 살펴보건대, 대저 여러 책에서 훈고(訓詁)와 명물(名物)의 동이(同異)를 채집하여 견문을 넓혀서, 실로 스스로 한 책이 되었으니, 경의(經義 : 경전의 뜻)에 덧붙일 것이 아니다. 예컨대 「석천(釋天)」에 "폭우(暴雨 : 소나기)[23]를 동(涷)이라 한다"고 하였고, 「석초(釋草)」에 "권시초(卷施草 : 풀 이름)는 고갱이를 뽑아도 죽지 않는다"고 하였는데, 이것은 『초사(楚辭)』의 글에서 채택한 것이다. 「석천」에 "부요(扶搖)를 표(猋 : 아래에서 올라가는 세찬 바람)라 한다"고 하였고, 「석충(釋蟲)」에 "질려(蒺藜)는 즉저(蝍蛆 : 귀뚜라미)이

---

18) 歐陽修 : 宋나라 사람. 자는 永叔, 호는 醉翁·六一居士. 進士甲科에 뽑혔다. 관직은 參知政事에 이르렀다. 소인들에게 모함받아 내쫓겨도 志氣가 태연자약하였다. 王安石에게 미움을 받아 致仕하고 돌아왔다. 文名이 높아 唐宋八大家의 한 사람이 되었다. 저술에 『新唐書』·『六一詩話』 등이 있다.

19) 高承 : 宋나라 사람. 그의 저술 『事物紀原』은 博奕嬉戲의 작은 것으로부터 蟲魚飛走의 종류까지 그 유래를 깊이 연구하였다.

20) 『사물기원(事物紀原)』 : 책 이름. 宋 高承 撰. 類書. 사물의 원시 유래를 설명하였다. 그 조목은 天地生植部로부터 蟲魚禽獸部까지 55部이다.

21) 揚雄 : 漢나라 사람. 字는 子雲. 젊어서 학문을 좋아하고 여러 책을 널리 읽었으나 章句와 訓詁를 일삼지 않았다. 成帝 때 임금에게 부름을 받아 「甘泉賦」·「河東賦」·「長楊賦」를 지어 올렸는데, 司馬相如를 대부분 모의하였다. 뒤에 王莽에게 벼슬하였다. 저술에 『太玄經』·『揚子法言』·『方言』·『訓纂』·『州箴』 등이 있다.

22) 王充 : 後漢 사람. 字는 仲任. 가난하여 책이 없자 洛陽의 책방에 가서 책을 한 번 펼쳐보고 기억했다고 한다. 郡功曹가 되었으나 諫諍이 맞지 않아 떠났다. 저술에 『論衡』·『性書』가 있다.

23) 暴雨 : '暴'는 음이 '포'라야 하는데, 현재 '폭'으로 발음하고 있다. 誤讀이 정착된 것이다. 暴君·暴風도 같은 경우이다.

다"고 하였는데, 이것은『장자(莊子)』의 글에서 채택한 것이다. 「석고(釋詁)」에 "가(嫁)는 왕(往 : 가다)이다"고 하였고, 「석수(釋水)」에 "분(濆)은 바닥에서 크게 솟아 나오는 샘이다"고 하였는데, 이것은『열자(列子)』의 글에서 채택한 것이다. 「석지(釋地)」의 "사극(四極)"에 "서왕모(西王母)"라 하였고, 「석축(釋畜)」에 "목이 가는 것은 도려(盜驪)이다"고 하였는데, 이것은『목천자전(穆天子傳)』의 글에서 채택한 것이다. 「석지」에 "동방(東方)에 비목어(比目魚 : 넙치)가 있다. 두 마리가 양쪽으로 합하지 않으면 움직이지 못하는데, 그 이름을 접(鰈)이라 한다. 남방(南方)에 비익조(比翼鳥)가 있다. 몸이 나란히 합하지 않으면 날지 못하는데, 그 이름을 겸겸(鶼鶼)이라 한다"고 하였는데, 이것은『관자(管子)』의 글에서 채택한 것이다. 또 "공공거허(邛邛岠虛)가 등에 업고 달리는데, 그 이름을 궐(蹷)이라 한다"고 하였는데, 이것은『여씨춘추(呂氏春秋)』의 글에서 채택한 것이다. 또 "북방(北方)에 비견민(比肩民 : 어깨를 합하는 사람)이 있는데 번갈아 가며 밥을 먹고 번갈아 가며 망을 본다"고 하였고, 「석지」에 "하수(河水)는 곤륜산(崑崙山) 아래 터에서 나온다"고 하였는데, 이것은『산해경(山海經)』의 글에서 채택한 것이다. 「석고」에 "천(天)・제(帝)・황(皇)・왕(王)・후(后)・벽(辟)・공(公)・후(侯)"라 하였고, 또 "홍(洪)・확(廓)・굉(宏)・부(溥)・개(介)・순(純)・하(夏)・무(憮)"라 하고, 「석천」에 "춘위청양(春爲靑陽)"에서 "위지예천(謂之醴泉)"까지, 이것은『시자(尸子)』의 글에서 채택한 것이다. 「석조(釋鳥)」에 "원거(爰居)는 잡현(雜縣 : 바다새)이다"고 하였는데, 이것은『국어(國語)』의 글을 채택한 것이다. 이와 같은 부류는 다 셀 수 없다.

또한『방언(方言)』・『급취(急就)』의 부류는 다만 경(經)을 설명하는 학자가 대부분 의뢰하여 옛날의 뜻을 증명하였으므로 그 중점을 따라 경부(經部)에 나열했을 뿐이다. 곽박은 시대상 한(漢)으로부터 거리가 멀지 않으니, 예컨대 "마침내 동쪽 끝까지 가지다"[24]고 한 것은『시(詩)』를 일컫고,

---

24) 마침내 …… 가지다 : 毛傳의 "荒, 大也"와 鄭箋의 "大東, 極東"을 따랐다.

"소(釗) 나 주왕(周王)은"이라고 한 것은 『일서(逸書)』를 일컬으니, 본 것이 대부분 고본(古本)이었으므로 주를 낸 것이 근거 삼을 수 있다. 후인들이 비록 번갈아 보충·정정하였으나 큰 강령(綱領)과 뜻은 곽박의 범위를 벗어나지 못하였다.

형병(邢昺)의 『소(疏)』도 대부분 인증(引證)을 잘하였으니, 예컨대 『시자(尸子)』「광택(光澤)」·「인의(仁意)」편은 모두 지금 사람들이 미쳐 볼 수 있는 것이 아니다. 건위문학(犍爲文學)·번광(樊光)·이순(李巡)의 주(注)가 육씨(陸氏 : 陸德明)의 『석문(釋文 : 經典釋文)』에 나타난 것은, 비록 누락된 것이 많았으나 소(疏)를 낸 학자들의 체제는 오직 본주(本注)만을 밝혔고, 주(注)에 미치지 않은 것은 다시 널리 찾지 않았다. 이것은 또한 당(唐) 이래의 공통된 폐단이니, 형병(邢昺)에게만 책임지울 수 없다. 오직 주(注)의 글만 나열한 다음, 소(疏)의 안에 때로 그 글을 다시 기술하고, 다만 말하기를 곽주(郭注)에서 "……"고 하고, 한 글자도 달리하지 않고, 또한 다시 한 마디 말도 별도로 하지 않아 거의 풀이하지 못했다. 어찌 그 애초에 소(疏)와 주(注)가 별도로 통행되었겠는가? 지금 원래 판각을 보지 못하여, 다시 고찰하지 못하겠다.

이아소서(爾雅疏叙)[1]

＊翰林侍講學士朝請大夫守國子祭酒上柱國賜紫金魚袋 臣邢昺等 奉敕校定[2]

夫『爾雅』者, 先儒授敎之術, 後進索隱之方, 誠傳注之濫觴, 爲經籍之樞要者也. 夫混元闢而三才肇位, 聖人作而六藝斯興. 本乎發德于衷, 將以納民於善. 泊夫醇醨旣異, 步驟不同, 一物多名, 繫方俗之語; 片言殊訓, 滯今古之情, 將使後生若爲鑽仰? 繇是聖賢間出, 詁訓遞陳, 周公倡之於前, 子夏和之於後. 蟲魚草木, 爰自爾以昭彰; 『禮』·『樂』·『詩』·『書』, 盡由斯而紛郁. 然又時經戰國, 運歷挾書, 傳授之徒寖微, 發揮之道斯寡, 諸篇所釋, 世罕得聞. 惟漢終軍獨深其道, 豹鼠旣辨, 斯文遂隆. 其後相傳, 乃可詳悉. 其爲注者, 則有犍爲文學·劉歆·樊光·李巡·孫炎, 雖各名家, 猶未詳備. 惟東晉郭景純用心幾二十年, 注解方畢, 甚得六經

---

1) 叙 : 敍와 혼용되었다. '敍'가 正字, '叙'가 속자이다.
2) 한림시강학사 조청대부 수국자좨주 상주국사자금어대 신 형병 등은 조칙을 받들어 교정하였습니다.

之旨, 頗詳百物之形. 學者祖焉, 最爲稱首. 其爲義疏者, 則俗間有孫炎·高璉, 皆淺近俗儒, 不經師匠. 今旣奉勅校定, 考案其事, 必以經籍爲宗; 理義所詮, 則以景純爲主. 雖復研精覃思, 尙慮學淺意疏. 謹與尙書駕部員外郎直秘閣臣杜鎬·尙書都官員外郎秘閣校理臣舒雅·太常博士直集賢院臣李維·諸王府侍講太常博士兼國子監直講臣孫奭·殿中丞臣李慕淸·大理寺丞國子監直講臣王煥·大理評事國子監直講臣崔偓佺·前知洺州永年縣事臣劉士玄等, 共相討論, 爲之疏釋, 凡一十卷. 雖上遵睿旨, 共竭於顓蒙, 而下示將來, 尙慙於疏略. 謹敍.

대저 『이아』란 선유(先儒)들이 가르치는 수단이며, 후진(後進)들이 은미(隱微)함을 찾아내는 방도(方道)이니, 진실로 전(傳)과 주(注)의 기원(起源)이며 경적(經籍)의 추요(樞要 : 핵심)입니다. 무릇 우주(宇宙)가 처음 열리고 천(天)·지(地)·인(人)이 비로소 제자리를 잡게 됨에 따라, 성인(聖人)이 일어나서 육예(六藝)[3]가 흥기(興起)하니, 덕(德)이 충심(衷心)에서 발동함에 근본하여 백성들이 모두 선(善)으로 들어가게 되었습니다. 그리고 무릇 순리(醇醨)[4]가 이미 다르고 보취(步驟 : 걷고 달림)가 같지 않으니, 동일한 사물도 명칭이 많음은 지방 풍속의 언어에 관련되어서이고, 한 마디의 말도 풀이가 다름은 옛날과 지금의 실정이 막혀서입니다. 장차 후생(後生)들로 하여금 聖人의 學德을 어떻게 탐구하여 우러러보게[5] 하겠습니까?

이로 말미암아 성현이 사이를 두고 나와서 고훈(詁訓)을 번갈아 말하게 되었는데, 주공(周公)이 앞에서 선창(先唱)하고 자하(子夏)가 뒤에서 화답(和答)하니, 충(蟲)·어(魚)·초(草)·목(木)이 이로부터 환하게 드러나게 되었고,

---

3) 六藝 : 이 중에 특히 '書'는 글씨 쓰기가 아니라 六書라는 점에 유의해야 한다. 六書는 漢字의 구조 법칙과 운용 법칙을 말한다. 『周禮』「地官」「保氏」에 의하면 周代에 이미 小學에서 六書를 가르쳤음을 알 수 있다.
4) 醇醨 : 진한 술과 묽은 술이라는 뜻으로, 순후한 풍속과 경박한 풍속을 말한다.
5) 탐구하여 우러러보게 : 『論語』「子罕」의 "仰之彌高, 鑽之彌堅"에서 줄여 鑽仰으로 쓴 것이다.

『예경(禮經)』·『악경(樂經)』·『시경(詩經)』·『서경(書經)』이 모두 이로 말미암아 융성하게 되었습니다. 그러나 또 전국시대(戰國時代)를 경과하고 운수가 진(秦)나라의 협서율(挾書律)[6]을 거치면서, 전수(傳授)하는 무리가 점점 줄어들게 됨에 따라 떨쳐 드러내는 도(道)는 적어지게 되어, 여러 편(篇)에 대한 해석이 있었다는 소문이 세상에 드물게 되었습니다.

그런데 오직 한(漢)나라의 종군(終軍)만은 그 도를 열심히 연구하여 표서(豹鼠)를 분변함에 따라 이 글이 마침내 융성(隆盛)하게 되었으며, 그 후에 서로 전수(傳授)함이 모두 자세하게 되었습니다.

주(注)를 단 학자로는 건위문학(犍爲文學)·유흠(劉歆)·번광(樊光)·이순(李巡)·손염(孫炎) 등이 있는데, 이들이 비록 각각 명가(名家)들이나 아직도 자세함을 갖추지는 못했습니다. 오직 동진(東晉)의 곽경순(郭景純 : 곽박)만이 마음을 쓴 지 거의 20년[7] 만에 주해(註解)를 비로소 완성하였는데, 육경(六經)의 뜻을 매우 잘 체득하였으며 온갖 사물의 모양을 상당히 자세하게 드러내었기 때문에 학자들이 이것을 비조(鼻祖)로 삼아 가장 으뜸으로 칭송하였습니다.

그 의소(義疏)를 지은 학자로는 세간(世間)에 손염(孫炎)·고련(高璉)이 있으나, 그들은 모두 천박(淺薄)하고 비근(卑近)한 속유(俗儒)였는데 사장(師匠 : 뛰어난 선생)을 겪어보지 않아서입니다.

지금 이미 칙령을 받들어 대조하여 고치면서 그 일을 고찰함에 반드시 경적(經籍)으로 으뜸을 삼고, 이의(理義)를 해설하는 것은 곽박의 주석을 위주로 하였습니다. 비록 정밀하게 연구하고 깊이 생각하여도 여전히 학문이 얕고 뜻이 소략한 것이 우려됩니다. 그래서 삼가 상서가부원외랑 직비각(尙書駕部員外郞直秘閣)인 신 두호(杜鎬), 상서도관원외랑 비각교리(尙書都官員外郞秘閣校理)인 신 서아(舒雅), 태상박사 직집현원(太常博士直集賢院)인

---

6) 挾書律 : 秦始皇 때 민간인이 秦의 歷史書와 醫藥·卜筮·種樹에 관한 책 이외에는 책을 가지지 못하게 한 법률.
7) 거의 20년 : '二九年' 즉 18년을 말한다.

신 이유(李維), 제왕부시강 태상박사 겸국자감직강(諸王府侍講太常博士兼國子監直講)인 신 손석(孫奭), 전중승(殿中丞)인 신 이모청(李慕淸), 대리시승 국자감직강(大理寺丞國子監直講)인 신 왕환(王煥), 대리평사 국자감직강(大理評事國子監直講)인 신 최악전(崔偓佺), 전지명주영년현사(前知洺州永年縣事)인 신 유사현(劉士玄) 등과 더불어 함께 서로 토론하여 소(疏)를 달았으니, 모두 11권입니다.

비록 위로 임금의 뜻을 따라서 함께 몽매(蒙昧)함을 다하였지만, 아래로 미래에 보여주기는 오히려 소략(疏略)함에 부끄럽습니다. 삼가 머리말을 씁니다.

『이아』주해전술인

『爾雅』註解傳述人[1]

* 唐國子博士兼太子中允贈齊州刺史吳縣開國男陸德明錄[2]

『爾雅』者, 所以訓釋五經, 辯章同異, 實九流之通路, 百氏之指南, 多識鳥獸草木之名, 博覽而不惑者也. 爾, 近也, 雅, 正也. 言可近而取正也. 「釋詁」一篇, 蓋周公所作, 「釋言」以下, 或言仲尼所增, 子夏所足, 叔孫通所益, 梁文所補, 張揖論之詳矣. 前漢終軍始受豹鼠之賜, 自玆迄今, 斯文盛矣. 先儒多爲億必之說, 乖蓋闕之義. 惟郭景純洽聞强識, 詳悉古今, 作『爾雅注』, 爲世所重, 今依郭本爲正.

犍爲文學『注』三卷(一云: 犍爲郡文學卒史臣舍人, 漢武帝時待詔. 闕中卷). 劉歆『注』三卷(與李巡『注』正同, 疑非歆『注』). 樊光『注』六卷(京兆人, 後漢中散大夫. 沈旋疑非光『注』). 李巡『注』三卷(汝南人, 後漢中黃門). 孫炎『注』三卷(『音』一卷).

---

1) 대본에는 이 글이 없으나 陸德明의 『爾雅』 音義에 대한 序文格인 글로서 『經典釋文』에 있는 것을 옮겨 번역하였다.
2) 당 국자박사 겸태자중윤 증제주자사 오현개국남 육덕명 기록.

郭璞『注』三卷(字景純, 河東人, 東晉弘農太守著作郎,『音』一卷,『圖贊』二卷).

右爾雅. 梁有沈旋(約之子), 集衆家之注. 陳博士施乾・國子祭酒謝嶠・舍人顧野王並撰『音』. 旣是名家, 今亦采之, 附於先儒之末.

『이아』는 오경(五經)을 훈석(訓釋)하여 동이(同異)를 분별하여 밝혔으니, 진실로 구류(九流)[3]의 통로(通路)이며 백씨(百氏 : 諸子百家)의 지남(指南 : 기준)으로, 조수(鳥獸)와 초목(草木)의 이름을 많이 알아서[4] 널리 보아 의혹되지 않게 하는 것이다. 이(爾)는 '근(近 : 접근시키다)'의 뜻이고, 아(雅)는 '정(正 : 바르다)'의 뜻인데, '접근시켜 바름을 취함'[5]을 말한다. 「석고(釋詁)」 1편은 주공(周公)[6]이 지었고, 「석언(釋言)」 이하의 편(篇)에 대해서, 혹자(或者)는 '중니(仲尼 : 孔子)가 증보(增補)하였다'고 하고, 혹자(或者)는 '자하(子夏 : 孔子의 제자)가 더하였다'고 하고, 혹자(或者)는 '숙손통(叔孫通)이 증익(增益)하였다'고 하고, 혹자(或者)는 '양문(梁文)이 보충(補充)하였다'[7]고 하였는데, 장읍(張揖)이 논한 것이 상세하다. 전한(前漢) 사람 종군(終軍)이 처음 표서(豹鼠)를 분별한 데 대하여 하사품을 받았는데, 그 이후로부터 지금까지 사문(斯文)[8]이 성대하였다. 선유(先儒)들은 대부분 억측(臆測)하는 주장을 하여 모르는 것은 비워둔다는 뜻[9]에 어긋났다. 오직 곽경순(郭景純 : 郭璞)만

---

3) 九流 : 漢代의 아홉 학파. 곧 儒家・道家・陰陽家・法家・名家・墨家・縱橫家・雜家・農家를 이른다.

4) 鳥獸와 …… 알아서 :『論語』「陽貨」에 나오는 말이다.

5) 접근시켜 바름을 취함 :『釋名』「釋典藝」에 "五方之言不同, 皆以近正爲主也"라 하여, '五方의 말이 같지 않아 모두 접근시켜 바로잡음을 위주로 한다'고 풀이하였다.

6) 周公 : 생존연대 미상. 周나라 사람. 文王의 아들. 武王의 아우. 이름은 旦. 무왕을 도와 紂를 치고, 成王을 도와 섭정하였다. 주나라 文物制度의 기틀을 확립하였다(『書經』「金縢」).

7) 或者는 …… 보충하였다 : 이 문장은 張揖의『廣雅』「廣雅表」에 나오는 것을 陸德明이 그대로 인용한 것이다. 이에 대하여『群經述要』(高明, 黎明文化事業股份有限公司, 民國 68년, 台北市, 193면)에서는 "『爾雅』는 주공이 지은 것이고, 공자・자하의 增益・潤色을 거쳐 완성되었다"고 정리하였다.

8) 斯文 : 통상 儒學의 뜻으로 쓰이나, 郭璞의 「爾雅序」에 "鼠旣辨, 其業亦顯"이라고 한 것에 따르면『爾雅』를 가리킴을 알 수 있다.

은 견문(見聞)이 넓고 애써 기억하여 고금(古今)에 대해 잘 알아『이아주(爾雅注)』10)를 지었는데, 세상 사람들에게 중시되었으므로 지금 곽본(郭本)에 따라 바로잡는다.

건위문학(犍爲文學)『이아주』3권(한편 말하기를 犍爲郡文學卒史臣舍人이며 漢 武帝 때의 待詔11)라 한다. 中卷은 빠졌다-原註)

유흠(劉歆)12)『이아주』3권(李巡의 註釋과 똑 같으므로 劉歆의 주석이 아닌 것 같다-原註)

번광(樊光)13)『이아주』6권(京兆 사람이며 後漢 때 中散大夫14)였다. 沈旋15)은 樊光의 주석이 아닌 것 같다고 의심하였다-原註)

이순(李巡)16)『이아주』3권(汝南 사람이며 後漢 때 中黃門17)이었다-原註)

손염『이아주』3권(『爾雅音』1권이 있다-原註)

곽박『이아주』3권(字는 景純이고 河東 사람으로 東晉 때에 弘農太守·著作郎

---

9) 모르는……비위둔다는 뜻:『論語』「子路」에 "子曰:野哉, 由也, 君子於其所不知, 蓋闕如也"에 나온다.

10)『爾雅注』: 이에 대한 提要는『爾雅詁林敍錄』에 자세하다. 이하 劉歆 등의『爾雅注』도 마찬가지다.

11) 待詔 : 詔書를 기다린다는 뜻으로, 天子의 부름을 받았으나 아직 任命狀을 받기 이전의 칭호. 漢나라 때는 사방에서 上書하는 사람들이 모두 公車(관청 이름)에서 待詔하였으나, 당대에는 翰林院이 待詔하는 곳이 되어 비로소 官名이 되었다(『文獻通考』「職官考」「學士院」).

12) 劉歆 : ?~23. 西漢末 古文經學派의 開創者이자 目錄學者이며 天文學者. 字는 子駿. 후에 이름을 秀로 字를 穎叔으로 바꾸었다. 劉向의 아들. 沛人. 父業을 계승하여 모든 책을 교열해서『七略』을 찬술했으니, 「輯略:總論」, 「六藝略」, 「諸子略」, 「詩賦略」, 「兵書略」, 「術數略」, 「方技略」을 담고 있다. 그 주된 내용은『漢書』「藝文志」에 실려 있으며, 이는 중국 목록학의 건립에 공헌을 한 것으로 평가받고 있다.

13) 樊光 : 생존연대 미상. 後漢의 京兆人. 관직은 中散大夫를 지냈다. 저서로『爾雅注』가 있다고 하나, 일부만『玉函山房輯佚書』에 실려 있다(『爾雅詁林敍錄』).

14) 中散大夫 : 王莽 때 두었던 官名. 後漢이 그것을 따랐으며 論議를 관장하였다.

15) 沈旋 : 생존연대 미상. 梁나라 沈約의 아들. 字는 士規. 관직은 招遠將軍·南康內史. 심약이 쓴『邇言』에 注를 달아서 세상에 행해졌다(『南史』57).

16) 李巡 : 생존연대 미상. 後漢의 汝陽人. 저서로『爾雅注』가 있다고 하나, 일부만『玉函山房輯佚書』에 실려 있다(『爾雅詁林敍錄』).

17) 中黃門 : 宦官으로서 少府에 소속되어 있던 관리. 궁중에 거처하며 궁중 내의 일을 맡아서 하였다.

을 지냈다. 『이아음』 1권과 『이아도찬(爾雅圖贊)』 2권이 있다－原註)

　위는 『이아』에 대한 것이다. 양(梁)나라 심선(沈旋 : 約의 아들이다－原註)이 여러 학자의 주(注)를 모았고, 진(陳)나라 박사(博士)인 시건(施乾)[18]과 국자좨주(國子祭酒)인 사교(謝嶠)[19]와 사인(舍人)[20]인 고야왕(顧野王)[21]이 모두 『이아음(爾雅音)』을 지었다. 이들은 명가(名家)이므로 지금 또 채택하여 선유(先儒)들의 글 뒤에 첨부(添附)하였다.[22]

---

18) 施乾 : 생존연대 미상. 南朝의 晉나라 사람, 관직은 博士, 『爾雅音』을 저술했다(『爾雅詁林敍錄』).

19) 謝嶠 : 생존연대 미상. 晉나라 사람, 관직은 國子祭酒, 학문에 돈독하여 通儒로 불렸다. 『爾雅音』을 저술했다(『爾雅詁林敍錄』).

20) 舍人 : 官名. 東宮通事舍人의 略語.

21) 顧野王 : 519~581. 南朝 梁과 陳의 經學者. 字는 希馮. 文字와 詁訓에 精緻하여 고금문자의 형체와 훈고를 고증한 『玉篇』을 찬술하였다(『陳書』 30).

22) 선유들의 …… 첨부하였다 : 『爾雅音義』에는 犍爲文學 등 여러 『爾雅注』 외에도 심선 이하 고야왕까지의 제저술의 音義를 곁들였다고 밝힌 것이다. 그러나 그 제시된 순서는 선유의 뒤[末]에만 첨부한 것이 아니라, 앞에 놓기도 하여 순서가 없다. 예컨대 『爾雅音義』의 「釋蟲」 第十五에 "蝤, 郭音由 …… 謝音流"라 하여, 곽박보다 사교의 音이 뒤에 있으나, 「釋訓」에 "佌, 顧音此, 謝音紫"라 하여, 顧野王이 郭璞보다 앞에 있는 것이다.

이아서(爾雅序)

爾雅疏 "爾雅"者, 『釋文』云: "所以訓釋五經, 辨章同異, 實九經之通路, 百氏之指南, 多識鳥獸草木之名, 博覽而不惑者也. 爾, 近也. 雅, 正也. 言可近而取正也. 「釋詁」一篇, 蓋周公所作, 「釋言」以下, 或言仲尼所增, 子夏所足, 叔孫通所益, 梁文所補." 張揖云: "昔在周公, 纘述唐虞, 宗翼文武, 克定四海. 勤相成王, 踐阼理政. 日昃不食, 坐而待旦. 德化宣流, 越裳來貢, 嘉禾貫桑. 六年制禮, 以導天下. 著『爾雅』一篇, 以釋其義. 傳乎後嗣, 歷載五百. 墳典散落, 唯『爾雅』常存. 『禮』「三朝記」: '哀公曰: 寡人欲學小辯以觀於政, 其可乎? 孔子曰: 『爾雅』以觀於古, 足以辯言矣.' 『春秋元命包』言: '子夏問, 夫子作『春秋』, 不以'初'·'哉'·'首'·'基'爲'始' 何? 是以知周公所造也.' 率斯以降, 超絶六國, 越踰秦楚, 爰曁帝劉. 魯人叔孫通撰置『禮記』, 文不違古. 今俗所傳三篇『爾雅』, 或言仲尼所增, 或言子夏所益, 或言叔孫通所補, 或言沛郡梁文所著, 皆解家所說. 先師口傳, 旣無正驗聖人所言, 是故疑不足能明也. 夫『爾雅』之爲書也, 文約而義固; 其陳道也, 精硏而無誤. 眞九經之檢度, 學問之階路, 儒林之楷素也." "序"與緖音義同. 「釋詁」云 : "叙, 緖也." 言己注述之由, 叙陳此經之旨, 若繭之抽緖耳. 孔子作『書』序, 子夏作『詩』序, 故郭氏亦謂之序. 序之大指, 凡有五焉 : 初自"夫『爾雅』者"至"辨同實而殊號者也", 明此書之用也. 二自"誠九流之津涉" 至"摛翰者之華苑也", 言爲群經之樞要也. 三自"若乃"至"莫近於『爾雅』", 言其博物, 他書不之過也. 四自"『爾雅』者"至"其業亦顯", 明其興隆之時也. 五自"英儒瞻聞之士"至序末, 總序己所以作注之意也. 今各依文解之.

　　『이아』는『경전석문』에서 이렇게 말하였다. "오경(五經)[1]을 풀이하여 장(章)의 동이(同異)를 분별하여 밝혔으니, 진실로 구경(九經)[2]의 통로이며 백씨(百氏)의 지남(指南)으로, 조수(鳥獸)와 초목(草木)의 이름을 많이 알아 널리 보아 미혹이 없게 하는 것이다. '이(爾)'는 '근(近)'의 뜻이고, '아(雅)'는 '정(正)'의 뜻이니, '가까이하여 바름을 취함'을 말한다.「석고(釋詁)」1편은 주공(周公)이 지은 것이며,「석언(釋言)」이하에 대하여 혹자는 말하기를 '공자(孔子)가 증가시키고 자하(子夏)가 채우고 숙손통(叔孫通)이 더하였으며 양문(梁文)이 보충하였다'고 하였다."[3]

　　장읍(張揖)이 이르기를 "옛날 주공은 요순을 이어서 조술(祖述)하고 문왕

---

1) 五經 :『詩經』·『書經』·『周易』·『禮記』·『春秋』를 말한다. 孔子가 정리한 六經에서 散失된『樂經』을 제외한 나머지를 일컫는 것이 漢나라 때의 通說이다. 그러나『樂經』을 넣고『春秋』를 빼는 등 異說이 있다.

2) 九經 : 陸德明의「爾雅注疏傳述人」에는 '九流'로 되어 있다. 九經은 9가지 경서로,『詩』·『書』·『易』과 春秋三傳인『左傳』·『穀梁傳』·『公羊傳』과 三禮인『儀禮』·『周禮』·『禮記』를 포함하여 이르는 말이다. 이것도 이설이 많아『周易』·『書經』·『詩經』은 대개 포함되지만 다른 경서는 출입이 많다. 姜兆錫은『九經補注』에서『爾雅』를 구경에 포함시키기도 하였다.

3) 혹자는 …… 말하였다 : 陸德明의『釋文』에서 인용한 것이다.

과 무왕을 높여 도와서[4] 능히 사해(四海)를 평정하고 부지런히 성왕(成王)을 도와 왕좌에 나아가 정사를 다스렸는데,[5] 해가 기울도록 밥을 먹지 않고 앉아서 이튿날 아침을 기다렸다. 덕화(德化)가 두루 미치어 월상(越裳)[6]이 조공을 바쳐왔으며 아름다운 곡식이 뽕나무 잎을 꿰뚫고 나왔다.[7] (섭정한 지) 6년에 예(禮)를 제정하여[8] 천하를 인도(引導)하였다. 『이아』1편을 지어 그 뜻을 풀이하여 후대에 전하였는데, 오백 년의 세월을 지나면서 「분전(墳典)」[9]이 산락(散落)하였으나 오직 『이아』만이 항상 존속하였다. 『예(禮)』「삼조기(三朝記)」[10]에 "애공(哀公)[11]이 '과인이 「소변(小辯)」[12]을 배워서 정치를 살피고자 하는데 그것이 가능하겠는가?' 하니 공자가 '『이아』

---

4) 높여 도와서 : 『書經』「顧命」의 "태자 釗를 남문 밖에서 맞이하여 곁방에 인도해 들여 거상하는 방에서 주장케 하였다[逆子釗於南門之外, 延入翼室, 恤宅宗.]"에서 '宗翼'으로 줄여 쓴 것이다.

5) 정사에 …… 다스렸는데 : 周公의 조카 成王이 어렸을 때, 주공이 冢宰로서 성왕을 대리하여 踐阼하고 정무를 대행한 일. 이에 대하여 異論이 많은바, 攝位(왕위를 대리함)·攝政(정무를 대리함)·冢宰居攝(총재로서 대리함에 있음)이 있는데, 후세에 논의하기를 섭정 쪽으로 기울고 있다.

6) 越裳 : 고대의 國名. 南蠻. 월남의 남부에 있었는데 周公이 섭정한 지 6년에 制禮作樂하여 천하가 화평해지자 越裳에서는 白雉를 獻上하였다(『後漢書』「南蠻傳」).

7) 아름다운 …… 나왔다 : 상서로운 조짐을 말함. 『韓詩外傳』 卷5에 "성왕 때에 '3개의 곡식 싹이 뽕나무 잎을 꿰뚫고 나와 합쳐져 하나의 이삭이 된 것이 있었는데[有三苗貫桑(葉)而生, 同爲一秀(穗)]', 크기가 거의 수레에 가득할 만하고 길이가 거의 상자에 채워질 만하였다. 성왕이 周公에게 묻기를 '이것이 무슨 물건이오?'라고 하자, 주공이 말하기를 '3개의 곡식 싹이 합쳐져 하나의 이삭이 된 것은 생각건대 천하가 아마 통일될 듯합니다[天下殆同一也]'라고 하였다. 3년 뒤에 越裳氏가 …… 白雉를 주공에게 바쳤다"고 하였다.

8) 섭정한 …… 제정하여 : 『禮記』「明堂位」에 "周公踐天子之位, 以治天下. 六年, 朝諸侯于明堂, 制禮作樂, 頒度量, ……"이라 하고, 그 疏에 "攝政六年, 頒度量, 制其禮樂"이라 하여, '六年'은 '周公이 攝政한 지 6년'으로 나타나고 있다.

9) 墳典 : 三墳五典의 준말로, 聖賢이 쓴 책을 말함.

10) 三朝記 : 『孔子三朝記』. 孔子가 魯나라 哀公을 대하여 했던 말을 모은 책. 지금의 『大戴禮』에 모두 실려 있다.

11) 哀公 : 春秋 魯나라의 諸侯. 이름은 蔣. 孔子가 哀公에게 임금을 弑害한 齊나라 田常을 치라고 청하였으나 들어주지 않았다. 三桓을 근심하여 겁박하려 했으나 三桓에게 공격당해 衛나라로 망명하였다(『史記』33).

12) 「小辯」 : 조금 구별한다는 뜻으로, 『大戴禮』의 편명임. '辯'은 '辨'으로 도 쓴다.

로 옛 일을 보면 충분히 말을 분별할 수 있습니다'고 하였다"고 하였다.
『춘추 원명포(春秋 元命包)』13)에는 "자하(子夏)가 묻기를 '공자가 춘추를 지
으면서 초(初)·재(哉)·수(首)·기(基)를 시(始: 시초)라고 하지 않은 것은 어
째서인가?'"라고 하였으니, 이로써 주공이 지은 것임을 알 수 있다. 이로
부터 이후로 육국(六國)14)을 뛰어넘고 진(秦)·초(楚)를 넘어서 한대(漢代)15)
에 이르러 노인(魯人)인 숙손통(叔孫通)이 『예기(禮記)』를 찬술(撰述)하였는
데, 문장이 고법(古法)에 어긋나지 않았다. 지금 민간에서 전하는 세 편의
『이아』에 대하여 혹자(或者)는 공자(孔子)가 증가하고 혹자는 자하(子夏)가
더하고 혹자는 숙손통(叔孫通)이 보태고 혹자는 패군(沛郡)의 양문(梁文)이
저술한 것이라고 하였으나, 모두 주석가(註釋家)들이 말한 것이다. 선사(先
師: 과거의 선생)들의 구전(口傳)에는 이미 성인이 말한 것이라고 정확히 검
증된 것이 없다. 이러한 까닭으로 『이아』를 지었다는 것이 의심만 가고 능
히 밝히기에 부족하다.
　『이아』라는 책은 글이 간략하고 뜻이 확고하며, 그 도를 진술함은 정
연(精硏)하면서도 그릇됨이 없으니, 진실로 구경(九經)의 검도(檢度: 법도)요
학문의 계로(階路: 사다리 길)요 유림의 해소(楷素: 모범)이다"고 하였다.16) 서
(序)와 서(緖)는 음의(音義)가 같다. 『이아』「석고」에는 '서(叙)'는 '서(緖: 실마
리)'라고 하였으니, 주해자(注解者) 자신이 주해 서술한 이유를 말하고 이
경(經: 『이아』)의 뜻을 진술하여, 마치 고치에서 실마리를 뽑아내는 것과
같은 것이다. 공자는 『상서(尙書)』 서(序)를 짓고 자하(子夏)는 『시경』 서를
지었으므로 곽박도 또한 서(序)라고 한 것이다.
　서(序)의 대강 취지는 모두 다섯인데, 처음은 '부이아자(夫爾雅者)'에서

---

13) 『春秋 元命包』: 『春秋緯』의 일종. 지금은 佚失되어 없다.
14) 六國: 戰國 時代의 秦을 뺀 齊·楚·燕·韓·魏·趙를 이름. 函谷關 동쪽에 있던
　　나라들이다.
15) 漢代: 원문 '帝劉'는 '劉氏가 皇帝 노릇하다'는 뜻으로 劉邦이 황제가 되어 창업한
　　漢나라를 말한다.
16) 장읍이 …… 하였다:「上廣雅表」에서 인용한 것이다.

'변동실이수호자야(辯同實而殊號者也)'까지로, 이 책의 공용(功用)을 밝혔다.
둘째는 '성구류지진섭(誠九流之津涉)'에서 '이한자지화원야(擒翰者之華苑也)'
까지로, 여러 경전(經典)의 요체가 됨을 밝혔다. 셋째는 '약내(若乃)'에서
'막근어이아(莫近於爾雅)'까지로, 그 사물에 대하여 광범위함은 다른 책이
넘어설 수 없음을 말하였다. 넷째는 '이아자(爾雅者)'에서 '기업역현(其業亦
顯)'까지로, 그 흥륭(興隆)한 때를 밝혔다. 다섯째는 '영유섬문지사(英儒瞻聞
之士)'에서 서(序)의 끝까지는, 곽박이 주를 짓게 된 뜻을 총괄 서술하였다.
이제 각각의 글에 따라 풀이한다.

 夫『爾雅』者, 所以通詁訓之指歸, 叙詩人之興詠,
總絶代之離詞, 辯同實而殊號者也.

　『이아』라는 것은 고훈(詁訓 : 옛 말을 풀이함)의 뜻의 귀착점을 통달케 하
여 시인(詩人)의 흥영(興詠 : 흥취내어 읊음)을 서술하고, 원대(遠代)의 다른 말
을 모아서 실상은 같으면서 호칭이 다른 것을 분별한 것이다.[17]

 夫, 音符.[18] 爾, 字又作邇. 雅, 字亦作疋.[19] 詁, 音古, 又音故. 興,
許應反.[20] 總, 子孔反.

---

17) 遠代의 …… 것이다 : 『이아』가 훈고로서 六書의 轉注 위주로 이루어진 내용임을 나
　　타내는 것이다. 轉注는 同意相受 즉 互訓으로 이루어지는데, 결국 한 가지 의미가 여
　　러 한자로 이룩된 것, 다시 말하면 몇 개의 한자가 한 가지 의미인 것을 말한다. '總絶
　　代之離詞'는 시간적으로 다르게 표현된 한자의 호훈을 말하는 것으로 本『爾雅序』
　　疏에서는 '재차 지내는 제사'의 예를 들어 주나라 때는 '繹', 상나라 때는 '肜', 하나라
　　때는 '復胙'를 제시하였다. '辯同實而殊號'는 지역적으로 다르게 표현된 한자의 호훈
　　을 말하는 것으로, 疏에서는 '덮치는 그물'의 예를 들어 '繴'·'罿'·'罬'·'罦' 등을
　　제시하였다.
18) 夫音符 : 符는 發語辭 또는 代名詞를 나타내는 音이다. 夫에는 '音膚'에 의한 男子
　　之稱, '音扶'에 의한 彼·凡 등의 뜻이 있다(『正中形音義綜合大字典』). 符는 扶와 同
　　音이므로, 이 경우 夫는 發語辭로 풀이된다.

부(夫)는 음이 부(符)이다. 이(爾)는 글자를 또 이(邇)로도 쓴다. 아(雅)는 글자를 또 아(疋)로도 쓴다. 고(詁)는 음이 고(古), 또는 고(故)이다. 흥(興)은 허(許)와 응(應)의 반절이다. 총(總)은 자(子)와 공(孔)의 반절이다.

[爾雅疏] 此明其用也. "夫"者發語辭, 亦指示語, 指此『爾雅』者所以通詁訓之指歸也. "詁", 古也, 通古今之言使人知也. "訓", 道也, 道物之貌以告人也. "指歸"謂指意歸鄉也. 言此書所以通暢古今之言, 訓道百物之貌, 使人知其指意歸鄉也. 若言"初·哉·首·基"者, 其指歸在 "始"也. 若言"番番·矯矯"者, 其指歸在"勇"也. 略擧一隅, 他皆放此. 云 "叙詩人之興詠"者, 叙, 次叙也. 鄭玄注『周禮』「大司樂」云: "興者, 以善物喩善事." 又注「大師」云: "興者, 見今之美嫌於媚諛, 取善事以喩勸之." 鄭司農云: "興者, 託於事物." "詞"者, 永言也. 故「舜典」云: "歌永言." 孔注云: "歌詠其義以長其言." 又『詩』序云: "言之不足, 故嗟歎之; 嗟歎之不足, 故永歌之." 斯皆詩人所爲, 此書能次叙之. 故言"叙詩人之興詠"也. 若言"雍雍喈喈", 以興民協服也; "其虛其徐", 以詠威儀容止也. 如此之類, 皆是. 案『爾雅』所釋, 徧解六經, 而獨云"叙詩人之興詠"者, 以『爾雅』之作多爲釋『詩』, 故毛公傳『詩』皆據『爾雅』, 謂之詁訓傳, 亦此意也. 云 "總絶代之離詞"者, 揔, 聚也; 絶代, 猶遠代也; 離詞, 猶異詞也. 郭璞叙『方言』云"標六代之絶語, 類離詞之指韻", 亦猶此也. 以其六代絶遠, 四方乖越, 故今古語異, 夷夏詞殊. 此書能揔聚而釋之, 使人知也. 若其"繹又祭也, 周曰繹, 商曰肜, 夏曰復胙", 及注引『方言』之類, 是也. 云"辯同實而殊號者也"者, 辯謂辯別, 凡物雖殊其號而同一實者, 此書辯之. 若 "緊謂之罿, 罿, 罬也; 罬謂之罦, 罦, 覆車也." 又「釋草」云: "唐·蒙, 女

---

19) 疋 : 雅의 本字. 餘他의 본에 '疋(발 소)'로 되어 있는 것은 잘못이다.

20) 興, 許應反 : 興은 去聲으로, '『詩經』 六義의 하나' '興趣' '기뻐하다'라는 뜻이 된다. 그러나 '興'이 '盧陵切'로 平聲이면 '일어나다(起)' '생기다(生)' 등의 뜻으로 된다(『中文大辭典』).

蘿. 女蘿, 冤絲." 注云 : "別四名." 如此之類, 是也.

　이것은 그 효용(效用)을 밝힌 것이다. 부(夫)는 발어사(發語辭)이며 또한
지시어(指示語)인데, 이 '『이아』자소이통고훈지지귀(『爾雅』者所以通詁訓之指
歸)'를 가리킨 것이다. 고(詁)는 고(古 : 옛 날)이니, 고금의 말을 통하게 하여
사람들에게 알게 함이다. 훈(訓)은 도(道 : 말하다)이니, 사물의 모양을 말하
여 사람에게 알림이다. 지귀(指歸)는 가리키는 뜻의 귀결점이니, 이 책이
고금의 말을 통창(通暢 : 통함)하고 백물(百物)의 모습을 훈도(訓道 : 말함)하여
사람들로 하여금 그 가리키는 뜻의 귀결점을 알게 함을 말한 것이다. '초
(初) · 재(哉) · 수(首) · 기(基)'와 같은 말은 그 귀결점이 '시(始 : 시작)'에 있
고,21) '파파(番番) · 교교(矯矯)'22)와 같은 말은 그 귀결점이 '용(勇)'에 있는
데, 간략히 한 부분만 들었으니,23) 다른 것도 모두 이와 같다.
　'서시인지흥영(叙詩人之興詠)'이라고 한 것에서, 서(叙)는 차서(次叙)이다.
『주례(周禮)』 「대사악(大司樂)」의 정현(鄭玄) 주(注)에는 "흥(興)이라는 것은
좋은 물건으로 좋은 일을 비유한 것이다"고 하였으며, 또 「태사(大師)」의
주(注)에는 "흥(興)이라는 것은 지금의 아름다움을 보고 아첨한다고 혐의
받을까 하여 좋은 일을 취하여서 비유하여 권면(勸勉)하는 것이다"고 하였
다. 정사농(鄭司農)24)은 "흥(興)이라는 것은 사물에 의탁하는 것이며, 사(詞)
는 길게 말하는 것이다. 그러므로『서경』「순전(舜典)」에는 '가(歌 : 노래)는
영언(永言)이다'"고 하였고, 공안국(孔安國)의 주에는 "가(歌)는 그 뜻을 읊
어서 그 말을 길게 하는 것이다"고 하였다. 또 『모시(毛詩)』서(序)25)에는

---

21) 初 · 哉 …… 始에 있고 : 「釋詁」에 나온다.
22) 番番矯矯 : 「釋訓」에 나온다.
23) 간략히 …… 들었으니 : 解釋詞가 한 번만 쓰인 것을 말함. 예컨대 '初, 始也. 哉, 始
　　也. 首, 始也. 基, 始也. ……' 등과 같이 해석사 '始'를 여러 번 쓰지 않고, '初 · 哉 ·
　　首 · 基 …… 始也'라고 하여 해석사가 한 번만 쓰인 것을 말한다.
24) 鄭司農 : 東漢의 고문경학가인 鄭衆(?~83)을 말한다. 鄭興의 아들로, 鄭玄을 後鄭이
　　라 하는 것과 상대적으로 鄭衆을 先鄭이라 하였다. 字는 仲師이며 司農이라는 관직
　　을 역임함으로 인하여 鄭司農으로 불린다.

"말함으로 부족하기 때문에 영탄하고, 영탄함으로 부족하기 때문에 길게 노래한다"고 하였다. 이는 모두 시인이 한 것인데 이 책이 능히 차례로 서술하였다. 그러므로 "시인이 흥영(興詠: 흥기시켜 노래함)한 것을 서술하였다"고 말한 것이다.

'옹옹개개(噰噰喈喈)'26)와 같은 말은 백성이 협복(協服: 화합 복종)하는 것을 흥기시킨 것이고, '기허기서(其虛其徐)'27)는 위의(威儀)와 용지(容止)를 노래한 것인데, 이와 같은 유(類)가 모두 이것이다. 『이아』에 풀이한 것을 살펴보면 두루 육경(六經)을 풀이하였는데도 유독 '서시인지흥영(叙詩人之興詠)'이라고 한 것은 『이아』의 저술이 대부분 시를 풀이하였기 때문이다. 그러므로 모공(毛公)28)이 시에 전(傳)을 지으면서 모두 『이아』에 근거하여서 그것을 고훈전(詁訓傳)29)이라고 하는 것은 또한 이러한 뜻이다.

'총절대지이사(總絶代之離詞)'라고 한 것에서 '총(總)'은 '모은다'는 뜻이며, '절대(絶代)'는 '원대(遠代)'와 같으며, '이사(離詞)'는 '이사(異詞: 다른 말)'와 같다. 곽박이 『방언(方言)』30)에 서(叙)를 쓰면서 "육대(六代)31)의 절어(絶語: 멀어져간 말)를 표기하고, 이사(離詞)의 지운(指韻: 가리키는 운치)을 유별(類別)한다"고 하였으니, 또한 이와 같다. 육대(六代)가 너무 멀고 사방이 서로

---

25) 『毛詩』序: 『詩經』 각 편의 머리의 序를 말하는 것으로, 1篇마다 각 詩의 大義를 서술하였다. 여기에 제시된 글은 『詩經』「國風」「關雎」序이다. 이는 「關雎」 大義 외에 『詩經』의 전체 뜻을 槪說하고 있다. 序에는 또 大小의 구별이 있는데 이에 대하여 여러 異說이 있다.

26) 噰噰喈喈: 봉황이 우는 소리. 「釋訓」에 나온다.

27) 其虛其徐: 겸양하여 느긋한 모양. 『詩經』「邶風」「北風」에는 '徐'가 '邪(서)'로 쓰였는데, 두 글자는 音義가 같다. 「釋訓」에 나온다.

28) 毛公: 前漢의 博士로서 詩를 전한 사람. 大毛公(毛亨)·小毛公(毛萇)의 총칭. 이들이 傳한 詩가 오늘날 완전하게 전해지기 때문에 『시경』은 바로 『毛詩』를 가리킨다(『漢書』「儒林傳」).

29) 詁訓傳: 注疏本 『詩經』에 "周南關雎詁訓傳第一", "邶柏舟詁訓傳第三", "文王之什詁訓傳第二十三" 등으로 '風' 또는 '什'이 바뀔 때마다 '詁訓傳'이라 하였다.

30) 『方言』: 漢 揚雄 撰. 郭璞이 주석을 한 것이 전한다. 『方言』은 『輶軒使者絶代語釋別國方言』 또는 『別國方言』이라고 하는데 당시 각 지역의 말을 모은 것이다.

31) 六代: 여섯 시대. 黃帝·帝堯·帝舜·禹王·湯王·武王의 대를 말하기도 하나 이 외에도 여러 설이 있다.

어긋난 까닭으로 예와 지금의 말이 다르고, 오랑캐와 중국의 말이 다르다. 이 책은 능히 모두 모아서 그것을 풀이하여 사람들로 하여금 알게 한 것이니, 예컨대 "역(繹)은 재차 지내는 제사이다. 주(周)에서는 역(繹)이라 하고, 상(商)에서는 융(肜)이라 하고, 하(夏)에서는 복조(復胙)라고 한다"고 한 것과 주(注)에서 인용한 『방언』과 같은 종류가 이것이다.

'변동실이수호자야(辯同實而殊號者也)'라고 한 것에서 '변(辯)'은 '변별(辨別)'을 이르는 것으로, 무릇 사물이 비록 그 이름이 다르나 실상이 같은 것은 이 책이 그것을 변별하였다. 예컨대 "'벽(繴)'을 '동(置 : 덮치는 그물)'이라 하는데 '동(置)'은 '철(㲉)'이다. '철(㲉)'은 '부(罦)'라 하는데, '부(罦)'는 '부거(覆車)'이다"32)와 또 석초(釋草)에서 "'당(唐)·몽(蒙)'33)은 '여라(女蘿)'이다. '여라(女蘿)'는 '토사(兔絲)34)'이다"고 한 주(注)에 "네 가지 이름을 구별하였다"고 하였으니, 이러한 종류가 이것이다.

誠九流之津涉, 六藝之鈐鍵, 學覽者之潭奧, 摛翰者之華苑也.

진실로 구류(九流)의 진섭(津涉 : 나루·통로)이고, 육예(六藝)의 검건(鈐鍵 : 자물쇠와 열쇠. 핵심)이니, 학람자(學覽者 : 배워 살펴보는 이)의 담오(潭奧 : 심오한 곳)이고, 이한자(摛翰者 : 서술하여 글 짓는 이)의 화원(華苑 : 꽃동산)이다.

鈐, 其廉反. 鍵, 字又作楗, 其展反, 『字林』 : "巨偃反, 銳也, 一日 鐉也", 『廣雅』云 : "鍵, 牡也." 『小爾雅』云 : "鍵謂之鑰", 『方言』

---

32) 罦는 覆車이다. 「釋器」에 나온다.
33) 唐蒙 : 새삼과에 속하는 1년생 기생 蔓草.
34) 兔絲 : 새삼과에 속하는 일년생 기생 蔓草. 씨는 菟絲子라 하여 한약재로 쓰인다. '兔'는 '菟'와 통한다.

云 : "鑰也." 自關而東, 陳楚之間, 謂鑰爲鍵, 或一音巨言反. 潭, 徒南反.
奧, 烏報反. 摛, 勒知反.『說文』云 : "舒也." 翰, 寒半反. 華, 胡瓜反. 苑,
於阮反.

검(鈐)은 기(其)와 렴(廉)의 반절이다. 건(鍵)은 글자를 또 건(楗)으로도 쓰
는데 기(其)와 전(展)의 반절이다.『자림(字林)』[35]에는 "거(巨)와 언(偃)의 반
절인데 예(銳 : 날카롭다)의 뜻이며, 한편으로 할(鐹 : 비녀장)이라는 뜻이다"고
하였다.『광아(廣雅)』에 "건(鍵)은 모(牡 : 열쇠)이다"고 하였다.『소이아(小爾
雅)』[36]에 "건(鍵)을 약(鑰 : 자물쇠)이라 한다"고 하였으며,『방언』에 "약(鑰)이
다"고 하였는데, 함곡관(函谷關)으로부터 동쪽으로 진(陳) · 초(楚) 지역에서
는 약(鑰)을 건(鍵)이라고 하며, 혹은 다른 한 음으로 거(巨)와 언(言)의 반
절[37]이라고 하였다. 담(潭)은 도(徒)와 남(南)의 반절이다. 오(奧)는 오(烏)와
보(報)의 반절이다. 리(摛)는 륵(勒)과 지(知)의 반절인데,『설문(說文)』[38]에
"서(舒 : 펼치다)이다"고 하였다. 한(翰)은 한(寒)과 반(半)의 반절이다. 화(華)는
호(胡)와 과(瓜)의 반절이다. 원(苑)은 어(於)와 완(阮)의 반절이다.

---

35)『字林』: 書名.『隋書』「經籍志」에 晉의 弦令 呂忱이 지은 것으로 총7권이라 하였
다. 唐代에는『說文』과 동등한 비중으로 취급되었으며 540부수에 총12,824자이다.『說
文』과『玉篇』의 중간에 위치하는 중요한 字書이나 宋末에 없어져 지금은 전하지 않
는다. 淸 乾隆 年間에 任大椿이『字林考逸』8권을 지었다.
36)『小爾雅』: 書名. 漢 孔鮒 撰.「廣詁」·「廣言」·「廣訓」·「廣義」·「廣名」·「廣服」·
「廣器」·「廣物」·「廣鳥」·「廣獸」·「廣度」·「廣量」·「廣衡」의 13편으로 되어 있다.
37) 혹은 다른 …… 巨와 言의 반절 : 鍵의 음이 其展反 · 巨偃反과 함께 여러 가지로 나
는 것을 제시한 것이다. 세 가지의 反切에서 反切上字 其 · 巨는 모두 羣聲이다. 그리
고 反切下字 展은 獮韻(上聲), 偃은 阮聲(上聲), 言은 元聲(平聲)이다(『漢字典』). 결국,
이 세 가지 反切은 同聲異韻으로 異音이 된 것이다. 그러나 한국음으로는 모두 '건'
으로 나타나, 구분되지 않는 한계를 지니고 있다. 이하 이러한 異音에 대한 설명은 특
별한 경우가 아니면 생략한다.
38)『說文』: 書名.『說文解字』의 준말. 30권. 漢 許愼 撰. 小篆 9,353자와 古文 · 籀文
1,163자를 540部로 분류하여 字形 위주로 字義 · 字音을 해설하였다.

此其明樞要也. 云"誠九流之津涉"者, 誠, 實也; 九流者, 序六藝
爲九種, 言於六經若水之下流也; 津涉者, 濟渡之處名. 言九流
之多, 非此書無以通, 喩九河之廣, 非津涉無以渡. 案『漢書』「藝文志」云
: "儒家者流五十三家, 八百三十五篇, 蓋出於司徒之官, 助人君順陰陽·
明敎化者也. 游文於六經之中, 留意於仁義之際, 祖述堯舜, 憲章文武,
宗師仲尼, 以重其言, 於道最爲高. 孔子曰 : '如有所譽, 其有所試.' 唐虞
之隆, 殷周之盛, 仲尼之業, 已試之效者也. 然惑者旣失精微, 而僻[39]者
又隨時抑揚, 違離道本, 苟以譁衆取寵, 後進循之, 是以五經乖析,[40] 儒
學寖[41]衰, 此僻儒之患也. 道家者流三十七家, 九百九十三篇, 蓋出於史
官, 歷記成敗·存亡·禍福·古今之道, 然後知秉要執本, 淸虛以自守,
卑弱以自持, 此人君南面之術也. 合於堯舜之克讓,[42] 『易』之嗛嗛, 一謙
而四益, 此其所長也. 陰陽家者流二十一家, 二百六十九篇, 蓋出於羲和
之官, 敬順昊天, 曆象日月星辰, 敬授民時, 此其所長也. 法家者流十家,
二百一十七篇, 蓋出於理官, 信賞必罰, 以輔禮制. 『易』曰 : '先王以明罰
飭法.' 此其所長也. 名家者流七家, 三十六篇, 蓋出於禮官, 古者名位不
同, 禮亦異數. 孔子曰 : '必也正名乎! 名不正則言不順, 言不順則事不
成.' 此其所長也. 墨家者流六家, 八十六篇, 蓋出於淸廟之官. 茅屋采椽,
是以貴儉; 養三老五更, 是以兼愛; 選士大射, 是以上賢; 宗祀嚴父, 是以
右鬼; 順四時而行, 是以非命; 以孝視天下, 是以上同. 此其所長也. 縱[43]
橫家者流十二家, 百七篇, 蓋出於行人之官. 孔子曰 : '誦『詩』三百, 使於
四方, 不能專對, 雖多, 亦奚以爲?' 又曰 : '使乎, 使乎!', 言其當權事制宜,
受命而不受辭. 此其所長也. 雜家者流二十家, 四百三篇, 蓋出於議官,

---

39) 僻 : 『漢書』「藝文志」에는 '辟'으로 되어 있다.
40) 析 : 대본에는 '柝'으로 되어 있으나 잘못이다. 『漢書』「藝文志」에 '析'으로 되어 있다.
41) 寖 : 『漢書』「藝文志」에는 '寱'으로 되어 있다.
42) 堯舜之克讓 : 『漢書』「藝文志」에는 '堯之克攘'으로 되어 있는데, 顔師古의 注에
    "攘, 古讓字"라 하였다.
43) 縱 : 『漢書』「藝文志」에는 '從'으로 되어 있다.

兼儒・墨, 合名・法, 知國體之有此, 見王治之無不貫, 此其所長也. 農家
者流九家, 百一十四篇, 蓋出於農稷之官, 播百穀, 勸耕桑, 以足衣食, 故
八政, 一曰食, 二曰貨. 孔子曰 : '所重民食.' 此其所長也." 此九流之大旨
也. 云"六藝之鈐鍵"者, 案『漢書』「藝文志」六藝謂『易』・『書』・『詩』・
『禮』・『樂』・『春秋』六經也. "凡六藝, 一百三家, 三千一百二十三篇."
『說文』云 : "鈐, 鑣也." 『方言』云 : "戶鑰, 自關之東, 陳・楚之間謂之鍵."
『小爾雅』云 : "鍵謂之鑰." 言此書爲六藝之鑣鑰, 必開通之, 然後得其微
旨也, 故云"六藝之鈐鍵"也. 云"學覽者之潭奧"者, 潭, 淵也; 室中西南隅
謂之奧, 言隱奧也. 此書釋二儀之形象, 載八表之昏荒, 雖博學廣覽之士,
莫能究淵深隱奧, 故云"學覽者之潭奧"也. 云"摛翰者之華苑也"者, 言此
書森羅萬有, 純粹六經, 摛文染翰之士, 足以掇其英華, 若園苑然, 故云
"華苑"也.

　　이것은 『이아』가 중추임을 밝힌 것이다. '성구류지진섭(誠九流之津涉)'이
라 한 것에서 '성(誠)'은 '진실로'의 뜻이고, '구류(九流)'는 육예(六藝)를 차
례 지어 아홉 종(種)으로 한 것이며, 육경(六經)에 대해서 구류(九流)를 말한
다면 이는 물의 하류와 같다. '진섭(津涉)'이라는 것은 물을 건너는 곳(나룻
터)의 이름이다. 구류(九流)가 많아서 이 책이 아니면 통할 수 없음을 구하
(九河)의 넓음이 진섭(津涉)이 아니면 건널 수 없다는 것으로 비유하여 말
한 것이다.
　　살피건대, 『한서』 「예문지」에는 이렇게 말하였다. 유가자류(儒家者流)는
53가(家)에 835편(篇)으로, 대개 사도(司徒)[44]의 벼슬에서 나왔다. 임금을 돕
고 음양을 순히 하며 교화(敎化)를 밝힌 사람들이다. 글을 육경 가운데에
서 즐겼으며, 뜻을 인의(仁義)의 사이에 두고 요(堯)・순(舜)을 조술(祖述)하
고 문왕(文王)・무왕(武王)을 명법(明法)으로 삼았으며, 중니(仲尼)를 종사(宗

---

44) 司徒 : 周代 六卿의 하나. 토지의 관리와 백성의 교화를 맡아보았다.

師)로 하여 그 말을 중히 함으로써 도(道)에서 가장 높은 것으로 삼았다.
공자(孔子)가 이르기를 "만일 칭찬하는 바가 있었다면 그 시험해 봄이 있
었던 것이다"45)라고 하였다. 요·순시대와 은(殷)·주(周)시대의 융성(隆盛)
함과 중니(仲尼)의 업적은 이미 시험하여 드러난 것이다. 그러나 미혹된
자는 이미 정미(精微)함을 잃고, 편벽된 자는 또 시대에 따라 부침(浮沈)하
기도 하여 도(道)의 근본에서 어긋나 구차하게 무리를 속이고 총애를 취
하자 후진들이 이를 따랐다. 이로써 오경(五經)이 잘못 풀이되어 유학이
점점 쇠미해졌으니 이것이 편벽된 유자(儒者)의 병통이다.

　도가자류(道家者流)는 37가(家)에 993편(篇)으로 대개 사관(史官)에서 나왔
다. 두루 성패(成敗)와 존망(存亡)과 화복(禍福)과 고금(古今)의 도(道)를 기록
한 연후에 요체와 근본을 잡아서, 청허(淸虛)로써 스스로를 지키고 비약(卑
弱)으로써 스스로를 유지하니, 이것이 인군(人君)이 남면(南面)46)하는 방법
이다. 요(堯)의 극양(克讓)에 부합하며47) 『역(易)』의 겸겸(嗛嗛)이며 일겸(一
謙)하여서 사익(四益)48)이 되는 것이니, 이것이 그 뛰어난 바이다.

　음양가자류(陰陽家者流)는 21가(家)에 269편(篇)으로 대개 희씨(羲氏)·화
씨(和氏)49)의 벼슬에서 나왔다. 하늘을 공경하고 순종하며 일월성신을 역
법으로 관찰하여 백성들에게 공경히 농사지을 때를 주는 것이니,50) 이것
이 그 뛰어난 바이다.

　법가자류(法家者流)는 10가(家)에 217편(篇)으로 대개 이관(理官 : 재판관)에
서 나온 것으로 신상필벌(信賞必罰)하여 예제(禮制)를 도왔다. 『역(易)』에 이

---

45) 만일 …… 것이다 : 『論語』「衛靈公」에 나온다.
46) 南面 : 남쪽을 향하여 자리를 잡는다는 뜻으로, 제왕이나 제후가 신하를 대하고 경대
　　부가 屬僚를 대할 때 남쪽을 향하여 앉는데서, 帝王·諸侯·卿大夫의 지위를 이른다.
47) 堯의 …… 부합하며 : 『尙書』「虞書」「堯典」에 堯의 덕을 칭송하여 '진실로 공손하
　　고 능히 사양하였다[允恭克讓]'라고 하였다.
48) 四益 : 네 가지의 유익함. 謙卦의 彖辭에 나오는 "天道虧盈而益謙, 地道變盈而流
　　謙, 鬼神害盈而福謙, 人道惡盈而好謙"을 이른다.
49) 羲氏·和氏 : 堯舜 때부터 曆法을 관장하던 관원(『書經』「堯典」).
50) 하늘을 …… 것이니 : 『書經』「虞書」「堯典」에 나온다.

르기를 '선왕이 서합(噬嗑) 괘로써 벌을 밝게 하며 법을 신칙(申飭)한다'[51]고 하였으니, 이것이 그 뛰어난 바이다.

명가자류(名家者流)는 7가(家)에 36편(篇)으로 대개 예관(禮官)에서 나왔다. 옛날에 이름과 지위가 같지 않으면 또한 그 예수(禮數 : 예의 등급)를 달리하였다. 공자가 "반드시 명분(名分)을 바르게 해야 할 것이로다. 명분이 바르지 않으면 말이 불순(不順)하고 말이 불순하면 일이 이루어지지 않는다"[52]고 하였으니, 이것이 그 뛰어난 바이다.

묵가자류(墨家者流)는 6가(家)에 86편(篇)으로 대개 청묘(淸廟)[53]의 수직(守直)으로부터 나왔다. 띠풀로 지붕을 이고 떡깔나무로 서까래를 만들었으니[54] 이로써 검소함을 귀하게 여겼으며, 삼노(三老)와 오경(五更)을 봉양하였으니[55] 이로써 겸애(兼愛)[56]하였으며, 대사(大射)[57]에서 사(士)를 선발하였으니 이로써 능력 있는 사람을 높였으며, 엄부(嚴父 : 엄한 아버지)를 종사(宗祀 : 받들어 제사함)하였으니 이로써 귀신을 믿으며,[58] 사시(四時)를 순순(順順)히 하여 행하였으니 이로써 명(命)이 있는 것이 아니며,[59] 효로써 천하에

---

51) 선왕이 …… 申飭한다 : 『周易』「噬嗑」「象傳」에 나온다.
52) 반드시 …… 않는다 : 『論語』「子路」에 나온다.
53) 淸廟 : 周 文王의 靈殿.
54) 띠풀로 …… 만들었으니 : 『漢書』「藝文志」의 顔師古 注에 "采, 柞木也, 字作梂, 本從木. 以茅覆屋, 以梂爲椽, 言其質素也"라고 하였다.
55) 三老五更을 봉양하였으니 : 周代에 天子가 三老五更을 세워서 부형의 예로써 봉양한 일. 三老와 五更이 각각 한 사람이라는 설과 三老는 세 사람, 五更은 다섯 사람이라는 설이 있다. 『禮記』「文王世子」에 나온다.
56) 兼愛 : 친근함과 소원함을 가리지 않고 모든 사람을 똑같이 사랑함. 墨子의 사상.
57) 大射 : 大射에는 제후가 제사 지낼 일이 있을 때 여러 신하들과 활을 쏘아 그 禮를 보는데 여러 번 맞춘 자는 祭祀에 참여할 수 있고 그렇지 못한 자는 제사에 참여할 수 없음을 가리는 의식이다.
58) 이로써 귀신을 믿으며 : 『漢書』「藝文志」, '顔師古'의 注에 따르면 원문의 '是以右鬼'에서 '右'는 '尊尙'이며, '右鬼'는 '信鬼神'을 말한다.
59) 命이 …… 아니며 : 『漢書』「藝文志」의 如淳의 注에 "길흉의 명이 없고 다만 현불초의 선악만 있음을 말한다[言無吉凶之命, 但有賢不肖之善惡]"라고 하였고, 또 蘇木은 "명이 있지 않은 것은 유자가 명이 있음을 지키면서도 도리어 사람들에게 덕을 닦고 선을 쌓기를 권장하여, 정교가 행실과 서로 반대되므로 이를 비난하였다[非有命者, 言儒者執有命, 而反勸人修德積善, 政敎與行相反, 故譏之也]"고 하였다.

보였으니 이로써 같게 하기를 숭상하였다.[60] 이것이 그 뛰어난 바이다.

　종횡가자류(縱橫家者流)는 12가(家)에 107편(篇)으로 대개 행인(行人)[61]의 벼슬에서 나왔다. 공자가 "시 3백 편을 외우면서 사방에 사신으로 나가 혼자서 대처하지 못한다면, 비록 많이 외운다 한들 어디에 쓰겠는가?"[62]라 하였으며, 또 "훌륭한 사자(使者)이구나! 훌륭한 사자이구나!"[63] 하였으니, 마땅히 일을 권도(權道)로 처리하고 합당하게 제어하며 명령을 받지 말을 받지 않는 것이니, 이것이 그 뛰어난 바이다.

　잡가자류(雜家者流)는 20가(家)에 403편(篇)으로 대개 의관(議官 : 諫議의 官)에서 나왔다. 유가(儒家)와 묵가(墨家)를 겸하고 명가(名家)와 법가(法家)를 합하였다. 국가 체제에 이것이 있음을 알고,[64] 왕자(王者)가 다스림에 관통하지 아니함이 없음을 보니[65] 이것이 그 뛰어난 바이다. 농가자류(農家者流)는 9가(家)에 114편(篇)으로 대개 농직(農稷)의 벼슬에서 나왔다. 백곡을 씨뿌리고 경상(耕桑 : 農業·蠶業)을 권하여 의식을 풍족하게 하는 것이다. 그러므로 팔정(八政)[66]에서 첫 번째가 식(食 : 음식)이요 두 번째가 화(貨 : 재물)이다. 공자는 "중히 여겨야 할 바는 백성이 먹는 것이다"[67]고 하였으

---

60) 같게 …… 숭상하였다 : 『漢書』「藝文志」 注에 "모두 같게 하여 다스릴 수 있음을 말한다[言皆同, 可以治也]"라고 하였다. '上同'은 '上賢'과 함께 『墨子』의 篇名으로, 『墨子』에는 '尙同'·'尙賢'으로 되어 있다.

61) 行人 : 『周禮』「秋官」에 나오는 官名으로 大行人과 小行人이 있다.

62) 시 3백 …… 어디에 쓰겠는가 : 『論語』「子路」에 "子曰 : 誦詩三百, 授之以政不達, 使於四方, 不能專對, 雖多亦奚以爲"라고 되어 있다.

63) 훌륭한 …… 사자이구나 : 『論語』「憲問」에 "蘧伯玉使人於孔子, 孔子與之坐而問焉曰 : 夫子何爲? 對曰 : 夫子欲寡其過而未能也. 使者出, 子曰 : 使乎! 使乎!"라고 되어 있다.

64) 국가 …… 있음을 알고 : 『漢書』「藝文志」에 "나라를 다스리는 체제는 또한 마땅히 이 잡가의 설이 있음을 알아야 한다[治國之體, 亦當有此雜家之說]"라고 하였다.

65) 王者가 …… 없음을 보니 : 『漢書』「藝文志」의 주에 "왕자의 다스림은 백가의 도에 종합되지 않음이 없다[王者之治, 於百家之道無不貫綜]"라 하였다.

66) 八政 : 정사의 여덟 방면. 여러 설이 있으나 『書經』「洪範」에 따르면 '食(民生)·貨(民資)·祀(祭祀)·司空(農政)·司徒(敎育)·司寇(治安)·賓(外交)·師(兵政)'를 말한다.

67) 중히 …… 것이다 : 『論語』「堯曰」에 "所重民食喪祭, 寬則得衆, 信則民任焉, 敏則有功, 公則說"이라고 되어 있다.

니, 이것이 그 뛰어난 바이다. 이것이 구류(九流)의 대지(大旨)이다.

육예지검건(六藝之鈐鍵)이라고 한 것에서, 살피건대, 『한서』 「예문지」에 육예(六藝)는 『주역』・『서경』・『시경』・『예경』・『악경』・『춘추』의 육경(六經)을 말한다. (『한서』 「예문지」에) "육예는 모두 103가(家)이며 3123편(篇)이다"고 하였다. 『설문』에 "검(鈐)은 쇄(鏁)이다"고 하였다. 『방언』에는 "호약(戶鑰 : 방 자물쇠)인데 관(關 : 函谷關)의 동쪽으로부터 진(秦)・초(楚)의 사이에서는 건(鍵)이라 한다"고 하였으며, 『소이아』에는 "건(鍵)을 약(鑰)이라 한다"고 하였다. 이 책이 육예의 쇄약(鎖鑰)이기 때문에 반드시 열어 통하게 한 연후에야 육예의 은미한 뜻을 터득할 수 있다. 그러므로 "육예의 검건(鈐鍵)이다"고 하였다.

'학람자지담오(學覽者之潭奧)'라 한 것에서, 담(潭)은 연(淵 : 못)이다. 방 속의 서남쪽 모퉁이를 오(奧)라 하니, 은오(隱奧 : 깊숙함)함을 말한다. 이 책은 이의(二儀)[68]의 형상을 풀이하고 팔표(八表)[69]의 혼황(昏荒 : 몽매 황량함)을 싣고 있어서, 비록 많이 배우고 널리 본 선비라도 깊고 오묘한 것을 궁구할 수 있는 자가 없다. 그러므로 학람(學覽)하는 사람의 담오(潭奧)라고 한 것이다.

'이한자지화원야(擒翰者之華苑也)'라고 한 것은 이 책이 삼라만상과 순수한 육경(六經)에서 문학을 펼치고 글에 젖은 선비들이 모두 그 영화(英華 : 꽃)를 딸 수 있는 것이 마치 원원(園苑 : 동산)과 같다. 그러므로 화원(華苑)이라고 하였다.

 若乃可以博物不惑, 多識於鳥獸草木之名者, 莫近於 『爾雅』.

---

68) 二儀 : 하늘과 땅.
69) 八表 : 팔방의 한없는 끝. 전세계. 八荒.

이에 사물을 널리 풀이하여 미혹되지 아니하고 조수초목(鳥獸草木)의
이름을 많이 알 수 있는 것은 『이아』보다 가까운 것이 없다.

近, 如字, 又音附近之近.

근(近)은 여자(如字)이며, 또 음이 부근(附近)의 근(近)이다.70)

爾雅疏 此言其博物也. 云"若乃"者, 因上起下語. 上旣言其功用, 此復美
其博物, 故云"若乃." 旣可以博釋庶物, 又能多識辨於鳥獸草木
之名者, "莫近於『爾雅』", 言『爾雅』最近之也. 又案『公羊傳』說『春秋』功
德云 : "撥亂世, 反諸正, 莫近諸『春秋』." 何休云 : "莫近, 猶莫過之也."
然則博物多識, 他書亦莫過於『爾雅』也.

이것은 사물을 널리 풀이함을 말한 것이다. '약내(若乃)'라고 한 것은 위
구절을 따라서 아래의 말을 이어나가는 것이다. 위에 이미 그 공용(功用)
을 말하고 여기서 다시 그 사물을 널리 풀이함을 찬미하였다. 그러므로
'약내(若乃)'라고 한 것이다. 이미 여러 사물들을 널리 해석할 수 있고 또
능히 조수초목의 이름을 많이 분별할 수 있는 것에는 "『이아』보다 가까
운 것이 없다"고 하였으니 『이아』가 가장 가까움을 말한 것이다. 또한 살
피건대, 『공양전(公羊傳)』에 춘추의 공덕을 말하여 "난세(亂世)를 다스려서
바른 도로 돌아가게 하는 것은 『춘추』보다 가까운 것이 없다"고 하였으
며, 하휴(何休)는 "막근(莫近)이란 넘어설 것이 없음과 같다"71)라고 하였다.

---

70) 近은 …… 近이다 : 如字는 한자음을 本音義로 읽으라는 표현이다. 近은 如字에 의
하면 吻韻으로 '不遠(가깝다)'이고, '附近之近'에 의하면 '附也(붙이다)'・'親也(친하
다)'이니, 즉 '가까이 하다'이다(『奎章全韻』). 즉 上聲이면 形容詞이고, 去聲이면 動詞
이다. '莫近於'는 上聲과 去聲 어느 경우도 독해가 가능하다는 것인데, 上聲에 의하면
'보다 가까운 것이 없다'로 되고, 去聲에 의하면 '보다 가까이 할 것이 없다'로 된다.

그렇다면 사물을 널리 풀이하는 것은 다른 책이 또한 『이아』보다 넘어설
것이 없다.

 『爾雅』者, 蓋興於中古, 隆於漢氏, 豹鼠旣辯, 其
業亦顯.

『이아』는 아마 중고(中古) 때에 생겨서 한대(漢代)에 융성하였으며 표서
(豹鼠)가 이미 분별되고 나서 그 학업이 또한 드러났다.

 中, 丁仲反, 又如字. "中古"謂周公也. 豹, 百敎反.

중(中)은 정(丁)과 중(仲)의 반절, 또는 여자(如字)이다.[72] '중고(中古)'는 주
공(周公) 때를 이른다. 표(豹)는 백(百)과 교(敎)의 반절이다.

此言興隆之時也. 云"蓋興於中古"者, 『爾雅』之作, 經傳莫言其
人及時, 世但相傳云周公作之以敎成王, 無正文, 故云 : "蓋"以
疑之. 經典通以伏犧爲上古, 文王爲中古, 孔子爲下古. 周公, 文王子, 父
統子業, 周公亦可言中古, 故云"蓋興於中古." 云"隆於漢氏"者, 以夫子
沒後, 書紀散亡, 戰國陵遲, 嬴秦[73]蟠滅, 則此書亦從而墜矣. 洎乎漢氏
御宇, 旁求典籍, 除挾書之律, 開獻書之路, 此書亦從而隆矣, 故曰"隆於

---

71) 莫近이란 …… 것과 같다 : 『公羊傳』哀公 14년에 나온다.
72) 中은 …… 如字이다 : 丁과 中의 반절은 送韻(去聲)으로, '仲'과 통한다. 如字는 '중
간'이다(『漢字典』). 中古는 丁과 仲의 반절에 의하면 '버금가는 옛날'로 풀이되고, 如
字에 의하면 '중간 옛날'로 풀이된다.
73) 嬴秦 : 진나라. 嬴은 秦나라의 姓.

漢氏"也. 云"豹鼠旣辯, 其業亦顯"者, 謂漢武帝時, 孝廉郎終軍旣辯豹文
之鼠, 人服其博物, 故爭相傳授, 『爾雅』之業, 於是遂顯. 言不但興行, 兼
亦廣顯, 故云"亦"也.

　　이것은 흥륭(興隆)한 때를 말하는 것이다. '개홍어중고(蓋興於中古)'라고
한 것에서 『이아』의 저작은 경전(經傳)에 그 사람과 시대를 말한 것이 없
고 세상에서 다만 서로 전하여 '주공(周公)이 그것을 지어서 성왕(成王)을
가르쳤다'고 하고 정문(正文: 정확한 글)이 없다. 그러므로 '개(蓋)'라는 말로
의심한 것이다. 경전(經典)은 통상 복희(伏羲)74)로 상고(上古)를 삼으며, 문
왕(文王)75)으로 중고(中古)를 삼으며, 공자(孔子)로 하고(下古)를 삼는다. 주공
은 문왕의 아들이니, 아버지가 아들의 일을 겸하므로, 주공 또한 중고(中
古)라고 말할 수 있다. 그러므로 '아마 중고(中古) 때에 생겼을 것이다'고
한 것이다.
　　'융어한씨(隆於漢氏)'라고 한 것에서, 부자(夫子: 孔子)가 죽은 후에 서기
(書紀)가 산망(散亡)하였으며, 전국시대가 점점 쇠퇴하고 진나라가 크게 망
하자 이 책도 따라서 망실되었다. 한씨(漢氏: 漢나라)가 천하를 다스림에 이
르러 두루 전적을 구하고 협서율(挾書律)을 없애서 책을 바칠 수 있는 길
을 트자 이 책도 따라서 융성하였다. 그러므로 '한씨(漢氏)에서 융성하였
다'고 한 것이다.
　　'표서기변 기업역현(豹鼠旣辯 其業亦顯)'이라고 한 것은 한무제 때에 효
렴랑(孝廉郎)76)인 종군(終軍)이 표범 무늬의 쥐를 분별하고 나서 사람들이

---

74) 伏犧: 고대 전설상의 인물. 三皇 중의 한 사람으로, 처음으로 백성에게 漁獵·農
　　耕·牧畜 등을 가르치고, 八卦를 만들었다고 한다. 伏羲. 伏戲. 庖犧.
75) 文王: 성은 姬. 이름은 昌. 周 武王의 아버지. 殷의 제후로 岐山 아래에 거주하였고
　　紂王 때에 羑里에 유폐되었다가 풀려난 후, 서방 제후의 우두머리가 되어 西伯이라
　　불리었다.
76) 孝廉郎: 관직명. 漢 武帝 때 孝誠·淸廉한 인물을 郡守가 중앙에 추천하여 관리에
　　채용되었다.

그가 사물에 박학(博學)함을 탄복하였다. 그래서 다투어 서로 전수하여 『이아』의 학업이 이에 드디어 드러났다. 말만 흥행했을 뿐만 아니라 겸하여 〈학업이〉 또한 널리 드러났으므로 '역(亦 : 또한)'이라고 한 것이다.

서문

英儒瞻聞之士, 洪筆麗藻之客, 靡不欽玩耽味, 爲之義訓. 璞不揆檮昧, 少而習焉, 沈研鑽極二九載矣. 雖注者十餘, 然猶未詳備, 竝多紛謬, 有所漏略. 是以復綴集異聞, 會稡舊說; 考方國之語, 采謠俗之志; 錯綜樊·孫, 博關群言; 剟其瑕礫, 搴其蕭稂; 事有隱滯, 援據徵之; 其所易了, 闕而不論; 別爲音圖, 用袪未寤. 輒復擁篲淸道, 企望塵躅者, 以將來君子爲亦有涉乎此也.

영준(英俊)한 선비와 견문이 많은 선비, 크게 사필(詞筆 : 文筆)이 있고 문장에 뛰어난 사람이 경애(敬愛)하면서 탐미(耽味)하지 아니함이 없어서 그 것을 위하여 의미를 훈해(訓解)하였다. 나는 무지하고 어두운 것을 헤아리지 못하고 젊어서부터 이 책을 익혀서 연구(研究)에 몰두하여 궁극을 탐구한 지 모두 십팔 년이었다. 비록 주(注)를 단 사람이 십여 인이나 아직 상세하게 갖추어지지 않아, 모두 어지럽고 잘못된 것이 많고 빠지고 소략(疏略)한 것이 있다. 이 때문에 이문(異聞)을 철집(綴輯 : 엮어 모음)하고 구설(舊說)을 모아서 여러 나라의 말을 상고(詳考)하고 요속(謠俗 : 노래·속어)의 기록을 채집(採集)하였으며, 번광(樊光)과 손염(孫炎) 두 사람의 주(注)를 종합하고 여러 말을 널리 통하여 그 쓸모 없는 것은 없애고 잡초와 같은 것은 뽑아 없애 버렸다. 일에 은미하고 막히는 것이 있으면 근거를 끌어들여 증명하고 그 쉽게 알 것은 그냥 두고 논하지 않았으며, 별도로 음(音)과 도찬(圖贊)을 만들어 깨우치지 못할 것을 제거하였다. 다시 다른 사람이 빗자루를 잡고 길을 청소하면서 나의 남긴 자취를 발돋움하여 바라보는 사람이 있을 것이나, 장래 군자의 연구에 또한 이 주석을 섭렵함이 있어야 한다고 여겼다.

爾雅音義 瞻, 時艷反. 玩, 五貫反. 耽, 丁南反. 璞, 普剝反. 揆, 巨癸反. 檮, 徒刀反, 檮杌也. 少, 詩照反. 沈, 直金反. 硏, 五堅反. 鑽, 子官反. 注, 之戌反. 紛, 芳云反. 謬, 靡幼反. 鄭注『禮記』云 : “誤也”, 『方言』云 : “詐也”, 本或作繆, 音同. 復, 扶又反. 綴, 丁衛反, 又丁劣反. 會, 古外反.『周禮』注云 : “計也.” 本又作檜, 音同.『廣雅』云 : “檜, 收也.” 稡子外反, 又子骨反, 聚也. 謠, 音遙. 綜, 子宋反. 剟, 丁悅反.『說文』云 : “刊⁷⁷)也”,『廣雅』云 : “削也”, 又都活反. 瑕, 戶加反, 玉翳也. 礫, 力的反.『說文』云 : “小礓石.” 搴, 字又作攐, 居展反, 又去虔反, 拔也. 蕭, 先遼反. 稂, 音郎, 稂, 童粱, 穢禾草也.『詩』云 : “不稂不莠.” 隱, 於謹反. 潷, 直例反. 援, 音袁, 引也. 易, 以豉反. 了, 本亦作憭, 音同, 照察也. 袪, 去魚反. 寙, 五故反. 篲, 字又作彗. 似, 稅反, 又囚醉反, 一音息遂反,『說文』云 : “掃竹也.” 企, 邱鼓反. 躅, 本又作躑, 直錄反.『漢書』音義 : “躅, 迹也”, 韋昭音擢云.『三輔』謂‘牛蹄迹爲躅’, 鄭氏音拘⁷⁸)擉, 案『字林』擉, 音竹足反.

섬(瞻)은 시(時)와 염(艶)의 반절이다. 완(玩)은 오(五)와 관(貫)의 반절이다. 탐(耽)은 정(丁)과 남(南)의 반절이다. 박(璞)은 보(普)와 박(剝)의 반절이다. 규(揆)는 거(巨)와 계(癸)의 반절이다. 도(檮)는 도(徒)와 도(刀)의 반절이며, 도올(檮杌⁷⁹))의 뜻이다. 소(少)는 시(詩)와 조(照)의 반절이다. 침(沈)은 직(直)과 금

---

77) 刊 : 대본에 ‘利’로 되어 있는 것을『說文』에 따라 고쳤다.

78) 拘 : ‘拘’는 衍文이다.『釋文』에 교감이 필요한 글자 옆에 찍는 圓點이 있어, 문제가 있는 글자임을 나타내고 있다.

79) 檮杌 : 춘추시대의 楚의 史書. 악한 것을 기록하여 후세에 경계한다는 뜻이다.『孟子』「離婁下」에 “晉之乘, 楚之檮杌, 魯之春秋一也”라고 하였다.

(金)의 반절이다. 연(研)은 오(五)와 견(堅)의 반절이다. 찬(鑽)은 자(子)와 관(官)의 반절이다. 주(注)는 지(之)와 수(戍)의 반절이다. 분(紛)은 방(芳)과 운(云)의 반절이다. 유(謬)는 미(靡)와 유(幼)의 반절이다. 정현(鄭玄)의 『예기』 주(注)에는 "오(誤 : 잘못)이다"고 하였으며, 『방언』에는 "사(詐 : 거짓)이다"고 하였으며, 본에 따라 무(繆)로 되어 있으나 음이 같다. 부(復)는 부(扶)와 우(又)의 반절이다. 체(綴)는 정(丁)과 위(衛)의 반절, 또는 정(丁)과 열(劣)의 반절이다.80) 회(會)는 고(古)와 외(外)의 반절이다. 『주례(周禮)』 주(注)에는 "계(計 : 헤아리다)이다"고 하였는데, 본에 따라서 또 회(檜)로 되어 있으나 음이 같다. 『광아』에는 "회(檜)는 수(收 : 거두다)이다"고 하였다. 췌(稡)는 자(子)와 외(外)의 반절, 또는 자(子)와 골(骨)의 반절로 취(聚 : 모으다)의 뜻이다.81) 요(謠)는 음이 요(遙)이다. 종(綜)은 자(子)와 송(宋)의 반절이다. 철(剟)은 정(丁)과 열(悅)의 반절인데, 『설문』에 "간(刊 : 깎는다)이다"고 하였다. 『광아』에는 "삭(削 : 깎다)이다"고 하였는데, 또 도(都)와 활(活)의 반절이다. 하(騢)는 호(戶)와 가(加)의 반절로 '옥의 흠'이다. 력(礫)은 력(力)과 적(的)의 반절인데, 『설문』에는 "소강석(小礓石 : 잔 자갈 돌)이다"고 하였다. 건(搴)은 글자를 또 건(攓)으로도 쓰는데 거(居)와 전(展)의 반절, 또는 거(去)와 건(虔)의 반절로 발(拔 : 뽑다)의 뜻이다. 소(蕭)는 선(先)과 요(邀)의 반절이다. 랑(稂)은 음이 랑(郎)인데, 랑(稂)은 동량(童粱 : 피의 일종)으로 벼를 해치는 풀이다. 「소아」, 「대전(大田)」에 "피(稂)도 안 나고 가라지 풀도 안 난다"고 하였다. 은(隱)은 어(於)와 근(謹)의 반절이다. 체(滯)는 직(直)과 례(例)의 반절이다. 원(援)은 음이 원(袁)인데, '당긴다'는 뜻이다. 이(易)는 이(以)와 기(跂)의 반절이다. 료(了)는 본에 따라 또한 료(憭)로 되어 있는데 음이 같고, '비추어 살피다'라는 뜻이다. 거(祛)는 거(去)와 어(魚)의 반절이다. 오(癘)는 오(五)와 고(故)의

---

80) 綴은 …… 반절이다 : 丁과 衛의 반절에 의하면 국음이 '체'로 의미는 '連也(연잇다)'이고, 丁과 劣의 반절에 의하면 국음이 '철'로 '拘系(묶다)'이다(『漢字典』). 이 경우 綴은 '체' 또는 '철' 어느 음으로도 사용이 가능하다.

81) 稡는 …… 뜻이다 : 2개의 반절에 의해 稡는 '췌'·'졸'로 독음되는데, 두 경우 모두 의미는 '聚'가 된다.

반절이다. 수(箣)는 글자를 또 혜(彗)로도 쓰는데, 사(似)와 세(稅)의 반절, 또 '수(囚)'와 '취(醉)'의 반절이고, 다른 한 음은 식(息)과 수(遂)의 반절이고, 『설문』에는 "소제하는 대나무이다"고 하였다. 기(企)는 구(邱)와 기(跂)의 반절이다. 촉(躅)은 본에 따라 '촉(躅)'으로 되어 있으니 직(直)과 록(錄)의 반절이다. 『한서』의 음의(音義)에는 "촉(躅)은 적(迹)이다"고 하였으며, 위소(韋昭)는 음을 탁(擢)이라 하였다. 삼보(三輔)[82]에서는 "소발자국을 촉(躅)이라 한다"고 하였으며, 정현은 음이 촉(攠)이라고 하였다. 살펴건대, 『자림』에 "촉(攠)은 음이 죽(竹)과 족(足)의 반절이다"고 하였다.

爾雅疏 此言己所以作注之意也. 云"英儒瞻聞之士"者, 案『禮』「辨名記」: "德過千人曰英." 儒者, 柔也, 能以德柔服人也. 瞻, 多也. 士者, 有德之稱. 言英俊通儒, 多聞之士也. 云"洪筆麗藻之客"者, 洪, 大也; 麗, 美也; 藻, 水草也, 有文, 以喩人之文章. 言大有詞筆, 美於文章之客也. 云"靡不欽玩耽味, 爲之義訓"者, 靡, 無也; 欽玩, 猶敬愛也; 耽味, 猶樂嗜也. 言英儒等無不敬愛此書, 如耽廣樂嗜嘉肴然, 故曰"耽味." 而爲之義理訓解, 謂作注也. 云"璞不揆檮昧, 少而習焉"者, 此自謙也. 揆, 度也. 檮謂檮杌, 無知之貌. 昧, 闇也. 郭氏言己不度其無知闇昧, 自少小而習此書焉. 云"沈研鑽極, 二九載矣"者, 此言用功深, 不敢苟爲注解也. 謂深沈研覈, 鑽求窮極, 凡十八載, 故云"二九載矣." 云"雖注者十餘, 然猶未詳備"者, 言作注者雖十有餘家, 猶尚未能精詳具備. 十餘家者, 陸德明『叙錄』, 犍爲文學注二卷·劉歆注三卷·樊光注六卷·李巡注三卷·孫炎注三卷, 惟此五家而已; 又『五經正義』援引有某氏·謝氏·顧氏. 今郭氏言十餘者, 典籍散亡, 未知誰氏. 或云沈旋·施乾·謝嶠·顧野王者, 非也, 此四家存郭氏之後, 故知非也. 云"竝多紛謬,[83] 有所漏略"者, 言十

---

82) 三輔 : 漢代에 長安 以東을 京兆尹, 長陵 以北을 左馮翊, 渭城 以西를 右扶風이라 하여, 이를 總稱한 말이다. 뒤에 장안의 인접지를 일컬음.
83) 謬 : 阮元 『校勘記』에서는 '繆'의 잘못이라 하였다.

家所注, 竝多紛紜錯繆. 若孫叔然“覭髳, 莤離”, 字別爲義, 是紛繆也; 其所難解, 則全不入根節, 是漏略也. 云“是以復綴集異聞, 會稡舊說”者, “是以”者, 因前起後語. 因前十家所注紛繆漏略, 起己作注之意, 故言“是以.” 對前已有注, 故云“復.” “綴集”, 謂聯綴聚集. “異聞”者, 注所引六經子史之流是也. “會稡”者, 『廣雅』云：“會, 收也. 稡, 聚也.” “舊說”, 謂十家所說也, 雖不能盡善, 亦時有可觀, 其所善者, 則收聚用之也. 云“考方國之語”者, 考, 成也. 四方之國, 言語不同, 有可通釋者, 則援引考成之, 注引『方言』, 是也. 云“采謠俗之志”者, 采, 取也. 徒歌謂之謠. 案『漢書』「地理志」云：“好惡取舍, 動靜亡常, 隨君上之情欲, 故謂之俗.” 但童謠嬉戲之言, 及俗間有所記志可以通此書者, 亦采用之, 若“樧檓”注引齊人諺曰“上山斫檀, 樧檓先殫”·“蠨蛸”注云“俗呼爲喜子”之流是也. 云“錯綜樊·孫”者, 謂交錯綜聚樊光·孫炎二家之注, 取其理長者用之. 云“博關群言”者, 關, 通也; 群言, 謂子史及小說也. 言非但援引六經, 亦博通此子史等以爲注說也. 云“剟其瑕礫, 搴其蕭稂”者, 此喻己作注, 去惡取善也. “剟其瑕礫”, 以玉石喻也. 剟, 削也. 削去其疵瑕瓦礫, 以取瑾瑜也. “搴其蕭稂”, 以禾莠喻也. 搴, 拔也. 蕭, 蒿也. 稂, 童粱, 莠類也. 拔去其蕭蒿稂莠, 以存其嘉禾也. 云“事有隱滯, 援據徵之”者, 援, 引也; 徵, 成也. 若事有隱奧滯泥者, 則援引經據以證成之也. 云“其所易了, 闕而不論”者, 謂通見『詩』·『書』, 不難曉了者, 則不須援引, 故闕而不論. 云“別爲音圖, 用祛未寤”者, 謂注解之外, 別爲『音』一卷, 『圖贊』二卷, 字形難識者, 則審音以知之; 物狀難辯者, 則披圖以別之. 用此音圖以祛除未曉寤者, 故云“用祛未寤”也. 云“輒復擁篲淸道, 企望塵躅”者, 此郭氏自問也. 擁, 手持也. 篲, 帚也. 淸道, 謂淸潔道塗也. 企望者, 企踵而瞻望也. 塵躅者, 塵路躅跡也. 言己注此書, 若人持帚以淸道, 企踵而望其芳塵美跡, 所以然者何, 謂是自問也. 云“以將來君子, 爲亦有涉乎此也”者, 此自答也. 言己注此書非他, 以爲將來有德君子之爲必欲研覈百氏, 探討九流, 非『爾雅』不可, 必涉歷此途, 若其注釋未備, 則恐迷誤後人. 作注之由, 良爲此也.

　여기서는 곽박 자신이 주(注)를 지은 의도를 말한 것이다. '영유섬문지사(英儒瞻聞之士)'라고 한 것에서 『예(禮)』 「변명기(辨名記)」를 살펴보면 "덕(德)이 1,000명에서 뛰어난 이가 영(英)이다"라 하고 '유(儒)'는 '부드럽다'는 뜻이니, 능히 덕과 부드러움으로 사람을 복종시킨다는 뜻이다. '섬(瞻)'은 많다는 뜻이다. 사(士)는 덕이 있는 사람을 일컫는다. 영준(英俊)하고 유학(儒學)에 통달하여 견문이 많은 선비를 말한다.

　'홍필려조지객(洪筆麗藻之客)'이라 한 것에서 '홍(洪)'은 '크다'는 뜻이며, '여(麗)'는 '아름답다'는 뜻이다. '조(藻)'는 '물에서 자라는 풀'인데 무늬가 있어 사람의 문장을 비유한다. 크게 사필(詞筆 : 문필)이 있으며 문장을 아름답게 하는 사람을 말한다.

　'미불흠완탐미, 위지의훈(靡不欽玩耽味 爲之義訓)'이라고 한 것에서 '미(靡)'는 '없다'는 뜻이며, '흠완(欽玩)'은 '경애(敬愛)함'과 같은 뜻이다. '탐미(耽味)'는 '즐기면서 좋아한다'는 것과 같다. 영유(英儒)들이 이 책을 경애하지 않음이 없는 것이 넓은 낙(樂)에 빠지고, 맛이 좋은 고기를 즐기는 것과 같음을 말한 것이다. 그러므로 탐미(耽味)라고 하였다. 그리고 그것을 위하여 뜻을 풀이한 것은 주(注)를 짓는 것을 이른다.

　'박불규도매, 소이습언(璞不揆檮昧, 少而習焉)'이라고 한 것에서, 이는 곽박이 스스로 겸손해하는 것이다. '규(揆)'는 '헤아린다'는 뜻이며, '도(檮)'는 '도올(檮杌)'을 말하는 것으로 '무지(無知)한 모양'이다. '매(昧)'는 '어둡다'는 뜻이다. 곽박이 스스로 무지하고 어두운 것을 헤아리지 못하고 어려서부터 이 책을 익혔음을 말한 것이다.

　"침연찬극, 이구재의(沈硏鑽極, 二九載矣)"라 한 것에서, 이는 노력을 많이 하여 감히 함부로 주해(註解)하지 않았음을 말한 것이다. 깊이 상고하여 밝히는 일에 몰두하여 깊이 연구하고 궁극적인 것을 탐구한 지 모두 18년이었음을 이른다. 그러므로 '이구재(二九載)'라 한 것이다.

"수주자십여, 연유미상비(雖注者十餘, 然猶未詳備)"라고 한 것에서 주(注)를 지은 자가 비록 십여가가 있지만 아직도 자세하게 완비되지 못하였음을 말한 것이다. 십여가는 육덕명의「경전석문서록(經典釋文敘錄)」에 건위문학(犍爲文學)의 주(注) 2권(二卷), 유흠(劉歆)의 주 3권(三卷), 번광(樊光)의 주 6권(六卷), 이순(李巡)의 주 3권(三卷), 손염의 주 3권(三卷) 등으로 오직 이 5가(家)뿐이다. 또『오경정의(五經正義)』에 인용한 모씨(某氏)・사씨(謝氏)・고씨(顧氏) 등이 있다. 지금 곽씨가 말한 십여 사람은 전적(典籍)이 산망(散亡)하여 어떤 사람인지 알 수 없다. 혹자는 심선(沈旋)・시건(施乾)・사교(謝嶠)・고야왕(顧野王)이라고 말하지만 아니다. 이 네 사람은 곽씨 이후에 살았던 사람이므로 아님을 알 수 있다.

"병다분류, 유소누락(竝多紛謬, 有所漏略)"라 한 것은 십가(十家)들이 주한 것이 모두 어지럽고 뒤섞임이 많음을 말한 것이다. 손숙연(孫叔然 : 孫炎)이 '맥몽(貊夢)은 불리(茀離 : 풀이 무성하다)이다'[84]에 대하여 '불리(茀離)는 글자마다 별도로 뜻이 된다'고 하였으니, 이것이 어지러운 것이다. 이해하기 어려운 것은 전혀 근절(根節)[85]을 삽입하지 않았으니, 이것이 빠지고 소략한 것이다.

"시이부철집이문, 회췌구설(是以復綴集異聞, 會稡舊說)"이라 한 것에서, '시이(是以)'라는 것은 앞에 인연하여 뒤를 발단시키는 말이다. 앞의 십가가 주석한 것이 어지럽고 빠진 것에 기인하여 자기가 주를 만든 뜻을 발단시켰으므로 시이(是以)라고 말했다. 앞 일에 맞춰보면 이미 주가 있기 때문에 '부(復)'라고 하였다. 철집(綴集)은 연철취집(聯綴聚集 : 엮어 모음)함을 이른다. '이문(異聞)'이라는 것은 주(注)에서 인용된 육경(六經)과 자(子)・사(史) 따위가 이것이다. '회췌(會稡)'는『광아』에 '회(會)는 수(收 : 거두다)이며, 췌(稡)는 취(聚 : 모으다)의 뜻이다'고 하였다. 구설(舊說)은 10가(家)가 해설한 것을 이른다. 비록 모두 좋은 것은 아니지만 또한 가끔 볼만한 것이 있어

---

84) 貊夢는 茀離이다 :「釋詁」에 나온다.
85) 根節 : 關鍵・關節. 핵심.

서 그 훌륭한 것은 거두어 모아서 채용하였다.

"고방국지어(考方國之語)"에서 고(考)는 성(成 : 이루다)의 뜻이다. 사방의 나라들이 언어가 같지 않지만 서로 통하여 해석할 수 있는 것이 있으면 끌어다가 이루었으니, 주(注)에서 『방언』을 인용한 것이 이것이다.

"채요속지지(采謠俗之志)"에서 채(采)는 취(取 : 취하다)의 뜻이다. 반주 없이 부르는 노래를 요(謠)라고 한다. 『한서』 「지리지(地理志)」를 보면 "호오(好惡 : 좋아함과 싫어함)와 취사(取捨 : 채택함과 버림)에 동정(動靜)이 일정함이 없이 군상(君上)의 욕구에 따르는 까닭에 속(俗)이라 한다"고 하였다. 다만 동요(童謠)와 노니는 말 및 민간에서 기록된 것으로서 이 책에 통할 수 있는 것이 있으면 또한 채용하였다. 예컨대 계혜(樕樕)에 대한 주석에 제인(齊人)의 속담을 인용하여 "산에 올라가 단(檀)나무를 벨 때 계혜(樕樕)가 가장 먼저 없어진다"고 한 것과, 소소(蠨蛸)에 대한 주석에 "민간에서 희자(喜子 : 거미)라고 부른다"[86]고 한 따위가 이것이다.

"착종번손(錯綜樊孫)"이라는 것은 번광(樊光)과 손염 두 사람의 주(注)를 번갈아 종합하여, 그 이치가 뛰어난 것을 취하여 채용하였음을 말한 것이다.

'박관군언(博關群言)'에서 '관(關)'은 '통한다'는 뜻이다. '군언(群言)'은 '자(子)·사(史)와 소설(小說)[87]을 이르는데, 육경(六經)을 인용할 뿐만 아니라, 널리 이 자(子)·사(史) 등을 통(通)하여 그 주(注)의 설(說)로 삼는다는 것을 말한 것이다.

"철기하력, 건기소랑(劀其瑕礫, 搴其蕭稂)"에서 이는 자신이 주를 지으면서 나쁜 점은 버리고 좋은 점은 취한다는 것을 비유한 것이다. '철기하력(劀其瑕礫)'은 옥석(玉石)으로 비유한 것이다. 철(劀)은 삭(削 : 깎아내다)의 뜻이다. 그 하자(瑕疵 : 옥의 티)와 와력(瓦礫 : 기와조각)을 깎아 제거하고 값진

---

86) 민간에서 …… 한다 : 「釋蟲」에 나온다.
87) 小說 : 잔달은 말이라는 뜻으로, 小說家가 전하는 말, 혹은 그것을 기록한 글. 소설가 는 『漢書』 「藝文志」에 보이는 諸子 十家의 하나로, 길거리·마을의 이야기 및 說話 를 말로 전하거나 글로 쓴 사람의 총칭.

옥을 취한다는 뜻이다. '건기소랑(搴其蕭稂)'은 화유(禾莠 : 벼·가라지)로 비유한 것이다. 건(搴)은 발(拔 : 뽑다)의 뜻이며, 소(蕭 : 쑥)는 호(蒿)의 뜻이며, 낭(稂)은 동량(童粱 : 피의 일종)으로 유(莠)의 종류이다. 그 대쑥과 낭유를 뽑아버림으로써 가화(嘉禾 : 아름다운 벼)를 살아남게 하는 것이다.

"사유은체, 원거징지(事有隱滯, 援據徵之)"에서 원(援)은 인(引 : 이끌다)의 뜻이며, 징(徵)은 성(成 : 이루다)의 뜻이다. 만약 일에 깊고 막힘이 있으면 경전의 근거를 끌어다 증명하여 이루는 것이다.

"기소이료, 궐이불론(其所易了, 闕而不論)"은 『시경』·『상서』에 두루 나타나 있어서 알기 어렵지 않은 것은 인용할 필요가 없었으므로 그냥 두고 논하지 않았음을 말한 것이다.

"별위음도, 용거미오(別爲音圖, 用袪未寤)"는 주해한 것 외에 별도로 「음(音)」 1권과 「도찬(圖贊)」 2권을 지어서 자형(字形)에서 알기 어려운 것은 곧 음(音)을 살펴 그것을 알게 하고, 물상(物狀)에서 분별하기 어려운 것은 그림을 펴보아 분별하게 하였다. 이 음(音)과 도찬(圖贊)을 이용하여 깨우치지 못한 것을 없앤다고 하였으므로 '용거미오(用袪未寤)'라고 한 것이다.

"첩부옹수청도, 망진탁(輒復擁篲淸道, 望塵躅)"은 곽박이 자문(自問)한 것이다. 옹(擁)은 '손으로 잡는다'는 뜻이며, 수(篲)는 빗자루다. 청도(淸道)는 '길을 깨끗하게 한다'는 것을 말한다. 기망(企望)은 '발돋움하여 바라본다'는 뜻이다. '진탁(塵躅)'은 '먼지 길의 발자취'라는 뜻이다. 곽박이 이 책에 주를 하고 '만약 어떤 사람이 빗자루를 들고 길을 청소하여 발꿈치를 들고 방진(芳塵 : 향긋한 잔재)과 미적(美跡 : 아름다운 자취)을 바라본다면, 그렇게 되는 까닭은 무엇이겠는가?'라고 하였으니, 이는 자문(自問)한 것을 말한다.

"이장래군자, 위역유섭호차야(以將來君子, 爲亦有涉乎此也)"는 자답(自答)한 것이다. 이 책에 자신이 주석을 한 것은 다름이 아니라, 장래에 덕망이 있는 군자가 반드시 백씨(百氏)를 깊이 연구하고 구류(九流)를 탐구하려 할 때 『이아』가 아니면 불가하여 반드시 이 길을 밟아가야 한다고 여겼다. 만약 주석이 갖추어져 있지 않다면 아마도 후인들을 미혹되게 할 것이다. 주를 지은 이유는 진실로 이 때문이다.

 『爾雅』卷上.

 上者對中下生名, 直以簡編重多, 分爲上·中·下三卷, 無義例也.

상(上)이란 중(中)과 하(下)에 대하여 생긴 명칭으로, 단지 간편(簡編)이 많아서 상(上)·중(中)·하(下) 삼권(三卷)으로 나누어 만들었을 뿐이며, 책의 의례(義例 : 취지와 체례)는 없다.

 郭璞注.

곽박의 주

 郭璞, 字景純, 河東人, 東晋弘農太守著作郎. 注者, 著也. 解釋經旨, 使義理著明也. 亦言己注意, 以釋此書也. 『詩』·『書』謂之傳者, 傳, 傳也, 博識經意, 傳示後人也. 此皆其人自題, 故或言傳, 或言注, 無義例也.

곽박(郭璞)은 자가 경순(景純)이며, 하동(河東) 사람으로 동진(東晋)의 홍농태수(弘農太守)·저작랑(著作郎)을 지냈다. 주(注)란 저(著 : 밝히다)이다. 경(經)

의 뜻을 해석하여 의리(義理)를 밝게 하는 것이다. 또한 자기가 뜻을 밝혀 이 책을 풀이한 것을 말한다. 『시경』·『상서』에서 〈풀이를〉 전(傳)이라 말한 경우,88) 전(傳: 훈고)은 전(傳: 전하다)이다89)는 뜻이니, 경전의 뜻을 널리 기록해서 후대 사람에게 전해 보인 것이다. 이것은 모두 각자가 나름대로 제목을 붙였기 때문에 혹은 전(傳), 혹은 주(注)라고 하여 책의 의례가 없다.

석고(釋詁) 제1(第一)

 詁, 音古, 又音故. 樊光李巡本作故. 『說文』云: “詁, 故言也.” 『字林』同. 張揖『雜字』云: “詁者, 古今之異語也.”

고(詁)는 음(音)90)이 고(古), 또는 고(故)이다.91) 번광(樊光)·이순(李巡)의

---

88) 傳이라 말한 경우 : 예를 들어 『尙書』는 伏生이 주석한 『尙書大傳』, 『詩經』은 毛亨이 주석한 『毛傳』과 같은 종류이다.

89) 전(傳: 훈고)은 전(傳: 전하다)이다 : 원문 '傳, 傳也'는 同字로 주석하는[以同字相釋] 訓詁方法의 하나이다(『中國訓詁學』, 333면). 이 경우 被釋詞와 解釋詞의 聲音 및 의미가 다르다. 被釋詞인 앞의 '傳'은 去聲으로 '註釋'이라는 의미이고, 解釋詞인 뒤의 '傳'은 平聲으로 '전하다'라는 의미이다. 그리고 피석사 '傳'은 명사이고, 해석사 '傳'은 동사이다. 이는 동사로 명사를 해석한 것이다. 이러한 경우 韓·中音에 변별의 차이를 보이는데, '傳'을 우리나라 한자음으로 읽으면 똑같이 '전'이지만 중국어로 읽을 경우 앞의 '傳'은 'zhuàn'이고, 뒤의 '傳'은 'chuán'으로 음이 구분된다.

90) 音 : 直音. 어느 漢字에 대하여 그와 同音의 단일 漢字로 나타낸 音. 표현방식이 漢字 아래에 音을 某라고 注낸 것[字下注音某字 名直音]. 被注音字(詁)와 注音字(古·故)는 동일음이다. 反切法보다 먼저 사용된 것이나 해당 한자에 동음자가 없는 경우, 또는 제시된 동음자가 알기 어려운 경우에는 음독을 곤란케 하기도 한다. 이를 극복한 새 표음 방법이 반절법인데, 반절법이 나온 이후에도 직음은 소멸되지 않고 함께 사용되었다.

91) 詁는 音이 …… 故이다 : 古와 故는 詁를 두 가지 音으로 읽을 수 있음을 나타낸 것이다. 古는 上聲, 故는 去聲이다. 우리나라 한자음으로 읽으면 모두 '고'이지만 중국

본(本)에는 고(故)라 하였다. 『설문』에 "고(詁)는 고언(故言 : 옛 말)이다"고 하였으며, 『자림』도 〈『설문』과〉 같다. 장읍(張揖)은 『잡자(雜字)』[92]에서 "고(詁)는 고금의 다른 말이다"고 하였다.

釋, 解也. 詁, 古也. 古今異言, 解之使人知也.「釋言」則「釋詁」之別. 故『爾雅』「序篇」云:「釋詁」·「釋言」, 通古今之字, 古與今異言也.[93] 第, 次也. 一, 數之始也. 以其作最在先, 故爲第一. 此篇相承以爲周公作, 但其文有周公後事, 故先儒共疑焉. 或曰仲尼·子夏所增足也, 或曰當周公時有之, 今無者, 或在散亡之中. 然則『詩』·『書』所有, 非周公所釋. 乃後人依放故言雅記而爲之文, 故與之同. 郭氏因卽援據以成其義. 若言"胡不承權輿"及"緇衣之蓆兮", 此秦康·鄭武之詩, 在周公之後明矣. 其義猶今爲文, 採摭故事以爲辭耳. 則此篇所載, 悉周公時所有, 何足怪也. 其諸篇所次, 舊無明解, 或以爲有親必須宮室, 宮室旣備, 事資器用, 今謂不然, 何則? 造物之始, 莫先兩儀, 而樂器居天地之先, 豈天地乃樂器所資乎! 蓋以先作者居前, 增益者處後, 作非一時, 故題次無定例也. 其篇之名義, 逐篇具釋, 此不繁言. 此書之作, 以釋六經之言, 而字別爲義, 無復章句. 今而作疏, 亦不分科段, 所解經文, 若其易了, 及郭氏未詳者, 則闕而不論. 其稍難解, 則援引經據及諸家之說以證之. 郭氏之注, 多采經記, 若其通見可曉者, 則但指篇目而已. 其或書名僻異, 義旨隱奧者, 則具載彼文以袪未寤者耳.

석(釋)은 해(解 : 풀이하다)이다. 고(詁)는 고(古 : 옛 것)이다. 고금의 다른 말을

어로 읽을 경우 '古'는 gǔ, '故'는 gù로 읽어 음이 분명히 구분된다. 이하 一字 多音에 대한 直音의 설명은 특별한 경우 외에는 생략한다.

92) 『雜字』: 張揖의 저서. 현재 전하지 않으나, 陸德明의 『釋文』에 인용된 글을 통해서 張揖의 저서임을 알 수 있다.

93) 通古 …… 異言也 : 『爾雅詁林』 「注疏參義」에는 "通古今字之異言也"로 축약되어 있다.

풀이해서 사람들로 하여금 알게 하는 것이다. 「석언(釋言)」은 「석고(釋詁)」의 갈래94)이다. 그러므로 『이아』「서편(序篇)」95)에 말하기를 "「석고」·「석언」은 고금의 문자를 통하게 하였으니, 옛날과 지금의 말이 달라서이다"고 하였다. 제(第)는 차(次 : 순서)이다. 일(一 : 하나)은 수(數)의 시작이다. 지은 것이 가장 앞서 있기 때문에 제일(第一)이라 하였다. 이 편(「석고」)은 주공(周公)의 저작이라고 전해져 왔으나, 다만 그 문장에 주공 이후의 사실이 있으므로, 선유(先儒)들이 함께 의심하였다. 혹자(或者)는 중니(仲尼 : 孔子)·자하(子夏 : 孔子의 弟子)가 보탠 것이라 하고, 혹자는 주공(周公)의 시대에는 그 글이 있었으나 지금 없어진 것은 아마도 산망(散亡)되었기 때문일 것이라고 하였다. 그렇다면 주에서 인용된 『시경』·『서경』의 글자는 주공이 해석한 것이 아니고96) 후대(後代) 사람이 고언(故言 : 옛말)과 아기(雅記97)를 모방해서 지은 글이다. 그러므로 『시경』·『서경』과 동일하게 되었다. 곽박은 그것을 따라 곧 인용·근거해서 글자의 의미를 성립시켰다.98) 예컨대 "어찌 그 처음을 잇지 않는가?"99)와 "치의(緇衣)의 넉넉함이여!"100) 같은

---

94) 갈래 : 원문의 '別'을 『爾雅詁林』「注疏參義」에는 "釋言則釋詁之分"이라 하여, '分'으로 설명하였다.

95) 「序篇」 : 본래 『이아』 20편 중의 편명. 唐·宋 때에 일실되었다. 『爾雅詁林』「董瑞春補記」에 "案, 『詩』「周南」「關雎」詁訓傳第一孔疏引『爾雅』「序篇」云 : 「釋詁」·「釋言」通古今之字, 古與今異言也, 「釋訓」言形貌也. 此邢疏所本『漢書』「藝文志」『爾雅』三卷二十篇, 今『爾雅』止十九篇, 其一篇蓋卽敍篇無疑"라고 하여, 이 말의 출전이 『詩』「周南」「關雎」詁訓傳第一에 대한 孔穎達의 疏이고, 「敍篇」은 『이아』의 편명일 것이라고 하였다.

96) 그렇다면 …… 아니고 : 『爾雅詁林』「注疏參義」에는 "或曰當周公時有其文, 今無者, 或已散亡也. 然則註所引書詩之文, 非皆周公所釋者"라 설명하였다. '時有之'는 '時有其文'으로 나타나 '之'가 '其文'으로 풀이되고, '在散亡之中'은 '已散亡也'로 나타나 과거로 되었고, '詩書所有'는 '註所引書詩之文'으로 나타나 '詩書'는 註에 쓰인 '詩書'로 설명되어 있다.

97) 雅記 : 전해져 내려오는 歷代의 기록.

98) 곽박은 …… 완성하였다 : 『爾雅』에 대한 注를 썼다는 말이다.

99) 어찌 …… 않는가? : 「秦風」「權輿」에 나온다. 『注疏本』에는 "于嗟乎! 不承權輿"로 쓰여 '胡'가 없다. 번역은 疏의 "不能承繼其始"를 따랐다.

100) 緇衣의 넉넉함이여 : 「鄭風」「緇衣」에 나온다. 緇衣는 검은 색의 옷으로, 卿士가 조회할 때의 正服이다. 번역은 鄭箋의 "蓆, 大也"를 따랐다.

것은 진(秦)나라 강공(康公)과 정(鄭)나라 무공(武公)에 대한 시[101]로서 주공(周公) 이후라는 것이 분명하다. 그 뜻은 오히려 지금에도 문장을 만들 수 있어서, 고사(故事)를 주워다가 말을 만들었을 뿐이니, 이 편(「석고」)에 실린 것이 모두 주공 시대에 있었던 것을 어찌 괴이해 할 것인가? 그 여러 편수의 차례는 옛부터 분명한 해석이 없다. 혹자는 "친속(親屬)이 있으면 반드시 궁실(宮室 : 집)을 필요로 하고, 궁실이 갖추어지고 나면 일에는 기물을 도움 받아야 한다"고 하였으나 지금 그렇지 않다고 생각한다. 왜냐하면 만물이 생성되는 시초에 양의(兩儀 : 天地)보다 앞선 것이 없는데도 악기(樂器)가 천지(天地)의 앞에 있으니, 어찌 천지가 악기에 도움 받을 것인가? 대체로 먼저 저작된 것은 앞에 두고 보탠 것은 뒤에 두어, 저작이 같은 때가 아니기 때문에 제목의 차례에 일정한 체례가 없다.[102] 그 각 편의 명칭과 의미는 편마다 해석을 구비하였으니, 여기서는 번거로이 설명하지 않는다. 이 책 『이아』의 저작은 육경(六經)의 말을 풀이하였으나, 글자별로 의미를 풀이하였지 다시 장(章)과 구(句)[103]는 없다. 지금 내가 소(疏)를 지었으나 역시 단락(段落)으로 나누지 않았다. 해설한 경문(經文)이 쉽게 이해되거나 곽박이 미상(未詳)이라고 한 것은 소(疏)에서 그냥 두고 논하지 않았다.[104] 조금 난해한 것은 경전(經典)의 근거나 제가(諸家)의 설을 인용하여

---

101) 예컨대 …… 대한 시 : 「權輿」의 小序에 "「權輿」, 刺康公也"라 하고, 「緇衣」의 소서에 "緇衣」, 美武公也"라고 하여, 두 작품이 秦康公・鄭武公과 관련된 것임을 밝히고 있다.

102) 대체로 …… 체제가 없다 : 『爾雅』 篇名의 순서에 관한 설명으로, 여타 訓詁書의 차례가 天을 앞에 두고 있는 것과는 달리 『爾雅』는 「釋親」・「釋宮」・「釋器」・「釋樂」・「釋天」・「釋地」・「釋丘」 …… 의 순서와 같이 쓰인 순서대로 편차를 이루고 있어 훈고적인 일정한 체제가 없음을 말한다.

103) 章句 : 章은 句가 모인 것 또는 단락을 이루는 것이고, 句는 의미가 끊어지는 곳이다. 章은 『詩經』 「周南」 「關雎」의 '章句' 疏에 "章者, 積句所爲, 不限句數也"라 하고, 句는 『韻會擧要』에 "凡經書成文語絶處, 謂之句, 語未絶而點分之, 以便誦詠, 爲之讀"라 하였다. 章句의 下位에 讀(두)가 있는데, 말의 의미가 끊어지지 않아도 誦詠하기에 편하도록 나누는 곳이다. 『大學』・『孟子』 등의 經傳 및 많은 漢文典籍은 章과 句로 이루어져 있다.

104) 경문을 …… 않았다 : 邢昺이 『爾雅』에 疏를 달지 않은 경우를 말하는 것이다. 경문

증명하였다. 곽박의 주석은 대부분 경전 기록에서 뽑았는데 보통 보아 알
수 있는 것은 편목(篇目)만 제시했을 뿐이나,105) 혹은 서명(書名)이 괴벽(怪
僻)하거나 의미가 심오한 것은 내가 그 글까지 갖추어 기록하여 이해하지
못할 것을 제거하였다.106)

 初·哉·首·基·肇107)·祖·元·胎·俶·落·權
輿, 始也.

초(初)·재(哉)·수(首)·기(基)·조(肇)·조(祖)·원(元)·태(胎)·숙(俶)·락
(落)·권여(權輿)는 시(始:시작. 처음)이다.

『尙書』曰 : "三月哉生魄." 『詩』曰 : "令終有俶." 又曰 : "俶載南
畝." 又曰 : "訪予落止." 又曰 : "胡不承權輿." 胚108)胎未成. 亦物
之始也. 其餘皆義之常行者耳. 此所以釋古今之異言, 通方俗之殊語.

이 쉽게 이해될 수 있는 경우는 「釋天」月陽의 "月在甲曰畢"을 들 수 있는데, 곽박의
주가 없고 형병의 疏도 없다. 또 곽박의 주에서 "未詳"이라고 한 경우는 「釋木」의
"柷, 州木. 髦, 柔英"을 들 수 있는데, 형병의 소도 없다.

105) 篇目만 …… 뿐이나 : 곽박이 근거한 서명 혹은 편목만 제시하고, 해당 문장을 제시
하지 않은 것이 있음을 말한다. 예를 들면 「釋詁」에 "流·差·柬, 擇也"의 곽박 주에
"見詩"라 하고, 근거되는 문장을 제시하지 않은 것이다. 邢昺 疏에는 '流'에 대하여
『詩經』「周南」「關雎」의 "左右流之" 등으로 被注釋字가 쓰인 문장을 제시하였다.
106) 혹은 …… 제거하였다 : 곽박의 注에 형병이 보충 설명한 疏를 말한다. 예를 들면 「釋
言」의 '遇, 偶也'에서 郭璞은 "우연히 서로 만나는 것이 遇이다[偶爾相値, 遇]"라고
주석하였는데, 邢昺이 疏에 "춘추 隱公 8년 봄, 송공과 위후가 수에서 만났다. 『穀梁
傳』에서는 미리 약속하지 않고 만나는 것을 遇라 한다[春秋隱八年春, 宋公衛侯遇于
垂. 穀梁曰, 不期而會曰遇]"라고 하여, 괴벽하거나 심오한 것은 관련된 문장과 서명
을 제시하여 상세히 풀이하였음을 말한다.
107) 肇 : 『爾雅詁林』「鄭樵注」에는 肇로 되어 있는데 이는 肇의 重文이고(『說文通訓定
聲』), 대본과 注疏本 등에는 肇로 되어 있는데 이는 肇의 本字이다(『說文通訓定聲』).
108) 胚 : 本에 따라 '肧' 또는 '肧'로 되어 있는데, 『爾雅詁林』「校監記」에는 '肧'가 맞는
다고 하였으며, 『正字通』에는 "肧, 俗作胚"라 하여, 胚는 肧의 속자임을 밝혔다.

『서경』에 "3월 16일(三月哉生魄)"109)이라 하였다. 『시경』에 "향연(饗燕)에서 시작하고 향사(享祀)에서 마치고 시작함이 있다"110)고 하였고, 또 "비로소 앞밭에서 일을 한다"111) 하였고, 또 "내가 정치에 시작을 도모한다"112)고 하였고, 또 "어찌 그 처음을 잇지 않는가?"라 하였다. 배태(胚胎 : 몸 속의 태아)는 성장하지는 않았으나 역시 형체의 시작이다. 그 나머지113)는 모두 의미가 평소 쓰이는 것이다. 이것이 바로 고금(古今)의 다른 말을 풀이하고, 지방과 풍속의 다른 언어를 통하게 하는 것이다.

爾雅音義 哉, 子來反, 亦作栽. 肇, 音趙. 胎, 天才反. 孫炎大才反, 本或作114)台. 俶, 字又作倠, 尺叔反. 權, 巨員反. 輿, 音余. 令, 力政反. 胚, 字又作肧同,115) 普才反, 又匹尤反. 『淮南子』及『文子』並云, 婦孕三月而胚. 『說文』云 : "胚, 婦孕一月也." 肧, 凝血.

───────────────

109) 三月哉生魄 : 哉生魄은 魄이 나오기 시작한다는 뜻으로, 음력 16일을 말함. 魄은 달의 윤곽에 빛이 없는 부분을 말한다. 16일부터 조금씩 달빛이 소멸되어 魄이 생기기 때문에 生魄이라 부른다. 이에 대하여 魄이 죽은 死魄은 초하루, 旁死魄은 초이튿날을 말한다.

110) 饗燕에서 …… 시작함이 있다 : 毛傳의 "始於饗燕, 終於享祀 …… 俶, 始也"를 따라 풀이하였다. 鄭箋은 "俶, 猶厚也"라 하여, 여기에 적용하기 어렵다.

111) 비로소 …… 일을 한다 : 『詩經』「小雅」「大田」에도 "俶載南畝二九載"가 있는데, 疏에 "始發事于南畝二九載"라 하였다. 그리고 『石峰千字文』에서 「大田」의 글을 인용하고, "南 앏남"이라고 풀이하였다.

112) 내가 …… 도모한다 : 鄭箋의 "謀我卽政之事"를 따랐다.

113) 그 나머지 : 注에서 예문으로 든 哉·俶·落·權輿를 제외한 初·首·基·肇·祖·元을 말한다.

114) 本或作 : '板本에 따라 혹은 ~로 되어 있다'는 의미이다. 이하 '本에 따라'라는 말로 번역한다. 本은 판본으로, '本或作' 외에도 '本作(본에는 ~로 되어 있다)'·'本亦作(본에는 또 ~로 되어 있다)'·'本又作(본에는 또 ~로 되어 있다)'·'一本作(한 가지 본에는 ~로 되어 있다)'·'某本作(어느 본에는 ~로 되어 있다)'의 훈고 용어에 쓰이고 있다(『훈고학의 이해』, 284면).

115) 同 : 同字임을 말한다. 이 경우 被注釋字와 注釋字는 두 글자의 音義가 같다. 『集韻』에 "肧, 胚胎, 未成物之始, 或从血"이라 하여, 肧는 偏旁을 血로 하여 肧로도 쓴다는 것이다. 이때 胚와 肧는 음의가 같다.

재(㦲)는 자(子)와 래(來)의 반절(反切)[116]인데, 또한 재(裁)로 되어 있다. 조(肇)는 음이 조(趙)이다. 태(胎)는 천(天)과 재(才)의 반절인데, 손염은 대(大)와 재(才)의 반절이라 하였으며, 본에 따라 태(台)로 되어 있다. 숙(俶)은 글자를 또 숙(儵)으로도 쓰는데 척(尺)과 숙(叔)의 반절이다. 권(權)은 거(巨)와 원(員)의 반절이다. 여(興)는 음이 여(余)이다. 영(令)은 력(力)과 정(政)의 반절이다. 배(胚)는 글자를 또 배(肧)로도 쓰는데 음의가 같으며 보(普)와 재(才)의 반절, 또는 필(匹)과 우(尤)의 반절이다. 『회남자(淮南子)』[117]와 『문자(文子)』[118]에는 모두 "부인이 아이를 가져 세 달이 되면 배(胚)이다"고 하였다. 『설문』에는 "배(胚)는 부인이 아이를 가져 한 달이 된 것이다"고 하였다. 배(胚)는 피가 엉킨 것이다.

---

116) 反切 : 漢字音을 二分시켜 표현하는 방법. 처음에는 '○○反'으로 표기하였으나 唐나라 이후 위정자들이 반란을 두려워하여 '○○切'로 표기하게 되었다. 반절은 대략 東漢 후기(A. D. 2세기경)에 만들어졌다. 반절법의 출현은 불교의 전파가 결정적인 역할을 하였는데, 중국과 인도 두 나라 사이의 문화가 교류하는 가운데, 중국학자들은 산스크리트 문의 표음 방법에 착안하여 새로운 표음방법인 반절법을 만들어 냈다. 일설에는 魏의 孫炎에 의해 만들어졌다고도 한다.

반절법의 예를 들면 '東, 德紅切'은 反切上字 德의 聲母인 'ㄷ(d)'와 反切下字 紅의 韻母인 'ㅗㅇ(ong)'을 취하여 被切字 '東'의 음을 '동(dong)'으로 읽는다. 反切과 被切字는 규칙에 맞는 것과 안 맞는 것이 있다. 안 맞는 까닭은 反切 上下字를 택할 때, 被切字의 字音을 제대로 파악하지 못했거나 시대에 따라 字音이 변했어도 전시대의 반절을 그대로 답습하기 때문이다.

또 한국음과 중국음과의 차이에서 반절에 의한 음이 차이를 보이게 되는 경우가 흔히 나타난다. 反切에 의한 音은 聲調(平聲, 上聲, 去聲, 入聲)를 아울러 나타내므로, 聲調의 차이에 따라 意味도 달라진다. 예를 들면 '爲'가 '于嬀切'로 平聲일 때는 '행하다'는 의미가 되나, '于僞切'로 去聲일 때는 '위하여'·'때문에'라는 의미가 된다. 이때 중국음은 異音이지만, 한국음은 同音이 된다. 반절은 音만 나타낼 뿐만 아니라 그 음에 의한 意味를 수반한다. 陸德明의 『經典釋文』에서 여러 경전에 대하여 音義, 예컨대 「爾雅音義」라고 한 것은 音 뿐만 아니라 의미까지 함께 풀이한 것이다.

117) 『淮南子』 : 書名. 漢의 淮南王 劉安 撰. 21권. 道家의 사상을 主旨로 삼고 있다. 원래의 이름은 『鴻烈』이다.

118) 『文子』 : 書名. 『四庫全書』 1058冊 「道家類」에 上·下 2권으로 실려 있다. 周代의 辛鈃이라는 사람의 저작이라고 하나 믿기 어렵다. 卷上 「九守」에 "老子曰, 人受天地變化而生. 一月而膏, 二月而脈, 三月而胚, 四月而胎, 五月而筋, 六月而骨, 七月而成形, 八月而動, 九月而躁, 十月而生"이라 하였다.

皆初始之異名也. 初者, 『說文』云 : "從衣從刀, 裁衣之始也."[119] 哉者, 古文作才, 『說文』云 : "才, 草木之初也." 以聲近借爲哉始之哉.[120] 首者, 頭也, 身之始也.[121] 基者, 『說文』云, "牆始築也." 肇者, 『說文』作肁,[122] 始開也. 祖者, 宗廟之始也.[123] 元者, 善之長也. 長卽始

---

119) 初者 …… 裁衣之始也 : 段注에 "裁는 옷을 만듦이다. 옷을 바늘로 만드는데, 칼을 쓰는 것은 옷을 만드는 始(시초)이다. 인신되어 널리 시작의 명칭으로 한다[裁, 製衣也, 製衣之鍼, 用刀則爲製之始, 引伸爲凡始之稱]"라고 하여, 初의 의미가 始로 된 것은 引伸임을 설명하였다.

120 哉者 …… 哉始之哉 : '哉'는 本義가 '문장을 간격짓는 句中의 感歎 語助辭'이다. 『說文』에 "哉는 말을 간격 짓는 것이다. 口의 의미를 따르고, 𢦏(상할 재)가 소리이다[哉, 言之閒也. 从口𢦏聲]"라 하여, '言之閒'이 本義인데, 段注에 "두 가지의 사이를 閒이라 하고, 한 가지의 끝도 閒이라 한다. 또 哉를 풀이하여 始라고 함은 끝나면 바로 시작되는 것이다[凡兩者之際曰閒, 一者之竟亦曰閒, …… 又訓哉爲始, 凡竟卽爲始]"라고 하여, '哉'가 '始'의 의미를 갖게 되는 과정을 설명하였다.

　'才'는 『說文』에 "才는 艸木의 初이다. ㅣ(直 : 가지·잎)이 올라가 一(橫 : 땅)을 꿰뚫음을 따랐으니, 가지·잎이 나오려 함이다. 一은 땅이다[才, 艸木之初也, 从ㅣ上貫一, 將生枝葉也. 一, 地也]"라 하고, 그 段注에 "一은 위 획을 말하고, 將生枝葉은 아래 획을 말한다[一, 謂上畫, 將生枝葉, 謂下畫]"라 하고, 『形字典』才의 小篆에 "가운데 하나의 직선은 줄기를 본떴다. …… 아래의 하나의 짧은 횡선은 뿌리를 본떴다[才 …… 中一直象莖幹. …… 下一短橫象根]"라 하였다. 그리고 才의 '艸木之初'가 '始'의 의미로 된 것에 대하여 段注에 "引伸爲凡始之稱"이라 하여 引伸으로 설명하였다.

　'哉'와 '才'는 각각 字形 解說이 다르고 그 자형에 의한 의미가 역시 다른데, '哉'가 '始'의 뜻을 갖는 경우는 '才'를 가차했다는 것이다. 즉 '始'라는 의미일 때 '才'는 本字이고, '哉'는 假借字가 되는 것이다. 이 관계는 『爾雅詁林』 「義疏」에 "哉는 才의 가차음이다[哉者, 才之假音]"이라 하였고, 또 『爾雅詁林』 「本字考」에 "哉는 …… 始의 뜻이 없다. 始라고 풀이한 것은 才의 가차라고 해야 할 것이다[哉者, …… 無始義, 訓始者當爲才之借]"라 하여 哉가 假借字임을 명확히 분별하였다.

　假借 관계는 哉와 才의 聲近에 의한 것인데, 𢦏는 『說文』에 "戈를 따르고 才가 소리이다[𢦏, 从戈才聲]"라고 하였다. 才는 𢦏·哉에 土(재)로 변형되어 聲으로 작용하고 있다.

121) 首者 …… 身之始也 : 『說文』에는 '𦣻'로 쓰고 象形이라 하였는데, 그 段注에 "引伸之義爲始也, 本也"라고 하여, 始는 引伸義라고 하였다.

122) 肁 : '肇'는 '肁'의 引伸·假借이다. 『說文』에 "肁, 始開也, 从戶聿"이라 하여 '始開'가 肁의 本義로 나타났다. 그리고 段注에 "聿於語詞有始義"라 하여 '聿'에 '始'의 뜻이 있음을 밝히고, 또 「段注」에 "引伸爲凡始之稱, 凡經傳言肇始者, 皆肁之假借, …… 肇, 擊也"라 하여, 肁에 '始'의 뜻이 있음은 引伸된 것이고, 肇의 本義는 '擊'으로 肇에 '始'의 뜻이 있는 것은 肁의 假借라고 하였다.

123) 祖者, 宗廟之始也 : 『說文』에 "祖, 始廟也. 从示, 且聲"이라 하여 '祖'는 始祖의 祠

義.124) 胎者, 人成形之始也.125) 俶者, 動作之始也.126) 落者, 木葉隕墜之始也.127) 權輿者, 天地之始也.128) 天圓而地方, 因名云. 此皆造字之本意也. 及乎『詩』·『書』雅記所載之言, 則不必盡取此理, 但事之初始, 俱得言焉. 他皆倣此. ○云“『尙書』曰:三月哉生魄”者, 「康誥」文. 云“『詩』曰:令終有俶”者, 「大雅」「旣醉」文. “又曰:俶載南畝”者, 「周頌」「載芟」文. “又曰:訪余落止”者, 「周頌」「訪落」文. “又曰:胡不承權輿”者, 「秦風」「權輿」文. 云“胚胎未成, 亦物之始也”者, 『說文』云:“胚, 婦孕一月也, 胎, 婦孕三月也.” 然則尙未成形而爲形之始, 故曰“胚胎未成, 亦物之始”, 物則形也. 云“其餘皆義之常行者耳”者, 謂初·首·基·肇·祖·元也, 通見『詩』·『書』, 故曰“義之常行.” 云“此所以釋古今之異言, 通方俗之殊

堂이라 하고, 그 段注에 “祖, 始也. …… 皆引伸之義”라 하여 ‘祖’에 ‘始’의 뜻이 있는 것은 引伸義라 하였다.

124) 元者 …… 長卽始義:『說文』에 “元, 始也. 从一, 兀聲”이라 하여 ‘元’에 ‘始’의 뜻이 있는 것은 本義로 설명되어 있다.

125) 胎者, 人成形之始也:『說文』에 “胎, 婦孕三月也. 从肉, 台聲”이라 하고, 그 段注에 “胎, 始也, 此引伸之義”라고 하여 ‘胎’에 ‘始’의 뜻이 있는 것은 引伸義라 하였다.

126) 俶者, 動作之始也:『說文』에 “俶, 善也, 从人, 叔聲. 詩曰:令終有俶. 一曰, 始也”라고 하여 ‘俶’에 ‘始’의 뜻이 있는 것은 一曰義(本義 이외의 또 한 가지 뜻. 別義:『說文』‘禋’ 段注 참조)로 처리하였다.

127) 落者, 木葉隕墜之始也:『爾雅詁林』「本字考」에 “落者, 『說文』, 落, 凡草曰零, 木曰落, 从艸, 洛聲, 無始義. 訓始者當爲朔之借”라고 하여 ‘落’에 ‘始’의 뜻이 있는 것은 ‘朔(月一日始蘇也:달이 1일에 비로소 소생할 삭)’을 가차한 것이라고 하였다.

128) 權輿者, 天地之始也:『爾雅』「釋草」의 ‘其萌蘆藄’ 「義疏」에 “『說文』之灌渝, 「釋草」作蘆藄, 「釋詁」作權輿, 並同聲假借字也”라고 하여 ‘權輿’는 ‘蘆藄(萌芽:싹)’의 假借라고 하였다. 그리고 이것이 引伸되어 ‘始’(起始, 開端의 뜻으로 된 것이다(『漢辭典』). 一說에는 『詩經』「秦風」「權輿」의 집전 “權輿, 始也”의 「大全」에 “造衡自權始, 造車自輿始”고 하여 權·輿가 처음 만드는 물건이라는 뜻에서 ‘始’에 연관시키고 있다. ‘天地之始’에 대하여는 『爾雅詁林』「胡氏古義」에 “權輿, 疑卽堪輿, 權堪聲相近 …… 堪輿, 天地總名也. 堪輿, 卽權輿聲之轉. …… 月周天進一次而輿日合宿, 日行月一次而周天歷舍于十有二辰, 終則復始, 是謂日月權輿. 蓋權輿爲天地之始, 因而日月所起亦謂之權輿. 更追廣之, 則凡事物之始, 皆謂之權輿”라고 하여, 權輿는 堪輿이고, 日月의 權輿로 天地之始와 관련시키고, 나아가 널리 事物之始까지 확충시켰다. 그러나 『爾雅詁林』「平議」에는 “權輿二字止作始字解, 非天地之始謂之權輿也. 邢氏誤會其義, 謬甚矣”라고 하여, 邢昺이 權輿를 天地之始와 관련시킨 것은 잘못이라 하였다.

語"者, 楊雄說『方言』云: "皆古今語也, 初別國不相往來之言也, 今或同. 而舊書雅記·故俗語, 不失其方, 而後人不知, 故爲之作釋也." 郭彼注云 "謂作「釋詁」·「釋言」"是也.

　　모두 초시(初始 : 처음)라는 뜻의 다른 명칭이다. 초(初)는 『설문』에 "의(衣)를 따르고, 도(刀)를 따른다.129) 옷을 만드는 시작이다"고 하였다. 재(哉)는 고문(古文)130)은 재(才)로 쓴다. 『설문』에 "재(才)는 초목의 시초이다"고 하였다. 소리가 근사하기 때문에 재(哉)는 재(才)를 가차(假借)하여 재시(哉始 : 시초)의 재(哉 : 시초)로 하였다. 수(首)는 두(頭 : 머리)이니, 몸의 시작이다. 기(基)는 『설문』에 "담을 쌓기 시작하는 것이다"131)고 하였다. 조(肇)는 『설문』에 조(肁)로 되어 있는데, "처음으로 열림이다"고 하였다. 조(祖)는 종묘(宗廟)의 시작이다. 원(元)은 선(善)의 으뜸이니,132) 장(長)은 즉 시작이라는 뜻이다. 태(胎)는 사람이 모양을 이루는 시작이다. 숙(俶)은 동작의 시작이다. 낙(落)은 나뭇잎이 떨어짐의 시작이다. 권여(權輿)는 천지(天地)의 시작

---

129) 衣를 따르고, 刀를 따른다 : 원문의 '從衣從刀'를 풀이한 것으로, '初'가 會意임을 보여주는 것이다. 字形 해설에서 '從'이 2번 이상 쓰이고, 그것이 모두 獨體文인 경우 被說明字는 會意가 되는데, 이는 의미가 모여 이룩된 글자임을 보여주는 것이기 때문이다.
　　從은 『설문』에 '从'으로 씌여 있다. '从'은 '從'의 本字이다. 从은 '从의 아래에 제시된 한자의 字形 및 의미가 表題字(被說明字)에 종속되어 작용함'을 뜻한다. 즉 '从衣'는 표제자인 '初'의 자형 및 의미로 작용하는 것이다. 그리고 初에 '从'이 두 번 쓰인 것은 衣와 刀 즉 두 글자의 의미가 類似하지 않을 경우에 사용된 것이다. 이에 대하여는 『설문해자』 '吏'자에서 "吏, 治人者也. 从一从史"라 하고 그 段注에 "天下曰从一大, 此不曰从一史者, 吏必以一爲體, 以史爲用, 一與史二事, 故異其詞也"라 하여, 자형 분석에 쓰인 글자가 상호 의미상 관련이 있으면 '从'을 한 번만 쓰고 관련이 없으면 두 번 쓴다고 하였다.

130) 古文 : 上古의 文字. 甲骨文·金文·籀文·六國文字를 가리키는데, 여기서는 先秦時代의 문자를 말한다.

131) 담을 …… 것이다 : 段注本 『說文』에는 "基, 牆始也, 從土其聲"이라 되어 있다. '從○△聲'은 형성의 표현이다. '从○'는 의미에 대한 설명이고, '△聲'은 소리에 대한 설명이다. 즉 基는 土의 의미를 따르고 其가 소리인 것이다.

132) 元은 …… 으뜸이니 : 원문의 "元者, 善之長也"는 『周易』「乾卦」「文言傳」에서 인용된 것이다.

인데, 하늘은 둥글고 땅은 네모지기 때문에 그렇게 부르는 것이다. 이것은 모두 글자를 만든 본래의 뜻이다.[133] 『시경』·『서경』와 역대의 기록에 실려 있는 말에 미쳐서는 반드시 이런 원리[134]를 모두 취한 것은 아니고, 다만 일의 초시(初始)만 모두 언급하였을 뿐이다.[135] 다른 것도 이와 같다.

○ 주에서 인용한 『서경』의 "삼월재생백(三月哉生魄)"은 「주서(周書)」「강고(康誥)」의 글이다. 『시경』의 "영종유숙(令終有俶)"은 「대아(大雅)」「기취(旣醉)」의 글이다. 또 "숙재남무(俶載南畝)"는 「주송(周頌)」「재삼(載芟)」의 글이다. 또 "방여락지(訪余落止)"는 「주송」「방락(訪落)」의 글이다. 또 "호불승권여(胡不承權輿)"는 「진풍(秦風)」「권여(權輿)」의 글이다. "배태미성, 역물지시야(胚胎未成, 亦物之始也)"는 『설문』에 "배(胚)는 부녀자가 아이를 가져 한 달이 된 것이다. 태(胎)는 부녀자가 아이를 가져 세 달이 된 것이다"고 하였다. 그렇다면 아직 형체를 이루지 않았으나 형체를 이루는 시작이므로, "배태미성, 역물지시(胚胎未成, 亦物之始)"라 한 것이다. 물(物)은 형(形 : 모양)이다. 주에서 말한 "기여개의지상행자이(其餘皆義之常行者耳)"는 초(初)·수(首)·기(基)·조(肇)·조(祖)·원(元)을 말하니, 『시경』·『서경』에 통상 나타나므로 뜻이 평소 쓰이는 것이라 하였다. 주에서 말한 "차소이석고금지이언, 통방속지수어(此所以釋古今之異言, 通方俗之殊語)"는 양웅(楊雄)이 『방언』에서 말한 "모두 고금의 언어이다. 애초 각 나라간에 서로 왕래하지 못한 말이지만, 지금 혹은 같은 것도 있다. 그리고 옛 책과 『소아(小雅)』[136]기록과 옛날의 속어(俗語)에 그 방언을 잃지 않았는데, 후대 사람들이 모를 것 같으므로, 그것을 위해 풀이를 짓는다"[137]고 하였는데, 곽박이 그 『방언』

---

133) 이것은 …… 뜻이다 : 字形에 의한 의미, 즉 本義임을 말한다. 예컨대 "初, 從衣從刀, 裁衣之始也"는 자형의 풀이에서 나온 뜻이다. 이하 "哉·首·基 ……" 등도 모두 자형에 의한 의미를 제시하고, 이것이 引伸假借되어 모두 '始'로 귀결되는 것이다.

134) 이런 원리 : 造字의 本義에 의한 원리.

135) 다만 일의 …… 뿐이다 : 本義로만 쓰인 것이 아닌, 引伸假借된 의미로 쓰였음을 말한다.

136) 『小雅』 : 書名. 『小爾雅』. 『方言』의 곽박의 注에 "雅, 小雅也"라고 하였다.

137) 모두 …… 짓는다 : 『방언』 권1-6에 나온다.

의 주에 "「석고」·「석언」을 지은 것을 말한다"[138]고 한 것이 이것이다.

 林·烝·天·帝·皇·王·后·辟·公·侯, 君也.

임(林)·증(烝)·천(天)·제(帝)·황(皇)·왕(王)·후(后)·벽(辟)·공(公)·후(侯)
는 군(君 : 임금)이다.

 『詩』曰 : "有壬有林." 又曰 : "文王烝哉." 其餘義皆通見『詩』·
『書』.

『시경』에 "경대부(卿大夫)가 있고 임금이 있다"[139]고 하였으며, 또 "문
왕(文王)이 임금답다"[140]고 하였다. 그 나머지는 뜻이 모두 『시경』·『서
경』에 두루 보인다.

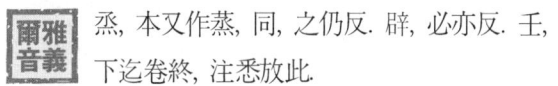 烝, 本又作蒸, 同, 之仍反. 辟, 必亦反. 壬, 而心反. 見, 賢遍反.
下迄卷終, 注悉放此.

증(烝)은 본에 따라 증(蒸)으로 되어 있는데 음의가 같으며, 지(之)와 잉
(仍)의 반절이다. 벽(辟)은 필(必)과 역(亦)의 반절이다. 임(壬)은 이(而)와 심
(心)의 반절이다. 현(見)은 현(賢)과 편(遍)의 반절이다. 이하 권의 마지막까
지 주에는 현(見)이 모두 이를 따른다.

---

138) 「석고」 …… 말한다 : 『방언』권1-2의 앞의 글에 대한 곽박의 주는 "釋詁釋言之屬"이
　　라고 되어 있다.
139) 경대부가 …… 임금이 있다 : 鄭箋의 "壬, 任也, 謂卿大夫也"를 따랐다.
140) 문왕이 임금답다 : 鄭箋의 "烝, 君也. 箋云 : 君哉者, 言其誠得人君之道"를 따랐다.

皆天子諸侯南面之君異稱也. 『白虎通』云 : 君, 群也. 群下之所
歸心也. 林者, 『說文』云 : "平地有叢木曰林." 烝者, 『左傳』云 :
"天生烝民, 樹之以君, 而司牧之." 然則人物之衆, 必立君長以司牧之. 故
以林·烝爲君也. 天者, 「說卦」云 : "乾爲天爲君", 以其俱尊極故也. 「大
雅」皆謂'君爲天'是也. 帝·皇者, 『白虎通』云 : "德合天地者稱帝, 帝者,
諦也, 象可承也.[141] 皇, 美也, 大也, 天之總美大稱也. 時質, 故總稱之.
號之爲皇, 煌煌人莫違也. 王者, 往也, 天下所歸往." 『說文』云 : "后者,
繼體君也. 象人之形, 施令以告四方, 故厂之, 從一·口. 發號者, 君后
也." 辟者, 法也, 爲下所法則也. 公者, 通也, 公正無私之意也. 侯者, 候
也, 候逆順也. 天·帝·皇·王惟謂天子, 公·侯惟謂諸侯, 餘皆通稱. ○
云"『詩』曰 : 有壬有林"者, 「小雅」「賓之初筵」文. "又曰文王烝哉"者, 「大
雅」「文王有聲」文. 云"其餘義皆通見『詩』·『書』"者, 謂天·帝·皇·
王·后·辟·公·侯, 皆義之常行, 故不備引.

모두 앉는 것이 남쪽을 향하는 임금인 천자·제후의 다른 명칭이다.
『백호통(白虎通)』[142] 「호(號)」에 "군(君)은 군(群:무리)이다"고 하였다. 여러
아래 사람이 마음을 귀착시키는 곳이다. 임(林)은 『설문』에서 "평지에 우
거진 나무가 있는 것을 임(林)이라 한다"[143]고 하였다. 증(烝)은 『좌전』양
공(襄公) 14년에 "하늘이 백성을 낳고, 임금을 세워서 백성을 맡아 기르게

---

141) 帝者, 諦也, 象可承也 : 明 萬曆年間에 新安程氏가 刊行한 『漢魏叢書』에는 이 구
가 빠져 있다.
142) 『白虎通』 : 書名. 『白虎通義』·『白虎通德論』이라고도 한다. 後漢의 班固가 지은
것으로 『漢魏叢書』에 『白虎通德論』이란 제목으로 상·하 2권이 실려 있다. 後漢 章
帝가 白虎觀에 당시의 학자를 모아서 五經의 同異를 토론시켰다. 후에 班固를 불러
서 그 내용을 기록하라고 시켰는데, 그것이 바로 『백호통의』이다. 漢代의 학문 전반을
연구하는데 있어서 매우 중요한 저작에 속하며, 주석서로는 淸 陳立의 『白虎通疏證』
이 있다.
143) 평지에 …… 林이라 한다 : 段注에는 "林, 君也, 假借之義也"라 하여, 林이 '君의 뜻
인 경우는 假借로 설명하였다.

한다"144)고 하였다. 그렇다면 사람이 많이 있는 곳에는 반드시 군장(君長)을 세워서 사람을 맡아 기르게 한다. 그러므로 임(林)·증(烝)을 군(君)145)이라고 하였다. 천(天)은 『주역』「설괘(說卦)」에서 "건(乾)은 천(天)이 되고, 군(君)이 된다"고 하였는데, 모두 극도로 존귀하기 때문이다. 『시경』「대아」에서 모두 군(君)을 천(天)이 된다고 한 것이 이것이다. 제(帝)·황(皇)은 『백호통』「호」에서 "덕(德)이 천지와 일치하는 사람을 제(帝)라 한다. 제(帝)는 체(諦 : 살피다)이다.146) 이어받을 만한 것을 본뜬 것이다. 황(皇)은 미(美 : 아름답다)이며 대(大 : 크다)이다. 천(天)을 총괄적으로 미(美)·대(大)라고 일컬은 것이다. 시대가 질박하므로 총괄해서 칭한 것이다. 황(皇)이라고 부르는 것은 빛나고 빛나서 그 빛을 피할 자가 없는 것이다. 왕(王)은 왕(往 : 依歸하다)이다. 천하의 사람이 귀의해서 가는 것이다"고 하였다. 『설문』에 "후(后)는 정체(正體)를 이은 임금이다.147) 사람의 모습을 본떴다. 명령을 내려서 사방에 고하므로,148) 예(厂 : 끌다. 밝다)를 쓰고 일(一)·구(口)를 따랐다. 호령을 내리는 자가 군(君)·후(后)이다"149)고 하였다. 벽(辟)은 법(法 : 법

---

144) 하늘이 …… 기르게 한다 : 『左傳』襄公 14년에 "天生民而立之君, 使司牧之, 勿使失性"이라 하였는데, 『會箋』에 "天使君司牧斯民, 而勿使民失其性. …… 牧, 養也"라고 한 것을 따랐다.

145) 烝을 君 : 『說文』에 "烝은 불 기운이 위로 감이다[烝, 火气上行也]"라 하고 段注에 "引伸之則烝進也, …… 又引伸之則君也"라고 하여, '君'을 引伸義로 설명하였다.

146) 帝는 諦이다 : 『爾雅詁林』「義疏」에 "言其能行天道, 擧錯審諦"라고 하여 '諦'를 '살피다'로 풀이하였다.

147) 后는 …… 임금이다 : 『史記』「外戚世家」에 "自古受命帝王及繼體守文之君"의 注에 "索隱』曰, 繼體, 謂非創業之主, 而是嫡子繼先帝之正體而立者也"라고 하여, '繼體君'은 創業主가 아니라 '嫡子로서 先帝의 正體를 繼承하여 卽位한 임금'으로 풀이되어 있다.

148) 명령을 …… 고하므로 : 『周易』「姤卦」의 "象曰, 天下有風, 姤. 后, 以施令四方"에 의한 것이다.

149) 后는 …… 后이다 : 『說文』에 의하면 '后'는 인(厂 : 人의 변형)과 口가 결합된 회의자이다. 段注는 厂(예)·一·口로 분석하는 것을 반대하여 "案此條各本作象人之形, 施令以告四方, 故之從一口, 發號者君后也. 淺人所竄. 不成文理. 上體旣象人. 又何得云從余制切之厂, 且從一乎?"라고 하였다. 그리고 后에 後의 의미가 있는 것은 后가 後를 가차했다는 것이다. 즉 后는 '創業主 이후의 임금'이 되는 것이다.

칙)이다. 아래 사람에게 법칙이 되는 것이다. 공(公)은 통(通 : 통하다)이다. 공정무사(公正無私)의 뜻이다. 후(侯)는 후(候 : 기다리다)이니, 거역·순종을 기다리는 것이다.150) 천(天)·제(帝)·황(皇)·왕(王)은 오직 천자(天子)를 말하고, 공(公)·후(侯)는 오직 제후(諸侯)를 말한다. 나머지는 모두 일반적인 칭호이다. ○ 주에서 인용한 『시경』의 "유임유림(有壬有林)"은 「소아(小雅)」「빈지초연(賓之初筵)」의 글이고, 또 "문왕증재(文王烝哉)"는 「대아(大雅)」「문왕유성(文王有聲)」의 글이다. "그 나머지는 뜻이 모두 『시경』·『서경』에 두루 보인다"는 것은 천·제·황·왕·후·벽·공·후는 모두 뜻이 통상적으로 쓰이는 것이므로, 갖추어 인용하지 않았다는 것을 말한다.

經文 弘·廓·宏·溥·介·純·夏·幠·厖·墳·嘏·丕·奕151)·洪·誕·戎·駿·假·京·碩·濯·訏·宇·穹·壬·路·淫·甫·景·廢·壯·冢·簡·箌152)·昄·晊·將·業·席, 大也.

홍(弘)·확(廓)·굉(宏)·보(溥)·개(介)·순(純)·하(夏)·호(幠)·방(厖)·분(墳)·하(嘏)·비(丕)·혁(奕)·홍(洪)·탄(誕)·융(戎)·준(駿)·가(假)·경(京)·석(碩)·탁(濯)·우(訏)·우(宇)·궁(穹)·임(壬)·로(路)·음(淫)·보(甫)·경(景)·폐(廢)·장(壯)·총(冢)·간(簡)·조(箌)·판(昄)·질(晊)·장(將)·업(業)·석(席)은 대

---

150) 侯는 候이니 …… 것이다 : 『爾雅詁林』「本字考」에 "侯者, 『說文』, 矦訓射侯, 無君義, 訓君者爲后之借"라고 하여, '侯'에 '君'의 뜻이 있는 것은 '后'의 가차라고 하였다. 그리고 『爾雅詁林』「義疏」에는 "『白虎通』言公者公正無私, 矦者候逆順, 皆其義"라고 하여, '候逆順'이 『白虎通』에 의거한 것임을 밝혔다.

151) 奕 : 대본에는 '弈'으로 되어 있는데, 『十三經注疏』阮元 校勘記에서 『說文』을 인용하여 "奕, 大也. 弈, 圍棋也"라 하고, '弈'은 訛字라고 하였으므로, 이를 따라 고쳤다. 疏에서도 같다.

152) 箌 : 『爾雅詁林』「爾雅音義考正」에는 "글자는 艸를 따라야 한다. 지금의 『설문』·『이아』는 모두 틀렸다"고 하였다.

(大 : 크다)이다.

爾雅注 『詩』曰: "我受命溥將." 又曰: "亂如此幠", "爲下國駿厖", "湯孫奏假",[153] "王公伊濯", "訏謨定命", "有壬有林", "厥聲載路", "旣有淫威", "廢爲殘賊", "爾土宇昄章", "緇衣之蓆兮." 廓落・宇宙・穹隆・至極, 亦爲大也. 𩆁義未聞. 『尸子』曰: "此皆大, 有十餘名而同一實."

『시경』에 "우리에게 천명을 받게 함이 크게 하여 돕도다"[154]라 하였고, 또 "난리가 이처럼 크다", "휘하 나라에 크게 두텁도다",[155] "탕(湯) 임금의 손자(孫子)인 태갑(太甲)이 대악(大樂)을 연주하다",[156] "문왕(文王)이 일을 함이 크도다",[157] "계획을 크게 세우고 명령을 정한다",[158] "경대부(卿大夫)가 있고 제후 임금이 있다",[159] "후직(后稷)이 우는 소리가 크다",[160] "이미 큰

---

153) 假: 대본에는 '嘏'로 되어 있으나 十三經注疏本 『毛詩』와 『이아고림』 「郭注」에 따라 고쳤다. 疏에서도 같다.

154) 우리에게 …… 돕도다: 鄭箋의 "將, 猶助也. …… 于我受政教, 至祭祀又溥助我"를 따랐다. 집전에는 "溥, 廣. 將, 大也"라 하여, '將'이 '크다'로 풀이되었다.

155) 휘하 …… 두텁도다: 毛傳의 "駿, 大. 厖, 厚"와 孔穎達 疏의 "爲下國之大純厚"를 따랐다.

156) 탕(湯) 임금의 …… 연주하다: 모전의 "假, 大也"를 따랐다. 정전에는 "假, 升. …… 湯孫太甲又奏升堂之樂, 弦歌之"라 하여, '假'를 '升堂之樂'으로 풀이하였다. 그리고 晉注에 "假, 毛古雅反, 鄭作格, 升也"라 하여, 모전에서 '假'의 음이 '가'이고, 정전에서 '격'임을 밝혔다. 집전에서는 "假, 音格. …… 假, 與格同"이라 하여 '假'의 음을 '격', 뜻을 '來格(이르다)'이라 하였다.

157) 文王이 …… 크도다: 毛傳의 "謬, 大"와 鄭箋의 "公, 事也. 文王述行大王王季之王業, 其事益大"를 따랐다. 집전은 "公, 功也. 謬, 著名也"라 하여, '謬'를 '大'로 풀이하지 않았다.

158) 계획을 …… 정한다: 孔穎達 疏의 "當豫大計謀, 定其教命"을 따랐다.

159) 卿大夫가 …… 임금이 있다: 毛傳의 "壬, 大. 林, 君也"와 鄭箋의 "壬, 任也, 謂卿大夫也. …… 有卿大夫, 又有國君"을 따랐다. 집전에는 "壬, 大. 林, 盛也. 言禮之盛大也"라 하여 다르게 풀이하였다.

160) 后稷이 …… 소리가 크다: 毛傳의 "路, 大也"와 鄭箋의 "是時聲音則已大矣"를 따랐다. 집전에는 "載, 滿也. 滿路, 言其聲之大也"라 하고, 이를 이어 備旨에는 "大充滿道路之間"이라 하여, '路'를 '길'로 풀이하였다.

법도가 있도다",161) "크게 잔적(殘賊)이 되다",162) "너의 토지와 거처가 크게 빛난다",163) "치의(緇衣)가 큼이여"라 하였다. 확락(廓落)·우주(宇宙)·궁륭(穹窿)·지극(至極) 역시 대(大)이다. 죠(劋)의 뜻은 듣지 못했다. 『시자(尸子)』164)에는 "이것은 모두 대(大)라는 의미로서 10여 개의 명칭이 있지만 내용은 동일한 것이다"고 하였다.

宏, 戶萌反. 溥, 音普. 介, 音界. 夏, 戶雅反. 幠, 火吳反, 下同. 厖, 亡江反, 又亡項反. 『方言』云: "厖, 深之大也." 墳, 符云反. 嘏, 古雅反. 丕, 字又作㔻同, 普悲反. 奕, 以昔反. 誕, 音但. 駿, 子浚反, 又荀閏反. 假, 古雅反. 濯, 直角反. 訐, 本又作旴, 同, 香于反. 穹, 起弓反. 壯, 側狀反. 劋, 郭陟孝反, 顧野王都角反, 『說文』云: "草大也." 孫都耗反. 昄, 沈旋蒲板反, 此依『詩』讀也. 孫郭方滿反, 『字林』方但·方旦二反, 施乾蒲滿反, 顧音板, 又普姦·普練二反. 庭, 舊音之日反, 本又作至, 又作胵, 顧音充尸反. 蕑, 音席. 幠, 亡乎反.

꽁(宏)은 호(戶)와 맹(萌)의 반절이다. 보(溥)는 음이 보(普)이다. 개(介)는 음이 계(界)이다. 하(夏)는 하(戶)와 아(雅)의 반절이다. 호(幠)는 화(火)와 오(吳)의 반절이며 아래도 같다. 방(厖)은 망(亡)과 강(江)의 반절, 또는 망(亡)과 항

---

161) 이미 …… 있도다: 毛傳의 "淫, 大"와 鄭箋의 "旣有大則"을 따랐다. 집전에는 "淫, 大也"라 하고, 그 『大全』에 "威, 等位也"라 하였다.

162) 크게 …… 되다: 毛傳에 "廢, 忕"라 하고, 孔穎達 疏에 "忕, 習也. 恒爲惡行, 是慣習之義. 定本廢訓爲大, 與鄭不同"이라 하여, '廢'가 '익히다'·'크다'로 되는 것을 제시하였다. 집전은 "廢, 變"이라 하여, '大'가 나타나지 않는다.

163) 너의 …… 빛난다: 毛傳의 "昄, 大也"와 鄭箋의 "土宇, 謂居民以土地屋宅也"를 따랐다.

164) 『尸子』: 書名. 戰國時代 尸子 撰. 元·明代에 이미 亡失되었으나 淸代의 孫星衍 등이 편찬한 『尸子』 2권이 『平津館叢書』에 실려 있다. 上卷에 「勸學」·「貴言」·「四儀」·「明堂」·「分」·「發蒙」·「恕」·「治天下」·「仁義」·「廣」·「綽子」·「處道」·「神明」·「廣澤」·「止楚師」·「君治」 16편이 있고, 下卷에는 尸子가 남긴 말을 200여 항목으로 실었다. 平津館은 孫星衍의 書齋 이름이다.

(頊)의 반절이다. 『방언』에 "방(厖)은 깊이가 큰 것이다"고 하였다. 분(墳)은 부(符)와 운(云)의 반절이다. 가(嘏)는 고(古)와 아(雅)의 반절이다. 비(丕)는 글자를 또 비(㔻)로도 쓰는데 음의가 같으며, 보(普)와 비(悲)의 반절이다. 혁(奕)은 이(以)와 석(昔)의 반절이다. 탄(誕)은 음이 단(但)이다. 준(駿)은 자(子)와 준(浚)의 반절, 또는 순(荀)과 윤(閏)의 반절이다. 가(假)는 고(古)와 아(雅)의 반절이다. 탁(濯)은 직(直)과 각(角)의 반절이다. 우(訏)는 본에 따라 우(旴)로 되어 있는데 음의가 같으며, 향(香)과 우(于)의 반절이다. 궁(穹)은 기(起)와 궁(弓)의 반절이다. 장(壯)은 측(側)과 장(狀)의 반절이다. 조(釗)에 대하여 곽박은 척(陟)과 효(孝)의 반절이라 하고, 고야왕은 도(都)와 각(角)의 반절이라 하였는데, 『설문』에서는 "풀이 큰 것이다"고 하였으며, 손염은 도(都)와 모(耗)의 반절이라 하였다. 판(阪)에 대하여 심선(沈旋)은 포(浦)와 판(板)의 반절이라 하였는데, 이는 『시경』에 의거해서 읽었기 때문이다. 손염과 곽박은 방(方)과 만(滿)의 반절이라 하였으며, 『자림』은 방(方)과 단(但), 방(方)과 원(旦) 두 가지의 반절이라 하였으며, 시건(施乾)은 포(浦)와 만(滿)의 반절, 고야왕은 음이 판(板)이고 또 보(普)와 간(姦), 보(普)와 련(練) 두 가지의 반절이라 하였다. 질(晊)은 옛 음으로는 지(之)와 일(日)의 반절이며, 본에 따라 지(至)로, 또는 치(胵)로 되어 있는데, 고야왕은 충(充)과 시(尸)의 반절이라 하였다. 석(蓆)은 음이 석(席)이다. 모(護)는 망(亡)과 호(乎)의 반절이다.

爾雅疏 此皆廣大之異言也. 弘者, 含容之大也. 「周書」「洛誥」云:"武王弘朕恭." 廓者, 『方言』云:"張小使大謂之廓." 宏者, 『書』曰:"若保宏父." 介者, 『方言』云:"東齊海岱之間謂之介." 純者, 「魯頌」「閟宮」云:"天錫公純嘏." 夏者, 『方言』云:"自關而西秦晋之間, 凡物之壯大而愛偉之, 謂之夏." 厖者, 深之大也. 墳‧嘏者, 『方言』云:"墳, 地大也. 靑‧幽之間, 凡土而高且大者謂之墳. 秦晋之間, 凡物壯大謂之嘏." 丕者, 『書』云:"嘉乃丕績." 奕者, 『詩』「大雅」「韓奕」云:"奕奕[165]梁山." 洪者, 『書』「大誥」云:"延洪惟我幼沖人." 誕者, 「大雅」「生民」云:"誕彌厥月."

戎者,『方言』云：“宋魯陳衛之間謂之嘏, 或曰戎.” 京・碩・濯・訏者,“秦晉之間, 凡人大謂之奘, 燕之北鄙・齊楚之郊或曰京.” “齊宋之間曰碩, 荊吳楊甌之郊曰濯, 中齊西楚之間曰訏”, 此皆謂大, 方俗之殊語也. 甫者,『詩』「齊風」云：“無田甫田.” 景者,「周頌」「潛」篇云：“以介景福.” 壯者, 秦晉之間, 凡人大謂之奘, 或謂之壯. 冢者, 舍人曰：“冢, 封之大也.” 「大雅」「縣」篇云：“乃立冢土.” 簡者,「周頌」「執競」云：“降福簡簡.” 箌者, 郭云：“義未聞.” 顧氏云：“都角切.”『說文』云：“草大也.”『韓詩』：“箌彼甫田.” 將者,「周頌」云：“日就月將.” 業者, 版之大也. 「大雅」「靈臺」云：“虡業維樅.” 餘皆見注. ○『詩』云：我受命溥將”者,「商頌」「烈祖」文. “又曰：亂如此憮”者,「小雅」「巧言」文. 云“下國駿厖”者,「商頌」「長發」文. 云“湯孫奏假”者,「商頌」「那」篇文. 云“王公伊濯”者,「大雅」「文王有聲」文. 云“訏謨定命”者,「大雅」「抑」篇文. 云“有壬有林”者,「小雅」「賓之初筵」文. 云“厭厭載路”者,「大雅」「生民」文. 云“既有淫威”者,「周頌」「有客」文. 云“廢爲殘賊”者,「小雅」「四月」文. 云“爾土宇昄章”者,「大雅」「卷阿」文. 云“緇衣之蓆兮”者,「鄭風」「緇衣」文. 云“廓落・宇宙・穹隆・至極, 亦爲大也”者, 廓落, 大貌. 四方上下曰宇.『說文』云：“宙, 舟輿所極也.” 穹隆, 天之形也. 郭氏讀晊爲至, 故云“至極.” 是廓・宇・穹・晊亦爲大也. 云“『尸子』曰：此皆大, 有十餘名, 而同一實”者,『漢書』「藝文志」云：“『尸子』二十篇.” 注曰：“名佼, 魯人, 秦相, 商君師之. 鞅死, 佼逃入蜀.” 案『尸子』「廣澤」篇云：“墨子貴兼, 孔子貴公, 皇子貴衷, 田子貴均, 列子貴虛, 料子貴別囿, 其學之相非也數世矣, 而已皆弇於私也. 天・帝・后・皇・辟・公・弘・廓・閎・博・介・純・夏・幕・蒙・贖・昄, 皆大也, 十有餘名而實一也. 若使兼・公・虛・均・衷・平・易・別囿一實也, 則無相非也.” 以其數字皆訓爲大, 故引之也. 周公作詁, 必以始也・君也・大也居先者, 始者, 無先之稱；君者, 至尊之號；大則無所不包. 故先言之. 一

165) 奕奕：대본에는 ‘弈弈’으로 되어 있으나 십삼경주소본『毛詩』에 따라 고쳤다.

曰; 此三者天也, 人也, 地也. 『易』「乾卦」云 : "萬物資始." 「坤卦」云 : "直方大." 『老子』云 : "域中有四大, 王居其一焉." 故以此三者爲先. 乾·坤, 相對之物, 而以地在人後者, 以人居天地之中, 且尊尙人君, 故進之. 自此而下隨便卽言, 無義例也.

　이것은 모두 '광대(廣大)하다'는 뜻을 달리 한 말이다. 홍(弘)은 포함하고 받아들이는 것이 크다는 뜻이다. 「주서(周書)」 「낙고(洛誥)」에 "무왕(武王)이 크게 나에게 공손케 합니다"166)고 하였다. 확(廓)은 『방언』에서 "작은 것을 넓혀 크게 만드는 것이 확(廓)이다"167)고 하였다. 굉(宏)은 「주서(周書)」 「주고(酒誥)」에 "순히 하여 편케 하는 굉보(宏父) 관리"168)라 하였다. 개(介)는 『방언』에 "동쪽 제나라와 해대(海岱)의 지역에서는 큰 것을 개(介)라 부른다"169)고 하였다. 순(純)은 「노송(魯頌)」 「비궁(閟宮)」에 "하늘이 공에게 큰 복을 내리다"170)고 하였다. 하(夏)는 『방언』에 "함곡관(函谷關)에서 서쪽으로 진(秦)·진(晋)의 지역에서는 무릇 물건이 장대하고 좋아서 크게 여기는 것을 하(夏)라고 한다",171) 방(厖)은 깊이가 큰 것이다.172) 분(墳)·가(嘏)는 『방언』에 "분(墳)은 땅이 큰 것이다. 청주(靑州)·유주(幽州) 지역에서 땅이 높고 큰 것을 분(墳)이라 한다.173) 진(秦)·진(晋)의 지역에서는 무릇 물

---

166) 무왕이 …… 공손케 합니다 : "너의 빛나는 아버지 무왕을 이어 보존케 하니, 크게 나에게 공손케 한다[越乃光烈考武王, 弘朕恭]"를 줄인 것인데, 이는 『尙書正義』의 "于汝大業之父武王, 大使我恭奉其道"를 따른 것이다.
167) 작은 것을 …… 廓이다 : 『방언』 권1-12에 나온다.
168) 순히 하여 …… 굉보 관리 : 『書經』 「酒誥」의 말로, 孔安國 傳에 "宏父, 司空, 當順安之"라 하였다. 그러나 집전본(『五經讀本』)은 "圻父薄違, 農父若保, 宏父定辟"이라 하여 '若保, 宏保'로 분리하였다.
169) 동쪽 …… 介라 부른다 : 『방언』 1-7에 나온다. 海岱는 東海와 泰山 사이를 말하며, 「禹貢」에서는 靑州라 하였다. 현재의 山東省 부근을 말한다.
170) 하늘이 …… 내리다 : 鄭箋에는 "純, 大也. 受福曰嘏"라 하여, '嘏'가 '大'로 풀이되지 않았다.
171) 함곡관 …… 夏라 하였다 : 『방언』 권1-10에 나온다.
172) 厖은 …… 큰 것이다 : 『방언』 권1-6에 나온다.
173) 墳은 땅이 …… 墳이라 한다 : 『방언』 권1-11에 나온다.

건이 장대한 것을 하(嘏)라고 한다"174)고 하였다. 비(丕)는 『서경』「우서(虞書)」「대우모(大禹謨)」에 "너의 큰 공적을 가상히 여긴다"고 하였다. 혁(奕)은 「대아(大雅)」「한혁(韓奕)」에서 "크고 큰 양산"이라 하였다. 홍(洪)은 「주서(周書)」「대고(大誥)」에 "나(성왕) 어린 사람에게 연이어져 크다"175)고 하였다. 탄(誕)은 「대아」「생민(生民)」에 "그 달 수를 크게 마친다"176)고 하였다. 융(戎)은 『방언』에 "송(宋)·노(魯)·진(陳)·위(衛)나라 지역에서는 가(嘏) 또는 융(戎:크다)이라 한다"177)고 하였다. 경(京)·석(碩)·탁(濯)·우(訏)는 "진(秦)·진(晋)나라 지역에서는 사람이 몸집이 큰 것을 장(奘:크다)이라 하고, 연(燕)나라 북쪽 변방과 제(齊)·초(楚)나라 교외에서는 또는 경(京:크다)이라고 한다"178)고 하였다. "제(齊)·송(宋)나라에서는 석(碩:크다)이라 하고, 형(荊)·오(吳)·양(楊)·구(甌)의 교외에서는 탁(濯:크다)이라 하고, 제(齊)나라 중앙과 초(楚)나라 서쪽에서는 우(訏:크다)라고 한다"179)고 하였는데, 이들은 모두 크다는 것을 말하니, 지방과 풍속의 다른 언어이다. 보(甫)는 「제풍(齊風)」「보전(甫田)」에 "큰 밭을 갈지 마라"고 하였다. 경(景)은 「주송(周頌)」「잠(潛)」에 "그것으로 큰 복을 돕는다"180)고 하였다. 장(壯)은 진(秦)·진(晋)나라에서는 사람이 큰 것을 장(奘:크다) 혹은 장(壯:크다)이라는

---

174) 秦·晋나라 …… 嘏라고 한다:『방언』권1-6에 나온다.
175) 나 어린 …… 크다: 표점본과『尙書正義』「大誥」에는 "弗弔, 天降割于我家不少. 延洪惟我幼沖人"으로 句를 끊었다. 그리고 孔安國 傳에 "凶害延大, 惟累我幼童人"이라 하였다. 그러나 집전본은 "天降割于我家, 不少延, 洪惟我幼沖人"이라 하여 '不少延, 洪惟我幼沖人'으로 끊고, 집전에 '조금도 기다려 주지 않는다. ……을 크게 생각하건대 ……[不少待, …… 言大思我幼沖之君]'로 풀이하였다.
176) 그 달 …… 마치다:周나라 始祖인 后稷의 母인 姜嫄이 后稷을 懷妊한 기간을 잘 끝마쳤다는 말이다. 鄭箋의 "誕, 大. 彌, 終. …… 大矣后稷之在其母, 終人道十月而生"을 따랐다. 집전에는 "誕, 發語辭"라고 하여 '大'를 적용하지 않았다.
177) 宋·魯 …… 戎이라 한다:『방언』권1-6에 나온다.
178) 秦·晉 …… 京이라 한다:『방언』권1-6에 나온다.
179) 齊·宋 …… 訏라고 한다:『방언』卷1-10에 나온다.
180) 그것으로 …… 돕는다:鄭箋의 "介, 助. 景, 大也"를 따랐다. 「小雅」「楚茨」에도 '以介景福'이 나오는데, 그 집전에 '介, 大也. 景, 亦大也'라 하여, '그것으로 큰 복을 크게 하다'로 풀이된다.

것이다.181) 총(冢)은 사인(舍人)182)이 "총(冢)은 흙을 쌓음이 큰 것이다"고 하였으며, 「대아」「면(緜)」편에 "총토(冢土)를 세운다"183)고 하였다. 간(簡) 은 「주송」「집경(執競)」에 "복(福)을 내리심이 크고도 크도다"고 하였다. 조 (鞗)에 대하여 곽박은 뜻을 듣지 못했다고 하였으며, 고야왕은 도(都)와 각 (角)의 반절, 『설문』은 "풀이 큰 것이다"고 하였으며, 『한시(韓詩)』에는 "저 밭에 풀이 크다"184)고 하였다. 장(將)은 「주송」「경지(敬之)」에 "날로 이루 고 달로 커진다"185)고 하였다. 업(業)은 종틀의 큰 널빤지이다.186) 「대아」 「영대(靈臺)」에는 "종틀의 종걸이판에 ∩모양 걸개이다"187)고 하였다. 나 머지는 모두 곽박의 주에 보인다. ○ 주에서 인용한 『시경』의 "아수명보 장(我受命溥將)"은 「상송(商頌)」「열조(烈祖)」의 글이고, "난여차호(亂如此憮)" 는 「소아」「교언(巧言)」의 글이고, "하국준방(下國駿厖)"은 「상송」「장발(長 發)」의 글이고, "탕손주가(湯孫奏假)"는 「상송」「나(那)」의 글이고, "왕공이 탁(王公伊濯)"은 「대아」「문왕유성(文王有聲)」의 글이고, "우모정명(訏謨定 命)"은 「대아」「억(抑)」편의 글이고, "유임유림(有壬有林)"은 「소아」「빈지초 연(賓之初筵)」의 글이고, "궐성재로(厥聲載路)"는 「대아」「생민(生民)」의 글이 고, "기유음위(旣有淫威)"는 「주송」「유객(有客)」의 글이고, "폐위잔적(廢爲殘 賊)"은 「소아」「사월(四月)」의 글이고, "이토우판장(爾土宇販章)"은 「대아」「권

---

181) 壯은 …… 것이다 : 『방언』권1-6에 나온다.

182) 舍人 : 犍爲舍人. 犍爲文學. "冢, 封之大也"를 『玉函山房輯佚書』에는 '犍爲注'라 하고, 『爾雅詁林』「切注音」에는 '舍人云'이라 하였다.

183) 冢土를 세운다 : 冢土는 大社라고도 한다. 왕이 社(땅 귀신을 모시는 사당)를 세운 것을 大社라 한다.

184) 저 밭에 풀이 크다 : 『韓詩外傳』에서 확인되지 않는다. 『韓詩內傳』에서 逸失되기 이전에 傳寫되어 전해진 것으로 보인다.

185) 날로 …… 커진다 : 鄭箋에는 "將, 行也"라고 하여 '大'로 풀이되지 않았다. 집전에는 "將, 進也"라 하고, 그 『大全』에 "將, 大也"라 하였다.

186) 業은 큰 널빤지이다 : 『毛傳』의 "業, 大版也"를 따랐다.

187) 종틀의 …… 걸개이다 : 종틀의 큰 널빤지를 위에 붙여 놓고, 거기에다 북이나 경쇠같 은 악기를 걸도록 톱 이빨 모양을 만든 모양을 묘사한 것이다. 鄭箋에 "植者曰虡, 橫 者曰栒. 業, 大版也. 樅, 崇牙也"라 하였다.

아(卷阿)」의 글이고, "치의지석혜(緇衣之蓆兮)"는 「정풍」「치의(緇衣)」의 글이다. 곽박이 주에서 "확락(廓落)·우주(宇宙)·궁륭(穹隆)·지극(至極) 또한 대(大)이다"고 한 것에서 확락(廓落)은 큰 모습이다. 사방(四方)과 상하(上下)를 우(宇)라 한다.『설문』에 "주(宙)는 배·수레가 갈 수 있는 데까지 간 곳이다"고 하였다. 궁륭(穹隆)은 하늘의 형태이다. 곽박은 질(晊)을 지(至)로 읽었으므로 지극(至極)이라고 하였다. 이는 확(廓)·우(宇)·궁(穹)·질(晊) 또한 대(大)가 되는 것이다. 곽박이 주에서 말한『시자』의 "차개대 유십여명 이동일실(此皆大, 有十餘名, 而同一實)"은『한서』「예문지」에 "『시자(尸子)』20편이 있다"[188]고 하였는데, 그 주에 "이름은 교(佼), 노(魯)나라 사람이다. 진(秦)나라 재상 상군(商君 : 商鞅)이 그를 스승으로 모셨다. 상앙이 죽자 시자(尸子)는 촉(蜀)으로 달아났다"고 하였다. 살피건대,『시자』「광택(廣澤)」에 "묵자(墨子)는 겸(兼 : 겸애), 공자(孔子)는 공(公 : 공정), 황자(皇子)는 충(衷 : 내심), 전자(田子)는 균(均 : 均一), 열자(列子)는 허(虛 : 謙虛), 요자(料子)는 별유(別囿)[189]를 소중히 여긴다. 그들의 학문이 서로 비방한 지가 여러 세대가 되었는데, 이미 모두 사욕에 가려졌기 때문이다. 천(天)·제(帝)·후(后)·황(皇)·벽(辟)·공(公)·홍(弘)·확(廓)·굉(閎)·박(博)·개(介)·순(純)·하(夏)·막(幕)·몽(蒙)·속(贖)·판(販)은 모두 대(大)의 뜻인데, 10여 종의 명칭이 있으나 내용은 동일하다. 만일 겸(兼)·공(公)·허(虛)·균(均)·평(平)·이(易)·별유(別囿)도 내용을 동일하게 한다면 상호 비방할 것이 없다."고 하였다. 여러 글자가 모두 대(大)라 풀이되기 때문에 인용한 것이다. 주공이 「석고(釋詁)」를 지으면서 시(始)·군(君)·대(大)를 앞부분에 둔 것은 시(始)는 보다 앞이 없는 명칭이고, 군(君)은 지존(至尊)이라는 호칭이고, 대(大)는 포함하지 아니한 것이 없으므로 먼저 언급한 것이다. 한편에서는 이 세 가지(始·君·大)를 천(天)·지(地)·인(人)이라 하였다.『주역』「건괘」에서 "만물이 하늘의 힘을 의지하여 생성하기 시작한다"[190]고 하였고, 「곤괘(坤卦)」에서

---

188)『尸子』20편이 있다 : 雜家者流에 나온다.
189) 別囿 : 장애를 제거함.

"곧고 반듯하고 크다"[191]고 하였고, 『노자(老子)』에서 "천하에 네 가지 큰 것이 있는데 왕(王)이 그 하나를 차지한다"[192]고 하였다. 그러므로 이 세 가지를 첫머리로 한 것이다. 건(乾)·곤(坤)은 상대적인 사물이다. 그런데 지(地)를 인(人) 뒤에 둔 것은 인(人)이 천지의 중간에 있고 또 인군(人君)을 존귀하게 여기기 때문에 내세운 것이다. 이 아래로는 편리한 대로 말을 하여 의례(義例)가 없다.

 憮·厖, 有也.

호(憮)·방(厖)은 유(有 : 가지다)이다.

 二者又爲有也. 『詩』曰 : "遂憮大東."

호(憮)·방(厖)은 또 유(有)이다. 『시경』에 "마침내 동쪽 끝까지 가지 다"[193]고 하였다.

二者又爲有, 言大有也. 成十六年『左傳』云 : "民生敦厖." 言人生 聚豐厚, 大有也. ○注"『詩』曰 : 遂憮大東." 「魯頌」「閟宮」文也. 案今『詩』本作"遂荒." 此言"遂憮"者, 所見本異也. 或當在齊·魯·韓 『詩』.

---

190) 萬物이 …… 시작한다 : 『周易』「乾卦」「彖傳」에 나오는 말이다.
191) 直方大 : 「坤卦」 六二의 德을 표현한 것이다.
192) 천하에 …… 차지한다 : 『老子』 25章에 나온다.
193) 마침내 …… 가지다 : 毛傳의 "荒, 大也"와 鄭箋의 "大東, 極東"을 따랐다.

호(幠)·방(厖)은 두 가지는 또 유(有)이니, 대유(大有 : 크게 가짐)를 말한다. 『좌전』성공(成公) 16년에 "민생돈방(民生敦厖)"이라 하였는데 사람들이 모여 풍부하고 크게 소유함을 말한 것이다. ○주에서 인용한 『시경』의 "수호대동(遂幠大東)"은 「노송」「비궁(閟宮)」의 글이다. 살펴건대, 현재 통용되는 『시경』에는 수호(遂幠)가 "수황(遂荒)"으로 되어 있고, 여기에서 "수호(遂幠)"라고 한 것은 보았던 책이 달라서이다. 혹은 『제시(齊詩)』·『노시(魯詩)』·『한시(韓詩)』에 수록되었다고 해야 할 것이다.

 迄·臻·極·到·赴·來·吊·艐·格·戾·懷· 摧, 詹, 至也.

흘(迄)·진(臻)·극(極)·도(到)·부(赴)·래(來)·조(吊)·계(艐)·격(格)·려(戾)·회(懷)[194]·최(摧)·첨(詹)은 '지(至 : 이르다)이다.

 齊楚之會郊曰懷, 宋曰屆. 『詩』曰 : "先祖于摧." 又曰 : "六日不詹." "詹·摧皆楚語," 『方言』云.

제(齊)나라와 초(楚)나라가 국경에서 만나는 것을 회(懷)라 하고,[195] 송(宋)은 계(屆)라 한다. 『시경』에 "조상이 이르는구나"[196]라 하였고, 또 "유월이 되어도 이르지 않는구나"[197]라 하였다. "첨(詹)과 최(摧)는 모두 초어

---

194) 懷 : 『爾雅詁林』「本字考」에 "懷는 『설문』에 '思念'이라고 풀이하여 '至'의 뜻이 없다. '至'라고 풀이하는 것은 마땅히 '回'로 해야 한다[訓至者, 當爲回]. 懷와 回는 옛날에 동음이었으므로 서로 통한다"고 하였다.
195) 齊나라와 …… 懷라 하고 : 『방언』 권1의 주에 "兩境之間"이라 하였다.
196) 조상이 이르는구나 : 毛傳의 "摧, 至也"를 따랐다. 집전은 "摧, 滅也. 言先祖之祀, 自此而滅也"라 하여, '선조의 제사가 이로부터 끊긴다'로 풀이된다.
197) 유월이 …… 않는구나 : 모전의 "詹, 至也"와 鄭箋의 "五日六日者, 五月之日, 六月之

(楚語)이다"198)고 『방언』에서 말하였다.

爾雅音義 迄, 許訖反. 臻, 側巾反. 弔, 如字, 又音的. 艐, 郭音届, 孫云: "古届字", 顧子公反, 音宗. 格, 更伯反, 字或作佫. 戾, 力帝反. 摧, 昨雷反, 又祖雷反. 詹, 音占. 届, 音界.

흘(迄)은 허(許)와 흘(訖)의 반절이다. 진(臻)은 측(側)과 건(巾)의 반절이다. 조(弔)는 여자(如字), 또는 음이 적(的)이다. 계(艐)에 대하여 곽박은 음을 계(届)라고 하였으며, 손염은 "계(届)의 고자(古字)이다"고 하였고, 고야왕은 자(子)와 공(公)의 반절이며, 음은 종(宗)이라고 하였다. 격(格)은 경(更)과 백(伯)의 반절인데, 글자가 혹은 격(佫)으로도 되어 있다. 려(戾)는 력(力)과 제(帝)의 반절이다. 최(摧)는 작(昨)과 뢰(雷)의 반절, 또는 조(祖)와 뢰(雷)의 반절이다. 첨(詹)은 음이 점(占)이다. 계(届)는 음이 계(界)이다.

爾雅疏 迄者, 自古至今也. 「大雅」「生民」云: "以迄于今." 臻者, 『詩』「邶風」「泉水」云: "遄臻于衛." 言疾至於衛也. 極者, 窮盡之至也. 「樂記」云: "及夫禮樂之極乎天, 而蟠乎地." 言禮樂之道, 上至於天, 下委於地也. 到者, 自遠而至也. 「大雅」「韓奕」云: "靡國不到." 赴者, 趨而至也. 「雜記」云: "凡赴於君." 來者, 自彼至我也. 『春秋』經曰: "祭伯來." 言至魯也. 弔者, 「小雅」「天保」云: "神之弔矣." 艐, 讀爲届. 届・格・戾・懷・摧・詹, 皆方俗語. ○云"齊楚之會郊曰懷, 宋曰届"者, 『方言』文. 云"『詩』曰: 先祖于摧"者, 「大雅」「雲漢」文, "又曰: 六日不詹"者, 「小雅」「采綠」文. 云"詹・摧, 皆楚語, 『方言』云"者, 案『方言』云: "假(音駕)・佫(古格字)・懷・摧・詹・戾・艐(古届字), 至也. 邠・唐・冀・兗之間曰假,

---

日也"를 따랐다. 집전에는 "六日之詹, 過期而不見也"라 하여, '詹'을 '보다'로 풀이하였다.

198) 詹과 …… 楚語이다: 『방언』 권1에 나온다.

或曰徦, 齊楚之會郊或曰懷. 摧・詹・戾, 楚語也. 艐, 宋語也. 皆古雅之
別語也, 今則或同"是也.

흘(迄)은 예로부터 이제까지라는 말이다. 「대아」「생민」에 "지금에 이르
렀도다"고 하였다. 진(臻)은 『시경』「패풍(邶風)」「천수(泉水)」에 "위(衛)나라
에 빨리 이른다"고 하였으니, 위나라에 급히 도달함을 말한 것이다. 극(極)
은 끝까지 이르렀다는 뜻이다. 『예기』「악기(樂記)」에 "예악(禮樂)이 하늘에
이르고, 땅에 쌓였다"고 하였다. 말하자면, 예악의 도는 위로는 하늘에 이
르고 아래로는 땅에 쌓였다는 것이다. 도(到)는 멀리서부터 이름이다. 「대
아」「한혁(韓奕)」에 "이르지 않은 나라가 없다"고 하였다. 부(赴)는 달려서
이르는 것이다. 『예기』「잡기」에 "임금에게 이른다"고 하였다. 래(來)는 저
쪽에서 나에게로 이르는 것이다. 『춘추』은공(隱公) 원년에 "채백(祭伯)이
왔다"고 하였는데, 노(魯)나라에 도착한 것을 말한다. 적(弔)은 「소아」「천
보(天保)」에 "신(神)이 이른다"고 하였다. 계(艐)는 읽기를 계(屆)로 한다.199)

---

199) 艐는 …… 屆로 한다 : 원문인 '讀爲'는 訓詁 용어의 하나. 傳注에서 글자를 바꾸어
풀이하는 방식. '讀曰'과 같다. "艐, 讀爲屆"의 경우 '艐'는 '屆'로 읽으며, 의미도 '屆'
로 하라는 뜻이다. 이를 명확히 하기 위하여 '讀若'과 함께 설명한다. 讀若은 讀如와
같고, 讀爲는 讀曰과 같다.
　讀若은 假借의 경우이므로 그 음을 의탁했을 뿐만 아니라 아울러 그 글자까지 통용
할 수 있다. 즉 音도 빌리고 義도 빌려, 音이 같고 義도 이를 따른다(정명수・장동우
역, 『훈고학 개론』, 279~282면). 예컨대, 讀若은 "△, 讀若集"에서 △(모을 집)은 '三合
也(3개가 모였다-『설문』)'라는 뜻으로, 集과 같이 읽는다는 것이다. 集은 雧의 생략
으로, '群鳥在木上也(여러 새가 나무 위에 있음이다-『설문』)'라는 뜻이고, 인신되어
'聚(모이다)'를 일컫는다(段注). 이 경우 △은 本字이고, 集은 그 音과 聚라는 假借 의
미로 △을 풀이한 것이다. 讀如는 "雀, 讀如爵同"에서 雀(참새 작)은 '依人小鳥也(사
람에게 의지하는 작은 새-『설문』)'라는 뜻으로, 爵과 같이 읽는데 音義가 같다는 것
이다. 爵은 '禮器也(예식에 쓰는 그릇 : 술잔-『설문』)'로, 참새 모양으로 생겼는데, 가
차되어 雀자로 된다(段注). 이 경우 雀은 本字이고, 爵은 그 音과 '雀(참새)'라는 가차
의미로 雀을 풀이한 것이다.
　讀爲는 傳注에 그 글자를 바꾸는 것이다. 讀若은 音이 같고, 글자를 바꾼 것이 아
니지만, 讀爲는 음이 상근한 글자로 바꾼다(齊佩用, 『訓詁學槪論』, 172~173면). 예컨
대 讀爲는 "聯, 讀爲連"에서 聯은 '連也. 從耳, 耳連於頰. 從絲, 絲連不絶也(연속됨

계(屇)·격(格)·려(戾)·회(懷)·최(摧)·첨(詹)은 모두 방속어(方俗語)[200]이다.
○주에서 말한 "제초지회교왈회, 송왈계(齊楚之會郊曰懷 宋曰屇)"는 『방언』의 글이다. 『시경』의 "선조우최(先祖于摧)"는 「대아」 「운한(雲漢)」의 글이며, 또 "육일불첨(六日不詹)"은 「소아」 「채록(采綠)」의 글이다. "첨최개초어『방언』운(詹摧皆楚語『方言』云)"이라고 한 것은 살피건대, 『방언』에 "가(假, 음은 駕)·격(佫, 格의 古字)·회(懷)·최(摧)·첨(詹)·려(戾)·계(艐, 屇의 古字)는 지(至)이다. 빈(邠)·당(唐)·기(冀)·연(兗) 지역에서는 가(假 : 이르다)라 하고, 혹은 격(佫)이라 한다. 제(齊)나라와 초(楚)나라가 국경에 만나는 것을 혹은 회(懷)라고 한다. 최(摧)·첨(詹)·려(戾)는 초어(楚語)이며, 계(艐)는 송어(宋語)이다. 모두가 고아(古雅)[201]의 다른 말인데 지금은 곧 혹 같다"[202]고 한 것이 이것이다.

이다. 耳(귀)를 따름은 耳가 뺨에 이어지고, 絲(실)을 따름은 絲는 이어져 끊이지 않음이다—『설문』)'라고 설명되는데, 聯은 連으로 읽는다는 것이다. 連'은 '負車也. 从辵車. 人與車相屬不絶, 故引伸爲連屬字. …… 古書連作聯, 然則聯連爲古今字(등 뒤에 끌리는 수레이다. 辵(갈 착)·車를 따랐다. 사람과 수레가 서로 붙어 끊이지 않으므로, 인신되어 연속이라는 글자가 되었다. …… 옛 책에 連을 聯으로 썼으니, 그렇다면 聯·連은 고금자이다—『설문』 段注)'라고 설명하여, 連의 本義는 負車이고, 引伸되어 連屬이 되고, 이 경우 聯은 古字이고, 連은 今字라는 것이다. '聯은 連이다'라고 할 때, 連의 本義 '負車'로 풀이된 것이 아니라, 引伸義 '連屬'으로 풀이된 것이다. 이때 聯은 連으로 바뀌어 주석되었다고 보는 것이다. 讀曰은 "扱, 讀曰吸"에서 扱(흡)은 '收也(거둬들이다—『설문』)'이고, '挿(꽂을 삽)'의 가차(段注)'로도 쓰이는데, 이때 吸의 '內息.也(숨을 들여 넣다)'로 독해하라는 것이다. 이 예는 『禮記』 「曲禮」의 "쓰레받기를 자기 쪽으로 하여 쓰레기를 거두어 가진다[以箕自鄕而扱之]"라는 것이 있는데, 이때 扱은 '흡'으로 읽히는 것이다. 그러나 위의 견해와 달리 讀爲가 가차자를 표시한다는 견해가 있다. 예컨대 『大學』의 "此之謂自謙"에 대하여 鄭玄이 "謙讀謂慊, 慊之言厭也"라고 한 것이 이러한 예이다(『한어대사전』 「讀爲」 참조).
200) 方俗語 : 方俗은 地方風俗이란 의미이다. 여기서 말하는 方俗語는 각 지역의 언어로 이해된다. 이하 方俗語란 명칭을 그대로 쓴다.
201) 古雅 : 이 구에 대한 『방언』의 注에는 雅를 '雅謂風雅'라 하였다. 風雅는 民謠와 雅樂이다(『방언』 권1-7).
202) 假·佫 …… 혹 같다 : 『방언』 권1-7에 나온다.

 如·適·之·嫁·徂·逝, 往也.

여(如)·적(適)·지(之)·가(嫁)·조(徂)·서(逝)는 왕(往 : 가다)이다.

 『方言』云 : “自家而出謂之嫁, 猶女出爲嫁.”

『방언』에 “집에서 나가는 것을 가(嫁)라고 하는데 딸이 시집가는 것을
가(嫁)라고 하는 것과 같다”[203)고 하였다.

 適, 傷亦反.

적(適)은 상(傷)과 역(亦)의 반절이다.

皆謂造於彼也. 如者, 自我而往也. 『春秋』公及大夫朝聘皆曰如.
之者, 『論語』云 : “之一邦.” 言又往一國也. 適·嫁·徂·逝, 皆
方俗語. ○案『方言』云 : “嫁·逝·徂·適, 往也. 自家而出謂之嫁, 猶女
而出爲嫁也. 逝, 秦晉語也. 徂, 齊語也. 適, 宋魯語也. 往, 凡語也.”

　모두 저쪽에 이르름을 말한다. 여(如)는 나로부터 가는 것이다. 『춘추』
에 공(公)과 대부(大夫)가 조빙(朝聘)하는 것을 모두 여(如)라고 하였다. 지(之)
는 『논어』「공야장(公冶長)」에 “일방(一邦)으로 간다”고 하였으니, 또 한 나
라로 가는 것을 말한다. 적(適)·가(嫁)·조(徂)·서(逝)는 모두 방속어이다.

<hr/>

203) 집에서 …… 것과 같다 : 『방언』 권1-7에 나온다.

○ 살피건대, 『방언』에는 "가(嫁)·서(逝)·조(徂)·적(適)은 왕(往)이다. 집에서 나가는 것을 가(嫁)라고 하는데 딸이 출가(出嫁)하면 가(嫁)라고 하는 것과 같다. 서(逝)는 진(秦)과 진(晉)나라의 말이다. 조(徂)는 제(齊)나라 말이다. 적(適)은 송(宋)과 노(魯)나라 말이다. 왕(往)은 일반적으로 사용하는 말이다"[204]고 하였다.

賚·貢·錫·畀·予·貺, 賜也.

뢰(賚)·공(貢)·석(錫)·비(畀)·여(予)·황(貺)은 사(賜 : 주다)이다.

皆賜與也.

모두 준다는 뜻이다.

賚, 力代反, 又力臺反. 貢, 字或作贛, 同. 畀, 必寐反, 下及注同. 予, 羊汝反, 下同. 貺, 許誑反, 本或作況.

뢰(賚)는 력(力)과 대(代)의 반절, 또는 력(力)과 대(臺)의 반절이다. 공(貢)[205]은 글자를 혹 공(贛)으로도 쓰는데 음의가 같다. 비(畀)는 필(必)과 매(寐)의 반절이며 아래와 주에서도 같다. 여(予)는 양(羊)과 여(汝)의 반절이며 아래도

---

204) 嫁·逝 …… 말이다:『방언』 권1-7에 나온다.
205) 貢 : 貢은 本義가 '獻功(공을 바친다'인데, 이를 '賜'라고 하는 것은 '贛'의 假借이다.『爾雅詁林』「本字考」에 "貢者,『說文』貢訓獻功, 無賜義, 訓賜者爲贛之借"라고 하였다.

같다. 황(貺)은 허(許)와 광(訛)의 반절이나 본에 따라 황(況)으로 되어 있다.

 皆謂賜與也. 賚者, 賜有功善人也. 『書』「湯誓」曰 : “予其大賚
汝.” 貢者, 下與上也. 『左傳』齊桓責楚云 : “爾貢包茅不入.” 錫
者, 嘉賜也. 「禹貢」云 : “禹錫玄圭.” 畀者, 付與也. 『詩』「鄘風」「干旄」云 :
“何以畀之?” 予者, 授與也. 「小雅」「采菽」云 : “天子所予.” 貺者, 惠賜也.
「小雅」「彤弓」云 : “中心貺之.”

모두 '주다'는 뜻을 말한다. 뢰(賚)는 공이 있는 훌륭한 사람에게 주는
것이다. 『상서』 「탕서(湯誓)」에 "내가 너에게 보답을 크게 주리라"라고 하
였다. 공(貢)은 아래 사람이 위 사람에게 주는 것이다. 『좌전』 희공(僖公) 4
년에 제 환공(齊 桓公)이 초나라를 꾸짖으면서 "너희들은 공물로 포모(包
茅)²⁰⁶)를 들이지 않았다"고 하였다. 석(錫)은 가상하게 여기면서 주는 것이
다. 「하서(夏書)」 「우공(禹貢)」에 "우(禹)가 현규(玄圭)²⁰⁷)를 주었다"고 하였
다. 비(畀)는 '부여(付與)하다'는 뜻이다. 「용풍(鄘風)」 「간모(干旄)」에 "무엇
으로 주는가?"라 하였다. 여(予)는 '수여(授與)하다'는 뜻이다. 「소아」 「채숙
(采菽)」에 "천자가 수여하는 것이다"고 하였다. 황(貺)은 은혜롭게 주는 것
이다. 「소아」 「동궁(彤弓)」에 "마음으로 준다"고 하였다.

經文 儀·若·祥·淑·鮮·省·臧·嘉·令·類·綝·
觳·攻·穀·介·徽, 善也.

의(儀)·약(若)·상(祥)·숙(淑)·선(鮮)·성(省)·장(臧)·가(嘉)·령(令)·류(類)

---

206) 包茅 : 다발로 묶은 띠풀. 옛날 제사 때 이것에 술을 부어 찌꺼기를 없앴다.
207) 玄圭 : 검은 빛의 옥으로 만든 홀.

·침(綝)·구(觳)·공(攻)·곡(穀)·개(介)·휘(徽)는 선(善 : 아름답다. 좋다)이다.

爾雅 注 『詩』曰 : "儀刑文王." 『左傳』曰 : "禁禦不若." 『詩』曰 : "永錫爾
類", "我車旣攻", "介人維藩", "大姒嗣徽音." 省·綝·觳, 未詳
其義. 餘皆常語.

『시경』에 "문왕(文王)을 본받는다"208)고 하였다. 『춘추』에 "착하지 않음
을 막는다"고 하였다. 『시경』에 "길이 너에게 좋음을 주리라", "우리 수레
가 이미 견고하다", "착한 사람은 〈나라의〉 울타리다",209) "태사(大姒)께서
그 아름다운 말씀을 이으시다"210)라 하였다. 성(省)·침(綝)·구(觳)는 그
뜻이 미상이다. 나머지는 모두 일상적인 말이다.

爾雅 音義 淑, 市六反. 鮮, 息淺反, 又音仙, 本或作䗽. 沈云 : "古斯字." 郭
音義云 : "本或作尠. 非古斯字." 案字書䗽, 先奚反, 亦訓善. 省,
先郢反. 臧, 子郎反. 令, 力政反. 綝, 勑金反, 郭勑淫反. 觳, 古豆反, 一
音古侯反. 徽, 音暉. 藩, 方元反. 大, 音泰.211)

숙(淑)은 시(市)와 육(六)의 반절이다. 선(鮮)은 식(息)과 천(淺)의 반절, 또는
음이 선(仙)인데 본에 따라 사(䗽)로 되어 있다. 심선(沈旋)은 사(斯)의 고자
(古字)라고 하였다. 곽박은 『음의(音義)』에서 "본에 따라 선(尠)으로 되어 있

---

208) 문왕을 본받는다 : 毛傳의 "刑, 法"과 鄭箋의 "儀法文王之事"를 따랐다.
209) 착한 …… 울타리다 : 毛傳의 "价, 善也. 藩, 屛也"를 따랐다. 鄭箋은 "价, 甲也, 被甲
    之人"이라 하여 价를 甲士로 풀이하였다.
210) 태사가 …… 이으시다 : 鄭箋의 "徽, 美也. 嗣大任之美音, 謂續行其善敎令"을 따랐
    다. 太似는 文王의 妃이다.
211) 大 音泰 : 大는 '대'와 '태'로 함께 쓰이다가 뒤에 '태'는 太로 썼다. 太는 泰와 통한
    다. 大學이라는 책 이름도 "大, 舊音泰, 今讀如字"라고 하여 '태'에서 '대'로 읽게 되
    었던 것이다. 그리고 韓國은 世宗 때부터 禮曹의 啓에 의해 '大'와 '太'로 구분하여
    '태'에는 점을 찍었다(『世宗實錄』 2年 8月, 乙丑).

는데 사(斯)의 고자는 아니다"고 하였다. 살피건대, 『자서(字書)』에 사(壻)는 선(先)과 해(奚)의 반절인데 선(善 : 착하다)으로도 풀이하였다. 성(省)은 선(先)과 영(郢)의 반절이다. 장(臧)은 자(子)와 랑(郎)의 반절이다. 령(令)은 력(力)과 정(政)의 반절이다. 침(綝)은 칙(勅)과 금(金)의 반절인데, 곽박은 칙(勅)과 음(淫)의 반절이라고 하였다. 구(穀)는 고(古)와 두(豆)의 반절인데 일음(一音)은 고(古)와 후(侯)의 반절이다. 휘(徽)는 음이 휘(暉)이다. 번(藩)은 방(方)과 원(元)의 반절이다. 태(大)는 음(音)이 태(泰)이다.

皆謂美善也. 儀者, 形象之善也. 若者, 惠順之善也. 祥者 李巡曰
: "福之善也." 『書』「泰誓」云 : "襲于休祥." 淑者, 有德之善也.
『詩』「曹風」「鳲鳩」云 : "淑人君子." 鮮者, 淸潔之善. 「邶風」「新臺」云 : "籧
篨不鮮." 省·綝·穀, 郭氏未詳. 臧者, 功能之善也. 『詩』「齊風」云 : "射
則臧兮." 嘉者, 美之善也. 『詩』「大雅」「抑」篇云 : "無不柔嘉." 令者, 「大
雅」「卷阿」云 : "令問令望." 類者, 昭二十八年『左傳』云 : "勤施無私曰類."
攻者, 堅緻之善. 穀者, 養生之善. 『詩』「小雅」「小明」云 : "式穀以女." 介
者, 大善也. 徽者, 美善也. ○云"『詩』曰 : 儀刑文王"者, 「大雅」「文王」篇
文. 云"『左傳』曰 : 禁禦不若"者, 『左傳』無全文. 案文十八年說四凶云 :
"投諸四裔, 以禦螭魅." 宣三年傳言 : "鑄鼎象物, 故民入山林, 不逢不
若." 蓋采合傳文, 故云"禁禦不若"也. 云"『詩』曰 : 永錫爾類"者, 「大雅」
「旣醉」文. 云"我車旣攻"者, 「小雅」「車攻」文. 云"介人維藩"者, 「大雅」「板」
篇文. 云"大姒嗣徽音"者, 「思齊」文. 云"餘皆常語"者, 謂祥·淑·鮮·
臧·嘉·令·穀, 書傳多有之, 故云"皆常語."

모두 미선(美善)을 말한다. 의(儀)는 형상의 아름다움이다. 약(若)은 순종의 아름다움이다. 상(祥)에 대하여 이순(李巡)은 "복(福)의 선함이다"고 하였다. 『서경』「태서(泰誓)」에 "아름다운 상서(祥瑞)가 거듭한다"고 하였다. 숙(淑)은 덕이 있는 아름다움이다. 『시경』「조풍(曹風)」「시구(鳲鳩)」에 "착한

사람 군자여"라 하였다. 선(鮮)은 청결의 아름다움이다.「패풍(邶風)」「신대
(新臺)」에 "뻗장다리가 좋지 않도다"212)고 하였다. 성(省)·침(綝)·구(觳)에
대하여 곽씨는 미상이라 하였다. 장(臧)은 공능(功能)의 아름다움이다.『시
경』「제풍(齊風)」「의차(猗嗟)」에 "활쏘면 잘 맞히도다"고 하였다. 가(嘉)는
미(美)의 아름다움이다.『시경』「대아(大雅)」「억(抑)」에 "편안히 착하게 하
지 않음이 없다"213)고 하였다. 령(令)은「대아(大雅)」「권아(卷阿)」에 "아름다
운 명예와 아름다운 명망"이라고 하였다. 류(類)는『좌전』소공 28년에 "부
지런히 베풀어 사사로움이 없는 것을 류(類)라 한다"고 하였다. 공(攻)은 견
고하고 치밀한 아름다움이다. 곡(穀)은 양생(養生)의 아름다움이다.「소아」
「소명(小明)」에 "선인(善人)을 쓰면 너를 쓰리"214)라고 하였다. 개(介)는 크
게 선함이다. 휘(徽)는 아름답고 선한 것이다. ○ 주에서 인용한『시경』의
"의형문왕(儀刑文王)"은「대아」「문왕(文王)」편의 문장이다.『좌전』의 "금어
불약(禁禦不若)"은『좌전(左傳)』에 전문(全文)이 없다. 문공(文公) 18년의 사흉
(四凶)을 설명하면서 "사예(四裔 : 사방 먼곳)에 던져 이매(螭魅 : 도깨비)를 막았
다"215)고 하였고, 선공(宣公) 3년의 전(傳)에는 "솥을 주조하면서 백물(百物)
의 형상을 본떴다. 그러므로 백성들이 산림으로 들어가도 좋지 못한 일을
만나지 않았다"216)고 하였다. 대개 전문(傳文)217)을 채취하고 합하였으므
로 "금어불약(禁禦不若)"이라고 하였다. "시왈영석이류(詩曰永錫爾類)"는「대
아」「기취(旣醉)」의 글이다. "아거기공(我車旣攻)"은「소아」「거공(車攻)」의

---

212) 좋지 않도다 : 鄭箋의 "鮮, 善也"를 따랐다. 집전에는 "鮮, 少也"라 하여, '적지 않다'
로 풀이하였다.

213) 편안히 …… 않음이 없다 : 鄭箋의 "柔, 安, 嘉, 善也"를 따랐다.

214) 선인을 …… 너를 쓰리 : 鄭箋의 "式, 用, 穀, 善也. …… 其用善人, 則必用汝"를 따랐
다. 집전은 "穀, 祿也. 以, 猶與也"라고 하여, '祿俸을 너에게 주리라'로 풀이된다.

215) 四裔에 …… 막았다 :『會箋』의 "投, 棄也. 裔, 遠也. 放之四遠, 使當螭魅之灾也"를
따랐다.

216) 솥을 …… 않았다 :『左傳』宣公 18년에는 "鑄鼎象物, 百物而爲之備, 使民知神姦,
故民入川澤山林, 不逢不若"이라 하고, 그『會箋』에 "若, 順也. 箋曰, 不若, 卽螭魅罔
兩也. 爲之備, 而使民逆知, 故皆禁御地慝, 而無不虞之害也"라 한 것을 따랐다.

217) 傳文 :『左傳』의 傳文을 말한다.

글이다. "개인유번(介人維藩)"은 「대아」「판(板)」편의 글이다. "태사사휘음 (大姒嗣徽音)"은 「대아」「사재(思齊)218)」의 글이다. "여개상어(餘皆常語)"는 상 (祥)·숙(淑)·선(鮮)·장(臧)·가(嘉)·령(令)·구(斠)를 말하는데, 서전(書傳)219) 에 많이 있기 때문에 "모두 일상적인 용어이다"고 말한 것이다.

 舒·業·順, 叙也.

서(舒)·업(業)·순(順)은 서(叙 : 차례)이다.

 皆謂次叙.

모두 차서(次叙)를 말한다.

 舒·業·順·叙, 緒也.

서(舒)·업(業)·순(順)·서(叙)는 서(緒 : 단서)이다.

 四者又爲端緒.

---

218) 齊 : 音은 '재'이다(校正廳本 『詩經諺解』, 奎章閣所藏).
219) 書傳 : 典籍을 말함. 蔡沈이 주석을 한 『書傳』, 또는 『尙書大傳』이 아니다.

네 가지는 또 단서(端緖)라는 뜻이 된다.

 叙謂次叙. 舒者, 展舒, 徐緩有次也. 業者, 事有次叙也. 順者, 不
逆, 有絮也. 舒·業·順·叙四者又爲端緖, 互相訓也.

서(叙)는 차례이다. 서(舒)는 펼치는 것인데 천천히 하여 차례가 있음이
다. 업(業)은 일에 차례가 있음이다. 순(順)은 거스르지 않고 차례가 있음이
다. 서(舒)·업(業)·순(順)·서(叙) 네 가지는 또 단서라는 뜻이 되는데, 돌
아가면서 서로 풀이하였다.[220]

 怡·懌·悅·欣·衎·喜·愉·豫·愷·康·娛
·般, 樂也.

이(怡)·역(懌)·열(悅)·혼(欣)·간(衎)·희(喜)·유(愉)·예(豫)·개(愷)·강(康)
·담(娛)·반(般)은 락(樂 : 즐겁다)이다.

 皆見『詩』.

모두 『시경』에 보인다.

 怡, 以之反. 懌, 音亦. 衎, 苦旦反. 愉, 羊朱反. 愷, 苦在反. 女戈,
丁含反. 般, 蒲安反. 樂, 音洛.

---

220) 돌아가면서 …… 풀이하였다 : 同意相受로서 轉注임을 말한 것이다. 여기에는 轉相
訓·轉互相訓·轉復相訓·反覆相訓 등이 같은 의미의 훈고어이다.

이(怡)는 이(以)와 지(之)의 반절이다. 역(懌)은 음이 역(亦)이다. 간(衎)은 고(苦)와 단(旦)의 반절이다. 유(愉)는 양(羊)과 주(朱)의 반절이다. 개(愷)는 고(苦)와 재(在)의 반절이다. 담(媅)은 정(丁)과 함(含)의 반절이다. 반(般)은 포(蒲)와 안(安)의 반절이다. 락(樂)은 음이 락(洛)이다.

皆謂喜樂. 怡者, 和樂也.「小雅」「節南山」云:"旣夷旣懌." 怡・夷音義同. 懌者, 悅樂也.「商頌」「那」篇云:"亦不夷懌." 悅者, 心樂也.「小雅」「都人士」云:"我心不說." 悅・說音義同. 欣者, 笑喜之樂也.「大雅」「鳧鷖」云:"旨酒欣欣." 毛傳云:"欣欣然樂也." 衎者, 飮食之樂也.「小雅」「南有嘉魚」云:"嘉賓式燕以衎." 喜者,『說文』云:"不言而悅也."「小雅」「彤弓」云:"中心喜之." 愉者, 安閒之樂也.「唐風」「山有樞」云:"他人是愉." 毛傳云:"愉, 樂也." 豫者, 逸樂也.「小雅」「白駒」云:"逸豫無期." 愷者, 康樂也.「小雅」「魚藻」云:"豈[221]樂飮酒." 康者, 安樂也.「唐風」「蟋蟀」云:"無以大康." 媅者, 樂之久也.「小雅」「鹿鳴」云:"和樂且湛." 又「衞風」「氓」篇云:"無與士耽." 鄭箋云:"耽, 非禮之樂." 般者, 遊樂也,「周頌」篇名也. 鄭箋云:"般, 樂也." ○注"皆見『詩』", 按郭以『爾雅』之作多爲釋『詩』, 且『詩』中備有此文, 故云"皆見『詩』." 其實六經之中所訓亦爾. 但以『詩』・『書』之作, 作非一人, 故有音義雖同, 而字形踳駁者:『詩』文作湛・耽, 而此作媅;『詩』文作夷・說・豈(原缺)・槃,[222] 而此作怡・悅・愷・般之類. 直以異人之作, 故不同爾, 無義例也. 他皆倣此.

모두 기쁘고 즐겁다는 뜻을 말한다. 이(怡)는 화락(和樂)이다.「소아」「절남산(節南山)」에 "이미 편안하고 이미 기뻐하여(懌[223])서는"이라 하였다. 이

---

221) 豈 : 鄭箋의 "豈, 亦樂也"와 孔穎達疏의 "豈, 本亦作愷, 同, 苦在反, 樂也"를 따랐다. '豈'는 '諺解(校正廳本, 奎章閣所藏)'에 '개'라고 하였다. '愷'의 설명에 '豈'를 든 것인데 '豈'는 '愷'와 통한다.

222) 豈(原缺)・槃 : 注疏本에는 '弁'을 넣어 "弁槃"으로 되어 있다(대본 주).

223) 懌 : 음이 '역'인데 朝鮮에서는 中宗의 이름이 '懌'이기 때문에 이를 忌諱하여 '豫'

(怡)와 이(夷)는 음의가 같다. 역(懌)은 열락(悅樂)이다. 「상송(商頌)」「나(那)」편에 "또한 기쁘지 않을까?"라 하였다. 열(悅)은 마음이 기뻐함이다. 「소아」「도인사(都人士)」에 "내 마음이 기쁘지 않다"고 하였다. 열(悅)과 열(說)은 음의가 같다. 흔(欣)은 웃고 기뻐하는 즐거움이다. 「대아」「부예(鳧鷖)」에 "맛있는 술이 흐뭇하다"고 하였다. 모전(毛傳)에는 "흐뭇하게 기뻐함이다"고 하였다. 간(衎)은 음식의 즐거움이다. 「소아」「남유가어(南有嘉魚)」에 "아름다운 손님과 잔치하여 즐기도다"고 하였다. 희(喜)는 『설문』에 "말하지 않고 기뻐함이다"고 하였다. 「소아」「동궁(彤弓)」에 "마음으로 기뻐한다"고 하였다. 유(愉)는 편안하고 한가한 즐거움이다. 「당풍」「산유추(山有樞)」에 "타인들이 이에 즐거워하리라"고 하였다. 모전에 "유(愉)는 락(樂)이다"고 하였다. 예(豫)는 일락(逸樂 : 편안히 즐김)이다. 「소아」「백구(白駒)」에 "편안하고 즐거움을 무한하게 하는가?"224)라 하였다. 개(愷)는 강락(康樂 : 편안히 즐김)이다. 「소아」「어조(魚藻)」에 "즐겁게 술을 마시도다"고 하였다. 강(康)은 안락(安樂)이다. 「당풍」「실솔(蟋蟀)」에 "매우 즐김이 없을지니"225)라 하였다. 담(妉)은 즐거움이 오래라는 뜻이다. 「소아」「녹명(鹿鳴)」에 "화락하고 또 즐겁도다"고 하였다. 또 「위풍」「맹(氓)」편에 "남자와 놀아나지 말지어다"고 하였다. 정전(鄭箋)에 "탐(眈)은 예가 아닌 즐거움이다"고 하였다. 반(般)은 유락(遊樂 : 노닐어 즐김)의 뜻이며 「주송(周頌)」은 편명(篇名)이다. 정전에는 "반(般)은 락(樂)이다"고 하였다. ○ 주에서 "개현『시』(皆見『詩』)"라 하였는데 살피건대, 곽박은 『이아』의 저작이 『시경』를 해석한 것이 많다고 여겼으며, 또 『시경』 가운데 이들 글자가 잘 구비되어 있기 때문에 "모

로 대용하고 음도 '예'로 읽었다.

224) 편안하고 …… 하는가: 毛傳의 "何爲逸樂無期以反也"를 따랐다. 집전은 "而逸樂無期矣"라 하여, '편안하고 즐거움을 무한하게 하리라'로 풀이된다.

225) 매우 즐김이 없을지니 : 鄭箋의 "君雖當自樂, 亦無甚大樂, 欲其用禮爲節也"를 따랐다. 孔疏는 "而爲之君, 何不及時自樂乎, 旣勸君自樂, 又恐其過禮"라고 하여, '매우 즐기지 않을 것인가?'로 번역된다. 집전은 "大康, 過於樂也 …… 不已過於樂乎"라고 하여, '즐거움에 너무 지나치지 않은가?'로 번역된다.

두『시경』에 보인다"고 하였다. 사실 육경(六經) 가운데에 뜻풀이한 것도 또한 그러하다. 다만『시경』·『상서』의 저작은 저작이 한 사람이 아니기 때문에 음의는 비록 같다고 하지만 자형(字形)이 뒤섞인 것이 있다.『시경』 글자에는 담(湛)·탐(耽)으로 되어 있으나 여기서는 담(媅)으로 되어 있으며, 『시경』에는 이(夷)·열(說)·개(豈: 원래는 缺字임)·반(槃)으로 되어 있으나 여기서는 이(怡)·열(悅)·개(愷)·반(般)으로 되어 있는 따위이다. 다만 작자 가 다르기 때문에 같지 않은 뿐인데 의례(義例)가 없어서이다. 다른 것도 모두 이와 같다.

 悅·懌·愉·釋·賓·協, 服也.

열(悅)·역(懌)·유(愉)·석(釋)·빈(賓)·협(協)은 복(服: 복종하다)이다.

 皆謂喜而服從.

모두 기뻐하여 복종함을 말한다.

 協, 胡頰反.

협(協)은 호(胡)와 협(頰)의 반절이다.

皆謂喜而服從也. 悅·懌·愉者, 皆喜樂而服也. 釋者, 釋去恨怨
而服也. 賓者, 懷德而服也. 「旅獒」云 : "四夷咸賓." 協者, 和合
而服也. 『左傳』曰 : "謀其不協."

　　모두 기뻐하여 복종함을 말한다. 열(悅)·역(懌)·유(愉)는 모두 즐거워하
며 복종함이다. 석(釋)은 원한을 풀어 버리고 복종함이다. 빈(賓)은 은혜를
생각하여 복종함이다. 『서경(書經)』「주서(周書)」「여오(旅獒)」에 "사방의 오
랑캐가 모두 복종한다"고 하였다. 협(協)은 화합하여 복종함이니, 『좌전』
희공(僖公) 26년에 "제후들의 화합하지 않는 자를 도모하였다"고 하였다.

　遹·遵·率·循·由·從, 自也.

　　휼(遹)·준(遵)·솔(率)·순(循)·유(由)·종(從)은 자(自 : 따르다)이다.

自, 猶從也.

　　자(自)는 종(從)과 같다.

　遹·遵·率, 循也.

　　휼(遹)·준(遵)·솔(率)은 순(循 : 따라가다)이다.

 三者又爲循行.

세 가지는 또 순행(循行 : 따라가다)이라는 뜻이다.

 遹, 孫云: “古述字. 讀聿, 一音餘橘反.” 率, 所律反. 循, 音旬.
行, 下孟反.

휼(遹)에 대하여 손염은 “술(述)의 고자(古字)이며, 율(聿)로 읽는데 일음
(一音)은 여(餘)와 귤(橘)의 반절이다”고 하였다. 솔(率)은 소(所)와 율(律)의 반
절이다. 순(循)은 음이 순(旬)이다. 행(行)은 하(下)와 맹(孟)의 반절이다.

 自亦從也. 轉互相訓也. 遹者,「大雅」「緜」篇云: “聿來胥宇.”
遹・聿音義同. 遵者,「周南」「汝墳」云: “遵彼汝墳.” 率者,「大雅」
「緜」篇云: “率西水滸.” 循者,「顧命」云: “率循大卞.” 由者,「曲禮」: “大
夫・士出入君門, 由闑右.” 從者,「小雅」「何人斯」云: “伊誰云從.” 遹・
遵・率三者, 又爲循行.

자(自)는 또한 종(從)이다. 서로 바꾸어서 풀이된다. 휼(遹)은 「대아」「면
(緜)」편에 “율래서우(聿來胥宇 : 따라와서 집터를 보시니라)”226)라 하였다. 휼(遹)
과 율(聿)은 음의가 같다. 준(遵)은 「주남」「여분(汝墳)」에 “준피여분(遵彼汝
墳 : 저 여수 둑을 따라 간다)”이라 하였다. 솔(率)은 「대아」「면(緜)」편에 “솔서
수호(率西水滸 : 서쪽 물가를 따라)”라 하였다. 순(循)은 『서경(書經)』「주서(周書)」
「고명(顧命)」에 “솔순대변(率循大卞 : 여러 신하와 큰 법을 따라서)”227)이라고 하

---

226) 따라와서 …… 보시니라 : 鄭箋의 “聿, 自也. …… 相, 息亮反. …… 自來相土地之可
居者”를 따랐다.
227) 여러 …… 따라서 : 孔傳의 “率群臣, 循大法”을 따랐다. 집전에는 “卞, 法也”라고 하

였다. 유(由)는 『예기』「곡례(曲禮)」에 "대부와 사(士)가 군문(君門 : 대궐문)에 출입할 때에는 문 가운데의 말뚝 오른쪽을 따른다"[228]고 하였다. 종(從)은 「소아」「하인사(何人斯)」에서 "이수운종(伊誰云從 : 누구를 따르는가?)"이라 하였다. 휼(遹)·준(遵)·솔(率) 세 가지는 또 순행(循行)이라는 뜻이다.

靖·惟·漠·圖·詢·度·咨·諏·究·如·慮·謨·猷·肇·基·訪, 謀也.

정(靖)·유(惟)·막(漠)·도(圖)·순(詢)·탁(度)·자(咨)·추(諏)·구(究)·여(如)·려(慮)·모(謨)·유(猷)·조(肇)·기(基)·방(訪)은 모(謀 : 꾀하다)이다.

爾雅注 『國語』曰:"詢于八虞, 咨于二虢, 度于閎夭, 謀于南宮, 諏于蔡·原, 訪于辛·尹." 通謂謀議耳. 如肇所未詳, 餘皆見『詩』.

『국어(國語)』[229]에 "팔우(八虞)에게 물어보고, 이괵(二虢)에게 물어보고, 굉요(閎夭)에게 물어보고, 남궁괄(南宮适)에게 물어보고, 채공(蔡公)과 원공(原公)에게 물어보고, 신갑(辛甲)과 윤일(尹佚)에게 물어보았습니다"고 하였으니, 통틀어 모의(謀議)함을 말한다. 여(如)와 조(肇)는 미상이며, 나머지는 모두 『시경』에 보인다.

여, '큰 법을 따라'로 번역된다.

228) 대부와 …… 따른다: 鄭注의 "閾, 門橛. …… 門中木"과 孔疏의 "出入恒從閾東也"를 따랐다. '閾右'는 '閾의 동쪽'이다.

229) 『國語』: 書名. 春秋 때 左丘明이 지음. 周·魯·齊·晉·鄭·楚·吳·越 8國의 역사를 기록하였음.

爾雅音義 靖, 音靜. 漠, 孫音莫. 舍人云: "心之謀也." 度, 徒洛反, 注同. 諏, 子須反. 猷, 音猶. 肇, 音趙. 究, 九又反. 謨, 亡胡反. 基, 本或作諶, 音同. 謀, 莫浮反. 號, 古伯反. 閎, 音宏. 夭, 於兆反. 原, 音元.

정(靖)은 음이 정(靜)이다. 막(漠)은 손염은 음이 막(莫)이라고 하였는데, 사인(舍人)은 "마음이 꾀하는 것이다"고 하였다. 탁(度)은 도(徒)과 락(洛)의 반절이며 주(注)도 같다. 추(諏)는 자(子)와 수(須)의 반절이다. 유(猷)는 음이 유(猶)이다. 조(肇)는 음이 조(趙)이다. 구(究)는 구(九)와 우(又)의 반절이다. 모(謨)는 망(亡)과 호(胡)의 반절이다. 기(基)는 본에 따라 기(諶)로 되어 있는데, 음이 같다. 모(謀)는 막(莫)과 부(浮)의 반절이다. 괵(號)은 고(古)와 백(伯)의 반절이다. 굉(閎)은 음이 굉(宏)이다. 요(夭)는 어(於)와 조(兆)의 반절이다. 원(原)은 음이 원(元)이다.

爾雅疏 皆謂謀議也. 靖者, 安謀也,「小雅」「小明」[230]云: "靖共爾位." 惟者, 思謀也. 漠者, 舍人曰: "心之謀也."「小雅」「巧言」[231]云: "聖人莫之." 漠・莫音義同. 圖者,「大雅」「崧高」云: "我圖爾居." 詢・度・咨・諏者,「小雅」「皇皇者華」傳云: "訪問於善爲咨. 咨事爲諏. 咨事之難易爲謀. 咨禮義所宜爲度. 親戚之謀爲詢." 究者,「小雅」「小弁」云: "不舒究之." 慮者, 計謀也. 謨者, 大謀也.「大雅」云: "訏謨定命." 猷者, 以道而謀也.「大雅」「文王」云: "厥猷翼翼." 猷・猶音義同. 肇者,「大雅」「江漢」云: "肇敏戎公." 基者, 君子作事謀始也. 訪者, 謀政事也. ○云『國語』曰: 詢于八虞, 咨于二虢, 度于閎夭, 謀于南宮, 諏于蔡・原, 訪于辛・尹"者, 是「晉語」胥臣對文公辭, 說文王之卽位也. 韋氏解云: "八虞, 周八士, 皆在虞官. 二虢, 文王弟虢仲・虢叔. 南宮, 南宮括也. 蔡, 蔡公. 原, 原公. 辛, 辛甲. 尹, 尹逸. 皆周太史也."

---

230)「小明」: 대본의「小旻」은「小明」의 잘못이다.
231)「巧言」: 대본의「小弁」은「巧言」의 잘못이다.

모두 모의(謀議)함을 말한다. 정(靖)은 편안히 도모함이니 「소아」 「소명(小明)」에 "네 지위를 도모하여 갖춘다"232)고 하였다. 유(惟)는 생각하며 꾀함이다. 막(漠)에 대해서 사인은 "마음으로 도모하는 것이다"고 하였다. 「소아」 「교언(巧言)」에 "성인이 꾀하신다"고 하였는데, 막(漠)과 막(莫)은 음의가 같다. 도(圖)는 「대아」 「숭고(崧高)」에 "내 너의 거처할 곳을 도모한다"233)고 하였다. 순(詢)·탁(度)·자(咨)·추(諏)에 대하여 「소아」 「황황자화(皇皇者華)」의 모전(毛傳)에 "선인(善人)을 방문하여 묻는 것을 자(咨)라 한다.234) 일을 자문하는 것을 추(諏)라 한다. 일의 난이(難易)에 대해 자문하는 것을 모(謀)라 한다. 예의(禮義)에 합당한 것을 묻는 것을 탁(度)이라 한다. 친척과 도모하는 것이 순(詢)이다"고 하였다. 구(究)는 「소아」 「소반(小弁)」에 "서서히 도모하지 아니한다"235)고 하였다. 려(慮)는 계획적으로 도모함이다. 모(謨)는 크게 꾀한다는 뜻이다. 「대아」 「억(抑)」편에 "계책을 크게 세워 명령을 정한다"236)고 하였다. 유(猷)는 도(道)로써 꾀함이다. 「대아」 「문왕(文王)」에 "그 계책을 경건히 한다"237)고 하였다. 유(猷)와 유(猶)는 음의가 같다. 조(肇)는 「대아」 「강한(江漢)」에 "큰 사업을 도모하여 빨리한다"238)이라 하였다. 기(基)는 군자가 일을 함에 처음을 잘 도모함이다. 방(訪)은 정사(政事)를 도모함이다. ○ 주에서 인용한 『국어』의 "순우팔우, 자우이괵, 탁우

---

232) 네 지위를 …… 갖춘다 : 毛傳의 "靖, 謀也"와 鄭箋의 "謀具女之爵位"에 따랐다. 집전은 "靖, 與靜同"이라 하고, 그 『大全』에 "共, 如溫共朝夕之共, 凡事共敬而不敢慢也"라 하여, '네 자리에 침착하고 경건히 하여'라고 번역된다.

233) 내 너의 …… 도모한다 : 鄭箋의 "我謀女之所處"를 따랐다.

234) 善人을 …… 咨라 한다 : 이를 보충하여, 鄭箋은 "見忠臣之賢人, 則於是訪問求善道也"라 하였다.

235) 서서히 …… 아니한다 : 鄭箋의 "究, 謀也"와 孔疏의 "不肯安舒而謀慮之"를 따랐다. 집전은 "舒, 緩. 究, 察也"라 하여, '서서히 살피지 아니한다'로 번역된다.

236) 계책을 …… 정한다 : 毛傳의 "訏, 大. 謨, 謀"와 孔疏의 "當豫大計謀, 定其教命"을 따랐다.

237) 그 계책을 경건히 한다 : 毛傳의 "翼翼, 恭敬也"를 따랐다.

238) 큰 사업을 …… 빨리 한다 : 毛傳의 "肇, 謀. 敏, 疾. 戎, 大. 公, 事也"를 따랐다. 집전은 "肇, 開. 戎, 汝. 公, 功也"라 하여 '네 공로를 열어 빨리 한다'로 번역된다.

굉요, 모우남궁, 추우채원, 방우신윤(詢于八虞, 咨于二虢, 度于閎夭, 謀于南宮, 諏于蔡原, 訪于辛尹)"은 「진어 사(晉語四)」에 서신(胥臣)[239]이 진 문공(晉文公)에게 대답한 말인데, 문왕(文王)의 즉위를 설명한 것이다. 위소(韋昭)[240]가 풀이하기를 "팔우(八虞)는 주나라의 팔사(八士)[241]인데, 모두 우관(虞官)[242]에 있었다. 이괵(二虢)은 문왕의 아우 괵중(虢仲)·괵숙(虢叔)을 말한다. 남궁(南宮)은 남궁괄(南宮适)이다. 채(蔡)는 채공(蔡公)이며, 원(原)은 원공(原公)이며, 신(辛)은 신갑(辛甲)이며, 윤(尹)은 윤일(尹佚)이니, 모두 주(周)의 태사(太史)이다"고 하였다.

 典·彝·法·則·刑·範·矩·庸·恒·律·夏·職·秩, 常也.

전(典)·이(彝)·법(法)·칙(則)·형(刑)·범(範)·구(矩)·용(庸)·항(恒)·율(律)·알(夏)·직(職)·질(秩)은 상(常 : 영원한 규범)이다.

 庸·夏·職·秩義見『詩』·『書』. 餘皆謂常法耳.

용(庸)·알(夏)·직(職)·질(秩)은 뜻이 『시경』·『상서』에 보인다. 나머지는 모두 일상적인 법칙을 말한다.

---

239) 胥臣 : 春秋 晉나라 大夫 臼季. 司空·下軍大夫를 지냈다.
240) 韋昭 : 204~273. 三國 때 吳의 雲陽 사람. 자는 弘嗣. 문장에 능하였으며, 벼슬은 侍中을 지냈다. 저서에 『孝經注』·『論語注』·『國語注』 등이 있다. 晉 때 司馬昭의 이름을 피하기 위하여 이름을 曜로 고쳤다.
241) 八士 : 伯達·伯适·仲突·仲忽·叔夜·叔夏·季隨·季騧를 이름.
242) 虞官 : 山澤을 관리하는 官員. 虞人.

爾雅音義　彝, 以而反. 範, 音犯, 字或作范, 同. 夏, 居黠反. 郭苦八反. 職, 之力反. 秩, 長栗反.

이(彝)는 이(以)와 이(而)의 반절이다. 범(範)은 음이 범(犯)인데 글자를 혹은 범(范)으로도 쓰지만 음의가 같다. 알(夏)은 거(居)와 힐(黠)의 반절인데, 곽박은 고(苦)와 팔(八)의 반절이라 하였다. 직(職)은 지(之)와 력(力)의 반절이다. 질(秩)은 장(長)과 율(栗)의 반절이다.

爾雅疏　皆謂常禮法也. 典・刑者, 『詩』「大雅」「蕩」篇云 : "尙有典刑." 彝者, 「洪範」云 : "彝倫攸敍." 法・則者, 「天官」「冢宰」 : "以八法治官府, 以八則治都鄙." 鄭注云 : "邦國官府謂之禮法, 常所守以爲法式也. 則, 亦法也. 典・法, 則, 所用異, 異其名也." 範者, 模法之常也. 矩者, 度方有常也. 庸者, 『書』「皋陶謨」云 : "自我五禮有庸哉!" 恒, 久之常也. 「湯誥」云 : "若有恒性." 律者, 常法也. 夏者, 「康誥」云 : "不率大夏." 職者, 主之常也. 秩者, 「商頌」「烈祖」云 : "有秩斯祜."

모두 일상적인 예법(禮法)을 말한다. 전(典)・형(刑)은 『시경』 「대아」 「탕(蕩)」편에 "아직도 법도가 있다"고 하였다. 이(彝)는 『서경(書經)』 「주서(周書)」 「홍범(洪範)」에 "법도가 펼쳐지는 바이다"[243]고 하였다. 법(法)・칙(則)은 『주례』 「천관(天官)」 「총재(冢宰)」 「태재(大宰)」에 "여덟 가지 법으로 관부를 다스린다. 여덟 가지 법칙으로 도비(都鄙)[244]를 다스린다"고 하였다. 정현이 주석하기를 "방(邦)과 국(國)의 관부(官府)는 예법(禮法)이라 부르고 항상 예법을 지켜서 법식으로 삼는다. 칙(則)은 또한 법(法)이다. 전(典)・법(法)・칙(則)은 쓰임이 달라 그 명칭을 달리한다"[245]고 하였다. 범(範)은 모범으로 삼

---

243) 법도가 …… 바이다 : 孔安國 傳의 "常道所以次敍"를 따랐다.
244) 都鄙 : 공경대부의 采邑, 王 子弟의 食邑(公卿大夫之采邑, 王子弟之所食邑－鄭玄注).

을 만한 규범이다. 구(矩)는 자가 모나서 일정함이 있는 것이다. 용(庸)은 『서경(書經)』「우서(虞書)」「고요모(皋陶謨)」에 "우리 오례(五禮)를 써서 떳떳함이 있게 하소서!"246)라 하였다. 항(恒)은 항상 지속됨이다. 『서경(書經)』「상서(商書)」「탕고(湯誥)」에 "사람이 항상 가지고 있는 본성에 따르다"247)고 하였다. 율(律)은 상법(常法)이다. 알(戛)은 「주서(周書)」「강고(康誥)」에 "백성들이 큰 법도를 따르지 않는다"248)고 하였다. 직(職)은 항상 관장함이다. 질(秩)은 「상송(商頌)」「열조(烈祖)」에 "떳떳한 이 복을 가지고 있구나"249)라 하였다.

柯·憲·刑·範·辟·律·矩·則, 法也.

가(柯)·헌(憲)·형(刑)·범(範)·벽(辟)·율(律)·구(矩)·칙(則)은 법(法 : 법도)이다.

---

245) 邦과 國의 …… 달리한다 : 王이 천하를 다스리는 큰 법칙을 '禮經'이라 부르고, 邦과 國, 그리고 官府에서 다스리는 법칙을 '禮法'이라 부른다. 즉 신분에 따라서 '經'과 '法'의 차이가 있다. 邦은 제후국으로 지역이 큰 나라, 國은 작은 나라를 말한다. '典'·'法'·'則'은 의미는 동일하나 쓰이는 지역이 다르기 때문에 그 명칭을 달리 한다. 즉 邦과 國에서는 '典', 官府에서는 '法', 都鄙에서는 '則'이라고 부르는 것이다. 이에 대해서는 賈公彦의 『周禮』「大宰」의 疏에 상세하다.

246) 우리 五禮를 …… 하소서 : 孔安國 傳의 "庸, 常. 自, 用也. 天次秩有禮, 當用我公侯伯子男, 五等之禮以接之, 使有常"을 따랐다. 五禮는 公·侯·伯·子·男의 다섯 작위를 말한다. 집전에 의한 諺解는 "우리 五禮로 自호샤 有를 庸케 호쇼셔"라 하여, '우리 五禮로부터 하여 가진 것을 떳떳하게 하소서'로 번역된다.

247) 사람이 …… 따르다 : 孔安國 傳의 "順人有常之性"을 따랐다. 집전은 "順其自然, 固有常性矣"라 하여, '자연을 따라 일정한 본성을 지녔다'로 번역된다.

248) 큰 법도를 …… 않는다 : 孔安國 傳의 "戛, 常也. 凡民不循大常之敎, 猶刑之無赦"를 따랐다. 집전은 "戛, 法也. 言民之不率敎者, 固可大寘之法矣"라 하여, '따르지 않는 자는 크게 법으로 처리한다'로 번역된다.

249) 떳떳한 …… 있구나 : 毛傳의 "秩, 常"과 鄭箋의 "旣有此王天下之常福"을 따랐다.

『詩』曰 : "伐柯伐柯, 其則不遠." 『論語』曰 : "不踰矩."

　『시경』 「빈풍(豳風)」 「벌가(伐柯)」에 "도끼 자루를 베네, 도끼 자루를 베네. 그 법칙이 멀리 있지 않다"고 하였다. 『논어』에 "법도를 넘지 않는다"고 하였다.

柯, 古河反. 辟, 婢亦反, 下同. 踰, 以朱反. 矩, 俱宇反.

　가(柯)는 고(古)와 하(河)의 반절이다. 벽(辟)은 비(婢)와 역(亦)의 반절이며, 아래 글에서도 같다. 유(踰)는 이(以)와 주(朱)의 반절이다. 구(矩)는 구(俱)와 우(宇)의 반절이다.

此亦謂常法, 轉互相訓. 柯者, 執以取法也. 憲者, 「小雅」250)「桑扈」云 : "百辟爲憲." 辟, 罪法也. 刑·範·辟·律·矩·則, 皆謂常法也. ○云 "『詩』曰 : 伐柯伐柯, 其則不遠"者, 「豳風」「伐柯」文. 云 "『論語』曰 : 不踰矩"者, 「爲政」文.

　이것 또한 상법(常法 : 영원히 지켜야 할 법도)을 의미하며, 서로 같은 뜻으로 풀이된다. 가(柯 : 도끼자루)는 이것을 가지고서 법으로 하는 것이다.251) 헌(憲)은 「소아」 「상호(桑扈)」에 "모든 제후들이 본받는다"252)고 하였다. 벽(辟)은 형죄(刑罪)의 법(法)이다. 형(刑)·범(範)·벽(辟)·율(律)·구(矩)·칙

---

250) 「小雅」: 대본의 「大雅」는 「小雅」의 잘못이다.
251) 이것을 …… 것이다 : 벨 도끼자루는 쥐고 있는 도끼자루에서 기준을 취함을 말함. 「伐柯」의 孔穎達疏에 "伐柯伐柯者, 其法則不遠, 舊柯足以法之"라고 하였다.
252) 모든 …… 본받는다 : 鄭箋의 "百辟卿士, 莫不修職而法象之"를 따랐다. 그러나 "辟, 罪法也"를 적용하면 '모든 罪法이 법이 된다'로 된다.

(則)은 모두 상법(常法)을 말한다. ○ 주에서 인용한『시경』의 "벌가벌가, 기칙불원(伐柯伐柯, 其則不遠)"은 「빈풍(豳風)」「벌가(伐柯)」의 글이고『논어』의 "불유구(不踰矩)"는 「위정(爲政)」의 글이다.

 辜・辟・戾, 皋也.

고(辜)・벽(辟)・려(戾)는 죄(皋 : 죄)이다.

 皆刑罪.

모두 형벌할 죄이다.

 辜, 古胡反. 皋, 古罪字. 秦始皇以其字似皇字改從罒非.

고(辜)는 고(古)와 호(胡)의 반절이다. 죄(皋)는 죄(罪)의 고자(古字)이다. 진시황(秦始皇)이 그 글자가 황(皇)자와 비슷하기 때문에 고쳐서 망(罒 : 그물 망)・비(非 : 어긋날 비)를 따랐다.

皆謂刑罪也. 辜者,『書』「仲虺之誥」曰 : "罔不懼于非辜." 辟者, 「呂刑」云 : "墨辟疑赦." 戾者, 「大雅」「抑」篇云 : "亦維斯戾." 皋・罪古今字也.『說文』云 : "皋, 犯法也. 從辛, 從自. 言辜人蹙鼻, 辛苦之憂. 秦以皋似皇, 改爲罪." 取非人自投於网. 自, 古文以爲鼻.

모두 형벌할 죄를 말한다. 고(辜)는 『서경』「상서(商書)」「중훼지고(仲虺
之誥)」에 "죄도 없는데 걸릴까 두려워하지 않음이 없다"253)고 하였다. 벽
(辟)은 『서경』「주서(周書)」「여형(呂刑)」에 "묵형(墨刑)254)을 받을 죄인이 범
죄 사실에 의심스러움이 있다면 사면한다"고 하였다. 려(戾)는 「대아」「억
(抑)」편에 "또한 이 죄에 겁낸다"255)고 하였다. 죄(辠)ㆍ죄(罪)는 고금자(古今
字)256)이다. 『설문』에 "죄(辠)는 법을 어긴 것이다. 신(辛 : 괴로운 신)을 따르
고 자(自 : 코 자)를 따른다. 죄인이 코를 찡그리고 고생하는 근심을 말함이
다. 진(秦)에서 죄(辠)가 황(皇)과 비슷하다고 하여 죄(罪)로 바꾸었다"257)고
하였다. 못된 사람이 스스로 법망에 뛰어듦을 취한 것이다. 자(自)는 고문
(古文)으로 비(鼻)이다.258)

 黃髮ㆍ齯齒ㆍ鮐背ㆍ耇ㆍ老, 壽也.

황발(黃髮)ㆍ예치(齯齒)ㆍ태배(鮐背)ㆍ구(耇)ㆍ로(老)는 수(壽 : 장수함. 노인)이다.

 黃髮, 髮落更生黃者. 齯齒, 齒墮更生細者. 鮐背, 背皮如鮐背.
耇, 猶耇也. 皆壽考之通稱.

---

253) 죄도 없는데 …… 않음이 없다 : 孔安國 傳의 "恐其非罪見滅"을 따랐다.
254) 墨刑 : 五刑 중에 먹물 들이는 형벌을 말함.
255) 또한 …… 겁낸다 : 鄭箋의 "畏懼於罪也"를 따랐다. 집전은 "戾, 反也. …… 反戾其常
矣"라 하여, '또한 이 常法에 어긋났다'로 번역된다.
256) 古今字 : 音義가 같으면서 시대에 따라 字形을 달리한 한 자. '辠ㆍ罪古今字'에서
辠는 古字이고, 罪는 今字이다. 罪는 진시황 이후에 '辠'의 音義로 사용된 것이다. 罪
는 '고기잡이 대나무 그물[捕魚竹网]'이다.
257) 辠는 …… 바꾸었다 : 『설문』 14편 下에 나온다.
258) 自는 …… 鼻이다 : '自'가 '鼻(코)'임은 徐鉉이 "自, 古者以爲鼻字"라 하였고, 『說
文』에도 "自, 鼻也. 象形"이라 하였다.

황발(黃髮)은 머리카락이 떨어져 다시 노란 머리카락이 생겨난 것이다. 예치(齯齒)는 이가 빠져 다시 가는 이가 생겨난 것이다. 태배(鮐背)는 등의 피부가 복어 등과 같음이다.[259) 구(耈)는 기(耆 : 늙다)이다. 모두 장수(長壽)라는 일반적인 명칭이다.

爾雅
音義 兒, 本今皆作齯, 五兮反, 一音如字. 鮐, 天才反, 一音夷. 背, 博內反. 耈, 音苟. 耋, 音壽, 本又作壽. 更, 古孟反.[260) 隋, 徒火反, 又作墮, 同. 細, 先計反. 耆, 巨伊反. 稱, 尺證反.

아(兒)는 본에 따라 지금 모두 예(齯)로 되어 있는데[261) 오(五)와 혜(兮)의 반절이며 일음(一音)은 여자(如字)이다. 태(鮐)는 천(天)과 재(才)의 반절이며, 일음은 이(夷)이다. 배(背)는 박(博)과 내(內)의 반절이다. 구(耈)는 음이 구(苟)이다. 수(耋)는 음이 수(壽)인데 본에 따라 수(壽)로 되어 있다. 갱(更)은 고(古)와 맹(孟)의 반절이다. 타(隋)는 도(徒)와 화(火)의 반절, 또는 타(墮)로도 쓰는데 음의가 같다. 세(細)는 선(先)과 계(計)의 반절이다. 기(耆)는 거(巨)와 이(伊)의 반절이다. 칭(稱)은 척(尺)과 증(證)의 반절이다.

爾雅
疏 皆壽考之通稱也. 黃髮者, 舍人曰 : "黃髮, 老人髮白復黃也." 郭云 : "髮落更生黃者." 齯齒者, 『說文』云 : "齯, 老人兒齒也." 郭云 : "齒墮更生細者." 「魯頌」「閟宮」云, "旣多受祉, 黃髮兒齒." 鄭箋云 : "兒齒亦壽徵." 鮐背者, 舍人曰 : "老人氣衰, 皮膚消瘠, 背若鮐魚." 郭云 : "鮐背, 背皮如鮐魚." 劉熙『釋名』云 : "九十曰鮐背. 背有鮐文." 「大雅」「行

---

259) 鮐背는 …… 같음이다 : 노인의 몸에 난 검버섯이 복어의 점과 같은 것으로 비유하였다.

260) 更 古孟反 : 去聲 敬韻으로, '再也(다시)'의 뜻이다. 古行反인 경우는 平聲 庚韻으로, '改也(고치다)'의 뜻이다(『中辭典』).

261) 兒는 본에 따라 …… 齯로 되어 있는데 : 唐代 陸德明이 본 판본은 '兒'이며 또 다른 판본은 '齯'로 되었음을 알 수 있다.

葦」云 : "黃耈台背." 毛傳云 : "鮐背, 大老也." 鄭箋云 : "台之言[262]鮐也. 大老則背有鮐文." 『方言』云 : "秦・晉之郊, 陳・兗之會, 謂老曰耈鮐." 耈者, 郭云 : "耈也." 『方言』云 : "燕・代北鄙, 謂耈爲梨."[263] 郭彼注云 : "梨, 面色似凍梨也."[264] 舍人曰 : "耈, 覯也. 血氣精華覯竭, 言色赤黑如狗矣." 孫炎曰 : "耈面如凍梨, 色似浮垢, 老人壽徵也." 老者, 『說文』云, "七十曰老, 從人・毛・匕. 言須髮變白也."

모두 오래 산다는 일반적인 명칭이다. 황발(黃髮)에 대해 사인(舍人)[265]은 "황발(黃髮)은 노인의 머리칼이 희었다가 다시 노랗게 된 것이다"고 하였다. 곽박은 "황발(黃髮)은 머리카락이 빠졌다가 다시 노란 것이 생겨남이다"고 하였다. 예치(齯齒)는 『설문』에 "예(齯)는 노인의 가는 이빨이다"[266]고 하였다. 곽박은 "이가 빠져 다시 가는 이가 생겨남이다"고 하였다. 「노송」「비궁(閟宮)」에 "이미 복을 많이 받아서 노란 머리에 가는 이로다"고 하였다. 정전은 "아치(兒齒)는 또한 장수하는 징후이다"고 하였다. 태배(鮐背)에 대해 사인은 "노인의 기력이 약해지고 피부도 거칠어져 등이 복어와 같다"고 하였다. 곽박은 "태배(鮐背)는 등의 피부가 복어와 같다"고 하였다. 유희(劉熙)[267]의 『석명(釋名)』에 "90살을 태배(鮐背)라 하는데 등에 복어 무늬가 있음이다"고 하였다. 「대아」「행위(行葦)」에 "머리칼이 노랗고 등의 피부가 복어 같은 노인"이라 하였다. 모전은 "태배(台背)는 나이 먹은 노인이다"고 하였다. 정전은 "태(台)라는 말은 태(鮐)이다. 나이 먹은 노인은 등

---

262) 之言 : 訓詁 術語의 하나. 被釋詞와 解釋詞의 音義를 통하여 풀이하는 경우의 용어, 즉 雙聲 또는 疊韻으로 訓詁함을 말한다. '之爲言'과 같다(齊佩瑢, 『훈고학 개론』, 174~175면 참조). 台는 '堂來切 平聲 咍韻定類'로 '魚名'이고, 鮐는 '士來切 平聲 咍韻透類'로 '魚名'이다(『한자전』). 台와 鮐는 모두 咍韻으로 疊韻만을 이룬다.

263) 燕・代北鄙, 謂耈爲梨 : 『방언』권1~9에 나오는데 "燕・代北鄙曰梨"로 되어 있다.

264) 梨, 面色似凍梨也 : 『방언』권1~9에 나온다.

265) 舍人 : 漢 武帝 때의 사람인데 犍爲文學・犍爲舍人, 그냥 舍人이라고도 한다.

266) 齯는 노인의 이빨이다 : 『설문』 2편 下-21에 나온다.

267) 劉熙 : 생존연대 미상. 東漢 사람으로 『釋名』을 지었다. 그 외는 자세하지 않다.

에 복어 무늬가 있다"고 하였다. 『방언』에 "진(秦)과 진(晉)의 교외, 진(陳)과 연(兗)의 국경 지역에서는 노인을 구태(耈鮐)라 한다"[268]고 하였다. 구(耈)에 대하여 곽박은 "기(耆)이다"고 하였다. 『방언』에 "연(燕)과 대(代)의 북쪽 변방에서는 리(棃)라 한다"고 하였다. 『방언』의 곽박 주에 "리(棃)는 노인의 얼굴빛이 언 배와 같다"고 하였다. 사인은 "구(耈)는 구(觀)이다. 혈기와 광채가 고갈됨이다. 얼굴빛이 붉고 검어 개와 같음을 말한다"고 하였다. 손염은 "노인의 얼굴이 언 배와 같고, 피부색도 절어붙은 때와 같으니 노인이 장수하는 징후이다."라고 하였다. 로(老)는 『설문』에 "70살을 로(老)라 한다. 인(人)·모(毛)·화(匕 : 변할 화)를 따랐다. 수염과 머리칼이 희게 변함을 말한다"[269]고 하였다.

 允 · 孚 · 亶 · 展 · 諶 · 誠 · 亮 · 詢, 信也.

　윤(允)·부(孚)·단(亶)·전(展)·심(諶)·성(誠)·량(亮)·순(詢)은 신(信 : 성실)이다.

 『方言』曰 : "荊·吳·淮·汭之間曰展, 燕·岱·東齊曰諶, 宋·衛曰詢." 亦皆見『詩』.

　『방언』에 "형(荊)·오(吳)·회(淮)·예(汭) 지역에서는 전(展)이라 하고, 연(燕)·대(岱)·동제(東齊)는 심(諶)이라 하고, 송(宋)·위(衛)는 순(詢)이라 한다"고 하였다. 역시 모두 『시경』에 보인다.

---

268) 秦과 晉의 …… 耈鮐라 한다 : 『방언』 권1-9에 나온다.
269) 나이 70을 …… 말한다 : 『설문』 8편 上-67에 나온다.

爾雅
音義 允, 音尹. 孚, 音敷. 亶, 丁但反. 諶, 甚針反. 汭, 仁銳反. 岱,
音待.

윤(允)은 음이 윤(尹)이다. 부(孚)는 음이 부(敷)이다. 단(亶)은 정(丁)과 단
(但)의 반절이다. 심(諶)은 심(甚)과 침(針)의 반절이다. 예(汭)는 인(仁)과 예
(銳)의 반절이다. 대(代)는 음이 대(待)이다.

爾雅
疏 皆謂誠實不欺也. ○案『方言』云, "允·訦(音諶)·恂(音詢)·
展·諒(音亮)·穆, 信也. 齊·魯之間曰允, 燕·岱·東齊曰訦,
宋·衛·汝·潁之間曰恂, 荊·吳·淮·汭之間曰展, 西甌·毒屋·黃石
野之間曰穆, 衆信曰諒. 周南·召南·衛之語也. 云"亦皆見『詩』"者,「鄘
風」「定之方中」云: "終然允臧."「大雅」「文王」云: "萬邦作孚"「小雅」「祈
父」云: "亶不聰."「鄘風」「君子偕老」云: "展如之人兮."「大雅」「蕩」篇云:
"其命匪諶." 誠者, 復言之信也.「鄘」「柏舟」云: "不諒人只."「鄭風」「溱
洧」云: "洵訏且樂." 訦·諶, 亮·諒, 詢·洵音義同.

모두 성실하며 속이지 않음을 말한다. ○ 살피건대, 『방언』에 "윤(允)·
심(訦, 음은 諶)·순(恂, 음은 詢)·전(展)·량(諒, 음은 亮)·목(穆)은 신(信)이다.
제(齊)·노(魯) 지역에서는 윤(允)이라 하고, 연(燕)·대(岱)·동제(東齊)에서는
심(訦)이라 하고, 송(宋)·위(衛)·여(汝)·영(潁) 지역에서는 순(恂)이라 하고,
형(荊)·오(吳)·회(淮)·예(汭) 지역에서는 전(展)이라 하고, 서구(西甌)·독옥
(毒屋)·황석야(黃石野) 지역에서는 목(穆)이라 한다. 모두가 믿는 것을 량
(諒)이라 한다. 주남(周南)·소남(召南)·위(衛)의 말이다"270)고 하였다. "역
시 모두 『시경』에 보인다"고 한 것은 「용풍(鄘風)」「정지방중(定之方中)」에
"끝내 진실되고 선하다"고 하였고, 「대아」「문왕(文王)」에 "모든 나라가

---

270) 允·訦 …… 말이다:『방언』 권1-10에 나온다.

진실되도다"271)고 하였고, 「소아」 「기보(祈父)」에 "참으로 총명하지 못하다"고 하였고, 「용풍」 「군자해로(君子偕老)」에 "참으로 이와 같은 사람이여!"라 하였고, 「대아」 「탕(蕩)」편에 "하늘에서 내린 명은 진실케 함이 아닌가?"272)라 하였다. 성(誠)은 말을 실천하는 진실이다. 「용풍」 「백주(柏舟)」에 "나를 믿지 않는다"고 하였고, 「정풍(鄭風)」 「진유(溱洧)」에 "참으로 크고 즐겁다."고 하였다. 심(訦)과 심(諶), 량(亮)과 량(諒), 순(詢)과 순(洵)은 음의가 같다.

 展·諶·允·愼·亶, 誠也.

전(展)·심(諶)·윤(允)·신(愼)·단(亶)은 성(誠: 진실되다)이다.

 轉相訓也. 『詩』曰: "愼爾優游."

서로 같은 뜻으로 풀이된다. 『시경』에 "진실로 네 한가롭게 지내서"라 하였다.

 皆謂至誠, 轉相訓也. ○ "『詩』曰: 愼爾優游", 「小雅」 「白駒」文.

---

271) 모든 …… 진실되도다 : 鄭箋의 "天下咸信而順之"를 따랐다. 집전은 "萬邦作而信之矣"라고 하여 '반방이 일어나 믿도다'로 번역된다.
272) 하늘에서 …… 아닌가? : 孔穎達疏의 "命以敎導之, 非欲使之誠信乎"를 따랐다. 집전은 "其命有不可信者"라고 하여, '하늘의 명령을 믿을 수 없는 것은'으로 번역된다.

모두 지성(至誠)을 말하며, 서로 바꾸어도 같은 뜻이 된다. ○『시경』의 "신이우유(慎爾優游)"는 「소아」 「백구(白駒)」의 글이다.

 謔・浪・笑・敖, 戲謔也.

학(謔)・랑(浪)・소(笑)・오(敖)는 "희학(戲謔 : 희롱하다)"이다.

 謂調戲也. 見『詩』.

조롱하고 희롱함을 말한다. 『시경』에 보인다.

 謔, 許虐反. 笑, 蘇誚反. 敖, 五報反. 戲, 虛寄反. 調, 徒弔反.

학(謔)은 허(許)와 학(虐)의 반절이다. 소(笑)는 소(蘇)와 초(誚)의 반절이다. 오(敖)는 오(五)와 보(報)의 반절이다. 희(戲)는 허(虛)와 기(寄)의 반절이다. 조(調)는 도(徒)와 조(弔)의 반절이다.

 『詩』曰"謔浪笑敖"者, 不敬之戲謔也. 舍人曰 : "謔, 戲謔也. 浪, 意朗也. 笑, 心樂也. 敖, 意舒也." 戲笑, 邪戲, 謔笑之貌. 郭云 "謂調謔也. 見『詩』"者, 「邶風」 「終風」文.

『시경』에 "학랑소오(謔浪笑敖)"라 한 것은 불경스럽게 희롱하며 농지거리함이다. 사인은 "학(謔)은 희롱하며 농지거리하는 것이고, 랑(浪)은 마음이 명랑한 것이다. 소(笑)는 마음이 즐거운 것이다. 오(敖)는 뜻이 펴지는 것이다"고 하였다. 희롱하며 비웃고, 사악하게 희롱하며, 농지거리하며 비웃는 모양이다. 곽박이 "위조학야현『시』(謂調謔也見『詩』)"라 한 것은 「패풍(邶風)」「종풍(終風)」의 글이다.

 粵·于·爰, 曰[273]也.

월(粵)·우(于)·원(爰)은 왈(曰: 어조사)이다.

 『書』曰: "土爰稼穡." 『詩』曰: "對越在天", "王于出征."

『서경』에 "흙에 씨 뿌리고 거둔다"[274]고 하였다. 『시경』에 "하늘에 계신 분께 짝하고",[275] "왕께서 말씀하사 출정하라 하시다"[276]라 하였다.

 爰·粵, 于也.

---

273) 粵于爰, 曰: 『설문』 '曰'의 段注에 "粵于爰曰 네 글자는 서로 뜻풀이할 수 있어 雙聲·疊韻으로 서로 가차하였다[粵·于·爰·曰, 四字可互相訓, 而雙聲·疊韻相假借也]"라고 하여, 4글자가 음에 類似性이 있고 假借임을 밝혔다.
274) 흙은 …… 거둔다: 孔安國 傳의 "種曰稼, 斂曰穡"을 따랐다.
275) 하늘에 …… 짝하고: 毛傳의 "對, 配. 越, 於也"를 따랐다.
276) 왕께서 …… 하시다: 毛傳의 "于, 曰. …… 王曰, 今女出征玁狁, ……"을 따랐다.

원(爰)·월(粤)은 우(于 : 어조사)이다.

 轉相訓.

서로 바꾸어도 같은 뜻이 된다.

 征, 之成反. 粤, 音越. 爰, 音袁. 稼, 古乍反. 穡, 音色.

정(征)은 지(之)와 성(成)의 반절이다. 월(粤)은 음이 월(越)이다. 원(爰)은 음이 원(袁)이다. 가(稼)는 고(古)와 사(乍)의 반절이다. 색(穡)은 음이 색(色)이다.

爾雅疏 皆謂語辭發端, 轉互相訓也. 『說文』云: "曰, 從開口, 象氣出於口也." ○云 "『書』曰 : 土爰稼穡"者, 「周書」「洪範」文. 云 "『詩』曰 : 對越在天"者, 「周頌」「淸廟」文. 云 "王于出征"者, 「小雅」「六月」文.

모두 어조사(語助辭)로 발단을 말하니, 서로 바꾸어도 같은 뜻이 된다. 『설문』에 "왈(曰)은 입을 벌린 것을 따르며, 기운이 입에서 나오는 것을 본떴다"277)고 하였다. ○ 주에서 인용한 『서경』의 "토원가색(土爰稼穡)"은 「주서」「홍범(洪範)」의 글이다. 『시경』의 "대월재천(對越在天)"은 「주송」「청묘(淸廟)」의 글이다. 또 "왕우출정(王于出征)"은 「소아」「유월(六月)」의 글이다.

---

277) 曰은 …… 것이다 : '曰'은 小篆에 '凵'로 쓰는데, '口'에 'ㄴ'을 합한 것이다. 段注에 "ㄴ은 입김을 본떴다[ㄴ, 象氣]"고 하였다.

爰・粤・于・那・都・繇, 於也.

원(爰)・월(粤)・우(于)・나(那)・도(都)・주(繇)는 오(於 : 감탄사)이다.

『左傳』曰 : "棄甲則那." 那猶今人云那那也. 『書』曰 : "皐陶曰 : 都." 繇, 辭. 於, 乎. 皆語之韻絶.278)

『좌전』에 "갑옷을 버려도 무슨 해가 되겠는가?"279)라 하였는데, 나(那)는 지금 사람들이 나나(那那)라 하는 것과 같다.280) 『상서』에 "고요(皐陶)가 '아!'라고 말했다"고 하였다. 주(繇)는 사(辭)이다. 오(於)는 호(乎)이다. 모두 말의 운(韻)이 끝나는 것이다.

---

278) 語之韻絶 : 『爾雅詁林』「鄭樵注」에는 "語韻之絶"로 되어 있고, 『爾雅詁林』「補注」에는 "鄭作語韻之絶, ʻ之韻ʼ二字倒轉, 乃傳寫之誤"라 하여 ʻ之韻ʼ은 ʻ韻之ʼ가 바뀐 것이라 하였고, 『爾雅詁林』「校議」에는 "語類之絶"이라 하였다. 그리고 『爾雅詁林』「郭注佚存補訂」에는 "皆語之韻絶辭也"라 하여, ʻ말의 여운이 끝날 때의 말이다ʼ라고 하여 보다 구체적으로 제시하였다. 또 『爾雅詁林』「述聞」에는 "繇辭於乎, 皆語之韻絶, 所說皆謬, 爰粤于之訓爲於, 書傳多有, 不煩訓釋. 那者越語曰, 吳人之那不穀, 亦又甚焉, 韋注那, 於也. ……"라고 하여 ʻ那ʼ 등을 韻絶로 처리한 것은 잘못이라 하였는데, 이들은 句末에 오지 않고 句中에 오기 때문이다.

279) 갑옷을 …… 되겠는가? : 『左傳句讀直解』의 "那, 猶何也. 言棄甲則何害"를 따랐다. ʻ那ʼ가 어조사로 풀이되지 않은 것이다. 『爾雅詁林』「義疏」에는 "那者, 越語云, 吳人之那不穀, 韋昭注, 那, 於也. …… 左氏宣二年傳云, 棄甲則那, 杜預注, 那, 猶何也. 按何猶言奈何, 奈何卽那之反音, 但那雖爲奈何, 而非於字之訓, 郭注不引越語, 而接左傳, 似失之矣"라고 하여, ʻ那ʼ가 『좌전』의 경우는 ʻ何ʼ의 뜻이고, 『國語』「越語」의 경우가 ʻ於ʼ에 해당되는데 곽박이 잘못 인용했다고 하였다.

280) 那는 …… 것과 같다 : 『爾雅詁林』「郭注」에는 ʻ那那ʼ가 ʻ都那ʼ로 되어 있다. 그리고 『爾雅詁林』「董瑞椿補記」에는 "那那之言, 今未有驗"이라 하여, ʻ那那ʼ는 증거가 없다고 하였다. 또 "古逸叢書所刊影宋蜀大字本上那字作都, 『國語十七』「楚語上」使當都那豎贊焉, 韋注, 都, 閑也. 那, 美也. 是都・那二字古固有連文者, 蜀本當不誤, 短言之爲那, 長言之卽爲都那, 猶短言之爲於, 長言之卽爲於乎"라고 하여, ʻ那ʼ의 長言이 ʻ都那(閑美함)ʼ라 하고, 이 ʻ都那ʼ가 轉用되어 ʻ阿那ʼ・ʻ猗那ʼ・ʻ猗儺ʼ 등으로 쓰인다고 하였다.

爾雅音義 那, 乃河反. 絲, 除又反, 注同. 孫音由, 又音遙. 於, 音烏, 注同. 陶, 音遙.

나(那)는 내(乃)와 하(河)의 반절이다. 주(絲)는 제(除)와 우(又)의 반절이며 주(注)에서도 같다. 손염은 음이 유(由)라 하였는데, 또한 음이 요(遙)이다. 오(於)는 음이 오(烏)이며 주(注)에서도 같다. 요(陶)는 음이 요(遙)이다.

爾雅疏 皆語之韻絶, 歎辭也. 爰・粤・于三者又爲於乎. ○云『左傳』曰 : 棄甲則那"者, 宣二年華元答謳者辭也. 云『書』曰 : 皐陶曰都"者, 「虞書」「皐陶謨」文也. 云 "絲, 辭"者, 絲, 卦兆之辭也. 云 "於乎"者, 「周頌」「維天之命」云 : "於乎不顯." 是也.

모두 말의 여운이 끝나는 것으로 감탄사이다. 원(爰)・월(粤)・우(于) 세 가지는 또 오호(於乎)로 되어 있다. ○ 주에서 인용한 『좌전』의 "기갑즉나(棄甲則那)"는 선공(宣公) 2년에 화원(華元)이 자기를 비방한 노래에 답한 말이다.281) 『서경』의 "고요왈도(皐陶曰都)"는 「우서(虞書)」「고요모(皐陶謨)」의 글이다. "주(絲)는 사(辭 : 말)이다"고 하였는데, 주(絲)는 점괘의 조짐의 말이다. "오호(於乎)"라 한 것은 「주송(周頌)」「유천지명(維天之命)」에 "아! 드러나지 않는가?"라 한 것이 이것이다.

敆・部・盍・翕・仇・偶・妃・匹・會, 合也.

---

281) 華元이 …… 말이다 : 華元이 전쟁에서 지고 돌아오고 나서 城 쌓는 일을 감독할 때, 성을 쌓는 사람들이 華元을 비방하는 노래를 지어 불러 "배만 컸지, 갑옷도 버리고 돌아왔다네[皤其腹, 棄甲而復]"이라 했는데, 이 노래 가사에 대답한 화원의 말이다. '謳'는 '華元을 비방한 노래[築城者, 謳歌以譏華元]'이다.

갑(皯)·합(鈨)·합(盍)·흡(翕)·구(仇)·우(偶)·비(妃)·필(匹)·회(會)는 합
(合 : 합하다. 합치다)이다.

皆謂對合也.

모두 상대와 합함을 말한다.

皯, 古答反. 鈨, 音合, 又音洽. 盍, 胡獵反. 翕, 許急反. 仇, 音
求. 偶, 五口反. 妃, 音配, 又芳非反, 下同.

갑(皯)은 고(古)와 답(答)의 반절이다. 합(鈨)은 음이 합(合)이며 또한 음은
흡(洽)이다. 합(盍)은 호(胡)와 렵(獵)의 반절이다. 흡(翕)은 허(許)와 급(急)의
반절이다. 구(仇)는 음이 구(求)이다. 우(偶)는 오(五)와 구(口)의 반절이다. 비
(妃)는 음이 배(配)이며 또한 방(芳)과 비(非)의 반절로 아래도 같다.

皆謂對合也. 皯者, 『說文』云 : "合會也." 鈨者, 和合也. 盍者, 衆
合也. 『易』「豫卦」「九四」云 : "勿疑朋盍簪." 翕者, 斂合也. 『書』
「皐陶謨」云 : "翕受敷施." 仇者, 『左傳』曰 : "怨耦曰仇." 偶者, 相對合也.
『左傳』曰 : "大都耦國." 妃者, "嘉耦曰妃." 匹者, 配合也. 「大雅」「文王有
聲」云 : "作豊伊匹." 會者, 集合也. 『周禮』曰 : "時見曰會."

모두 상대와 합하는 것을 말한다. 갑(皯)은 『설문』에 "합회(合會 : 합치다)
이다"고 하였다. 합(鈨)은 화합(和合)이다. 합(盍)은 중합(衆合 : 여럿이 합함)이
다. 『주역』「예괘(豫卦)」「구사(九四)」에 "의심하지 않으면 벗이 모여 올 것
이다"[282]고 하였다. 흡(翕)은 염합(斂合 : 거두어 모음)이다. 『서경』「우서(虞書)」
「고요모(皐陶謨)」에 "합해 받아 펴 베푼다"[283]고 하였다. 구(仇)는 『좌전』

환공(桓公) 2년에 "원망스런 짝을 구(仇)라 한다"고 하였다. 우(偶)는 상대하여 합한다는 뜻이다.『좌전』민공(閔公) 2년에 "대도(大都)는 국가와 짝한다"고 하였다. 비(妃)는『좌전』환공 2년에 "좋은 짝을 비(妃)라 한다"고 하였다. 필(匹)은 배합(配合 : 짝하여 합함)이다. 「대아」 「문왕유성(文王有聲)」에 "풍읍(豐邑)을 만들되 해자(垓字)에 짝한다"[284]고 하였다. 회(會)는 집합(集合 : 모임)이다.『주례』에 "때때로 만나는 것을 회(會)라 한다"고 하였다.

 仇・讎・敵・妃・知・儀, 匹也.

구(仇)・수(讎)・적(敵)・비(妃)・지(知)・의(儀)는 필(匹 : 배필)이다.

 『詩』云 : "君子好仇", "樂子之無知", "實維我儀." 『國語』亦云 : "丹朱馮身以儀之." 讎猶儔也. 『廣雅』云 : "讎, 輩也."

『시경』에 "군자(君子)의 좋은 짝", "너(임금)의 짝이 없을 때를 즐거워하노라", "실로 나의 짝"[285]이라 하였다.『국어』에도 "단주(丹朱) 혼령이 〈房后의〉 몸에 귀신이 붙어 배필로 되었다"[286]고 하였다. 수(讎)는 주(儔 : 짝)

---

282) 의심하지 …… 것이다 : 孔穎達疏의 "益, 合也. 簪, 疾也. 若能不疑于物, 以信待之, 則衆陰群朋合聚而疾來也"를 따랐다.『諺解』는 "疑티 말면 朋이 益簪ᄒ리라"고 하여, '益簪'을 하나로 처리하였는데, 程傳의 "簪, 聚也"를 따른 것이다.

283) 합해 …… 베푼다 : 孔安國 傳의 "翕, 合也. 能合受三六之德, 而用之以布施政教"에 따른 것으로, 이에 의하면 '三德・六德을 합쳐 받아 정치・교화를 펴 베푸는 데에 써서'로 번역된다. 이에 대하여 집전은 "人君惟能合而受之, 布而用之"라고 하여 대체로 비슷하다. '用之'는 '九德을 사용하다'로 이해된다.

284) 豐邑을 …… 짝한다 : 孔穎達疏의 "文王作此豐邑, 維與相匹, 言大小正與成滅相配偶"를 따랐다.

285) 실로 나의 짝 : 鄭箋의 "知, 匹也. …… 樂其無妃匹之意"를 따랐다. 집전은 "嘆其不如草木之無知而無憂也"라고 하여, '너(풀)의 지각이 없음을 즐거워하노라'로 번역된다.

와 같다. 『광아』에 "수(讎)는 배(輩 : 짝)이다"고 하였다.

 讎, 市周反. 樂, 晉洛. 馮, 皮氷反.

수(讎)는 시(市)와 주(周)의 반절이다. 락(樂)은 음이 락(洛)이다. 빙(馮)은 피
(皮)와 빙(氷)의 반절이다.

皆謂匹合也. 仇者, 孫炎云 : "相求之匹." 讎者, 儔・侶・輩・類
之匹也. 敵者, 相當之匹也, 妃, 合耦之匹也. ○云"『詩』云 : 君子
好仇"者,「周南」「關雎」文. 云"樂子之無知"者,「檜風」「隰有萇楚」文. 云
"實維我儀"者,「鄘」「柏舟」文也. 云『國語』亦云 : 丹朱馮身以儀之"者, 案
「周語」"惠王十五年, 有神降于莘, 王問於內史過曰 : '今是何神也?' 對曰
: '昔昭王娶於房, 曰房后, 實有爽德, 協于丹朱. 丹朱馮身以儀之, 生穆王
焉. 實臨昭周之子孫而禍福之, 夫神一不遠徙遷若. 由是觀之, 其丹朱
乎!'" 韋氏解云 : "馮, 依也. 儀, 匹也. 言房后之行有似丹朱, 丹朱馮依其
身而匹偶之, 生穆王焉."

모두 짝이 되어 합함을 말한다. 구(仇)는 손염이 "서로 구하는 짝이다"
고 하였다. 수(讎)는 주(儔)・려(侶)・배(輩)・유(類)의 짝이다. 적(敵)은 서로
맞는 짝이다. 비(妃)는 배우자와 합하는 짝이다. ○주에서 인용한 『시경』
의 "군자호구(君子好仇)"는 「주남」「관저(關雎)」의 글이다. "낙자지무지(樂子
之無知)"는 「회풍(檜風)」「습유장초(隰有萇楚)」의 글이다. "실유아의(實維我
儀)"는 「용풍(鄘風)」「백주(柏舟)」의 글이다. 『국어』의 "단주빙신이의지(丹朱
馮身以儀之)"는 살피건대, 「주어(周語)」에 "혜왕 15년에 어떤 신(神)이 신(莘)

---

286) 丹朱 …… 되었다 : 丹朱는 堯의 아들로, 못난 사람을 말한다. 馮身은 몸에 어느 神
이 들리는 일을 말한다.

땅에 내려왔다. 왕이 내사(內史)인 과(過)에게 묻기를 '이번에는 어떤 신인가?'라 하니, 대답하기를 '옛날 주(周)의 소왕(昭王)이 방(房)나라의 여자를 아내로 맞이하여 방후(房后)라 하였습니다. 방후는 악덕(惡德)이 있어 단주(丹朱)와 들어맞았습니다. 단주는 방후의 몸에 귀신이 붙어 짝하여 목왕(穆王)을 낳았습니다. 진실로 주(周)의 자손에게 임하여 살펴보아 재앙과 복을 내리니, 대체로 신(神)이 한결같이 하여 멀리 옮기지 않았습니다. 이로 보건대 그는 단주일 것입니다"고 하였다. 위소(韋昭)가 풀이하기를 "빙(馮)은 의(依 : 의지하다)이고, 의(儀)는 필(匹 : 짝하다)이다. 방후의 행실이 단주와 비슷하자, 단주가 그 몸에 의지하여 배필이 되어 목왕을 낳았음을 말한다"고 하였다.

 妃·合·會, 對也.

비(妃)·합(合)·회(會)는 대(對 : 대등하다)이다.

 皆相當對.

모두 서로 대등한 것이다.

 妃, 媲也.

비(妃)는 비(媲:짝하다)이다.

 相偶妃也.

서로 짝함이다.

 媲, 普計反, 郭音譬.『字林』匹地反.

비(媲)는 보(普)와 계(計)의 반절인데, 곽박은 음이 비(譬)라 하였다.『자림』에는 필(匹)과 지(地)의 반절이라 하였다.

 此三者又爲當對, 妃又爲媲, 謂相偶媲也.

이 세 가지는 또 당대(當對:匹敵하다)이고, 비(妃)는 또 비(媲)이니, 서로 짝함을 말한다.

 紹·胤[287]·嗣·續·纂·綏·績·武·係, 繼也.

소(紹)·윤(胤)·사(嗣)·속(續)·찬(纂)·유(綏)·적(績)·무(武)·계(係)는 계

---

287) 胤: 어떤 본에는 오른쪽의 'ㄴ'이 결획되어 있는데 이는 그 책이 淸版本이므로, 淸世宗의 이름 胤을 기휘하여 결획한 것이다.

(繼 : 잇다)이다.

 『詩』曰 : "下武維周." 綏見「釋水」. 餘皆常語.

『시경』에 "뒤에 이어갈 주(周)나라이기에"[288]라 하였다. 유(綏)는 『이아』 「석수」에 보인다. 나머지는 모두 일상적인 말이다.

 紹, 市小反. 胤, 羊忍反, 又以刃反. 纂, 子管反. 綏, 汝誰反. 績, 子狄反. 係, 戶帝反. 繼, 音計.

소(紹)는 시(市)와 소(小)의 반절이다. 윤(胤)은 양(羊)과 인(忍)의 반절, 또는 이(以)와 인(刃)의 반절이다. 찬(纂)은 자(子)와 관(管)의 반절이다. 유(綏)는 여(汝)와 수(誰)의 반절이다. 적(績)은 자(子)와 적(狄)의 반절이다. 계(係)는 호(戶)와 제(帝)의 반절이다. 계(繼)는 음이 계(計)이다.

皆聯繼不絶也. 紹者,「大雅」「抑」篇云 : "弗念厥紹." 胤者,「大雅」「旣醉」云 : "永錫祚胤." 嗣者,「周頌」「酌」篇云 : "載用有嗣." 續者,「小雅」「斯干」云 : "似續妣祖." 纂者,「魯頌」「閟宮」云 : "纘禹之緒." 綏·武見注. 績者,「陳風」「東門之枌」云 : "不績其麻." 係者, 繫屬之繼. 『易』曰 : "係小子, 失丈夫." ○云『詩』曰 : 下武維周"者,「大雅」「下武」文. 云"綏見「釋水」"者, 彼云 : "汎汎楊舟, 紼纚維之. 紼, 繂也. 纚, 綏也." 是矣.

---

288) 뒤에 …… 周나라이기에 : 鄭箋의 "下, 猶後也. …… 後人能繼先祖者, 唯有周家最大"를 따랐다. 집전은 "下, 義未詳, 或曰, 字當作文, 言文王·武王實造周也"라고 하여, '文王·武王 周나라에'로 번역된다.

모두 이어져 끊어지지 않음이다. 소(紹)는 「대아」「억(抑)」편에 "그 뒤 잇는 일을 생각하지 않는가!"[289]라 하였다. 윤(胤)은 「대아」「기취(旣醉)」에 "길이 자손에게 복을 내리리라"고 하였다. 사(嗣)는 「주송」「작(酌)」편에 "곧 이음이 있는 것은"이라 하였다. 속(續)은 「소아」「사간(斯干)」에 "할머니·할아버지 공업을 계승하여"[290]라 하였다. 찬(纂)은 「노송」「비궁(閟宮)」에 "대우(大禹)의 업을 이었다"고 하였다. 유(綏)·무(武)는 주(注)에 보인다. 적(績)은 「진풍(陳風)」「동문지분(東門之枌)」에 "그 삼을 이어 잣지 않고"라 하였다. 계(係)는 얽맨다는 의미의 계(繼)이다. 『주역』에 "소자(小子 : 初九)에 얽매이면 장부(丈夫 : 九五)를 잃게 된다"[291]고 하였다. ○ 주에서 인용한 『시경』의 "하무유주(下武維周)"는 「대아」「하무(下武)」의 글이다. "유현『석수』(綏見『釋水』)"라 한 것은 「석수」에 "두둥실 뜬 버드나무 배, 밧줄을 가지고 잡아매리라.[292] 불(紼)은 률(繂 : 동아줄)이다. 리(縭)는 유(綏)이다"고 한 것이 이것이다.

 忥·謚[293]·溢·蟄·愼·貉·謐·顗·頠·密·寧, 靜也.

희(忥)·시(謚)·일(溢)·칩(蟄)·신(愼)·맥(貉)·밀(謐)·의(顗)·위(頠)·밀(密)·영(寧)은 정(靜 : 편안하고 고요함)이다.

---

289) 그 뒤 …… 않는가! : 孔穎達 疏의 "何故弗念其繼汝之人, 不慮子孫將效之也"를 따랐다.

290) 할머니 …… 계승하여 : 孔穎達 疏의 "又嗣續先祖先妣之功"을 따랐다.

291) 小子에 …… 된다 : 「隨卦」「六三」에 나온다.

292) 두둥실 …… 매리라 : 『詩經』「大雅」「采菽」에 나오는 것을 『이아』에 인용하였다.

293) 謚 : 諡가 생략되어 謚로 쓰이고, 謚로 쓰이게 된 것인데, 謚·諡는 실로 一字이다. 『설문』에서는 謚로 쓰고, 『자림』에서는 謚를 고쳐 諡로 쓰고 謚(웃을 익)은 '笑聲'으로 하였다. 唐·宋에도 謚를 고쳐 諡로 썼다(『形字典』).

忥・顗・顤,未聞其義. 餘皆見『詩』傳.

희(忥)・의(顗)・위(顤)는 그 뜻을 듣지 못했다. 나머지는 모두 『시경』의
전(傳)에 보인다.

忥, 本或作氣, 同, 許氣反. 謚, 時至反. 溢, 以日反. 墊, 直立反.
貉, 莫白反, 又武博反. 謐, 彌畢反. 顗, 魚豈反, 又五愷反. 顤,
魚毀反, 沈五罪反, 孫郭五鬼反.

희(忥)는 본에 따라 희(氣)로 되어 있으나 음의가 같으며, 허(許)와 기(氣)
의 반절이다. 시(謚)는 시(時)와 지(至)의 반절이다. 일(溢)은 이(以)와 일(日)의
반절이다. 칩(墊)은 직(直)과 립(立)의 반절이다. 맥(貉)은 막(莫)과 백(白)의 반
절, 또는 무(武)와 박(博)의 반절이다. 밀(謐)은 미(彌)와 필(畢)의 반절이다.
의(顗)는 어(魚)와 기(豈)의 반절, 또는 오(五)와 개(愷)의 반절이다. 위(顤)는
어(魚)와 훼(毀)의 반절인데, 심선은 오(五)와 죄(罪)의 반절이라 하였으며,
손염과 곽박은 오(五)와 귀(鬼)의 반절이라 하였다.

皆安靜也. 謚者, 人死將葬, 誄列其行而作之也. 溢者, 盈溢者宜
靜.「周頌」「維天之命」云 : "假以溢我." 墊者, 藏伏靜處也.『易』
曰 : "龍蛇之墊." 愼者, 謹靜也.「大雅」云 : "淑愼爾止." 貉者, 靜定也.「大
雅」「皇矣」云 : "貉其德音." 鄭箋云 : "德政應和曰貉." 謐者,『說文』云 :
"靜語也." 密者,「周頌」「昊天有成命」云 : "夙夜基命宥密." 寧者,「周頌」
「良耜」云 : "婦子寧止."

모두 안정(安靜)이다. 시(謚)는 사람이 죽어 장사지내려 할 때 그 사람의
행적을 칭송・나열하여 짓는 것이다. 일(溢)은 가득하여 넘치는 것은 당연

히 조용하다는 뜻이다. 「주송」 「유천지명(維天之命)」에 "아름다운 도로써 나를 넘쳐흐르게 한다"[294]고 하였다. 칩(蟄)은 숨어서 조용히 있음이다. 『주역』 「계사전하(繫辭傳下)」에 "용과 뱀이 움츠린다"고 하였다. 신(愼)은 삼가서 조용히 함이다. 「대아」 「억(抑)」편에 "그대의 몸가짐을 더욱 삼가서"[295]라 하였다. 맥(貊)은 고요하여 안정됨이다. 「대아」 「황의(皇矣)」에 "그 덕음(德音)을 고요하게 하고"라 하였는데, 정전은 "덕이 바르고 서로 온화하게 되는 것을 맥이라 한다"고 하였다. 밀(謐)은 『설문』에 "고요한 말이다"고 하였다. 밀(密)은 「주송」 「호천유성명(昊天有成命)」에 "밤낮으로 우선 천명 받들어 안정된 정무를 관대히 하여"[296]라 하였다. 녕(寧)은 「주송」 「양사(良耜)」에 "아내와 자식이 편안하다"고 하였다.

 隕·磒·湮·下·降·墜·摽·蘦, 落也.

운(隕)·운(磒)·인(湮)·하(下)·강(降)·추(墜)·표(摽)·령(蘦)은 락(落: 떨어지다)이다.

 殞, 猶隕也, 方俗語有輕重耳. 湮, 沈落也. 摽·蘦見『詩』.

운(殞)은 운(隕)과 같은데, 지방의 속어(俗語)로서 경중(輕重)의 차이가 있

---

294) 아름다운 …… 흐르게 한다: 鄭箋의 "以嘉美之道, 饒衍與我"를 따랐다. 집전은 "何之爲假, 聲之轉也, 恤之爲溢, 字之訛也. …… 言文王之神, 將何以恤我乎"라 하여, '무엇으로 나를 가여워할까?'로 번역된다.
295) 그대의 …… 삼가서: 鄭箋의 "又當善愼女之容止"를 따랐다.
296) 밤낮으로 …… 관대히 하여: 鄭箋의 "早夜始順天命, 不敢解倦, 行其寬仁安靜之政, 以定天下"를 따랐다.

을 뿐이다. 인(湮)은 물에 잠겨 빠지는 것을 말한다. 표(摽)·령(蘦)은 『시
경』에 보인다.

爾雅
音義 隕, 于閔反. 磒, 于敏反, 石落也. 湮, 郭音因, 又音烟, 又音翳.
降, 古巷反. 隊, 本又作隊, 同, 直類反. 摽, 婢眇反, 又普交符表
二反. 蘦, 力丁反, 字或作苓, 『說文』云 : "草曰苓,[297] 木曰落." 沈 直令反.

　운(隕)은 우(于)와 민(閔)의 반절이다. 운(磒)은 우(于)와 민(敏)의 반절로 돌
이 떨어짐이다. 인(湮)에 대하여 곽박은 음이 인(因), 또는 음이 연(烟), 또는
음이 예(翳)라고 하였다. 강(降)은 고(古)와 항(巷)의 반절이다. 추(隊)는 본에
따라 또 추(隊)로 되어 있는데 음의가 같으며, 직(直)과 류(類)의 반절이다.
표(摽)는 비(婢)와 묘(眇)의 반절, 또는 보(普)와 교(交), 부(符)와 표(表) 두 가
지의 반절이다. 령(蘦)은 력(力)와 정(丁)의 반절인데 글자를 혹은 령(苓)으로
되어 있다. 『설문』에 "떨어지는 것을 풀은 령(苓), 나무는 락(落)이라 한다"
고 하였다. 침(沈)은 직(直)과 령(令)의 반절이다.

爾雅
疏 皆謂墜落也. 隕者, 『說文』云 : "從高隊也." 『易』曰 : "有隕自天."
磒者, 石落也. 郭云 : "磒, 猶隕也. 方俗語有輕重耳." 湮, 沈落
也. 下者, 自上而落也. 降, 卽下也. 「曲禮」謂羽鳥死[298]曰降. 隊者, 『說
文』曰 : "從高隊也." 『左傳』曰 : "弗敢失隊." 摽者, 「召南」云 : "摽有梅."
蘦者, 『說文』云 : "草曰蘦,[299] 木曰落." 此對文爾. 散而言之, 他物之落亦
言蘦. 「鄘風」「定之方中」云 : "靈雨旣零." 蘦·零音義同.

　모두 타락(墮落 : 떨어지다)하는 것을 말한다. 운(隕)은 『설문』에 "높은 곳

---

297) 苓 : 대본과 『釋文』에는 '苓'으로 되어 있으나, 段注本 『설문』에는 '零'으로 되어 있다.
298) 死 : 『예기』에는 이 글자가 없다.
299) 蘦 : 대본에는 '蘦'으로 되어 있으나, 段注本 『설문』에는 '零'으로 되어 있다.

에서 떨어지는 것이다"고 하였다. 『주역』에 "하늘에서 떨어지는 것이 있다"고 하였다. 운(隕)은 돌이 떨어지는 것이다. 곽박은 "운(隕)은 운(隕)과 같은데, 방속어(方俗語)로서 경중의 차이가 있을 뿐이다"고 하였다. 인(禋)은 물에 잠겨 빠지는 것을 말한다. 하(下)는 위에서 떨어지는 것이다. 강(降)은 곧 하(下)이다. 『예기』 「곡례하(曲禮下)」에 새가 죽는 것을 강(降)이라 한다고 하였다. 추(墜)는 『설문』에 "높은 곳에서 떨어지는 것이다"고 하였다. 『좌전』 문공(文公) 18년에 "감히 실추시키지 않았다"고 하였다. 표(摽)는 「소남」 「표유매(摽有梅)」에 "떨어지는 매실이여!"라 하였다. 령(蘦)은 『설문』에 "풀은 령(蘦)이라 하며 나무는 락(落)이라 한다"고 하였으니, 이것은 문장을 대비시킨 것 뿐이고, 일반적으로 말한다면 다른 물건이 떨어지는 것 역시 령(蘦)이라 한다. 「용풍」 「정지방중(定之方中)」에 "좋은 비가 내린다"[300]고 하였다. 령(蘦)·령(零)은 음의가 같다.

 命·令·禧·畛·祈·請·謁·訊·誥, 告也.

명(命)·령(令)·희(禧)·진(畛)·기(祈)·청(請)·알(謁)·신(訊)·고(誥)는 곡(告 : 아뢰다)이다.

 禧未聞. 『禮記』曰 : "畛於鬼神."

희(禧)는 듣지 못했다. 『예기』에 "귀신(鬼神)에게 아뢴다"고 하였다.

---

300) 좋은 비가 내린다 : 鄭箋의 "靈, 善也"를 따랐다.

爾雅音義 令, 力政反, 『說文』云 : "發號也." 禧, 許其反. 畛, 之忍反. 誶,[301] 沈音粹, 郭音碎, 告也. 本作訊, 音信. 誥, 羔報反, 又古酷反. 告, 古篤反.

령(令)은 력(力)과 정(政)의 반절이다. 『설문』에 "호령을 내는 것이다"고 하였다. 희(禧)는 허(許)와 기(其)의 반절이다. 진(畛)은 지(之)와 인(忍)의 반절이다. 수(誶)에 대해 심선은 음이 수(粹), 곽박은 음이 쇄(碎)로 곡(告)이라고 하였다. 본에 따라 신(訊)으로 되어 있으며 음은 신(信)이다. 고(誥)는 고(羔)과 보(報)의 반절이고, 또 고(古)와 혹(酷)의 반절이다. 곡(告)은 고(古)와 독(篤)의 반절이다.

爾雅疏 皆謂告諭也. 命者, 使告也. 『詩』「唐風」「揚之水」云 : "我聞有命." 令, 發號以告也. 『論語』云 : "其身正, 不令而行." 畛者, 致告也. 祈者, 求告也. 『書』「召誥」云 : "祈天永命." 請者, 言告也. 婚禮五日請期. 謁者, 告白也. 『月令』曰 : "謁於天子."[302] 訊者, 告問也. 『詩』云 : "歌以訊之." 誥者, 布告也. 『書』「大誥」・「洛誥」之類是也. ○注 "『禮記』曰 : 畛於鬼神", 下「曲禮」文.

모두 고함을 말한다. 명(命)은 '사신을 보내어 알린다'는 뜻이다. 『시경』「당풍(唐風)」「양지수(揚之水)」에 "나는 명(命)이 있음을 들었다"고 하였다. 령(令)은 '호령을 내어 알린다'는 뜻이다. 『논어』「자로(子路)」에 "그 자신이 올바르면 명령하지 않아도 시행된다"고 하였다. 진(畛)은 '극진히 고한다'는 뜻이다. 기(祈)는 '요구하면서 고한다'는 뜻이다. 『서경』「소고(召誥)」에 "하늘의 영원한 명을 구한다"고 하였다. 청(請)은 '말하여 알린다'는 뜻이다. 혼례(婚禮)에서 다섯 번째가 청기(請期)[303]이다. 알(謁)은 '아뢰다'는 뜻

---

301) 誶 : 육덕명이 본 판본은 '誶'로 쓰였음을 알 수 있다.
302) 謁於天子 : 『禮記』「月令」에는 "太史謁之天子"라고 되어 있다.

이다. 『예기』「월령(月令)」에 "천자에게 아뢴다"고 하였다. 신(訊)은 '알려서 묻는다'는 뜻이다. 「진풍(陳風)」「묘문(墓門)」에 "노래하여 알려 주도다"고 하였다. 고(誥)는 '포고한다'는 뜻이다. 『서경』의 「대고(大誥)」・「낙고(洛誥)」 따위가 이것이다. ○ 주에서 인용한 『예기』의 "진어귀신(畛於鬼神)"은 「곡례하(曲禮下)」의 글이다.

 永・悠・迥・違・遐・逷・闊, 遠也.

영(永)・유(悠)・형(迥)・위(違)・하(遐)・적(逷)・활(闊)은 원(遠 : 멀다)이다.

 『書』曰 : "逷矣西土之人."

『서경』에 "멀리 왔도다! 서토(西土)의 사람이여!"라고 하였다.

 永・悠・迥・遠, 遐也.

영(永)・유(悠)・형(迥)・원(遠)은 하(遐 : 멀다)이다.

---

303) 請期 : 古代 婚禮節次 중 六禮의 하나. 남자측에서 혼인할 날을 정하여 여자측에 알려 주는 일.

遐, 亦遠也, 轉相訓.

하(遐)도 역시 멀다는 뜻으로, 서로 같은 뜻으로 풀이된다.

 悠, 音由. 泂, 戶頂反. 逖, 『說文』云: "古逷字." 他歷反, 郭湯革反. 闊, 苦活反.

유(悠)는 음이 유(由)이다. 형(泂)은 호(戶)와 정(頂)의 반절이다. 적(逖)은 『설문』에 "적(逷)의 고자(古字)이다"고 하였다. 타(他)와 력(歷)의 반절인데, 곽박은 탕(湯)과 혁(革)의 반절이라 하였다. 활(闊)은 고(苦)와 활(活)의 반절이다.

皆謂遼遠也. 永者, 長遠也. 「周南」「漢廣」云: "江之永矣." 悠者, 「小雅」「漸漸之石」云: "山川悠遠." 泂者, 「大雅」云: "泂酌彼行潦." 泂·洞音義同. 違者, 離遠也. 「召南」「殷其雷」云: "何斯違斯." 遐者, 「大雅」「旱麓」云: "遐不作人." 逷者, 古文逖也. 闊者, 相疏遠也. 「邶風」「擊鼓」云: "于嗟闊兮." 永·悠·泂·遠四者, 又遠, 遐也: 遐亦遠也, 轉相訓爾. ○注"『書』曰: 逖矣西土之人", 「周書」「牧誓」文也.

모두 '아득히 멀다'는 뜻이다. 영(永)은 '길고 멀다'는 뜻이다. 「주남(周南)」「한광(漢廣)」에 "강수(江水)가 길고 멀다"고 하였다. 유(悠)는 「소아」「점점지석(漸漸之石)」에 "산천이 멀고도 멀다"고 하였다. 형(泂)은 「대아」「형작(泂酌)」에 "멀리 저 길가의 물을 떠서"라 하였다. 형(泂)과 형(洞)은 음의가 같다. 위(違)는 '떨어져 멀다'는 뜻이다. 「소남(召南)」「은기뢰(殷其雷)」에 "어찌하여 이분은 이곳을 떠나"라 하였다. 하(遐)는 「대아(大雅)」「한록(旱麓)」에 "멀리 있어 사람을 진작시키지 못한다"[304]고 하였다. 적(逷)은 적(逖)의

고문(古文)이다. 활(闊)은 '서로 소원(疏遠)하다'는 뜻인데, 「패풍(邶風)」「격고
(擊鼓)」에 "아! 멀리 떨어져 있음이여!"[305]라 하였다. 영(永)·유(悠)·형
(逈)·원(遠) 네 글자는 또 멀다는 뜻으로 하(遐)이다. 하(遐)는 또한 원(遠)의
뜻이다. 서로 같은 뜻으로 풀이된다. ○ 주에서 인용한 『서경』의 "적의서
토지인(逷矣西土之人)"은 「주서(周書)」「목서(牧誓)」의 글이다.

 虧·壞·圮·垝, 毁也.

휴(虧)·괴(壞)·비(圮)·궤(垝)는 훼(毁 : 헐다)이다.

 『書』曰 : "方命圮族" 『詩』曰 : "乘彼垝垣." 虧, 通語耳.

『서경』에 "명예를 좋아하고 명령하여 일을 시킴에 착한 사람을 상하게
한다"[306]고 하였다. 『시경』에 "저 무너진 담에 오른다"고 하였다. 휴(虧)는
통용되는 말일 뿐이다.

---

304) 멀리 …… 못한다 : 「大雅」「棫樸」에도 같은 글이 있다. 풀이는 毛傳의 "遐, 遠也. 遠
不作人也"를 따랐다. 집전은 "遐, 與何同. 作人, 謂變化鼓舞之也"라 하고, 또 「旱麓」
의 집전에 "豈弟君子, 而何不作人乎, 言其必作人也"라 하였는데, '어찌 사람을 고무
시키지 않는가?'로 번역된다.
305) 아! 멀리 …… 있음이여! : 「擊鼓」의 "死生契闊"의 집전의 "契闊, 隔遠之意. 活, 契闊
也"를 따랐다. 毛傳은 "契闊, 勤苦也"라 하여, '아! 고생함이여!'로 번역된다.
306) 명예를 …… 상하게 한다 : 孔安國 傳의 "好比方名, 命而行事, 輒毁敗善類" 및 孔穎
達 疏의 "好此方直之名, 內有奸回之志, 命而行事, 輒毁敗善類"를 따랐다. 집전은
"方命者, 逆命而不行也. …… 圮, 敗. 族, 類也. 言與衆不知, 傷人害物"이라 하여, '命
을 거스르고 族類를 해친다'로 번역된다.

爾雅音義 虧, 字又作虧, 袪危反, 郭又許宜反. 壞, 音怪, 『說文』云 : "敗也. 籀文作數." 『字林』云 : "壞, 自敗也. 下怪反." 數, 毀也, 公壞反. 圮, 孫房美反, 岸毀也. 垝, 古委反. 垣, 音袁.

휴(虧)는 글자를 또 휴(虧)로도 쓰며 거(袪)와 위(危)의 반절이다. 곽박은 또 허(許)와 의(宜)의 반절이라고 하였다. 괴(壞)는 음이 괴(怪)인데, 『설문』에는 "무너지다. 주문(籀文)에는 괴(數)로 되어 있다"고 하였다. 『자림』에는 "괴(壞)는 저절로 무너지는 것이다. 하(下)와 괴(怪)의 반절이다"고 하였다. 괴(數)는 '헐다'는 뜻이며 공(公)과 괴(壞)의 반절이다. 비(圮)는 손염은 방(房)과 미(美)의 반절로 언덕이 무너진다는 뜻이라고 하였다. 궤(垝)는 고(古)와 위(委)의 반절이다. 원(垣)은 음이 원(袁)이다.

爾雅疏 皆謂毀敗也. 虧者, 損毀. 「祭義」云 : "不虧其體." 壞者, 人毀也, 音怪; 一云自毀也, 乎怪切. 圮者, 岸毀也. 『書』序曰 : "祖乙圮于耿." 垝, 是毀垣也. ○云 "『書』曰 : 方命圮族" 者, 「堯典」文. 孔安國云 : "圮, 毀; 族, 類也. 言鯀性狠戾, 好此方名, 命而行事, 輒毀敗善類." 云 "『詩』曰 : 乘彼垝垣" 者, 「衛風」「氓」篇文也.

모두 '무너뜨린다'는 뜻이다. 휴(虧)는 '손상시키고 무너뜨린다'는 뜻인데, 『예기』「제의(祭義)」에 "그 몸을 훼손하지 않는다"고 하였다. 괴(壞)는 '사람이 허문다'는 뜻으로 음이 괴(怪)인데, 한편으로는 '저절로 무너진다'는 뜻으로 호(乎)와 괴(怪)의 반절이다. 비(圮)는 '언덕이 무너진다'는 뜻으로 『서경』「함유일덕(咸有一德)」의 서(序)에 "조을(祖乙)이 경(耿)에서 무너졌다"고 하였다. 궤(垝)는 '담을 무너뜨린다'는 뜻이다. ○ 주에서 인용한 『서경』의 "방명비족(方命圮族)"은 「요전(堯典)」의 글이다. 공안국은 "비(圮)는 훼(毀)이며 족(族)은 류(類)이다. 곤(鯀)은 성질이 사납고 바른 명분(名分)을 좋아해서 명령을 내리고 일을 시킴에 착한 무리들을 상해(傷害)한 것을 말한다"고 하였다. 주에서 말한 『시경』의 "승피궤원(乘彼垝垣)"은 「위풍(衛風)」「맹(氓)」
편의 글이다.

矢·雉·引·延·順·薦·劉·繹·尸·旅, 陳也.

시(矢)·치(雉)·인(引)·연(延)·순(順)·천(薦)·류(劉)·역(繹)·시(尸)·여(旅)
는 진(陳: 펼치다. 아뢰다)이다.

『禮記』曰: "尸, 陳也." 雉·順·劉皆未詳.

『예기』에 "시(尸)는 진(陳)이다"고 하였다. 치(雉)·순(順)·류(劉)는 모두
미상이다.

繹, 音亦. 旅, 音呂.

역(繹)은 음이 역(亦)이다. 여(旅)는 음이 여(呂)이다.

皆謂敷陳也. 矢者, 『書』叙云: "皋陶矢厥謨." 引者, 伸陳也. 延,
鋪陳也. 薦者, 饌陳也. 繹者, 復陳也, 「周頌」「賚」篇云: "時周之
命, 於繹思." 尸者, 主陳也. 旅者, 謂布陳也. 「小307)雅」「賓之初筵」云:
"殽核維旅." ○注云『禮記』曰: 尸, 陳也", 「郊特牲」文.

---

307) 小: 대본의 '大'는 '小'의 잘못이다.

모두 '펼친다'는 뜻이다. 시(尸)는 『서경』「대우모(大禹謨)」서(序)에 "고요 (皐陶)가 그 계책을 펼쳤다"고 하였다. 인(引)은 '늘여서 펼치다'이다. 연(延) 은 '펼치다'이다. 천(薦)은 '음식을 늘어놓다'는 뜻이다. 역(繹)은 '거듭 아뢰 다'이다. 「주송(周頌)」「뢰(賚)」편에 "이 주(周)나라의 명(命), 너희들에게서 생 각할지어다!"308)라 하였다. 시(尸)는 '주관하여 펼친다'는 뜻이다. 여(旅)는 '펼쳐 진열한다'는 뜻이다. 「소아」「빈지초연(賓之初筵)」에 "안주로 나무그 릇의 고기와 대나무 그릇의 과일이 진열되어 있다"309)고 하였다. ○ 주에 서 인용한 『예기』의 "시, 진야[尸, 陳也]"는 「교특생(郊特牲)」의 글이다.

 尸·職, 主也.

시(尸)·직(職)은 주(主:주재하다)이다.

 『左傳』曰: "殺老牛, 莫之敢尸." 『詩』曰: "誰其尸之." 又曰: "職 爲亂階."

『좌전』에 "늙은 소를 죽이는데 감히 주재하지 않는다"고 하였다. 『시 경』에 "누가 그것을 주재하였는가?"라 하였으며, 또 "난(亂)의 계제(階梯)를 주재하여 만들었다"310)고 하였다.

---

308) 이 주나라의 …… 생각할지어다! : 鄭箋의 "是周之所以受天命, 而王之所有也. 於女 諸臣受封者, 陳繹而思行之"를 따랐다. 집전은 "繹, 尋繹也. 於, 歎詞. …… 又以爲凡 此皆周之命, 而非復商之舊矣. 遂歎美之, 而欲諸臣受封賞者, 繹思文王之德而不忘 也"라 하여, '이 周나라의 命이니, 아! 찾아 생각하도다'로 번역된다.
309) 안주로 …… 진열되어 있다 : 毛傳의 "殽, 豆實也. 核, 加籩也"를 따랐다.
310) 난(亂)의 …… 만들었다 : 毛傳의 "職, 主也. 此人主爲作亂階"와 鄭箋의 "敢主爲此 亂之階梯也"를 따랐다. 집전은 "專爲亂之階梯"라 하여, '오로지 난리의 계제가 된다'

 皆謂爲之主宰也. ○云“『左傳』曰：殺老牛, 莫之敢尸”者, 成十七年傳云：“晉欒書·中行偃遂執公焉. 召韓厥, 韓厥辭, 曰：昔吾畜於趙氏. 孟姬之讒, 吾能違兵. 古人有言曰：殺老牛, 莫之敢尸, 而況君乎! 二三子不能事君, 焉用厥也?” 是其事. 云『詩』曰：誰其尸之”者, 「召南」「采蘋」文. “又曰：職爲亂階”者, 「小雅」「巧言」文.

모두 주재(主宰)함을 말한다. ○주에서 인용한 『좌전』의 “살노우, 막지감시(殺老牛, 莫之敢尸)”는 성공(成公) 17년에 “진(晉)의 난서(欒書)와 중항언(中行偃)이 드디어 여공(厲公)을 잡았다. 한궐(韓厥)을 부르니, 한궐(韓厥)이 사양하면서 말하기를 옛날 내가 조(趙)씨에게서 자랐는데 맹희(孟姬)의 참소에도 내가 병란을 피할 수 있었습니다. 옛말에 늙은 소를 죽이는데 감히 주재하지 않는다고 하였습니다. 하물며 군주를 죽인단 말입니까? 그대들이 군주를 섬기지 못하면서 어찌 나를 써먹으려 합니까?[311]”라고 하였는데, 그 사건이다. 『시경』의 “수기시지(誰其尸之)”는 「소남」「채빈(采蘋)」의 글이며, “직위난계(職爲亂階)”는 「소아」「교언(巧言)」의 글이다.

 尸, 宋也.

시(尸)는 채지(宋地：관리에게 주는 땅)이다.

 謂宋地

_____

　로 번역된다.
311) 어찌 나를 …… 합니까? : 『左傳句讀直解』의 “安用召我爲也”를 따랐다.

채지(寀地)를 뜻한다.

 寀·寮, 官也.

채(寀)·요(寮)는 관(官 : 관원의 땅. 동료)이다.

 官地爲寀. 同官爲寮.

관원의 땅이 채(寀)이다. 관직을 같이한 사람이 료(寮)이다.

 寀, 李孫郭並七代反, 下及注同. 樊七在反. 寮, 字又作僚, 同, 力
彫反.

채(寀)에 대하여 이순과 손염, 곽박은 모두 칠(七)과 대(代)의 반절이라고
하였으며, 아래와 주도 같다. 번광(樊光)은 칠(七)과 재(在)의 반절이라고 하
였다. 료(寮)는 글자를 또 료(僚)로도 쓰는데 음의가 같으며 력(力)과 조(彫)
의 반절이다.

 寀謂寀地. 主事者必有寀地. 寀, 采也, 采取賦稅以供己有. 寀地
及言同寮者, 皆謂居官者也. ○云"官地爲寀"者,「禮運」云:"大
夫有采以處其子孫." 是也. 云"同官爲寮"者,『左傳』文七年荀林父告先蔑
之辭也.

채(寀)는 채지(寀地)를 말한다. 일을 주관하는 자는 반드시 채지가 있다. 채(寀)는 채(采: 채취하다)의 뜻인데, 부세(賦稅)를 거두어 들여 자기 소유로 공급하도록 함이다. 채지와 동료를 말한 것은 모두 관직에 있는 자를 말한다. ○ 주에서 "관지위채(官地爲寀)"라 한 것은 『예기』「예운(禮運)」에 "대부가 채지(采地)를 소유하여 그 자손을 살도록 한다"고 하였는데 이것이다. "동관위료(同官爲寮)"라 한 것은 『좌전』 문공(文公) 7년에 순림보(荀林父)가 선멸(先蔑)에게 고한 말이다.

績 · 緒 · 寀 · 業 · 服 · 宜 · 貫 · 公, 事也.

적(績) · 서(緒) · 채(寀) · 업(業) · 복(服) · 의(宜) · 관(貫) · 공(公)은   사(事: 일)이다.

『論語』曰: "仍舊貫." 餘皆見『詩』 · 『書』.

『논어』에 "옛 일을 그대로 따른다"고 하였으며, 나머지는 모두 『시경』 · 『서경』에 보인다.

寀, 七在反. 服, 本或作艒, 同, 符福反, 又作般字. 貫, 古玩反.

채(寀)는 칠(七)과 재(在)의 반절이다. 복(服)은 본에 따라 복(艒)으로도 쓰며, 음의가 같고, 부(符)와 복(福)의 반절, 또는 반(般)자로 되어 있다. 관(貫)

은 고(古)와 완(玩)의 반절이다.

皆事爲也. 績者, 功事也,「商頌」云:"設都于禹之績." 緒者, 事
業也.「魯頌」「閟宮」云:"纘大王之緒." 采者,「皐陶謨」云:"亮采
有邦." 業者, 學人所有事.『書』「周官」云:"業廣惟勤." 服者,「周南」「關
雎」云:"寤寐思服." 宜者, 宜其事也.「大雅」「鳧鷖」云:"公尸來燕來宜."
貫者,「魏風」「碩鼠」云:"三歲貫女." 公者,「周頌」「酌」篇云:"實維爾公
允師." ○注『論語』曰: 仍舊貫",「先進」篇云:"魯人爲長府. 閔子騫曰:
'仍舊貫, 如之何? 何必改作?'" 是也.

　모두 '일을 한다'는 뜻이다. 적(績)은 공세운 일이다.「상송」「은무(殷武)」
에 "우(禹) 임금이 다스려 공이 있던 곳에 도읍을 세우다"312)고 하였다. 서
(緖)는 사업(事業)이다.「노송」「비궁(閟宮)」에 "태왕(大王:古公亶父)의 사업을
잇는다"고 하였다. 채(采)는『서경』「우서(虞書)」「고요모(皐陶謨)」에 "진실
로 다스리면 나라를 소유한다"313)고 하였다. 업(業)은 배우는 사람이 가지
고 있는 일이다.『서경』「주서(周書)」「주관(周官)」에 "학업을 넓힘은 부지
런함에서 시작된다"314)고 하였다. 복(服)은「주남」「관저(關雎)」에 "자나깨
나 일을 생각하다"고 하였다. 의(宜)는 일을 행함이 옳다는 뜻이다.「대아」
「부예(鳧鷖)」에 "공시(公尸)가 오자 연회하고 오자 마땅하게 되도다"315)고
하였다. 관(貫)은「위풍(魏風)」「석서(碩鼠)」에 "3년 동안 너를 섬겼다"316)고

---

312) 우(禹) 임금이 …… 세우다 : 鄭箋의 "立都於禹所治之功"을 따랐다.
313) 진실로 …… 소유한다 : 孔穎達 疏의 "信能治理其事, 此人可以爲諸侯, 使有國也"를
　　 따랐다. 집전은 "(采, 事也.) …… 亮, 亦明也. …… 有邦, 諸侯也. 浚明亮采, 皆言家邦
　　 政事明治之義"라고 하여, '일을 소유한 나라에서 밝힌다'로 번역된다.
314) 학업을 …… 시작된다 : 孔安國 傳의 "業廣由勤"을 따랐다. 집전은 "廣其業者, 存乎
　　 勤"이라 하여, '學業을 넓히는 것은 부지런함에 있다'로 번역된다.
315) 公尸가 …… 마땅하다 : 孔穎達 疏의 "公尸之來燕也, 自以其來爲宜其事"를 따랐다.
　　 公尸는 '天子의 제사에 참여하는 尸童'으로 卿大夫가 맡게 된다. 孔穎達 疏에 "其尸
　　 以卿大夫爲之"라 하였다.

하였다. 공(公)은 「주송」「작(酌)」편에 "참으로 네 일이 진실하게 군대를 쓰는구나"317)라 하였다. ○ 주에서 인용한 『논어』의 "잉구관(仍舊貫)"은 「선진(先進)」편에 "노(魯)나라 사람이 창고를 고쳐 지으니 민자건(閔子騫)이 말하기를, '옛 일을 그대로 따르는 것이 어떻겠는가? 굳이 고쳐 지어야 하는가?'"라고 한 것이 이것이다.

 永·羕·引·延·融·駿, 長也.

영(永)·양(羕)·인(引)·연(延)·융(融)·준(駿)은 장(長: 길다)이다.

 宋·衛·荊·吳之間曰融. 羕, 所未詳.

송(宋)·위(衛)·형(荊)·오(吳) 지역에서는 융(融)이라 한다. 양(羕)은 미상이다.

 羕, 羊讓反, 字從永, 『說文』云: "水長也." 引, 以忍反. 駿, 本或作俊, 又作峻, 同, 子閏反. 長, 直良反.

양(羕)은 양(羊)과 양(讓)의 반절로, 글자는 영(永)을 따르며, 『설문』에는

---

317) 참으로 …… 쓰는구나: 鄭箋의 "尤, 信也. 王之事所以擧兵克勝者, 實維女之事, 信得用師之道"를 따랐다. 집전은 "亦維武王之事是事爾"라고 하여, '참으로 네 일을 진실하게 스승 삼을 것이다'로 번역된다.

316) 3년 …… 섬겼다: 毛傳의 "貫, 事也"와 鄭箋의 "我事女三歲矣"를 따랐다. 집전은 "貫, 習"이라 하여, '3년 동안 습관되었다'로 번역된다.

"물이 길게 흐르는 것이다"라고 하였다. 인(引)은 이(以)와 인(忍)의 반절이다. 준(駿)은 본에 따라 준(俊), 또는 준(峻)으로 되어 있는데 음의가 같으며, 자(子)와 윤(閏)의 반절이다. 장(長)은 직(直)과 량(良)의 반절이다.

 『說文』云：“長，久遠也．” 『方言』云：“施於衆長謂之永．” 引者, 『漢書』「律曆志」云：“十丈爲引, 引者信也．” 顔師古曰：“信讀曰伸, 言其長．” 延者, 『方言』云：“延, 季長也. 凡施於季者謂之延．” 又：“宋·衛·荊·吳之間曰融．” 駿者, 長大也.

『설문』에 “장(長)은 구원(久遠 : 오래고 멀다)이다”고 하였다. 『방언』에 “뭇 어른들에 쓰는 것을 영(永)이라 한다”318)고 하였다. 인(引)은 『한서』「율력지(律曆志)」에 “십장(十丈 : 10길)을 인(引), 인(引)은 신(信)이다”고 하였다. 안사고(顔師古)는 “신(信)은 신(伸)으로 읽으며, 그 길이를 말한다”고 하였다. 연(延)은 『방언』에 “연(延)은 나이가 많아짐이다. 나이가 많은 이에게 쓰는 것을 연(延)이라고 한다”고 하였으며, 또 “송(宋)·위(衛)·형(荊)·오(吳) 지역에서는 융(融)이라 한다”319)고 하였다. 준(駿)은 '장대(長大)하다'는 뜻이다.

喬·嵩·崇, 高也.

교(喬)·숭(嵩)·숭(崇)은 고(高 : 높다)이다.

---

318) 뭇 어른들이 …… 永이라 한다 : 『方言』 권1-9에 나온다.
319) 延은 나이가 …… 融이라 한다 : 『方言』 권1-9에 나온다.

皆高大貌. 『左傳』曰 : "師叔, 楚之崇也."

모두 높고 큰 모습이다. 『좌전』에 "사숙(師叔)은 초(楚)나라에 추앙을 받는다"고 하였다.

 崇, 充也.

숭(崇)은 충(充 : 채우다)이다

 亦爲充盛.

또한 '가득 채우다'는 뜻이다.

 喬, 郭音橋, 或音驕. 嵩, 宿忠反.

교(喬)에 대하여 곽박은 "음을 교(橋), 혹은 교(驕)이다"고 하였다. 숭(嵩)은 숙(宿)과 충(忠)의 반절이다.

 皆高大貌. 喬, 「周頌」「般」篇云 : "墮[320]山喬嶽." 「釋山」云 : "山大而高, 崧." 嵩 · 崧音義同. 崇者, 高貴也, 亦爲充盛. 「樂記」云 :

---

320) 墮 : 『시경』大全本에는 '隋'로 되어 있다.

"復綴以崇." ○注『左傳』曰：師叔, 楚之崇也", 宣十二年傳文也. 杜注云
: "師叔, 潘尫, 爲楚人所崇貴."

　　모두 높고 큰 모양이다. 교(喬)는 「주송」 「반(般)」편에 "좁은 산과 높은
산"이라 하였다. 『이아』 「석산(釋山)」에 "산이 크고 높은 것을 숭(崧)이라
한다"고 하였다. 숭(嵩)과 숭(崧)은 음의(音義)가 같다. 숭(崇)은 '고귀(高貴)하
다', 또는 '충만하고 성대(盛大)하다'는 뜻이다. 『예기』 「악기(樂記)」에 "춤
항렬 자리로 돌아옴에 무악(武樂)이 충만하다"321)고 하였다. ○ 주에서 인
용한 『좌전』의 "사숙, 초지숭야(師叔, 楚之崇也)"는 선공(宣公) 12년의 글이
다. 두예(杜預)의 주에 "사숙(師叔)인 반왕(潘尫)이 초(楚)나라 사람들에게 숭
앙을 받았다"고 하였다.

 犯・奢・果・毅・剋・捷・功・肩・堪, 勝也.

　　범(犯)・사(奢)・과(果)・의(毅)・극(剋)・첩(捷)・공(功)・견(肩)・감(堪)은 승
(勝 : 이기다)이다.

 陵犯・夸奢・果毅, 皆得勝也. 『左傳』曰 : "殺敵爲果." 肩卽剋
耳. 『書』曰 : "西伯堪黎."

　　능범(陵犯)・과사(夸奢)・과의(果毅)는 모두 '이기다'는 뜻이다. 『좌전』에
"적을 죽이는 것이 과(果)이다"고 하였다. 견(肩)은 곧 극(剋)이다. 『서경』에

---

321) 춤 항렬 …… 충만하다 : 鄭玄의 주에 "復綴, 反位止也. 崇, 充也. 凡六奏以充武樂
也"라 한 것을 따랐다. '綴'은 '춤의 항렬 자리' 즉 '표시자리(表也. 樂舞所以表行列
也)'이다.

"서백(西伯)이 려(黎)를 이겼다"고 하였다.

爾雅音義 捷, 才接反. 肩, 音堅. 堪, 字又作戡, 同, 苦含反. 勝, 尸證反, 注及下同. 夸, 口花反, 或作誇, 非. 黎, 郎兮反, 國名.

첩(捷)은 재(才)와 접(接)의 반절이다. 견(肩)은 음이 견(堅)이다. 감(堪)은 글자를 또한 감(戡)으로도 쓰는데, 음의가 같으며, 고(苦)와 함(含)의 반절이다. 승(勝)은 시(尸)와 증(證)의 반절로 주(注)와 아래의 글에서도 같다. 과(夸)는 구(口)와 화(花)의 반절이며, 간혹 과(誇)로 되어 있으나 잘못이다. 려(黎)는 랑(郎)과 혜(兮)의 반절로 국명(國名)이다.

爾雅疏 皆謂得勝也. 舍人曰 : "肩, 强之勝也." 孫炎曰 : "戡, 强之勝也." 陵犯·誇奢·殺敵爲果, 致果爲毅. 剋殺·捷獲·有功·肩剋·堪任, 是皆得勝也. ○云 "『左傳』曰 : 殺敵爲果" 者, 宣二年君子辭也. 云 "『書』曰 : 西伯堪黎" 者, 「商書」 篇名也.

모두 이기는 것을 말한다. 사인(舍人)은 "견(肩)은 강함이 이기는 것이다"고 하였고, 손염은 "감(堪)은 강함이 이기는 것이다"고 하였다. 능범(陵犯)·과사(夸奢)·살적(殺敵)을 과(果)라 하고, 과(果)를 이루는 것을 의(毅)라 한다. 극살(剋殺)·첩획(捷獲)·유공(有功)·견극(肩剋)·감임(堪任)은 모두 '승리하다'는 뜻이다. ○주에서 인용한 『좌전』의 "살적위과(殺敵爲果)"는 선공(宣公) 2년에 군자(君子)가 한 말이다. 『서경』의 "서백감려(西伯堪黎)"는 「상서(商書)」의 편명이다.

 勝·肩·堪·劉·殺, 克也.

승(勝)·견(肩)·감(堪)·류(劉)·살(殺)은 극(克 : 이기다)이다.

 轉相訓耳.『公羊傳』曰 : "克之者何? 殺之也."

서로 같은 뜻으로 풀이된다.『공양전(公羊傳)』에는 "극(克)이라고 쓴 것
은 어째서인가? 죽여서이다"[322]고 하였다.

 殺, 所黜反, 舊所例反.『說文』云 : "戮也."

살(殺)은 소(所)와 힐(黜)의 반절인데, 예전에는 소(所)와 례(例)의 반절이라
고 하였다.『설문』에는 "륙(戮)이다"고 하였다.

 克, 亦勝也.『詩』「周頌」「敬之」云 : "佛時仔肩."[323] 毛傳云 : "仔
肩, 克也." 又爲殺也. 皆謂得勝而殺之. 轉互相訓耳. ○云 "『公
羊傳』"者, 在隱元年. 經曰 : "夏五月, 鄭伯克段于鄢." 傳曰 : "克之者何?
殺之也."

극(克)도 역시 승(勝)이다.『시경』「주송」「경지(敬之)」에 "이를 크게 이겼

---

322) 극이라고 …… 어째서인가? :『춘추』의 經에 "鄭伯克段于鄢"이라 하고,『공양전』에
"克之者何? 殺之也"라 하여, '克'이라고 한 것은 大惡을 나타낸 글임을 밝혔다.
323) 佛時仔肩 : 대본에는 '佛時仔肩克也'로 되어 있으나『이아고림』「邢疏」에 따라 '毛
傳云 : 仔肩'을 추가하였다.

다"324)고 하였다. 모전(毛傳)에 "자견(仔肩)은 극(克)이다"고 하였다. 또 살
(殺)의 뜻이 된다. 모두 이겨서 죽이는 것을 말하니, 서로 같은 뜻으로 풀
이된다. ○ 주에서 인용한 『공양전』은 은공(隱公) 원년의 일이다. 경(經)에
"하(夏) 5월에 정백(鄭伯)이 언(鄢)에서 공숙단(共叔段)을 쳐서 이겼다"고 하
였는데, 전(傳)에 "극(克)이라고 쓴 것은 어째서인가? 죽여서이다"고 하였다.

劉·獮·斬·刺, 殺也.

류(劉)·선(獮)·참(斬)·자(刺)는 살(殺: 죽이다)이다.

『書』曰 : "咸劉厥敵." 秋獮曰獮, 應殺氣也. 『公羊傳』曰 : "刺之者
何? 殺之也."

『서경』에 "그 적을 다 죽이다"이라 하였다. 가을 사냥을 '선(獮)'이라 하
는데 살기(殺氣)에 응한 것이다. 『공양전』에 "자(刺: 찌르다)라고 쓴 것은 어
째서인가? 죽여서이다"325)고 하였다.

爾雅
音義 獮, 息淺反, 『說文』或作㺝. 刺, 七賜反, 『說文』云 : "君殺大夫曰
刺. 刺, 直傷也." 『周禮』「司刺」 : "掌三刺之法, 以聽獄訟." 或七
亦反. 應, 應對之應.

---

324) 이를 …… 이겼다 : 毛傳의 "佛, 大也. 仔肩, 克也"를 따랐다. 鄭箋에는 "佛, 輔也. 時,
是也. 仔肩, 任也. …… 輔佛是任"이라 하여, '이 짐을 돕다'로 번역된다.
325) 刺라고 …… 죽여서이다 : 「何休解詁」에 "有罪無罪, 皆不得專殺, 故諱殺言刺之"라
고 하여, '殺'字를 피하여 '刺'字로 썼다고 하였다.

선(獮)은 식(息)과 천(淺)의 반절인데 『설문』에는 간혹 선(玃)으로 썼다. 자(剌)는 칠(七)과 사(賜)의 반절인데 『설문』에는 "군(君)이 대부(大夫)를 죽이는 것을 자(剌)라 한다. 자(剌)는 직접 상처를 입히는 것이다"고 하였다. 『주례』「소사구(小司寇)」「사자(司剌)」에 "삼자(三剌)의 법326)을 관장하여 옥송(獄訟)을 다스린다"고 하였다. 혹은 칠(七)과 역(亦)의 반절이다. 응(應)은 응대(應對)의 응(應)이다.

🔲 『說文』云: "殺, 戮也." 斬者, 文二年 『左傳』曰 "狼瞫取戈以斬囚." 餘皆具注. ○云 『書』曰: 咸劉厥敵" 者, 「周書」「君奭」文. 云 "秋獮爲獮" 者, 「釋天」文. 云 "應殺氣也" 者, 言秋氣肅殺, 故名 "秋獮爲獮." 「大司馬」云: "中秋教治兵, 遂以獮田" 是也. 云 『公羊傳』曰: 刺之者何? 殺之也" 者, 僖二十八年傳文也. 經云: "公子買戍衛, 不卒戍, 刺之." 故傳云此也.

『설문』에 "살(殺)은 륙(戮)이다"고 하였다. 참(斬)은 『좌전』 문공(文公) 2년에 "낭심(狼瞫)이 창을 가지고 죄수를 베었다"고 하였다. 나머지는 모두 주(注)에 갖추어져 있다. ○ 주에서 인용한 『서경』의 "함류궐적(咸劉厥敵)"은 「주서(周書)」「군석(君奭)」의 글이다. "추렵위선(秋獮爲獮)"327)은 『이아』「석천(釋天)」의 글이다. "응기살야(應殺氣也)"는 가을 기운이 만물을 삼엄하게 죽이기 때문에 "추렵(秋獮)을 선(獮)이라 하는" 것이다. 『주례』「하관(夏官)」「대사마(大司馬)」에 "중추(中秋)에 병사를 출동하도록 명하여 드디어 사냥한다"고 하였으니 이것이다. 『공양전』의 "자지자하? 살지야(刺之者何? 殺之也)"는 희공(僖公) 28년 전(傳)의 글이다. 경(經)에 "공자 매(買)가 변방을 지켰는데 지키는 임무를 마치지 못하자 그를 죽였다"고 하였다. 그러므로

---

326) 三刺의 法: 罪狀을 조사하는 세 가지 방법. 群臣, 郡吏, 萬民에게 묻는 것이다. 이 세 가지 방법으로 신문하여 죄가 결정되면 죽인다. 刺는 곧 殺의 의미다.
327) 秋獮爲獮: 「釋天」의 祭名에 "春獵爲蒐, 夏獵爲苗, 秋獵爲獮, 冬獵爲狩"라 하였다.

전(傳)에 이것을 말하였다.

 亹亹·蠠沒·孟·敦·勖·釗·茂·劭·勔, 勉也.

미미(亹亹)·밀몰(蠠沒)·맹(孟)·돈(敦)·욱(勖)·쇠(釗)·무(茂)·소(劭)·면(勔)은 면(勉:힘쓰다)이다.

 『詩』曰: “亹亹文王.” 蠠沒猶黽勉. 『書』曰: “茂哉茂哉.” 『方言』云: “周·鄭之間相勸勉爲勔釗. 孟未聞.

『시경』에 “힘쓰고 힘쓰신 문왕이여!”라 하였다. 밀몰(蠠沒)은 민면(黽勉)과 같다. 『서경』에 “힘쓰며 힘쓰소서”라 하였다. 『방언』에는 “주(周)·정(鄭) 지역에서는 서로 권면(勸勉)하는 것을 면쇠(勔釗)라 한다”[328]고 하였다. 맹(孟)은 듣지 못하였다.

爾雅
音義
亹亹, 字或作斖, 同, 亡匪反. 蠠, 彌畢反, 又亡忍反. 本或作䖟. 『說文』曰: “䖟, 古密字.” 敦, 丁門反. 勖, 許玉反. 釗, 古堯反, 又之遙反. 茂, 字又作懋, 亦作忞, 同, 亡候反. 劭, 上照反, 或上遙反. 勔, 字本作僶, 又作黽, 或音泯, 又彌袞反. 僶, 字又作黽, 亡忍反, 又亡衍反. 茂哉, 或作茂才.

미미(亹亹)는 글자를 혹 미(斖)로도 쓰는데 음의가 같고 망(亡)과 비(匪)의 반절이다. 밀(蠠)은 미(彌)와 필(畢)의 반절, 또는 망(亡)과 인(忍)의 반절이다.

---

328) 周와 …… 勔釗라 한다:『방언』권1-14에 나온다.

본에 따라 밀(䀑)로 되어 있다. 『설문』에는 "밀(䀑)은 밀(密)의 고자(古字)이다"고 하였다. 돈(敦)은 정(丁)과 문(門)의 반절이다. 욱(勗)은 허(許)와 옥(玉)의 반절이다. 쇼(釗)는 고(古)와 요(堯)의 반절, 또는 지(之)와 요(遙)의 반절이다. 무(茂)는 글자를 또 무(懋)로도 쓰며 역시 무(孞)로도 쓰는데 음의가 같으며 망(亡)과 후(候)의 반절이다. 쇼(劭)는 상(上)과 죠(照)의 반절, 혹은 상(上)과 요(遙)의 반절이다. 면(勔)은 글자를 본래 민(僶), 또는 민(黽)자로 쓰며, 혹은 음이 민(泯), 또는 미(彌)와 곤(袞)의 반절이다. 민(僶)은 글자를 또 민(黽)으로도 쓰며 망(亡)과 인(忍)의 반절, 또는 망(亡)과 연(衍)의 반절이다. 무재(茂哉)는 혹 무재(茂才)로 되어 있다.

皆謂勸勉也. 敦者, 厚相勉也. 勗者,「邶風」「燕燕」云: "以勗寡人." 劭者, 勉力也. 餘皆見注. ○云 "『詩』曰: 亹亹文王"者,「大雅」「文王」文也. 言勉勉乎不倦, 文王之勤, 用明德也. 云 "蠠沒猶黽勉"者, 以其聲相近, 方俗語有輕重耳.「邶風」「谷風」云: "黽勉同心." 云 "『書』曰: 茂哉茂哉"者,「皋陶謨」文也.『書』作懋. 茂·懋古今字也. 云 "『方言』云" 以下者, 案彼云; "釗·薄, 勉也. 秦·晉曰釗, 或曰薄, 故其鄙語曰: '薄努猶勉努也.' 南楚之外曰薄努. 自關而東, 周·鄭之間曰勔釗, 齊·魯曰勗茲." 是也.

모두 권면(勸勉)함을 이른다. 돈(敦)은 두텁게 서로 힘쓴다는 뜻이다. 욱(勗)은 「패풍(邶風)」「연연(燕燕)」에 "과인(寡人)을 권면하도다"고 하였다. 쇼(劭)는 힘쓰며 노력한다는 뜻이다. 나머지는 모두 주에 보인다. ○ 주에서 인용한 『시경』의 "미미문왕(亹亹文王)"은 「대아」「문왕(文王)」의 글이다. 쉬지 않고 부지런한 문왕이 열심히 덕(德)을 밝힌 것을 말한다. 밀몰(蠠沒)이 민면(黽勉)과 같다고 한 것은 그 소리가 서로 가깝기 때문인데 방속어(方俗語)에서 경중(輕重)이 있을 뿐이다. 「패풍(邶風)」「곡풍(谷風)」에 "힘쓰고 힘써 마음을 함께 하다"고 하였다. 『서경』의 "무재무재(茂哉茂哉)"는 「우서(虞

書)」「고요모(皐陶謨)」의 글이다. 『서경』에는 무(懋)로 되어 있다. 무(茂)와
무(懋)는 고금자(古今字)이다. "『방언』운이하(『方言』云以下)"는 살피건대, 『방
언』에 "소(釗)와 박(薄)은 면(勉)이다. 진(秦)·진(晉)에서는 소(釗) 혹은 박(薄)
이라고 한다. 그러므로 그 비어(鄙語)에서 박노(薄努)는 면노(勉奴)와 같다고
하였다. 남초(南楚)의 밖에서는 박노(薄努)라 한다. 함곡관(函谷關) 동(東)으로
부터 주(周)·정(鄭) 지역에서는 면소(勉釗)라 하고 제(齊)·노(魯)에서는 욱
자(勖玆)라 한다"329)고 한 것이 이것이다.

 鶩·務·昏·暋, 强也.

무(鶩)·무(務)·혼(昏)·민(暋)은 강(强 : 힘쓰다)이다.

 馳鶩事務皆曰勉强.『書』曰 : "不昏作勞", "暋不畏死."

사무에 열심히 힘쓰는 것을 모두 면강(勉强)이라 한다. 『서경』에 "힘써
노력하지 아니한다"고 하였고, "굳세어 죽음을 두려워하지 아니한다"고
하였다.

 鶩, 音務. 暋, 音閔, 或作旻. 强, 其丈反, 注同.

무(鶩)는 음이 무(務)이다. 민(暋)은 음이 민(閔)이며, 혹은 민(旻)으로 되어

---

329) 釗와 …… 勖玆라 한다 : 『방언』 권1-14에 나온다.

있다. 강(强)은 기(其)와 장(丈)의 반절로, 주에서도 같다.

皆謂自勉强也. 騖謂馳騖. 務謂先務. 二者皆以力勉强. 孫炎曰：
"昏, 夙夜之强也." ○ 云"『書』曰：不昏作勞"者,「盤庚」文, 云"暋
不畏死"者,「康誥」文.

모두 스스로 힘쓴다는 뜻이다. 무(騖)는 치무(馳騖)를 뜻하고, 무(務)는 선
무(先務)를 뜻하는데 둘 다 힘껏 노력한다는 뜻이다. 손염이 "혼(昏)은 밤낮
으로 부지런히 일함이다"고 하였다. ○ 주에서 인용한 『서경』의 "불혼작
로(不昏作勞)"는 「반경(盤庚)」의 글이고, "민불외사(暋不畏死)"는 「강고(康誥)」
의 글이다.

권2(卷二)

석고하(釋詁下)

 卬·吾·台·予·朕·身·甫·余·言, 我也.

앙(卬)·오(吾)·이(台)·여(予)·짐(朕)·신(身)·보(甫)·여(余)·언(言)은
아(我: 나)이다.

 卬, 猶姎也, 語之轉耳. 『書』曰: "非台小子." 古者貴賤皆自稱朕.
『禮記』曰: "授政任功, 曰'予一人', 畛於鬼神, 曰'有某甫.'" 言,
見『詩』.

앙(卬)은 앙(姎)과 같은 뜻으로 말이 전환되었을 따름이다. 『서경』에 "내가 감히 난을 일으키려는 것이 아니다"[1]고 하였다. 옛날에는 귀하거나 천하거나 모두 자신을 짐(朕)이라 일컬었다. 『예기』에 "천자가 제후에게 조회를 받고 정사(政事)를 맡기며 일을 줄 때 '나 한 사람'이라고 하였으며, 천자가 순수하여 제후의 나라에 가 그곳 산천 귀신에게 축사(祝史)를 보내어 축문(祝文)을 읽게 할 때는 '유모보(有某甫)'라 한다"[2]고 하였다. 언(言)은 『시경』에 보인다.

 卬, 五剛反. 台, 孫羊而反, 下同. 予·余, 並羊如反. 姎, 烏郎烏黨烏浪三反. 『說文』云: "女人稱我曰姎." 任, 而鴆反. 畛, 之忍反. 某, 音畝.

앙(卬)은 오(五)와 강(剛)의 반절이다. 이(台)에 대하여 손염은 양(羊)과 이(而)의 반절이라 하였으며, 아래도 같다. 여(予)와 여(余)는 모두 양(羊)과 여(如)의 반절이다. 앙(姎)은 오(烏)와 랑(郎), 오(烏)와 당(黨), 오(烏)와 랑(浪)으로 반절이 셋이다. 『설문』에 "여인이 자신을 일컬어 앙(姎)이라 한다"고 하였다. 임(任)은 이(而)와 짐(鴆)의 반절이다. 진(畛)은 지(之)와 인(忍)의 반절이다. 모(某)는 음이 무(畝)이다.

爾雅 我者, 施身自謂也.[3] 此皆我之別稱也. 卬者, 郭云: "卬猶姎也,
疏 語之轉耳." 『說文』云: "女人稱我曰姎." 由其語轉, 故曰卬. 「邶

---

1) 非台小子 : 이 구절만으로는 의미가 통하지 않으므로 다음 구절의 "敢行稱亂"까지 함께 번역하였다.
2) 政事를 …… 有某甫라 한다 : '有某甫'는 『禮記』 「曲禮下」에 "有天王某甫"로 되어 있다. 번역은 孔穎達 疏의 "畛, 致也. 王往方岳, 凡所過山川, 悉使祝往致辭, 告于山川鬼神也"를 따랐다.
3) 我者, 施身自謂也 : 『說文』에 나온다. 『爾雅詁林』 「義疏」의 "按我从手, 手, 古垂字, 施, 垂下之貌. 古人謙卑, 凡自稱我, 必垂下其身, 故云施身自謂也"를 따른 것이다.

風」「匏有苦葉」云 : "人涉卬否." 吾者, 孔子曰 : "吾自衛反魯." 身者, 我之
躬也. 余者,「邶風」「谷風」云 : "伊余來墍." 餘皆見注. ○云『書』曰 : 非
台小子"者,「湯誓」文. 云"古者貴賤皆自稱朕"者,「大禹謨」云 : "帝曰 : 朕
宅帝位." "禹曰 : 朕德罔克." 屈原亦云 : "朕皇考曰伯庸." 是貴賤皆自稱
朕.『史記』秦始皇二十六年, 定爲至尊之稱, 漢因不改, 以迄於今. 云"『禮
記』云 : 授政任功, 曰予一人. 畎於鬼神, 曰有某甫"者, 皆下「曲禮」文. 云
"言見『詩』"者,「周南」「葛覃」云 : "言告師氏, 言告言歸." 是也.

아(我)는 몸을 낮추어서 스스로를 일컫는 것이다. 이는 모두 아(我)의 별
칭(別稱)이다. 앙(卬)은 곽박이 "앙(卬)은 앙(姎)과 같은 것으로 말이 바뀌었
을 따름이다"고 하였다.『설문』에 "여인이 자신을 일컬어 앙(姎)이라 한다"
고 하였다. 그 말이 바뀌었기 때문에 앙(央)이라고 한다.「패풍(邶風)」「포유
고엽(匏有苦葉)」에 "남들은 물을 건너도 나는 안가려네"라 하였다. 오(吾)는
공자가『논어』「자한(子罕)」에 "내가 위(衛)나라에서 노(魯)나라에 돌아왔
다"고 하였다. 신(身)은 나의 몸이다. 여(余)는「패풍(邶風)」「곡풍(谷風)」에
"내가 왔을 때 나를 편안하게 해주었다"[4]고 하였다. 나머지는 모두 주에
보인다. ○주에서 인용한『서경』의 "비이소자(非台小子)"는『서경』「상서
(商書)」「탕서(湯誓)」의 글이다. 주에서 "고자, 귀천개자칭짐(古者, 貴賤皆自稱
朕)"이라 한 것은『서경』「우서(虞書)」「대우모(大禹謨)」에 "순 임금이 말하
기를 나는 임금의 지위에 있다", "우(禹) 임금이 말하기를 나의 덕으로는
감당할 수 없습니다"고 하였으며, 굴원(屈原)이 또한『이소(離騷)』에서 "나
의 선친(先親)은 백용(伯庸)이다"고 하였으니, 이는 귀하거나 천하거나 모두
자신을 짐(朕)이라고 한 것이다.『사기』진시황(秦始皇) 26년에 지존(至尊)의
명칭으로 정해졌으며, 한(漢)나라에서 그대로 따르고 고치지 않아 지금에
이르렀다. 주에서 말한『예기』의 "수정임공, 왈여일인, 진어귀신, 왈유모

---

4) 내가 …… 해주었다 : 毛傳의 "墍, 息也"와 孔穎達 疏의 "不復念昔者我幼稚始來之
時安息我也"를 따랐다.

보(授政任功, 曰予一人, 畛於鬼神, 曰有某甫)"는 「곡례하(曲禮下)」의 글이다. 주에서 "언현 『시』(言見『詩』)"라 하였는데, 「주남」 「갈담(葛覃)」에 "내가 여선생님께 가르침을 받으니, 나에게 시집가는 도리를 가르치신다"[5]고 한 것이 이것이다.

 朕·余·躬, 身也.

짐(朕)·여(余)·궁(躬)은 신(身: 자신)이다.

 今人亦自呼爲身.

지금 사람들 또한 자기를 '신(身)'이라 부른다.

 躬, 音弓.

궁(躬)은 음이 궁(弓)이다.

 身卽我也. 郭云: "今人亦自呼爲身." 舍人曰: "余, 謙卑之身也." 孫炎曰: "余, 舒遲之身也." 僖九年『左傳』云: "齊侯曰, 小白余."

---

5) 내가 …… 가르치신다: 毛傳의 "言, 我也. 師, 女師也"와 孔穎達 疏의 "我告師氏者, 我見敎告于女師也, 敎告我以適人之道"를 따랐다. 집전은 "言, 辭也. …… 遂告其師氏, 使告于君子, 以將歸寧之意"라고 하여, '여선생께 말씀드려 〈남편에게〉 告하게 하여 친정에 감을 말씀드려 달라고 하다'로 번역된다.

杜注云 : "小白, 齊侯名; 余, 身也." 「邶風」「谷風」云 : "我躬不閱."

  '신(身)'은 곧 '아(我)'이다. 곽박은 "지금 사람들은 또한 자기를 '신(身)'이라 부른다"고 하였다. 사인(舍人)은 "여(余)는 겸손하게 낮춘 자신이다"고 하였다. 손염은 "여(余)는 천천히 느슨한 자신이다"고 하였다. 『좌전』 희공(僖公) 9년에 "제후(齊侯)[6]가 '소백(小白)인 나'"라고 하였다. 두예는 "소백은 제후의 이름이고, 여(余)는 신(身)이다"고 하였다. 「패풍(邶風)」「곡풍(谷風)」에 "내 몸도 용납되지 못하였다"고 하였다.

台 · 朕 · 賚 · 畀 · 卜 · 陽, 予也.

  이(台) · 짐(朕) · 뢰(賚) · 비(畀) · 복(卜) · 양(陽)은 여(予 : 주다)이다.

爾雅注 賚 · 卜 · 畀, 皆賜與也. 與猶予也, 因通其名耳. 『魯詩』云 : "陽如之何." 今巴 · 濮之人自呼阿陽.

  뢰(賚) · 복(卜) · 비(畀)는 모두 사여(賜與 : 주다)이다. 여(與)는 여(予)와 같은데, 그 명칭이 통하기 때문이다. 『노시(魯詩)』에 "어떻게 줄까?"라고 했다. 지금 파수(巴水)와 복수(濮水)의 사람들은 자신을 아양(阿陽)이라 부른다.

爾雅音義 畀, 必二反. 陽, 音暘, 又如字, 本或作暘. 予, 羊女反. 巴, 伯家反. 濮, 音卜.

---

6) 齊侯 : 春秋時代 五霸의 한 사람인 齊桓公, 이름은 小白이다.

비(畀)는 필(必)과 이(二)의 반절이다. 양(陽)은 음이 양(暘)이고, 여자(如字)이며, 본에 따라 양(暘)으로 되어 있다. 여(予)는 양(羊)과 녀(女)의 반절이다. 파(巴)는 백(伯)과 가(家)의 반절이다. 복(濮)은 음이 복(卜)이다.

爾雅疏 予, 卽與也, 皆謂賜與. 台者, 遺與也, 讀與貽同. 朕者, 我與之也. 賚·畀·卜, 皆賜與也. 「說命」云: "夢帝賚予良弼." 「鄘風」「干旄」云: "何以畀之." 「小雅」「天保」云: "君曰卜爾, 萬壽無疆." 〇云"與猶予也, 因通其名耳"者, 『說文』云: "與, 黨與也." "予, 推予前人也. 象兩手相與之形."[7] 今經典多以與爲推予, 故云因通其名耳. 云"『魯詩』云: 陽如之何"者, 『漢書』「藝文志」云: "魯申公爲詩訓故, 是爲『魯詩』." 其經云: "陽如之何." 申公以陽爲予, 故引之. 云"今巴·濮之人自呼阿陽"者, 以時驗而言也.

여(予)는 곧 여(與)인데, 모두 사여(賜與)이다. 이(台)는 물려준다는 뜻으로, 읽기를 이(貽)와 같이 한다. 짐(朕)은 내가 준다는 뜻이다. 뢰(賚)·비(畀)·복(卜)은 모두 사여(賜與)이다. 『서경』「상서(商書)」「열명(說命)」에 "꿈에 상제(上帝)께서 나(高宗)에게 훌륭한 보필자(傅說)를 보내 주셨다"고 하였다. 「용풍(鄘風)」「간모(干旄)」에 "무엇을 줄 것인가?"라 하였다. 「소아」「천보(天保)」에 "선군(先君)께서 시동(尸童)을 통하여 말하기를 '너에게 만수무강을 주노라'라고 한다"[8]고 하였다. 〇 주에서 "여유여야, 인통기명이(與猶予也, 因通其名耳)"라 하였는데, 『설문』에 "여(與)는 당여(黨與: 무리)이다" "여(予)는 앞사람에게 추여(推予: 밀어주다)하는 것이다. 두 손으로 주는 형상을 본뜬 것이다"고 하였다. 지금 경전에서 여(與)를 추여(推予)의 뜻으로 많이

---

7) 予 …… 相與之形: 段注本 『說文』에는 "予, 推予也. 象相予之形"으로 되어 있다.
8) 先君께서 …… 한다: 毛傳의 "君, 先君也. 尸所以象神. 卜 予也"와 孔穎達 疏의 "由王齊敬潔誠, 神歆降福先君之尸, 嘏予主人曰: 予爾萬年之壽, 無有疆畔境界"를 따랐다. 집전은 "卜, 猶期也"라 하여, '先君께서 말하기를 너에게 만수무강으로 기약하노라 한다'로 번역된다.

쓰고 있기 때문에 그 명칭이 통하는 것이라고 하였다. 주에서 말한『노시』의 "양여지하(陽如之何)"는『한서』「예문지(藝文志)」에 "노(魯)나라 신공(申公)이 시를 다루어 뜻풀이[9]를 하였는데, 이것이『노시(魯詩)』이다"고 하였으며 그『노시』에 "양여지하(陽如之何)"라 하였는데 신공(申公)이 양(陽)을 여(予)로 여겼기 때문에 인용한 것이다. 주에서 말한 "금파·복지인, 자호아양(今巴·濮之人, 自呼阿陽)"은 당시의 경험으로 말한 것이다.

 肅·延·誘·薦·餤·晉·寅·藎, 進也.

숙(肅)·연(延)·유(誘)·천(薦)·담(餤)·진(晉)·연(寅)·신(藎)은 진(進:나아가 인도하다)이다.

『禮記』曰:"主人肅客."『詩』曰:"亂是用餤", "王之藎臣."『易』曰:"晉, 進也." 寅, 未詳.

『예기』에 "주인이 손님을 인도한다"고 하였다.『시경』에 "난리가 이 때문에 뻗어간다"고 하였으며, "왕이 등용한 신하"[10]라고 하였다.『주역』에 "진(晉)은 진(進)이다"고 하였다. 인(寅)은 미상이다.

 誘, 余九反. 餤, 沈大甘反. 徐仙民詩音閻, 餘占反, 郭持鹽反. 晉, 本又作晉. 藎, 本又作燼, 同, 徐刃反.

---

9) 뜻풀이:원문의 '訓故'는 '訓詁'와 같다.
10) 왕이 …… 신하:鄭箋의 "今王之進用臣"을 따랐다.

유(誘)는 여(余)와 구(九)의 반절이다. 담(餤)에 대해 심선(沈旋)은 대(大)와 감(甘)의 반절이라고 하였고, 서선민(徐仙民)11)은 시(詩)에서 음이 염(閻)이며, 여(餘)와 점(占)의 반절이라고 하였다. 곽박은 지(持)와 염(鹽)의 반절이라 하였다. 진(晉)은 본에 따라 진(晉)으로 되어 있다. 진(藎)은 본에 따라 신(燼)으로 되어 있는데 음의가 같으며, 서(徐)와 인(刃)의 반절이다.

爾雅 疏 皆謂進道. 延者, 引而進之. 「射義」云: "子路出延射." 誘者, 道而進之也. 「召南」 「野有死麕」云: "吉士誘之." 薦者, 進獻也. 「月令」云: "先薦寢廟." 餘皆見注. ○云『禮記』曰: 主人肅客"者, 上「曲禮」文也. 鄭注云: "進客謂道之." 云『詩』曰: 亂是用餤"者 「小雅」「巧言」文. 云 "王之藎臣"者, 「大雅」「文王」文. 云『易』曰: 晉進也"者, 「晉卦」象辭也.

모두 나아가서 인도한다는 뜻이다. 연(延)은 인도하여 앞으로 나아간다는 뜻이다. 『예기』「사의(射義)」에 "자로가 문으로 나가서 활 쏠 사람들을 나오게 한다"12)라 하였다. 유(誘)는 '인도하여 앞으로 나아간다'는 뜻이다. 「소남」「야유사균(野有死麕)」에 "잘 생긴 남자가 이끌고 나아간다"고 하였다. 천(薦)은 '앞으로 나아가 바친다'는 뜻이다. 『예기』「월령(月令)」에 "선천침묘(先薦寢廟 : 먼저 寢廟에 바친다)"라 하였다. 나머지는 모두 주에 보인다. ○주에서 인용한 『예기』의 "주인숙객(主人肅客)"은 『예기』「곡례상」의 글이다. 정현의 주에는 "진객(進客)은 손님을 인도함이다"13)고 하였다. 주에서 말한 『시경』의 "난시용담(亂是用餤)"은 「소아」「교언(巧言)」의 글이다. "왕지신신(王之藎臣)"은 「대아」「문왕(文王)」의 글이다. 『주역』의 "진진야(晉進也)"는 「진괘(晉卦)」의 단사(象辭)이다.

---

11) 徐仙民: 晉나라 사람. 이름은 邈. 자가 先民. 驍騎將軍을 지냈다. 五經音訓을 撰定하였는데, 학자들이 존중하였다(『晉書』91).
12) 자로가 …… 나오게 한다: 孔穎達 疏의 "孔子使子路爲司射之官, 出門而延進觀者及欲射之人"을 따랐다.
13) 進客은 …… 인도함이다: 鄭玄의 주에 "道, 音導"라고 하였다.

 羞·餞·迪·烝, 進也.

수(羞)·전(餞)·적(迪)·증(烝)은 진(進 : 나아가서 주다)이다.

 皆見『詩』·『禮』.

모두『시경』과『예기』에 보인다.

 餞, 徂淺反. 迪, 大的反. 烝, 之仍反.

전(餞)은 조(徂)와 천(淺)의 반절이다. 적(迪)은 대(大)와 적(的)의 반절이다.
증(烝)은 지(之)와 잉(仍)의 반절이다.

 謂進與也. 羞者, 「曲禮」云:"聞子有客, 使某羞." 餞者, 進飮食
之名也. 迪者, 以道而進也. 烝者, 「周頌」「豊年」云:"烝畀祖妣."

나아가서 준다는 뜻이다. 수(羞)는『예기』「곡례상(曲禮上)」에 "그대에게
손님이 있다는 것을 듣고 아무를 시켜 선물을 보낸다"[14]고 하였다. 전(餞)
은 음식을 올리는 명칭이다. 적(迪)은 인도하여 바친다는 뜻이다. 증(烝)은
「주송」「풍년(豊年)」에 "선조(先祖)와 선비(先妣)에게 나아가 바친다"[15]고

---

14) 그대에게 …… 보낸다 : 孔穎達 疏의 "聞子, 呼娶妻者爲子也. …… 客者, 鄕黨僚友之
屬也. …… 某, 是使子名也. 羞, 進也. 子旣召賓客, 或須飮食, 故使我將此酒食以與子
進賓客"을 따른 것으로, 혼례를 치르고 난 사람이 손님을 맞이했을 때, 혼례를 치른
사람에게 선물을 보내면서 하는 말이다.

하였다.

 詔·亮·左·右·相, 導也.

조(詔)·량(亮)·좌(左)·우(右)·상(相)은 도(導: 가르쳐 인도하다)이다.

 皆謂敎導之.

모두 가르쳐 인도함을 말한다.

 詔·相·導·左·右·助, 勵也.

조(詔)·상(相)·도(導)·좌(左)·우(右)·조(助)는 여(勵: 도와서 힘쓰게 하다)
이다.

 勵謂贊勉.

려(勵)는 도와서 힘쓰게 한다는 뜻이다.

 亮·介·尙, 右也.

량(亮)·개(介)·상(尙)은 우(右:돕다)이다.

 紹介·勸尙, 皆相佑助.

소개(紹介)와 권상(勸尙)은 모두 서로 돕는다는 뜻이다.

 左·右, 亮也.

좌(左)·우(右)는 량(亮:돕다)이다.

 反覆相訓, 以盡其義.

반복해서 서로 풀이하여 그 뜻을 철저히 하였다.

 左右, 音佐佑, 下同. 相, 息亮反, 下文同. 導, 徒報反, 注及下同. 勸, 力庶反. 介, 音界. 覆, 芳服反.

좌우(左右)는 음이 좌우(佐佑)인데 아래에도 같다. 상(相)은 식(息)과 량(亮)의 반절인데 아래에도 같다. 도(導)는 도(徒)와 보(報)의 반절이며, 주(注)와 아래에도 같다. 려(勴)는 력(力)과 서(庶)의 반절이다. 개(介)는 음이 계(界)이다. 복(覆)은 방(芳)과 복(服)의 반절이다.

爾雅疏 詔者,「大宗伯」云:"詔相王之大禮." 亮者,「大雅」「大明」云:"涼彼武王." 左·右者,「周南」「關雎」云:"左右流之." 相者,「鄕飮酒」云:"相者二人." 此皆謂敎導之也. 敎導卽贊勉也, 故又爲勴.『說文』云:"勴, 助也." 不以力助, 以心助也. 郭云:"紹介·勸尙, 皆相佐助." 孫炎曰:"介者, 相助之義. 如人之左右手, 故以介爲左右也."「大雅」「生民」云:"攸介攸止." 故轉爲右. 左·右 卽亮也, 亦皆謂佐助. 反覆相訓, 以盡其義. 亮·涼, 音義同.

조(詔)는 『주례』 「대종백(大宗伯)」에 "왕의 대례(大禮)를 돕는다"고 하였다. 량(亮)은 「대아」「대명(大明)」에 "저 무왕(武王)을 돕는다"고 하였다. 좌우(左右)는 「주남」「관저(關雎)」에 "도와 캔다"[16]고 하였다. 상(相)은 『의례』「향음주례(鄕飮酒禮)」에 "돕는 사람이 둘이다"고 하였다. 이들은 모두 교도(敎導 : 가르쳐 인도한다)라는 뜻이다. 교도(敎導)는 곧 도와서 힘쓰게 한다는 것이므로, 또한 려(勴)의 뜻이 된다. 『설문』에 "려(勴)는 조(助)이다"고 하였는데, 힘으로 돕는 것이 아니고, 마음으로 도움이다"고 하였다. 곽박은 "소개(紹介)와 권상(勸尙)은 모두 서로 돕는 것이다"고 하였다. 손염은 "개(介)는 서로 돕는다는 뜻이다. 사람의 좌우의 손과 같으므로 개(介)를 좌우(左右)라고 한 것이다"고 하였다. 「대아」「생민(生民)」에 "도와주기도 하고 그치기도 한다"[17]고 하였다. 그러므로 개(介)가 돕다는 뜻으로 바뀐 것이다. 좌(左)·우(右)는 곧 량(亮)의 뜻이며 또한 모두 좌조(佐助 : 돕다)를 말한

---

16) 도와 캔다 : 毛傳의 "流, 求也"와 鄭箋의 "左右, 助也. …… 必有助而求之者"를 따랐다. 집전은 "或左或右, 言無方也"라 하여 '여기 저기에서 캔다'로 번역된다.

17) 도와주기도 …… 한다 : 鄭箋의 "介, 左右也. 所左右所止住, 如有人道感己者也"를 따랐다. 이에 대하여 집전본은 經文도 "歆攸介攸止"로 구두를 떼고, 집전에 "歆, 動也. 猶驚異也. 介, 大也"라 하여, '큰 바와 멈춘 바에 경이로이 느껴'로 풀이된다.

다. 반복해서 서로 풀이하여 그 뜻을 철저히 하였다. 량(亮)과 량(涼)은 음의가 같다.

 緝熙・烈・顯・昭・晧・頴, 光也.

집희(緝熙)・열(烈)・현(顯)・소(昭)・호(晧)・경(頴)은 광(光:빛나다)이다.

 『詩』曰: "學有緝熙于光明." 又曰: "休有烈光."

『시경』에 "빛나고 빛난 사람에게 배운다"[18]고 하였으며, 또한 "아름답게 빛남이 있다"고 하였다.

 緝, 七入反. 熙, 許其反. 晧, 胡老反. 頴, 古迥反.

집(緝)은 칠(七)과 입(入)의 반절이다. 희(熙)는 허(許)와 기(其)의 반절이다. 호(晧)는 호(胡)와 로(老)의 반절이다. 경(頴)은 고(古)와 형(迥)의 반절이다.

爾雅疏 顯者, 光明也.「大雅」「假樂」云: "顯顯令德."『說文』云: "昭, 日明也."「大雅」「雲漢」云: "昭回于天." 晧者, 亦日光也. 頴, 火光也.「小雅」「無將大車」云: "不出于頴." ○云"學有緝熙于光明"者,「周頌」

---

18) 빛나고 …… 배운다 : 鄭箋은 "且欲學於有光明之光明者. 謂賢中之賢者也"라고 하여 '緝熙'를 '光明'으로 풀이하였다. 현명한 사람들 가운데에서도 현명한 사람에게 배운다는 뜻이다.

「敬之」文. 又曰"休有烈光"者,「周頌」「載見」文.

　　현(顯)은 광명(光明 : 밝게 빛나다)이다.「대아」「가락(假樂)」에 "현현영덕(顯顯令德 : 밝고 밝은 착한 덕이 있다)"이라 하였다.『설문』에 "소(昭)는 해가 밝다는 뜻이다"고 하였다.「대아」「운한(雲漢)」에 "소회우천(昭回于天 : 밝게 하늘에서 돈다)"이라 하였다. 호(皓)도 역시 해가 빛난다는 뜻이다. 경(熲)은 불이 빛난다는 뜻이다.「소아」「무장대거(無將大車)」에 "불출우경(不出于熲 : 밝은 길로 나아가지 못한다)"이라 하였다. ○ 주에서 말한 "학유집희우광명(學有緝熙于光明)"은「주송」「경지(敬之)」의 글이다. 또 "휴유열광(休有烈光)"은「주송」「재견(載見)」의 글이다.

 劫·鞏·堅·篤·擊·虔·膠, 固也.

　　할(劫)·공(鞏)·견(堅)·독(篤)·견(擊)·건(虔)·교(膠)는 고(固 : 견고하다)이다.

 劫·虔皆見『詩』·『書』.『易』曰 : "鞏用黃牛之革. 固志也." 擊然, 亦牢固之意.

　　할(劫)·건(虔)은 모두『시경』·『서경』에 보인다.『주역』에 "견고히 함에 황소의 가죽을 쓴다. 의지를 견고히 함이다"고 하였다. 견연(擊然)도 역시 견고하다는 뜻이다.

 劫, 苦黠反. 郭, 苦八反. 或作砝字, 古黠反. 鞏, 九勇反. 篤, 丁毒反. 擊, 音牽, 又却閑反. 郭音義, 本與慳愲[19]物同. 虔, 音乾.

膠, 音交.

할(劼)은 고(苦)와 힐(黠)의 반절이다. 곽박은 고(苦)와 팔(八)의 반절이라
하였다. 혹은 할(硈)로 쓰는데, 고(古)와 힐(黠)의 반절이다. 공(鞏)은 구(九)와
용(勇)의 반절이다. 독(篤)은 정(丁)과 독(毒)의 반절이다. 견(掔)은 음이 견(牽)
이며, 또 각(却)과 한(閑)의 반절이다. 곽박은 『음의(音義)』[20]에서 본래 간
(慳)으로 사물의 때를 털어버린다는 뜻이며 음의가 같다고 하였다. 건(虔)
은 음이 건(乾)이다. 교(膠)는 음이 교(交)이다.

皆牢固也. 劼者, 碻固也. 鞏者, 『說文』云 : "以革有所束也." 堅
者, 剛强之固也. 『論語』曰 : "不曰堅乎, 磨而不磷." 篤者, 厚也.
物厚者牢固. 掔者, 掔亦牢固之意. 虔者, 恭之固也. 膠者, 所以固物. 「小
雅」「隰桑」云 : "德音孔膠." ○云 "劼·虔皆見『詩』·『書』"者, 「酒誥」云 :
"劼毖殷獻臣." 「大雅」「韓奕」云 : "虔共爾位." 云 『易』曰 : 鞏用黃牛之革,
固志也"者, 案 「革卦」云 : "初九 : 鞏用黃牛之革." 「遯卦」「六二」, 象曰 : "執
用黃牛, 固志也." 文與此異. 然則郭云 "固志"者, 所以釋 「革卦」之 "鞏",
非謂 「遯」之 "固志."

모두 견고하다는 뜻이다. 할(硈)은 확고(碻固)이다. 공(鞏)은 『설문』에 "가
죽으로 묶는 것이다"고 하였다. 견(堅)은 굳세며 강한 견고함이다. 『논어』
「양화(陽貨)」에 "견고하다고 하지 않는가? 갈아도 닳지 않는다"고 하였다.
독(篤)은 두껍다는 뜻이다. 사물이 두꺼우면 견고하다. 견(掔)도 역시 견고하
다는 뜻이다. 건(虔)은 공손함이 견고하다는 뜻이다. 교(膠)는 사물을 굳게

---

19) 慳楷 : 淸代의 학자인 盧文弨는 "慳楷無義. 字書亦無楷字. 慳揩物謂拂拭物也. 今
改正"이라고 하여, 즉 사물을 깨끗이 털어 버린다는 의미로 해석하였다(『爾雅詁林』
「音義攷證」).

20) 『音義』 : 郭璞이 지었다는 『爾雅音義』를 말하는데 현재 전해지지 않고, 『玉函山房
輯佚書』에 일부 실려 전해지고 있다.

하는 것이다. 「소아(小雅)」 「습상(隰桑)」에 "덕음(德音)이 매우 군다"[21]고 하였다. ○ 주에서 말한 "할건개현『시』・『서』(劼毖皆見『詩』・『書』)"라 한 것은, 『서경』 「주서(周書)」 「주고(酒誥)」에 "은(殷)의 어진 신하를 중히 여기기를 군게 하라"[22]고 하였으며, 「대아」 「한혁(韓奕)」에 "그대의 자리를 군게 지킨다"[23]고 하였다. 주에서 말한 "왈공용황우지혁, 고지야(鞏用黃牛之革, 固志也)"는 살펴건대, 「혁괘(革卦)」에 "초구(初九)는 견고히 함에 황소의 가죽을 쓴다"고 하였다. 「둔괘(遯卦)」 「육이(六二)」의 상(象)에 "잡는 데에 황소의 가죽을 사용하는 것은 의지가 견고함이다"고 하였으니, 문장이 여기와는 다르다. 그렇다면 곽박이 말한 "고지(固志)"는 「혁괘(革卦)」의 "공(鞏)"을 풀이한 것이지, 「둔괘(遯卦)」의 "고지(固志)"를 말하는 것이 아니다.

 疇・孰, 誰也.

주(疇)・숙(孰)은 수(誰 : 누구)이다.

 『易』曰 : "疇離祉."

『주역』에 "누가 복을 만났는가?"라 하였다.

---

21) 덕음이 …… 군다 : 정전에는 "其敎命之行, 甚堅固也"라 하여 '德音'을 '敎命'으로 풀이하였다.
22) 은의 …… 군게 하라 : 孔傳의 "汝當固愼殷之善臣信用之"를 따랐다.
23) 그대의 …… 지킨다 : 孔穎達 疏의 "用心堅固, 執持汝此侯伯之職位"를 따랐다.

疇, 本又作疇, 直留反. 詉, 音恥.

주(疇)는 본에 따라 주(疇)로 되어 있는데 직(直)과 류(留)의 반절이다. 지
(詉)는 음이 치(恥)이다.

 皆謂語辭, 不爲義也. 又猶言誰人也. 『論語』云 : "君孰與不足."
「陳風」「墓門」云 : "誰昔然矣." ○注"『易』曰"疇離詉", 「否卦」「九
四」」爻辭也.

모두 어사(語辭)를 말하는 것으로 의미가 되는 것은 아니다. 또 어떤 사
람이라고 말하는 것과 같다. 『논어』「안연(顏淵)」에 "군숙여부족(君孰與不足
: 임금은 누구와 더불어 부족합니까?)"이라 하였다. 「진풍(陳風)」「묘문(墓門)」에
"수석연의(誰昔然矣 : 옛부터 그러하였다)"24)라 하였다. ○주에서 인용한 『주
역』의 "주리지(疇離詉)"는 「비괘(否卦)」「구사(九四)」의 효사(爻辭)이다.

睢睢·皇皇·藐藐·穆穆·休·嘉·珍·禕·懿·
鑠, 美也.

왕왕(睢睢)·황황(皇皇)·막막(藐藐)·목목(穆穆)·휴(休)·가(嘉)·진(珍)·
위(禕)·의(懿)·삭(鑠)은 미(美 : 아름답고 성대하다)이다.

---

24) 옛부터 그러하였다 : 鄭箋의 "誰昔, 昔也. ······ 自古昔之時常然"을 따랐다. '誰'는
語辭로 처리된다.

自"穆穆"已上皆美盛之貌. 其餘常語.

　"목목(穆穆)" 이상은 모두 아름답고 성대한 모습이다. 나머지는 모두 일상적인 말이다.

眶, 于況反, 又于桶反. 藐, 亡角反. 禕, 於宜反. 懿, 音意. 鑠, 舒灼反. 上, 時掌反. 盛, 或作晠, 同.

　왕(眶)은 우(于)와 황(況), 또는 우(于)와 량(桶)의 반절이다. 막(藐)은 망(亡)과 각(角)의 반절이다. 위(禕)는 어(於)와 의(宜)의 반절이다. 의(懿)는 음이 의(意)이다. 삭(鑠)은 서(舒)와 작(灼)의 반절이다. 상(上)은 시(時)와 장(掌)의 반절이다. 성(盛)은 성(晠)으로도 쓰는데 음의가 같다.

皆謂美盛也.「少儀」云:"祭祀之美, 齊齊皇皇." 鄭玄云:"皇皇讀如歸往之往." 彼言皇皇, 則此眶眶也.「少儀」又云:"言語之美, 穆穆皇皇."「曲禮」云:"天子穆穆, 諸侯皇皇." 鄭注皆云"行容止之貌." 然則皇皇・穆穆者, 皆言語容止之美盛也.「大雅」「崧高」云:"旣成藐藐." 毛傳云;"藐藐, 美貌." 休者,「大禹謨」云:"戒之用休." 又曰:"嘉乃丕績."「儒行」云:"席上之珍以待聘." 禕者, 歎美也. 懿者,「周頌」「時邁」云:"我求懿德." 鑠者,「周頌」「酌」篇:"於鑠王師." 是皆謂美之常語爾.

　모두 아름답고 성대함을 말한다. 『예기』 「소의(少儀)」에 "제사의 아름다움은 제제황황(齊齊皇皇)하다"고 하였는데, 정현(鄭玄)은 "황황(皇皇)은 귀왕(歸往)의 왕(往)과 같이 읽는다"고 하였다. 『예기』에서 황황(皇皇)이라 한 것은 『이아』의 왕왕(眶眶)이다. 또 『예기』 「소의(少儀)」에 "언어의 아름다움은 목목황황(穆穆皇皇)하다"고 하였다. 『예기』 「곡례(曲禮)」에 "천자는 목목(穆

穆)하고 제후는 황황(皇皇)하다"고 하였다. 정현은 주석하여 모두 "행동거지의 모습이다"고 하였다. 그렇다면 황황(皇皇)·목목(穆穆)은 모두 말과 행동거지의 아름답고 성대함이다. 「대아」「숭고(崧高)」에 "낙성(落成)하고 나니, 아름답고 성대하다"고 하였다. 모전은 "막막(貌貌)은 아름다운 모습이다"고 하였다. 휴(休)는 『서경』「우서(虞書)」「대우모(大禹謨)」에 "훈계함에 아름다운 말로 한다"[25]고 하였고, 또 "그대의 큰 공적을 아름답게 여긴다"[26]고 하였다. 『예기』「유행(儒行)」에 "군자는 석상(席上)의 보배[27]를 가지고 초빙을 기다린다"고 하였다. 위(禕)는 탄미(歎美 : 감탄하며 아름답게 여기다)이다. 의(懿)는 「주송(周頌)」「시매(時邁)」에 "내가 아름다운 덕을 구한다"고 하였다. 삭(鑠)은 「주송(周頌)」「작(酌)」편에 "아! 성대하고 아름다운 왕의 군사여"라 하였다. 이들은 모두 찬미(讚美)의 일상적인 용어를 말한 것이다.

 諧·輯·協, 和也.

해(諧)·집(輯)·협(協)은 화(和 : 조화하다. 화목하다)이다.

 『書』曰 : "八音克諧." 『左傳』曰 : "百姓輯睦."

『서경』에 "팔음(八音)[28]이 잘 조화를 이룬다"고 하였다. 『좌전』에 "백성

---

25) 훈계함에 …… 말로 한다 : 孔傳의 "美以戒之"를 따랐다.
26) 그대의 …… 여긴다 : 孔穎達 疏의 "善汝大功"을 따랐다.
27) 席上의 보배 : 鄭玄 注에 따르면 석상에 보배가 있다는 것은 군자로서 예절과 학문 등 모든 성의와 진실을 갖추고 석상에 나아감을 비유한 것이다.

이 화합하다"고 하였다.

 關關·嗈嗈, 音聲和也.

관관(關關)·옹옹(嗈嗈)은 음성(音聲)이 조화됨이다.

 皆鳥鳴相和.

모두 새 소리가 서로 조화됨이다.

 勰·燮, 和也.

협(勰)·섭(燮)은 화(和)이다.

 『書』曰 : "燮友柔克."

『서경』에 "화목하고 순종하며 부드러움으로 다스린다"[29]고 하였다.

---

28) 八音 : 金·石·絲·竹·匏·土·革·木의 악기를 말한다.
29) 화목하고 …… 다스린다 : 孔傳의 "友, 順也. 燮, 和也. 世和順, 以柔能治之"를 따
랐다.

爾雅音義 諧, 下階反. 輯, 音集, 又七入反. 雝, 於恭反. 勰, 本又作協, 同, 戶牒反. 燮, 蘇頰反.

해(諧)는 하(下)와 계(階)의 반절이다. 집(輯)은 음이 집(集)이고, 또 칠(七)과 입(入)의 반절이다. 옹(雝)은 오(於)와 공(恭)의 반절이다. 협(勰)은 본에 따라 협(協)으로 되어 있는데 음의가 같으며 호(戶)와 첩(牒)의 반절이다. 섭(燮)은 소(蘇)와 협(頰)의 반절이다.

爾雅疏 皆謂和同. 協者, 『說文』云 : "衆之同和也."30) 關關 · 雝雝者, 皆鳥鳴音聲相和也. 「周南」「關雎」云 : "關關雎鳩." 「邶風」「匏有苦葉」云 : "雝雝鳴雁." 勰卽古文協字. ○ 云"『書』曰 : 八音克諧"者, 「虞書」「舜典」文. 云"『左傳』曰 : 百姓輯睦"者, 案僖十五年及成十六年皆云 : "群臣輯睦." 其是乎! 云"『書』曰 : 燮友柔克"者, 「周書」「洪範」文.

모두 화동(和同)을 의미한다. 협(協)은 『설문』에 "많은 사람이 함께 화합함이다"고 하였다. 관관(關關) · 옹옹(雝雝)은 모두 새들이 우는 소리가 서로 조화로운 것이다. 「주남(周南)」「관저(關雎)」에 "지저귀는 징경이"라 하였다. 「패풍(邶風)」「포유고엽(匏有苦葉)」에 "지저귀며 우는 기러기"라 하였다. 협(勰)은 즉 협(協)의 옛글자이다.31) ○ 주에서 인용한 『서경』의 "팔음극해(八音克諧)"는 「우서(虞書)」「순전(舜典)」의 글이다. 『좌전』의 "백성집목(百姓輯睦)"은 살피건대, 「희공(僖公)」 15년과 「성공(成公)」 16년에 모두 "여러 신하가 화목하다"고 하였으니 바로 이것이다. 『서경』의 "섭우유극(燮友柔克)"은 「주서(周書)」「홍범(洪範)」의 글이다.

---

30) 衆之同和也 : 段注本 『說文』에는 "同衆之龢也"로 되어 있다. 段玉裁는 "衆之和同"은 잘못이라고 하였다. 龢 · 和는 古今字이다.
31) 勰은 즉 …… 協자이다 : 『說文』에 "叶, 古文協, 從口十"이라 하여 '叶'을 古文이라 하였다.

 從・申・神・加・弼・崇, 重也.

종(從)・신(申)・신(神)・가(加)・필(弼)・숭(崇)은 중(重 : 겹치다)이다.

 隨從・弼輔・增崇, 皆所以爲重疊. 神所未詳.

수종(隨從)・필보(弼輔)・증숭(增崇)은 모두 중첩이 되는 것이 다. 신(神)은 미상이다.

 弼, 白筆反. 重, 直龍反, 注同. 疊, 音牒.

필(弼)은 백(白)과 필(筆)의 반절이다. 중(重)은 직(直)과 룡(龍)의 반절이며, 주에서도 같다. 첩(疊)은 음이 첩(牒)이다.

 隨從・申重・加弼・弼輔・崇充, 皆所以爲重疊也. 「大雅」「鳧鷖」 云 : "福祿來崇."

수종(隨從)・신중(申重)・가필(加弼)・필보(弼輔)・숭충(崇充)은 모두 중첩 (重疊)이 되는 것이다. 「대아」 「부예(鳧鷖)」에 "복록(福祿)은 오는 것이 겹친 다"고 하였다.

 觳・悉・卒・泯・忽・減・罄・空・畢・謦・殲・
拔・殄, 盡也.

곡(觳)・실(悉)・졸(卒)・민(泯)・홀(忽)・멸(減)・경(罄)・공(空)・필(畢)・계(謦)
・섬(殲)・발(拔)・진(殄)은 진(盡: 남김없이 없애다)이다.

 觳, 今直語³²⁾耳. 忽然, 盡貌. 今江東呼厭極爲謦. 餘皆見『詩』.

곡(觳)은 지금의 방언(方言)이다. 홀연(忽然)은 없어지는 모습이다. 지금
강동에서는 지극히 만족하는 것을 계(謦)라 한다. 나머지는 모두 『시경』에
보인다.

觳, 胡角反, 又胡谷反. 卒, 子恤反, 字或作殍. 泯, 亡忍反. 罄,
苦定反. 謦, 苦計反, 『說文』"口地反.³³⁾ 云: 器中盡也." 本或作
憨字, 音同. 『廣雅』云: "憨, 劇也." 殲, 子廉反. 拔, 步八反. 殄, 大典反.
厭, 一豔反.

곡(觳)은 호(胡)와 각(角)의 반절, 또는 호(胡)와 곡(谷)의 반절이다. 졸(卒)은
자(子)와 휼(恤)의 반절인데, 글자가 혹은 졸(殍)로 되어 있다. 민(泯)은 망(亡)
과 인(忍)의 반절이다. 경(罄)은 고(苦)와 정(定)의 반절이다. 계(謦)는 고(苦)와
계(計)의 반절인데 『설문』에는 "구(口)와 지(地)의 반절이다. 그릇 속이 빈

---

32) 今直語 : 지금의 方言이다. 郝懿行은 『爾雅義疏』에서 "蓋當時方言耳"라고 하였다.
今은 郭璞이 살던 시대를 말한다. 邢昺이 疏에서 '今'이라고 한다면 邢昺이 살았던
宋代를 의미한다. 즉 작자가 살던 시대를 말할 때 통상 '今'이라고 한다.
33) 口地反 : 許愼이 활동했던 後漢初期는 半切로 音을 표기하지 않았다. '口地反'은
郭璞이 『說文』을 보고 그의 저서인 『爾雅音義』에 '口地反'이라 하였다. 陸德明은 곽
박의 『爾雅音義』를 보고 '口地反'이라고 한 것이다.

것이다"고 하였다. 본에 따라 계(慇)로 되어 있는데 음이 같다. 『광아』에 "계(慇)는 극(劇)이다"고 하였다. 섬(殲)은 자(子)와 렴(廉)의 반절이다. 발(拔)은 보(步)와 팔(八)의 반절이다. 진(殄)은 대(大)와 전(典)의 반절이다. 염(厭)은 일(一)과 염(豔)의 반절이다.

爾雅 疏 此皆謂終盡. 榖, 今直語耳. 忽然, 盡貌. 『左傳』曰:"皐陶庭堅不祀忽諸." 注云"今江東呼厭極爲慇"者, 以時驗而言也. 『說文』云:"器中盡也." 云"餘皆見『詩』"者, 悉者, 『說文』云:"詳盡也." 卒者, 終盡也. 「邶風」34)「日月」云:"畜我不卒." 泯者, 滅盡也. 「大雅·桑柔」云:"靡國不泯." 滅, 絶盡也. 「小雅」「正月」云:"寧或滅之." 罄者, 『說文』云:"器中空也." 「小雅」「蓼莪」云:"缾之罄矣." 空者, 「小雅」「大東」云:"杼柚其空." 畢者, 「小雅」「無羊」云:"畢來旣升." 殲者, 舍人曰:"衆之盡也." 「秦風」「黃鳥」云:"殲我良人." 拔者, 搴除使盡也. 殄者, 『詩』云:"邦國殄瘁."

이 글자들은 모두 마침내 없어지는 것을 뜻한다. 곡(榖)은 지금의 방언(方言)이다. 홀연(忽然)은 없어지는 모습이다. 『좌전(左傳)』문공(文公) 5년에 "고요(皐陶)인 정견(庭堅)을 홀연히 제사지내지 못하였다"35)고 하였다. 주에서 말한 "금강동호염극위계(今江東呼厭極爲慇)"는 당시의 경험으로 한 말이다. 『설문』에 "계(慇)는 그릇 속이 비었다는 뜻이다"고 한 것과 주에서 "여개현『시』(餘皆見『詩』)"라 한 것에서, 실(悉)은 『설문』에 "알기를 다함이다"고 하였다. 졸(卒)은 끝까지 다하다라는 뜻이다. 「패풍(邶風)」「일월(日月)」에 "나를 돌보아 줌에 끝까지 하지 못하였다"고 하였다. 민(泯)은 멸망시켜 없애는 것이다. 「대아」「상유(桑柔)」에 "멸망하지 않은 나라가 없다"고 하였다. 멸(滅)은 끊어 없애는 것이다. 「소아」「정월(正月)」에 "어찌 혹

---

34) 邶風: 대본에 衛風으로 되어 있다.
35) 皐陶인 …… 못하였다: 『會箋』의 "諸, 語辭. 猶曰: 忽焉不祀也"를 따랐다. 皐陶와 庭堅을 2인으로 보는 설도 있으나 여기서는 字로 처리하였다.

멸망시킬 자가 있겠는가?"36)라 하였다. 경(罄)은 『설문』에 "그릇 속이 빈
것이다"고 하였다. 「소아」 「육아(蓼莪)」에 "작은 병이 텅 비었다"고 하였
다. 공(空)은 「소아」 「대동(大東)」에 "북과 바디가 모두 비었다"고 하였다.
필(畢)은 「소아」 「무양(無羊)」에 "모두 와서 우리 속으로 들어간다"37)고 하
였다. 섬(殲)은 사인(舍人)이 "모두를 죽여 없애는 것이다"고 하였다. 「진풍
(秦風)」 「황조(黃鳥)」에 "우리 선량한 사람을 죽인다"고 하였다. 발(拔)은 뽑
아 없앤다는 뜻이다. 진(殄)은 「대아」 「첨앙(瞻卬)」에 "나라가 온통 병들었
다"고 하였다.

 苞 · 蕪 · 茂, 豐也.

포(苞) · 무(蕪) · 무(茂)는 풍(豐 : 풍성하다)이다.

 苞叢 · 繁茂, 皆豐盛.

포총(苞叢)이나 번무(繁茂)는 모두 풍성(豐盛)하다는 뜻이다.

 苞, 百交反. 蕪, 音無, 或亡甫反, 蕃滋生長也, 古本作隸.38) 豐,
敷馮反.

36) 어찌 혹 …… 있겠는가 : 鄭箋의 "寧有能滅息之者乎?"를 따랐다.
37) 모두 …… 들어간다 : 毛傳의 "升, 升入牢也"를 따랐다.
38) 古本作隸 : 盧文弨의 『爾雅音義攷證』에 "隸는 의심스럽다. 『說文』에 의하면 蕪의 古
    字인 䅹라고 생각한다"고 하였다. 『爾雅詁林』 「音義攷證」 上卷 1-395에 상세하다.

포(苞)는 백(百)과 교(交)의 반절이다. 무(蕪)는 음이 무(無), 혹은 망(亡)과 보(甫)의 반절로 무성하게 생장(生長)하는 것이다. 고본(古本)에는 예(隷)라고 하였다. 풍(豐)은 부(敷)와 풍(馮)의 반절이다.

皆豊盛也. 苞者, 草木叢生也. 「禹貢」云 : "草木漸苞." 蕪者, 繁蕪也. 「洪範」云 : "庶草蕃廡." 蕪・廡音義同. 茂者, 茂盛也. 「小雅」「天保」云 : "如松柏之茂."

모두 풍성하다는 뜻이다. 포(苞)는 초목이 떨기로 자란 것이다. 『서경』「하서(夏書)」「우공(禹貢)」에 "초목이 점점 모여서 자란다"고 하였다. 무(蕪)는 번성하다는 뜻인데 『서경』「홍범(洪範)」에 "모든 풀이 번성하다"고 하였다. 무(蕪)와 무(廡)는 음의가 같다. 무(茂)는 무성(茂盛)하다는 뜻이다. 「소아」「천보(天保)」에 "송백(松柏)이 무성한 것과 같다"고 하였다.

經文

摯・斂・屈・收・戢・蒐・裒・鳩・樓,[39] 聚也.

추(摯)・염(斂)・굴(屈)・수(收)・집(戢)・수(蒐)・부(裒)・구(鳩)・루(樓)는 취(聚 : 모으다)이다.

『禮記』曰 : "秋之言摯, 摯, 斂也." 春獵爲蒐, 蒐者, 以其聚人衆也. 『詩』曰 : "屈此群醜", "原隰裒矣." 『左傳』曰 : "以鳩其民." 樓猶今言拘樓, 聚也.

---

39) 樓 : 대본에는 '樓'로 되어 있으나 『釋文』에는 '摟'로 쓰고 "本或作樓, 非"라 하여 '樓'는 잘못이라 하였다.

『예기』에 "추(秋)라는 말은 추(揫)인데, 추(揫)는 렴(斂: 거두다)이다"40)고 하였다. 봄사냥을 수(蒐)라고 하는데 수(蒐)라는 것은 사람들을 모으기 때문이다. 『시경』에 "이 많은 사람들을 모은다",41) "언덕에 모여 산다"42)고 하였다. 『좌전(左傳)』에 "백성들을 모은다"고 하였다. 루(摟)는 지금 구루(拘樓)라고 하는 것과 같으니, 모으다는 뜻이다.

爾雅音義 揫, 孫子由反. 郭音遒. 案遒音子由徂秋二反. 斂, 力儉反. 屈, 丘勿反. 戢, 側立反. 蒐, 所求反. 裒, 古字作褒, 蒲侯反, 下同, 字本或作抔. 鳩, 居牛反, 『說文』作勼, 音九尤反. 摟, 力侯反, 從手. 本或作樓, 非. 隰, 音習, 拘, 古侯反.

추(揫)에 대하여 손염은 자(子)와 유(由)의 반절이라 하였다. 곽박은 음을 주(遒)라 하였다. 살피건대, 주(遒)는 음이 자(子)와 유(由), 조(徂)와 추(秋)로 반절이 둘이다. 렴(斂)은 력(力)과 검(儉)의 반절이다. 굴(屈)은 구(丘)와 물(勿)의 반절이다. 집(戢)은 측(側)과 립(立)의 반절이다. 수(蒐)는 소(所)와 구(求)의 반절이다. 부(裒)는 고자(古字)로는 포(褒)인데, 포(蒲)와 후(侯)의 반절로 아래도 같으며, 글자를 본에 따라 부(抔)로도 쓴다. 구(鳩)는 거(居)와 우(牛)의 반절로 『설문』에는 구(勼)로 되어 있으며, 음은 구(九)와 우(尤)의 반절이다. 루(摟)는 력(力)과 후(侯)의 반절로 수(手)를 따른다. 본에 따라 루(樓)되어 있으나 잘못이다. 습(隰)은 음이 습(習)이다. 구(拘)는 고(古)와 후(侯)의 반절이다.

---

40) 秋라는 …… 斂이다: 『禮記』「鄕飮酒義」에는 "秋之爲言愁也"라고만 되어 있다. 이 구절에 대해 鄭玄은 "愁讀爲揫. 揫, 斂也"라고 주석을 하였다. 郭璞은 이를 따라서 "秋之言揫. 揫, 斂也"라고 한 것이다.
41) 이 많은 …… 모은다: 毛傳의 "屈, 收. 麇, 衆也"를 따랐다.
42) 언덕에 모여 산다: 鄭箋의 "原也隰也, 以相與聚居之故, 故能定高下之名, 猶兄弟相求, 故能立榮顯之名"을 따랐다.

爾雅疏 皆會聚也. 斂者, 率聚也.『禮記』「大學」曰: "百乘之家, 不畜聚斂
之臣." 收者, 「周頌」「維天之命」云: "我其收之." 戢者, 藏聚也.
「周頌」「時邁」云: "載戢干戈." 餘皆見注. ○云: "『禮記』曰: 秋之言揫,
揫, 斂也"者, 「鄉飲酒義」文. 云"春獵爲蒐, 蒐者, 以其聚人衆也", "春獵
爲蒐", 「釋天」文. 云"『詩』曰: 屈此群醜"者, 「魯頌」「泮水」文. 云"原隰裒
矣"者, 「小雅」「常棣」文. 云"『左傳』曰: 以鳩其民"者, 隱八年文. 云"樓猶
今言拘樓, 聚也"者, 以時驗而言也.

모두 모으다라는 뜻이다. 렴(斂)은 사람을 데리고 가서 세금을 거둔다는
뜻이다.『예기』「대학(大學)」에 "백승(百乘)의 대부는 취렴지신(聚斂之臣)[43]
을 기르지 않는다"고 하였다. 수(收)는 「주송」「유천지명(維天之命)」에 "내
가 그것을 거둔다"고 하였다. 집(戢)은 모으다는 뜻이다. 「주송」「시매(時
邁)」에 "방패와 창을 모은다"고 하였다. 나머지는 모두 주에 보인다. ○주
에서 인용한 『예기』의 "추지언추, 추렴야(秋之言揫, 揫斂也)"는 「향음주의(鄉
飲酒義)」의 글이다. "춘렵위수. 수자, 이기취인중야(春獵爲蒐. 蒐者, 以其聚人
衆也)"에서 "춘렵위수(春獵爲蒐)"는 「이아」「석천(釋天)」의 글이다. 『시경』의
"굴차군추(屈此群醜)"는 「노송」「반수(泮水)」의 글이고, "원습부의(原隰裒矣)"
는 「소아」「상체(常棣)」의 글이다. 『좌전』의 "이구기민(以鳩其民)"은 은공(隱
公) 8년의 글이다. "누유금언구루, 취야(樓猶今言拘樓, 聚也)"는 당시의 경험
으로 한 말이다.

 **經文** 肅·齊·遄·速·亟·屢·數·迅, 疾也.

---

43) 聚斂之臣: 세금을 많이 거두어 백성을 못살게 하는 신하.『대학』의 이 문장 뒤에는
"與其有聚斂之臣, 寧有盜臣"이라 하였다.

숙(肅)·제(齊)·천(遄)·속(速)·극(亟)·누(屢)·삭(數)·신(迅)은 질(疾: 빠르다)이다.

『詩』曰: "仲山甫徂齊."

『시경』에 "중산보(仲山甫)가 간다"[44]고 하였다.

遄, 市專反. 亟, 欺冀反, 又居力反. 屢, 力具反. 數, 色角反. 迅, 信·峻二音. 徂, 才孤反.

천(遄)은 시(市)와 전(專)의 반절이다. 극(亟)은 기(欺)와 기(冀)의 반절, 또는 거(居)와 력(力)의 반절이다. 루(屢)는 력(力)과 구(具)의 반절이다. 삭(數)은 색(色)과 각(角)의 반절이다. 신(迅)은 신(信)과 준(峻) 두 가지 음이다. 조(徂)는 재(才)와 고(孤)의 반절이다.

皆謂急疾也. 肅者, 「召南」「小星」云: "肅肅宵征." 毛傳云: "肅肅, 疾貌." 齊者, 壯疾也. 遄者, 「邶風」「泉水」云: "遄臻于衛." 速者, 『論語』云: "無欲速." 亟者, 欺冀切, 『論語』曰: "好從事, 而亟失時." 一云亟, 居力切.「大雅」「靈臺」云: "匪亟其欲." 屢者, 「小雅」「巧言」云: "君子屢盟." 數者, 「祭儀」云: "祭不欲數." 迅者, 疾走也. 『論語』云: "迅雷風烈必變." ○注云"仲山甫徂齊", 「大雅」「烝民」文.

모두 급하고 빠르다는 뜻이다. 숙(肅)은 「소남(召南)」 「소성(小星)」에 "빨

─────────────────────────────
44) 중산보가 간다: '齊'를 毛傳과 집전에는 모두 國名으로 보았으나 곽박은 '가다'라고 하였다. 『시경』의 해설서로 지금은 逸失되었지만 『齊詩』·『魯詩』·『韓詩』·『毛詩』가 있는데 곽박이 본 본에는 '가다'라고 해설되었다고 여겨진다.

리 빨리 밤에 간다"고 하였다. 모전에 "숙숙(肅肅)은 빠른 모습이다"고 하였다. 제(齊)는 씩씩하게 빠른 모습이다. 천(遄)은 「패풍(邶風)」「천수(泉水)」에 "빨리 위(衛)나라에 이른다"고 하였다. 속(速)은 『논어』「자로(子路)」에 "빨리 하고자 하지 말라"고 하였다. 기(亟)는 기(欺)와 기(冀)[45]의 반절인데 『논어』「양화(陽貨)」에 "종사(從事)하기를 좋아하면서 자주 때를 놓친다"고 하였다. 한편으로 극(亟)은 거(居)와 력(力)의 반절인데, 「대아」「영대(靈臺)」,[46]에 "그 욕심을 빨리 달성하려고 한 것이 아니다"[47]고 하였다. 루(屢)는 「소아」「교언(巧言)」에 "군자가 급하게 맹약을 한다"[48]고 하였다. 삭(數)은 『예기』「제의(祭義)」에 "제사는 급히 하려하지 않는다"고 하였다. 신(迅)은 빨리 달린다는 뜻이다. 『논어』「향당(鄕黨)」에 "빠른 우뢰와 맹렬한 바람이 일면 반드시 낯빛을 바꾸었다"고 하였다. ○ 주에서 말한 "중산보조제(仲山甫徂齊)"는 「대아」「증민(烝民)」의 글이다.

 寁・駿・肅・亟・遄, 速也.

잠(寁)・준(駿)・숙(肅)・극(亟)・천(遄)은 속(速 : 빠르다)이다.

 『詩』曰 : "不寁故也." 駿猶迅速, 亦疾也.

---

45) 亟 : '기'로 읽으면 자주, '극'으로 읽으면 '빨리'라는 뜻으로 쓰인다.
46) 「靈臺」: 「文王有聲」의 잘못이다. 「文王有聲」에는 '亟'이 '棘'으로 되어 있다. 鄭箋은 '棘'은 '急'의 뜻이라고 하였다. 「靈臺」에는 "經始勿亟"이라는 글이 있다.
47) 그 욕심을 …… 아니다 : 鄭箋의 "此非以急從己之欲, 欲廣都邑"을 따랐다.
48) 군자가 …… 한다 : '屢'를 『이아』의 입장에서는 '疾'로 처리한 것인데, 「교언」의 鄭箋에서는 "屢, 數也"라 하여, '자주'로 풀이하였다.

『시경』에 "빨리 하지 않기 때문이다"고 하였다. 준(駿)은 신속(迅速)과
같은데 역시 빠르다는 뜻이다.

寋, 本或作走, 同, 子感反. 亟, 又作急, 同, 居力反, 經典亦作棘,
同.

잠(寋)은 본에 따라 잠(走)으로 되어 있는데 음의가 같으며 자(子)와 감
(感)의 반절이다. 극(亟)은 또 급(急)으로도 쓰는데 음의가 같으며 거(居)와
력(力)의 반절이다. 경전(經典)[49]에서는 또한 극(棘)으로도 썼으나 음의가
같다.

速, 亦疾也. 肅·亟·遄, 轉相訓耳. 駿者, 猶迅也. 『禮記』「大傳」
云 : "駿奔走." 駿·逡音義同. 鄭注云 : "疾奔走, 言勸事也." ○
注 "『詩』曰 : 不寁故也", 「鄭風」「遵大路」文.

속(速)도 역시 '빠르다'는 뜻이다. 숙(肅)·극(亟)·천(遄)은 서로 같은 뜻
으로 풀이된다. 준(駿)은 신(迅)과 같은 뜻이다. 『예기』「대전(大傳)」에 "급
히 달려간다"고 하였다. 준(駿)과 준(逡)은 음의(音義)가 같다. 정현(鄭玄)은
주에서 "급히 달려감은 일을 권함을 말하는 것이다"고 하였다. ○ 주에서
인용한 『시경』의 "불잠고야(不寁故也)"는 「정풍(鄭風)」「준대로(遵大路)」의
글이다.

 壑·阬阬·滕·徵·隍·漮, 虛也.

---

49) 經典 : 書名을 언급하지 않았으나 「大雅」「文王有聲」의 "匪棘其欲" 등을 말한다.

학(壑)·갱갱(阬阬)·등(滕)·징(徵)·황(隍)·강(漮)은 허(虛 : 텅 비다)이다.

爾雅注 壑, 谿壑也. 阬阬, 謂阬塹也. 隍, 城池無水者. 『方言』云 : "漮之言空也." 皆謂丘墟耳. 滕·徵未詳.

학(壑)은 계곡의 골짜기이다. 갱갱(阬阬)은 구덩이를 말한다. 황(隍)은 성지(城池)에 물이 없는 것이다. 『방언』에 "강(漮)이라는 말은 공(空)이다"고 하였다. 모두 텅 빈 언덕을 말한다. 등(滕)과 징(徵)은 자세하지 않다.

爾雅音義 壑, 本或作叡, 同, 許各反, 郭胡郭反. 阬, 苦衡反. 滕, 徒登反. 隍, 音皇, 城池也. 漮, 字又作歘, 同, 苦郎反. 『說文』云 : "水之空也." 『方言』作㝩, 亦空也. 郭云 : "本或作荒, 荒亦邱墟之空無." 虛, 許居反. 谿, 音溪. 塹, 七豔反. 墟, 去魚反.

학(壑)은 본에 따라 학(叡)이라 하였는데 음의가 같으며 허(許)와 각(各)의 반절이다. 곽박은 호(胡)와 곽(郭)의 반절이라고 하였다. 갱(阬)은 고(苦)와 형(衡)의 반절이다. 등(滕)은 도(徒)와 등(登)의 반절이다. 황(隍)은 음이 황(皇)인데 성지(城池 : 城의 垓字)라는 뜻이다. 강(漮)은 글자를 또 강(歘)으로도 쓰는데 음의가 같으며 고(苦)와 랑(郎)의 반절이다. 『설문』에 "물이 없는 것이다"고 하였으며, 『방언』에는 또 강(㝩)이라 하였는데 역시 '비다'는 뜻이다. 곽박은 "본에 따라 황(荒)으로 되어 있는데, 황(荒)은 또한 언덕이 비어서 아무 것도 없는 것이다"고 하였다. 허(虛)는 허(許)와 거(居)의 반절이다. 계(谿)는 음이 계(溪)이다. 참(塹)은 칠(七)과 염(豔)의 반절이다. 허(墟)는 거(去)와 어(魚)의 반절이다.

爾雅疏 皆謂空虛也. 壑者, 谿壑也. 「大雅」「韓奕」云 : "實墉實壑." 阬阬者, 坎陷之虛也. 但重言耳. 隍者, 城池無水者. 『易』曰 : "城復于

隍." 漮者, 注引『方言』云: "康之言空也." 彼注云: "漮窲, 空貌." 亦丘墟
之空無. 「小雅」「賓之初筵」云: "酌彼康爵." 鄭箋云: "康, 虛也." 漮·康
音義同.

　　모두 비었음을 말한다. 학(壑)은 계곡의 골짜기이다. 「대아(大雅)」「한혁
(韓奕)」에 "이 성을 쌓고 이 계곡을 판다"50)고 하였다. 갱갱(阬阬)은 구덩이
가 비어 있는 것인데, 단지 중복하여 말하였을 뿐이다. 황(隍)은 성지(城池)
에 물이 없는 것이다. 『주역』「태괘(泰卦)」「상육(上六)」에 "성이 무너져서
해자(垓字)로 도로 돌아간다"고 하였다. 강(漮)은 주에서 『방언』을 인용하
여 "강(康)이라는 말은 공(空 : 비다)이다"고 하였다. 그 글의 주에 "강랑(漮
窲)은 비어 있는 모습이다"51)고 하였으니 역시 구릉이 텅 비어 아무것도
없다는 뜻이다. 「소아」「빈지초연(賓之初筵)」에 "저 빈 술잔에 술을 붓는
다"고 하였다. 정전에 "강(康)은 허(虛)이다"고 하였다. 강(漮)과 강(康)은 음
의가 같다.

黎·庶·烝·多·醜·師·旅, 衆也.

　　여(黎)·서(庶)·증(烝)·다(多)·추(醜)·사(師)·여(旅)는 중(衆 : 많다)이다.

皆見『詩』.

---

50) 이 성을…… 판다: 鄭箋의 "實, 當作寔. …… 寔, 是也. …… 築治是城"을 따랐다.
51) 漮窲은…… 모습이다: 『방언』 권13-10에 나온다.

모두『시경』에 보인다.

 烝, 之仍反.

증(烝)은 지(之)와 잉(仍)의 반절이다.

 皆謂衆夥也. 注云"皆見『詩』"者, 「大雅」「雲漢」云："周餘黎民"·「靈臺」云"庶民子來"·「烝民」云："天生烝民"·「周頌」「載見」云："思皇多祜"·「大雅」「緜」篇云："戎醜攸行"·「棫樸」云："六師及之"·「小雅」「采芑」云："振旅闐闐"之類是也.

　　모두 많음을 말한다. 주에서 "개현『시』(皆見『詩』)"라 한 것은 「대아」「운한(雲漢)」에 "주(周)나라의 남은 여러 백성들"이라 하였고, 「대아」「영대(靈臺)」에 "여러 백성들이 자식이 아버지 일을 돕는 것처럼 온다"고 하였고, 「대아」「증민(烝民)」에 "하늘이 많은 백성들을 내셨다"고 하였고, 「주송(周頌)」「재현(載見)」에 "임금께서 복이 많게 되기를 생각한다"52)고 하였고, 「대아」「면(緜)」편에 "많은 사람이 가는 바이다"고 하였고, 「대아」「역복(棫樸)」에 "육사(六師)53)가 따라간다"고 하였고, 「소아」「채기(采芑)」에 "군대가 돌아옴에 북소리 둥둥 울린다"고 한 따위가 이것이다.

---

52) 임금께서 …… 생각한다 : 鄭箋의 "皇, 君也. …… 思使成王之多福"을 따랐다. 집전은 "思, 語辭. 皇, 大也, 美也"라 하고, 『시경언해』에 "皇흔 多祜를 홈은"이라 하여, '큰 많은 복을 함은'으로 번역된다.

53) 六師 : 天子의 군대 편제 단위.

 洋・觀・袤・衆・那, 多也.

양(洋)・관(觀)・부(袤)・중(衆)・나(那)는 다(多 : 많다)이다.

 『詩』曰 : “薄言觀者.” 又曰 : “受福不那.” 洋溢, 亦多貌.

『시경』에 “많기도 하다”[54]고 하였고, 또 “복을 받음이 많지 않다”[55]고 하였다. 양일(洋溢)은 역시 많은 모습이다.

 洋, 音羊. 洋溢, 多貌. 讀羊者或爲詳, 非也. 觀, 顧謝音官, 施古喚反, 注同. 那, 奴多反, 本或作那.

양(洋)은 음이 양(羊)이다. 양일(洋溢)은 많은 모습이다. 양(羊)을 읽기를 혹은 상(詳)이라고도 하나 잘못이다. 관(觀)에 대하여 고야왕(顧野王)과 사교(謝嶠)는 음을 관(官)이라 하였으며, 시건(施乾)은 고(古)와 환(喚)의 반절이라 하였는데 주도 같다. 나(那)는 노(奴)와 다(多)의 반절인데 본에 따라 나(那)로 되어 있다.

皆謂重多也. 洋者, 洋溢, 亦多貌. 「魯頌」「閟宮」云 : “萬舞洋洋.” 袤者, 聚之多也. 『易』曰 ; “君子以袤多益寡.” 衆者, 「周頌」「臣工」云 : “命我衆人.” ○ “『詩』曰 : 薄言觀者”, 「小雅」「采綠」文. “又曰 : 受福不

---

54) 많기도 하다 : 鄭箋의 “觀, 多也”를 따랐다. 집전은 “又將從而觀之”라 하고, 『시경언해』에는 “잠깐 觀호리라”고 하여, '잠깐 보리라'로 번역된다.
55) 복을 …… 않다 : 鄭箋의 “其受福祿亦不多也”를 따랐다. 집전은 “其受福豈不多乎”라 하여, '복을 받음이 많지 않겠는가?'로 번역된다.

那"者,「桑扈」文.

모두 아주 많음을 말한다. 양(洋)은 양일(洋溢)로 또한 많은 모습이다. 「노송(魯頌)」「비궁(閟宮)」에 "만무(萬舞)[56]를 추니, 많기도 하다"[57]고 하였다. 부(裒)는 모으는 것이 많음이다.『주역』「겸괘(謙卦)」「상전(象傳)」에 "군자는 이를 본받아 많음을 보태고 적음을 더한다"[58]고 하였다. 중(衆)은 「주송」「신공(臣工)」에 "우리 많은 사람에게 명한다"고 하였다. ○ 주에서 인용한 『시경』의 "박언관자(薄言觀者)"는 「소아」「채록(采綠)」의 글이다. 또 "수복불나(受福不那)"는 「소아」「상호(桑扈)」의 글이다.

流 · 差 · 柬, 擇也.

유(流) · 차(差) · 간(柬)은 택(擇 : 선택하다)이다.

皆選擇. 見『詩』.

모두 선택하다는 뜻이다.『시경』에 보인다.

---

56) 萬舞 : 山川과 宗廟에 제사지낼 때 추는 춤. 일명 干舞라고도 한다.
57) 만무를 …… 많기도 하다 : 孔穎達 疏의 "執干戚而爲萬舞者, 洋洋然衆多"를 따랐다.
58) 군자는 …… 더한다 : 孔穎達 疏의 "裒多者, …… 則裒益其多, …… 益寡者, 謂寡者 得謙而更進益"을 따랐다.「本義」는 "損高增卑"라 하여, '많음을 줄이고 적음을 늘린다'로 번역된다.

差, 楚佳反. 柬, 音簡.

차(差)는 초(楚)와 가(佳)의 반절이다. 간(柬)은 음이 간(簡)이다.

 皆選擇也. 「周南」「關雎」云 : "左右流之." 「小雅」「吉日」云 : "既差我馬." 「邶風」云 : "簡兮簡兮." 皆是也. 簡・柬音義同.

모두 선택함이다. 「주남」「관저(關雎)」에 "도와 캔다"고 하였다. 「소아」「길일(吉日)」에 "내 말을 고른다"고 하였다. 「패풍(邶風)」「간혜(簡兮)」에 "고르고 고른다"고 한 것이 모두 이것이다. 간(簡)과 간(柬)은 음의(音義)가 같다.

 戰・慄・震・驚・戁・竦・恐・愯, 懼也.

전(戰)・율(慄)・진(震)・경(驚)・난(戁)・송(竦)・공(恐)・습(愯)은 구(懼 : 두려워하다)이다.

 『詩』曰 : "不戁不竦." 愯卽懾也.

『시경』에 "두려워하지 않고 겁내지 않는다"고 하였다. 습(愯)은 곧 섭(懾)이다.

慄, 六日反. 戁, 女版反. 竦, 息勇反. 恐, 邱勇反. 慴, 之涉反.

률(慄)은 육(六)과 일(日)의 반절이다. 난(戁)은 녀(女)와 판(版)의 반절이다. 송(竦)은 식(息)과 용(勇)의 반절이다. 공(恐)은 구(邱)와 용(勇)의 반절이다. 습(慴)은 지(之)와 섭(涉)의 반절이다.

 皆惶怖也.『論語』曰：“使民戰慄.”『詩』「秦風」「黃鳥」云：“惴惴其慄.”『易』曰：“震來虩虩.” 又曰：“驚遠而懼邇也.”『詩』云：“不戁不竦.”「月令」曰：“國時有恐.”「樂記」曰：“柔氣不慴.” 是皆懼也. 慴卽慴也. ○注“『詩』曰：不戁不竦”,「商頌」「長發」文.

모두 두려워하다는 뜻이다. 『논어』「팔일(八佾)」에 “백성들을 두려워 떨게 한다”고 하였다. 『시경』「진풍(秦風)」「황조(黃鳥)」에 “벌벌 떤다”고 하였다. 『주역』「진괘(震卦)」의 단사(彖辭)에 “우레가 오니, 두려워한다”고 하였으며, 또 “먼 곳을 놀라게 하고 가까운 곳을 두렵게 한다”고 하였다. 『시경』에 “두려워하지 않고 겁내지 않는다”고 하였다. 『예기』「월령(月令)」에 “나라에 때때로·두려운 일이 있다”[59]고 하였다. 『예기』「악기(樂記)」에 “부드러운 기운은 두려워하지 않는다”고 하였다. 이것은 모두 ‘두려워하다’는 것이다. 습(慴)은 곧 섭(慴)이다. ○주에서 인용한 『시경』의 “불난불송(不戁不竦)”은 「상송(商頌)」「장발(長發)」의 글이다.

 痡·瘏·虺隤·玄黃·劬勞·咎·頎·瘏·瘉·鰥·戮·瘋·癙·瘒·痒·底·疵·閔·逐·疚·痕

·瘥·痱·瘅·瘵·瘼·癠, 病也.

포(痡)·도(瘏)·훼퇴(虺頹)·현황(玄黃)·구로(劬勞)·구(咎)·췌(顇)·근(瘽)·유(瘉)·환(鰥)·륙(戮)·서(瘋)·란(癙)·리(瘏)·양(痒)·저(疷)·자(疕)·민(閔)·축(逐)·구(疚)·매(痗)·차(瘥)·비(痱)·단(瘅)·채(瘵)·막(瘼)·제(癠)는 병(病 : 병)이다.

虺頹·玄黃, 皆人病之通名. 而說者便謂之馬疾, 失其義也. 『詩』曰 : "生我劬勞." 『書』曰 : "智藏瘵在." 相戮辱, 亦可恥病也. 今江東呼病曰瘵. 東齊曰瘼. 『禮記』曰 : "親癠, 色容不盛." 戮逐未詳. 餘皆見『詩』.

회퇴(虺頹)·현황(玄黃)은 모두 사람의 병(病)을 말하는 일반적인 명칭이다. 그런데 주석자들이 문득 마병(馬病)이라 하였으니, 그 본의를 잃었다. 『시경』에 "나를 낳느라 고생하셨다"고 하였다. 『서경』에 "지혜 있는 이는 숨고 병든 이만 남아 있다"고 하였다. 서로 욕하는 것도 수치스러운 병(病)이 될 만하다. 지금 강동(江東)에서는 병(病)을 채(瘵)라 하고, 동제(東齊)에서는 막(瘼)이라고 한다. 『예기』에 "어버이가 병들면 안색과 용모에 활기 있는 모습을 하지 않는다"고 하였다. 륙축(戮逐)은 미상(未詳)이다. 나머지는 모두 『시경』에 보인다.

痡, 普胡芳膚二反, 『詩』作鋪. 瘏, 音徒, 詩作屠. 虺, 虎回反, 又呼懷反. 頹, 徒回反. 劬, 土于反.[60] 咎, 音臼. 顇, 字或作悴, 在醉反. 瘽, 音勤, 字亦作懃. 瘉, 羊朱反, 又羊主反. 鰥, 古頑反, 注瘝, 同.

---

60) 劬, 土于反 : 이 音義대로라면 劬의 音에 접근할 수 없기 때문에 틀린 것으로 보인다. 그러므로 '土'와 '于' 옆에 원점(。)을 표시하였다. 『廣韻』에는 '其俱切'로 되어 있다.

瘋, 傷汝反, 舍人云:"瘋癩痽痒, 皆心憂德之病也." 孫炎云:"瘋者, 畏之
病也."『字林』音恕,『詩』作鼠. 癩, 郭作拘攣, 同, 力專反. 痽, 音里. 痒,
音羊. 疷, 祈支反, 或丁禮反, 本作疲. 字書云:"疲, 病也."『聲類』猶以爲
疷字, 又音支. 孫炎云:"瀄之病也." 疵, 音慈. 疚, 音救. 痗, 音昧, 一音
晦. 瘥, 徂何反, 又子衰反. 痱, 符非反, 又符沸反.『說文』蒲愷反,[61] 風病
也. 癉, 丁但反, 又徒丹反, 孫炎云:"疫病." 瘵, 側界反,『字林』側例反.
瘼, 音莫. 瘠, 徂細反, 或徂犂反.

　　포(痡)는 보(普)와 호(胡), 방(芳)과 부(膚)로 반절이 둘인데,『시경』에는 포
(鋪)로 되어 있다. 도(瘏)는 음이 도(徒)이며,『시경』에는 도(屠)로 되어 있다.
훼(虺)는 호(虎)와 회(回)의 반절, 또는 호(呼)와 회(懷)의 반절이다. 퇴(頹)는
도(徒)와 회(回)의 반절이다. 구(勜)는 토(土)와 우(于)의 반절이다. 구(咎)는 음
이 구(臼)다. 췌(頜)는 글자를 혹 췌(悴)로 쓰며, 재(在)와 취(醉)의 반절이
다. 근(瘽)은 음이 근(勤)인데, 글자를 또 근(懃)으로 쓴다. 유(瘉)는 양(羊)과
주(朱)의 반절, 또는 양(羊)과 주(主)의 반절이다. 환(鰥)은 고(古)와 완(頑)의
반절인데, 주의 관(瘝)과 음의가 같다. 서(瘋)는 상(傷)과 여(汝)의 반절이다.
사인(舍人)은 "서(瘋)・란(癩)・리(痽)・양(痒)은 모두 마음의 근심으로 생긴
병(病)이다"고 하였다. 손염은 "서(瘋)는 두려워서 생긴 병(病)이다"고 하였
다.『자림』에는 음이 서(恕)라 하였다.『시경』에는 서(鼠)로 되어 있다. 란
(癩)에 대해서 곽박은 구련(拘攣)으로 썼는데 음의가 같으며 력(力)과 전(專)
의 반절이라 하였다. 리(痽)는 음이 리(里)이다. 양(痒)은 음이 양(羊)이다. 저
(疷)는 기(祈)와 지(支)의 반절, 또는 정(丁)와 례(禮)의 반절인데, 본에 따라
피(疲)로 되어 있다.『자서(字書)』에 "피(疲)는 병(病)이다"고 하였으며,『성
류(聲類)』[62]에는 "저(疷)자와 같으며, 또는 음이 지(支)이다"고 하였다. 손염

---

　61) 蒲愷反:『說文句讀』에 '蒲愷切'이고 段注 등에는 '蒲罪反'으로 되어 있다.
　62)『聲類』: 書名. 삼국시대 魏의 李登이 지은 저서. 逸失되었으나 일부가『玉函山房輯
　　佚書』에 수록되어 전해지고 있다.

은 "체해서 생긴 병이다"고 하였다. 자(痲)는 음이 자(慈)이다. 구(疚)는 음이 구(救)이다. 매(痗)는 음이 매(昧)이고, 일음(一音)은 매(脢)이다. 차(瘥)는 조(徂)와 하(何)의 반절, 또는 자(子)와 쇠(衰)의 반절이다. 비(痱)는 부(符)와 비(非)의 반절, 또는 부(符)와 비(沸)의 반절이다. 『설문』에는 포(蒲)와 개(愷)의 반절로 풍병(風病)이라고 하였다. 단(癉)은 정(丁)과 단(但)의 반절, 또는 도(徒)와 단(丹)의 반절이다. 손염은 "역병(疫病)이다"고 하였다. 채(瘵)는 측(側)과 계(界)의 반절인데, 『자림』에는 "측(側)과 례(例)의 반절이다"고 하였다. 막(瘼)은 음이 막(莫)이다. 제(瘠)는 조(徂)와 세(細)의 반절, 혹은 조(徂)와 리(犂)의 반절이다.

爾雅疏 疾甚曰病. 此皆病之通名耳. 孫炎曰: "痡, 人疲不能行之病. 瘏, 馬疲不能進之病. 虺穨, 馬罷不能升高之病. 玄黃, 馬更黃色之病." 然則虺穨者病之狀, 玄黃者病之變色. 郭云: "皆人病之通名. 而說者便謂之馬病, 失其義也." 蓋指孫炎不能弘通, 故云失其義也. 咎者, 罪病也. 頷者, 「小雅」「雨無正」云: "維躬是瘁." 頷·瘁音義同. 瘽者, 勞苦之病也. 瘉者, 「小雅」「角弓」云: "交相爲瘉." 戮者相戮辱, 亦可恥病也. 瘣及痒者, 「小雅」「正月」云: "瘋憂以痒." 舍人云: "瘋·癙·痯·痒皆心憂憊之病也." 孫炎云: "瘋者, 畏之病也." 痯者, 「小雅」「十月之交」[63]云: "悠悠我里." 痯·里音義同. 疷者, 孫炎云: "滯之病也." 「小雅」「白華」云: "俾我疷兮." 疵者, 瑕釁小病也. 閔者, 「豳風」「鴟鴞」云: "鬻子之閔斯." 逐者, 「衛風」「考槃」云: "碩人之軸." 鄭箋云: "軸, 病也." 軸與逐蓋今古字. 郭氏未詳. 疚者, 「小雅」「采薇」云: "憂心孔疚." 痗者, 「小雅」「十月之交」[64]云: "亦孔之痗." 瘥者, 「節南山」云: "天方薦瘥." 痱者, 「四月」云: "百卉具腓." 痱·腓音義同. 癉者, 「大雅」「板」篇云: "下民卒癉." 瘅 瘵者, 「大雅」「瞻卬」云: "士民其瘵." 瘼者, 「大雅」「桑柔」云: "瘼此下民."

---

63) 十月之交: 대본의 「正月」은 「十月之交」의 잘못이다.
64) 十月之交: 대본의 「十月」은 「十月之交」의 잘못이다.

餘皆見注. ○注"『詩』曰∶生我劬勞"者, 「小雅」 「蓼莪」文. 云"『書』曰∶智
藏瘝在"者, 「周書」 「召誥」文. 云"今江東呼病曰瘵"者, 以時驗而言. 云
"東齊曰瘼"者, 『方言』文. 云"『禮記』曰∶親瘵, 色容不盛"者, 「玉藻」文.

질(疾)이 심한 것을 병(病)이라 한다. 이것은 모두 병(病)의 일반적인 명
칭이다. 손염은 "포(痡)는 사람이 피곤하여 걸을 수 없는 병(病)이다. 도(瘏)
는 말[馬]이 피곤하여 나아갈 수 없는 병이다. 훼퇴(虺頹)는 말이 피로하여
높은 곳으로 올라갈 수 없는 병(病)이다. 현황(玄黃)은 말이 황색으로 바뀌
는 병(病)이다"고 하였다. 그렇다면 훼퇴(虺頹)는 병(病)의 상태, 현황(玄黃)은
병들어서 색이 변한 것이다. 곽박의 주에 "모두 사람의 병(病)을 말하는
일반적인 명칭이다. 그런데 주석자들이 마병(馬病)이라고 하였으니 그 본
의를 잃었다"고 하였다. 아마도 이 말은 손염이 널리 통달하지 못하였기
때문에 그 본의를 잃었다고 지적한 것이다. 구(咎)는 죄스러운 병(病)이다.
췌(頒)는 「소아」 「우무정(雨無正)」에 "몸에 병들었다"고 하였는데, 췌(頒)와
췌(瘁)는 음의(音義)가 같다. 근(瘽)은 고생해서 든 병(病)이다. 유(瘉)는 「소아」
「각궁(角弓)」에 "서로 병이 된다"고 하였다. 륙(戮)은 서로 욕하는 것이니,
이것 또한 치욕적인 병(病)이 될만하다. 서(瘋)와 양(痒)은 「소아」 「정월(正
月)」에 "시름과 근심으로 병들었다"고 하였다. 사인(舍人)은 "서(瘋)·란(癆)
·리(瘤)·양(痒)은 모두 마음의 근심으로 생긴 병(病)이다"고 하였다. 손염
은 "서(瘋)는 두려워서 생긴 병(病)이다"고 하였다. 리(瘤)는 「소아」 「시월지
교(十月之交)」에 "끝없는 나의 근심"이라 하였는데, 리(瘤)와 리(里)는 음의
(音義)가 같다. 기(疧)에 대해 손염은 "체해서 생긴 병(病)이다"고 하였다. 「소
아」 「백화(白華)」에 "나를 병들게 한다"고 하였다. 자(疵)는 잘못으로 생긴
작은 병이다. 민(閔)은 「빈풍」 「치효(鴟鴞)」에 "어린 아이[成王]가 이들[관원]
을 고통스럽게 여긴다"65)고 하였다. 축(逐)은 「위풍」 「고반(考槃)」에 "크신

---

65) 어린 아이가 …… 여긴다∶毛傳의 "鬻, 稚. 閔, 病"과 孔穎達 疏의 "稚子當哀閔之,
不欲毁其巢, 以喻言屬臣之先臣亦殷勤于此成王, 成王亦宜哀閔之, 不欲絶其官位土

분이 병들었다"66)고 하였는데, 정전(鄭箋)에 "축(軸)은 병(病)이다"고 하였다. 축(軸)과 축(逐)은 금고자(今古字)67)인데, 곽박은 미상(未詳)이라고 하였다. 구(疚)는 「소아」 「채미(采薇)」에 "근심스러운 마음에 크게 병들었다"고 하였다. 매(瘥)는 「소아」 「시월지교(十月之交)」에 "또 크게 병들었다"고 하였다. 차(瘥)는 「소아」 「절남산(節南山)」에 "하늘이 방금 매우 병을 주었다"68)고 하였다. 비(腓)는 「소아」 「사월(四月)」에 "모든 풀들이 다 병들었다"고 하였는데, 비(腓)와 비(腓)는 음의(音義)가 같다. 단(癉)69)은 「대아」 「판(板)」편에 "백성들이 모두 병들었다"고 하였다. 채(瘥)는 「대아」 「첨앙(瞻卬)」에 "병사와 백성이 병들었다"70)고 하였다. 막(瘼)은 「대아」 「상유(桑柔)」에 "백성을 병들게 한다"고 하였다. 나머지는 모두 주에 보인다. ○ 주에서 인용한 『시경』의 "생아구로(生我劬勞)"는 「소아」 「육아(蓼莪)」의 글이다. 『서경』의 "지장관재(智藏瘝在)"는 「주서(周書)」 「소고(召誥)」의 글이다. "금강동호병왈채(今江東呼病曰瘥)"는 당시의 증험으로 한 말이다. "동제왈막(東齊曰瘼)"71)은 『방언』의 글이다. 『예기』의 "친제, 색용불성(親瘵, 色容不盛)"은 『예기』 「옥조(玉藻)」의 글이다.

地"를 따랐다. 집전은 "鬻, 養. 閔, 憂也. …… 鬻養此子, 誠可憐憫"이라 하여, '아들을 키우기에 근심했노라'로 번역된다.

66) 크신 분이 병들었다 : 鄭箋에는 "軸, 病也"라 하였으나, 毛傳에는 "軸, 進也"라 하였고, 집전에는 "軸, 般桓不行之意"라 하였는데, 이를 따르면, '크신 분이 유유자적하시다'로 번역된다.

67) 今古字 : 軸, 逐은 똑같이 '病'의 의미로 쓰이는데, 시대에 다라 사용한 글자가 달랐음을 말한다. 『爾雅詁林』 「義疏」에 "但逐軸俱叚音, 未審孰爲本字也"라 하여, 逐・軸이 모두 가차여서 本字를 모르겠다고 하였다.

68) 하늘이 …… 주다 : 毛傳의 "薦, 重. 瘥, 病"을 따랐다.

69) 癉 : 『시경집전대전』에는 '輝'으로 되어 있다.

70) 병사와 …… 병들었다 : 鄭箋의 "士卒與民皆勞病"을 따랐다.

71) 東齊曰瘼 : 『방언』 권3-8에 나온다.

 恙・寫・悝・盰・繇・慘・恤・罹, 憂也.

양(恙)・사(寫)・리(悝)・우(盰)・요(繇)・참(慘)・휼(恤)・리(罹)는 우(憂 : 근심
하다)이다.

 今人云無恙謂無憂也. 寫, 有憂者, 思散寫也. 『詩』曰 : "悠悠我
悝72)", "云何盰73)矣." 繇役亦爲憂愁也.

지금 사람들은 무양(無恙)을 무우(無憂 : 근심이 없다)라고 말한다. 사(寫)는
근심 있는 사람이 생각을 흩어서 떨쳐 버리는 것이다. 『시경』에 "끝없는
나의 근심"이라 하였고, "어찌할거나! 걱정되는구나"라 하였다. 요역(繇役)
도 역시 근심이다.

 恙, 羊讓反. 寫, 悉冶反. 悝, 音里. 盰, 本或作忓, 同, 香于反.
繇, 音遙. 慘, 七感反. 罹, 力知反.

양(恙)은 양(羊)과 양(讓)의 반절이다. 사(寫)는 실(悉)과 야(冶)의 반절이다.
리(悝)는 음이 리(里)이다. 우(盰)는 본에 따라 우(忓)로 되어 있는데 음의가
같으며, 향(香)과 우(于)의 반절이다. 요(繇)는 음이 요(遙)이다. 참(慘)은 칠
(七)과 감(感)의 반절이다. 리(罹)는 력(力)과 지(知)의 반절이다.

---

72) 悝 :『시경집전대전』에는 '里'로 되어 있다. 毛傳은 '里'는 '病'이라고 주석을 하였다.
   '悝'가 근심의 뜻을 가진다는 예문은 「大雅」「雲漢」의 '云如何里'이다. 이 구절에서
   鄭箋은 '里'는 '憂'라고 하였다.
73) 盰 :『시경집전대전』의 「周南」「卷耳」에는 '吁'로 되어 있다.

皆謂憂愁也. 恙者,「聘禮」云：“公問君, 賓對, 公再拜.” 鄭注云：
“拜其無恙.” 郭云：“今人云無恙謂無憂也. 寫者, 有憂者, 思散寫
也.”「小雅」「車舝」云：“我心寫兮.” 繇者, 繇役亦爲憂愁. 慘者, 心憂也.
恤者,「小雅」「祈父」云：“胡轉予于恤.” 罹者,「王風」「兎爰」云：“逢此百
罹.” ○云“『詩』曰：悠悠我悝”者「小雅」「十月之交」[74]文. 云“云何盱矣”
者,「卷耳」及「都人士」文也.

　　모두 근심을 말한다. 양(恙)은 『의례(儀禮)』 「빙례(聘禮)」에 “공(公)이 사신
에게 주인의 안부를 물음에, 빈(賓)이 대답하면 공이 두 번 절한다”고 하
였다. 정현이 “그 무양(無恙)함에 절을 하는 것이다”고 주석하였다. 곽박은
“지금 사람들은 무양(無恙)을 무우(無憂)라고 말한다. 사(寫)는 근심이 있는
사람이 생각을 흩어서 떨쳐 버리는 것이다”고 하였다. 「소아」 「거할(車舝)」
에 “내 마음의 근심 없어진다”고 하였다. 요(繇)는 요역(繇役)이며 또 근심
이 된다. 참(慘)은 마음의 근심이다. 휼(恤)은 「소아」 「기보(祈父)」에 “어찌
하여 나를 근심스런 곳에 옮기는가?”라 하였다. 리(罹)는 「왕풍(王風)」 「토
원(兎爰)」에 “이 온갖 근심 만난다”고 하였다. ○주에서 인용한 『시경』의
“유유아리(悠悠我悝)”는 「소아」 「시월지교(十月之交)」의 글이다. “운하우의
(云何盱矣)”는 「주남」 「권이(卷耳)」와 「소아」 「도인사(都人士)」의 글이다.

經文 倫·勘·邛·救·勤·愉·庸·癉, 勞也.

　　륜(倫)·예(勘)·공(邛)·칙(救)·근(勤)·유(愉)·용(庸)·단(癉)은 노(勞：수고)
이다.

---

74) 十月之交：대본의 ‘十月’은 ‘十月之交’의 잘못이다.

爾雅注 『詩』曰："莫知我勩", "維王之邛", "哀我癉人." 『國語』曰 : "無功庸者." 倫理事務以相⁷⁵⁾約勑亦爲勞. 勞苦者, 多惰. 愉今字或作窳, 同.

『시경』에 "내 수고를 알아주는 이 없다"고 하였고, "오직 왕의 노고가 되었다"⁷⁶⁾고 하였고, "우리 고생하는 백성 애처롭다"고 하였다. 『국어(國語)』에 "공용(功庸)⁷⁷⁾이 없는 사람"이라 하였다. 사무(事務)를 처리하여 서로 약속하고 경계하는 것도 역시 고생이 된다. 고생하는 사람은 게으름이 많다. 유(愉)는 금자(今字)에 혹 유(窳)로도 쓰는데 음의가 같다.

爾雅音義 勩, 字或作勚, 與世反. 郭音諡, 字亦作肄. 邛, 巨凶反. 勑, 本又作勑, 竝恥力反. 案『說文』·『字林』來旁作力是勞來之字. 束旁作攵⁷⁸⁾是始音丑力反. 愉, 羊主反, 又羊朱反. 癉, 丁賀反, 本或作憚, 音同. 窳, 羊主反.『字林』云 : "汙也, 音烏"『說文』云 : "汙, 窬也." 案汙窳猶汙邪也.

예(勩)는 글자를 혹 발(勚)로 쓰며, 여(與)와 세(世)의 반절이다. 곽박은 "음이 시(諡)이고, 글자는 또 이(肄)로도 쓴다"고 하였다. 공(邛)은 거(巨)와 흉(凶)의 반절이다. 칙(勑)은 본에 따라 칙(勑)으로 되어 있는데, 모두 치(恥)와 력(力)의 반절이다. 살펴건대, 『설문』과 『자림』에는 "래(來) 곁에 력(力)을 썼으니, 이는 노래(勞來 : 애써서 오다)의 글자이다. 속(束 : 묶다) 곁에 복(攵 : 치다)을 썼으니 이는 시(始 : 시작하다)의 뜻이며, 음(音)은 축(丑)과 력(力)의 반절이다"고 하였다. 유(愉)는 양(羊)과 주(主)의 반절 또는 양(羊)과 주(朱)의

---

75) 事務以相 : 이 네 글자를 阮元의 校勘記에서는 衍文이라 하였다.
76) 오직 …… 되었다 : 鄭箋의 "又爲王作病"을 따랐다.
77) 功用 : 功은 國家의 일, 庸은 백성의 일. 또는 그 성적을 의미한다.
78) 攵 : 『釋文』에는 '文'으로 되어 있으나 『이아고림』「陸音義」에 따라 '攵'으로 고쳤다.

반절이다. 단(癉)은 정(丁)과 하(賀)의 반절이고, 본에 따라 탄(憚)으로 되어 있는데 음은 같다. 유(窳)는 양(羊)과 주(主)의 반절이다. 『자림』에 "오(汙 : 구덩이)이며, 음(音)은 오(烏)이다"고 하였다. 『설문』에 "오(汗)는 유(窬 : 구덩이)이다"고 하였다. 살피건대, 오유(汙窳 : 그릇이 찌그러짐)는 오사(汙邪)와 같다.

爾雅疏 皆謂勞苦也. 倫者, 理也, 理治事務者必勞. 勚者, 『廣雅』云: "苦也." 孫炎曰: "習事之勞也." 敕者, 相約敕也, 亦爲勞苦. 勤者, 勞力也. 「梓材」云: "旣勤垣墉." 愉者, 懶也. 郭云: "勞苦者多惰. 愉今字或作窳, 同." 庸者, 民功曰庸. 癉者, 『說文』云: "勞病也." ○云 "『詩』曰: 莫知我勚" 者, 「小雅」 「雨無正」文. 云 "維王之邛" 者, 「巧言」文. 云 "哀我癉人" 者, 「大東」文. 云 "『國語』曰: 無功庸" 者, 案 「晉語」: "韓獻子老, 使公族穆子受事於朝, 辭曰: '厲公之亂, 無忌備公族不能死. 臣聞之曰: 無功庸者, 不敢居高位. 今無忌智不能匡君, 使至於難, 仁不能救, 勇不能死, 敢辱君朝以忝韓宗, 請退也.' 固辭不立. 悼公聞之, 曰: '難, 雖不能死, 而能讓, 不可不賞.' 使掌公族大夫." 是其事也.

모두 노고(勞苦)를 말한다. 윤(倫)은 리(理 : ; 다스리다)인데, 사무(事務)를 처리하는 이는 반드시 수고롭다. 예(勚)는 『광아』에 "고(苦 : 괴롭다)이다"고 하였다. 손염은 "일을 익힐 때의 고생이다"고 하였다. 칙(敕)은 서로 약속하여 경계한다는 뜻인데, 또 노고(勞苦)가 된다. 근(勤)은 노력(勞力 : 체력으로 노고하다)이다. 『서경』 「주서(周書)」 「재재(梓材)」에 "이미 담을 쌓는데 애썼다"고 하였다. 유(愉)는 라(懶 : 게으르다)이다. 곽박은 "고생하는 사람은 게으름이 많다. 유(愉)는 금자(今字)에 글자를 유(窳)로도 쓰는데 음의가 같다"고 하였다. 용(庸)은 백성의 일을 말한다. 단(癉)은 『설문』에 "일을 해서 생긴 병이다"고 하였다. ○ 주에서 인용한 『시경』의 "막지아예(莫知我勚)"는 「소아」 「우무정(雨無正)」의 글이고, "유왕지공(維王之邛)"은 「소아」 「교언(巧言)」의 글이고, "애아단인(哀我癉人)"은 「소아」 「대동(大東)」의 글이다. 주에서 말한 『국어』의 "무공용(無功庸)"은 「진어(晉語)」에 "한헌자(韓獻子)가 연로(年老)하였다. 진도공(晉悼公)이 공족(公族)인 목자(穆子)⁷⁹⁾로 하여금 조정의 일을 일을 맡게 하자 목자가 사양하면서 말하기를 '여공(厲公)의 난리에 무기(無忌: 자신)가 공족(公族)인 데도 죽지 못했습니다. 국가와 백성에 공로가 없는 이는 높은 지위에 오를 수 없다고 저는 들었습니다. 지금 저[無忌]의 지혜는 임금을 바르게 인도하지 못하여 난리를 당하게 하였고, 나라를 구제할 만큼 어질지도 못하고, 나라를 위해 죽을 수 있는 용기도 없습니다. 감히 임금의 조정을 욕되게 하여, 한씨(韓氏)의 종묘를 더럽혔으니, 물러나기를 청합니다'고 고사(固辭)하고 나아가지 않았다. 도공(悼公)이 이 사실을 듣고 '난리에 비록 죽지 않았다 하더라도 능히 사양하였으니, 상(賞)을 주지 않을 수 없다'고 하여 그로 하여금 공족대부(公族大夫)⁸⁰⁾를 관장하게 하였다"고 한 것이 바로 이 일이다.

 勞·來·强·事⁸¹⁾·謂·翦·篲, 勤也.

로(勞)·래(來)·강(强)·사(事)·위(謂)·전(翦)·수(篲)는 근(勤: 힘써 일하다)이다.

 『詩』曰: "職勞不來." 自勉强者, 亦勤力者. 由事事, 故爲勤也.
『詩』曰: "迨其謂之." 翦·篲未詳.

---

79) 穆子: 晋의 公族. 이름이 無忌이다. 아버지가 韓獻子인데, 이름은 厥이다.
80) 公族大夫: 公族은 임금과 同姓인 사람. 公族大夫는 임금과 同姓인 사람을 관장하는 직책이다.
81) 來·强·事: 『爾雅詁林』「義疏」에는 "衆經音義引舍人云, 來, 强事也. 疑强事二字本係舍人之註, 傳寫者溷入正文也"라고 하여 '强事'는 本文이 아니고 '來'의 注釋이라고 하였다.

『시경』에 "주로 수고하지만 애쓴다고 하는 말도 없다"[82]고 하였다. 스스로 힘써 노력하는 것이 또 근력(勤力)이다. 일마다 공을 말미암기 때문에 근(勤)이다.『시경』에 "시집 가기를 애써 바라는 데에 미친다"[83]고 하였다. 전(翦)·수(篲)는 미상(未詳)이다.

 勞, 力報反, 注同. 來, 本又作勑, 力代反, 本或作賚. 强, 其丈反, 注同. 翦, 子淺反. 篲, 本又作彗, 同, 息遂反, 又徂歲反. 迨, 音待.

로(勞)는 력(力)과 보(報)의 반절이며 주에서도 같다. 래(來)는 본에 따라 래(勑)로 되어 있는데 력(力)과 대(代)의 반절이다. 본에 따라 뢰(賚)로 되어 있다. 강(强)은 기(其)와 장(丈)의 반절이며 주에서도 같다. 전(翦)은 자(子)와 천(淺)의 반절이다. 수(篲)는 본에 따라 혜(彗)로 되어 있는데 음의는 같으며 식(息)과 수(遂)의 반절, 또는 조(徂)와 세(歲)의 반절이다. 태(迨)는 음이 대(待)이다.

 皆謂勤勞也. 勞·來者, 以其有勤勞也. 自勉强者, 亦爲勤. 由能事事有功者, 亦爲勤. ○云"職勞不來"者,「小雅」「大東」文. 人以不被勞來者爲不見勤, 故「采薇」序曰:"「杕杜」以勤歸也[84]." 卽是勞來也. 云"迨其謂之"者,「召南」「摽有梅」文也.

모두 부지런히 애씀을 말한다. 로(勞)·래(來)라는 것은 힘써 애씀이 있

---

82) 주로 …… 없다:毛傳의 "來, 勤也"와 鄭箋의 "職, 主也. 東人勞苦而不見謂勤" 및 孔穎達 疏의 "東國譚人之子主爲勞苦, ……"를 따랐다. 집전은 "職, 專主也. 來, 慰撫也"라 하고,『詩經備旨』에는 "專主爲勞苦, 而絶不被慰來"라 하여, '오로지 수고하되 위로받지 못한다'로 번역된다.

83) 애써 …… 미친다:鄭箋의 "謂, 勤也. …… 女年二十而無嫁端, 則有勤望之憂"를 따랐다. 집전은 "但相告語, 而約可定矣"라 하여, '말만 하면 약혼을 한다'로 번역된다.

84) 歸也:대본에는 '之'로 되어 있으나『시경집전대전』에 따라 고쳤다.

기 때문이다. 스스로 힘써 일하는 것도 또한 근(勤)이다. 능히 일마다 공이
있는 것을 말미암으니 또한 근(勤)이다. ○주에서 인용한 『시경』의 "직로
불래(職勞不來)"는 「소아」 「대동(大東)」의 글이다. 사람들이 고생에 대한 보
답을 받지 못하는 것을 불견근(不見勤 : 애쓴다고 인정하지 않음)이라 한다. 그
러므로 『시경』 「소아」 「채미(采薇)」의 소서(小序)에 "「체두(杕杜)」 노래를 부
름으로써 돌아옴에 애썼다고 한 것이다"[85]고 하였으니, 즉 고생하고서 왔
다는 것이다. 주에서 말한 "태기위지(迨其謂之)"는 「소남(召南)」 「표유매(摽
有梅)」의 글이다.

悠·傷·憂, 思也.

유(悠)·상(傷)·우(憂)는 사(思 : 생각)이다.

皆感思也.

모두 감사(感思 : 느낀 생각)이다.

傷, 『字書』作愓, 尸羊反. 思, 司嗣反, 注同.

상(傷)은 『자서』에는 "상(愓)으로 쓰며, 시(尸)와 양(羊)의 반절이다"고 하

---

85) 「杕杜」 …… 한 것이다 : 군대가 고생하였기 때문에 돌아올 때는 「당풍(唐風)」 「체두
(杕杜)」를 부른다는 의미다. 鄭玄은 이 구절을 "以其勤勞之故, 於其歸歌杕杜, 以休息
之"라고 하였다.

였다. 사(思)는 사(司)와 사(嗣)의 반절이며 주에서도 같다.

 皆感思也. 悠者,「秦風」「渭陽」云:"悠悠我思." 傷者,「周南」「卷耳」云:"維以不永傷." 憂者, 愁思也.

모두 감사(感思)이다. 유(悠)는「진풍(秦風)」「위양(渭陽)」에 "끝없는 나의 그리움"이라 하였다. 상(傷)은「주남(周南)」「권이(卷耳)」에 "길이 생각하지 않으리"라 하였다. 우(憂)는 근심스런 생각이다.

 懷·惟·慮·願·念·怒, 思也.

회(懷)·유(惟)·려(慮)·원(願)·념(念)·녁(怒)은 사(思)이다.

 『詩』曰:"怒如調飢."

『시경』에 "그리움이 아침밥을 주린 것 같다"[86]고 하였다.

 怒, 乃歷反. 調, 竹留反. 毛詩傳云:"朝也."

녁(怒)은 내(乃)와 력(歷)의 반절이다. 주(調)는 죽(竹)과 류(留)의 반절이다.

---

86) 그리움이 …… 같다: 鄭箋의 "未見君子之時, 如朝飢之思食"을 따랐다. '調'에 대하여 毛傳, 鄭箋에는 모두 '朝'라 하였다. 淸代의 朱駿聲은『說文通訓定聲』에서 '朝'의 假借字라고 하였다.

모전(毛傳)에 "조(朝 : 아침)이다"고 하였다.

 皆思念也. 『方言』云: "鬱悠 · 懷 · 怒 · 惟 · 慮 · 願 · 念 · 靖 · 愼,
思也. 晉宋衛魯之間謂之鬱悠. 惟, 凡思也. 慮, 謀思也. 願, 欲思
也. 念, 常思也. 東齊海岱之間曰靖, 秦晉或曰愼. 凡思之貌亦曰愼, 或曰
怒." 舍人曰: "怒, 志而不得之思也." ○注『詩』曰: 怒如調飢", 「周南」「汝
墳」文.

　모두 사념(思念)이다. 『방언』에 "울유(鬱悠) · 회(懷) · 녁(怒) · 유(惟) · 려(慮) ·
원(願) · 념(念) · 정(靖) · 신(愼)은 사(思)이다.　진(晉) · 송(宋) · 위(衛) · 로(魯)의
지역에서는 울유(鬱悠)라고 한다. 유(惟)는 범사(凡思 : 보통 생각), 려(慮)는 모
사(謀思 : 계획적인 생각), 원(願)은 욕사(欲思 : 바라는 생각), 념(念)은 상사(常思 : 일
상적인 생각)이다. 동제(東齊) · 해(海) · 대(岱)[87] 지역에서는 정(靖)이라 하고,
진(秦) · 진(晉)에서는 신(愼)이라고 한다. 보통으로 생각하는 모습을 또한 신
(愼)이라 하고, 혹은 녁(怒)이라 한다"[88]고 하였다. 사인(舍人)은 "녁(怒)은 뜻
은 있으나 실현하지 못하는 생각"이라고 하였다. ○ 주에서 인용한 『시경』
의 "녁여주기(怒如調飢)"는 「주남(周南)」 「여분(汝墳)」의 글이다.

經文 祿 · 祉 · 履 · 戩 · 祓 · 禧 · 禔 · 祜, 福也.

　록(祿) · 지(祉) · 리(履) · 전(戩) · 불(祓) · 희(禧) · 사(禔) · 호(祜)는 복(福 : 복)
이다.

---

87) 海 · 岱 : 渤海 · 泰山 지역을 말한다.
88) 鬱悠 …… 怒이라 한다 : 『방언』 권1-5에 나온다.

[爾雅注] 『詩』曰：“福履綏之”，“俾爾戩穀”，“祓祿康矣.”[89] 祉・禧，『書』傳不見，其義未詳.

『시경』에 “복과 녹으로 편안히 한다”, “그대들에게 복과 녹을 준다”, “복과 녹으로 편안히 한다”고 하였다. 사(祉)와 희(禧)는 『서경』과 모전에 보이지 않으며 그 뜻은 미상이다.[90]

[爾雅音義] 祉, 音恥. 戩, 音翦, 又章善反. 孫音箭. 祓, 音廢, 又音拂, 又方妹反. 禧, 許其反. 祉, 音斯. 郭常支巨移二反. 祜, 音戶. 俾, 必爾反.

지(祉)는 음이 치(恥)이다. 전(戩)은 음이 전(翦), 또는 장(章)과 선(善)의 반절이다. 손염은 음을 전(箭)이라 하였다. 불(祓)은 음이 폐(廢), 또는 불(拂), 또는 방(方)과 매(妹)의 반절이다. 희(禧)는 허(許)와 기(其)의 반절이다. 사(祉)는 음이 사(斯)이다. 곽박은 상(常)과 지(支), 거(巨)와 이(移) 두 가지의 반절이라 하였다. 호(祜)는 음이 호(戶)이다. 비(俾)는 필(必)과 이(爾)의 반절이다.

[爾雅疏] 皆福祜也. 福祿對文則小異, 散則祿亦福也.[91] 「商頌」「玄鳥」云：“百祿是何.” 鄭箋：“謂當擔負天之多福.” 祉者, 繁多之福也. 「周頌」「烈文」云：“錫玆祉福.” 祜者, 「小雅」「信南山」云：“受天之祜.” ○云 “『詩』曰：福履綏之”者, 「周南」「樛木」文. 云“俾爾戩穀”者, 「小雅」「天保」文. 云“祓祿康矣”者, 「大雅」「卷阿」文.

---

89) 祓祿康矣：『시경집전대전』에는 ‘茀祿爾康矣’로 되어 있다.
90) 祉와 …… 미상이다：『爾雅詁林』「正義」에 “禧, 通作釐. …… 釐, 福也. …… 祉者 『說文』云：‘祉, 福也’”라고 하여, 祉・禧를 ‘福’으로 설명하였다.
91) 福祿對文 …… 亦福也：對文은 비슷한 두 말을 서로 상대적인 개념으로 파악하여 구별하는 말. 散은 散文으로, 비상대적 개념으로 구별 없이 통틀어 하는 말. 對文은 析言・對言이라고도 하고, 散文은 散言・渾言・統言・通言이라고도 한다.

모두 복(福)의 뜻이다. 복(福)과 녹(祿)은 상대적인 글에서는 조금 다르나, 비상대적인 글에서는 녹(祿)도 역시 복(福)이다. 「상송(商頌)」「현조(玄鳥)」에 "온갖 복을 받는다"고 하였는데, 정전(鄭箋)에는 "하늘의 많은 복을 받음을 말한다"고 하였다. 지(祉)는 많은 복의 뜻이다. 「주송(周頌)」「열문(烈文)」에 "이 복을 준다"고 하였다. 호(祜)는 「소아」「신남산(信南山)」에 "하늘의 복을 받는다"고 하였다. ○주에서 인용한 『시경』의 "복리수지(福履綏之)"는 「주남」「규목(樛木)」의 글이다. "비이전곡(俾爾戩穀)"은 「소아」「천보(天保)」의 글이다. "불록강의(祓祿康矣)"는 「대아」「권아(卷阿)」의 글이다.

禋·祀·祠·蒸·嘗·禴, 祭也.

인(禋)·사(祀)·사(祠)·증(蒸)·상(嘗)·약(禴)은 제(祭 : 제사)이다.

『書』曰: "禋于六宗." 餘者皆以爲四時祭名也.

『서경』에 "육종(六宗)[92]에게 제사지낸다"고 하였다. 나머지는 모두 사계절에 지내는 제사의 명칭이다.

禋, 音因, 注同. 祀, 音似. 祠, 音詞, 周春祭名. 蒸, 之升反, 冬祭名. 嘗, 字又作常, 秋祭名. 禴, 字又作礿, 同, 餘若反, 夏祭名.

인(禋)은 음이 인(因)인데 주에서도 같다. 사(祀)는 음이 사(似)이다. 사(祠)

---

92) 六宗 : 여섯 군데 존중할 대상.

는 음이 사(詞)로, 주(周)나라 봄 제사의 명칭이다. 증(烝)은 지(之)와 승(升)의
반절로, 겨울 제사의 명칭이다. 상(嘗)은 글자를 또 상(常)으로도 쓰는데,
가을 제사의 명칭이다. 약(禴)은 글자를 또 약(礿)으로도 쓰는데, 음의가 같
으며 여(餘)와 약(若)의 반절로, 여름 제사의 명칭이다.

爾雅 疏 皆祭之別名. 祭, 際也, 人神交際. 『說文』云: "從示·從又·從
肉. 又, 手也. 以手持肉. 示, 神所以祭也.[93]" 禋者, 『說文』云:
"潔祀也." 祀者, 『說文』云: "祭無已也." 餘者四時祭名, 疏具「釋天」. ○
注『書』曰: 禋于六宗", 「虞書」「舜典」文. 孔安國云: "精意以享謂之禋.
宗, 尊也. 所尊祭者, 其祀有六, 謂四時也, 寒暑也, 日也, 月也, 星也, 水
旱也."

　모두 제사(祭祀)의 다른 이름이다. 제(祭)는 제(際 : 만나다)로, 사람과 신(神)
이 교제(交際)하는 것이다. 『설문』에 "시(示)를 따르고, 우(又)를 따르고 육
(肉)을 따른다. 우(又)는 수(手 : 손)이다. 손으로 고기를 잡음이다. 시(示)는 신
에게 제사(祭祀)하는 것이다"고 하였다. 인(禋)은 『설문』에 "결사(潔祀 : 정결
히 제사하다)이다"고 하였다. 사(祀)는 『설문』에 "제사에 단절이 없는 것이
다"고 하였다. 나머지는 사계절의 제사 명칭인데 해설은 『이아』 「석천(釋
天)」에 갖추어져 있다. ○ 주에서 인용한 『서경』의 "인우육종(禋于六宗)"은
「우서(虞書)」 「순전(舜典)」의 글이다. 공안국(孔安國)은 "뜻을 정일(精一)하게
하여 제향(祭享)함을 인(禋)이라 한다. 종(宗)은 존(尊)의 뜻이다. 받들어 제
사하여야 할 것에는 그 사(祀)가 여섯 가지가 있는데 사시(四時)와 한서(寒
暑)와 일(日)과 월(月)과 성(星)과 수한(水旱)이다"고 하였다.

---

93) 以手持肉, …… 所以祭也 : 段注本 『說文』에는 "從示, 以手持肉"이라 하였다. 邢昺
이 본 『說文』에 대하여는 『爾雅詁林』 「商義」(2책, 99면)에 "邢氏論語爾雅兩疏, 出徐
校說文, 後而所引許書攷之, 是据李陽冰本, 此李本得眞者也"라고 하여, 徐校說文에
의거하고 이는 또 李陽冰本에 의거하였음을 밝히고 있다.

 儼·恪·祗·翼·諲·恭·欽·寅·熯, 敬也.

엄(儼)·각(恪)·지(祗)·익(翼)·인(諲)·공(恭)·흠(欽)·인(寅)·한(熯)은 경
(敬: 공경하다)이다.

 儼然, 敬貌. 『書』曰: "夙夜惟寅." 『詩』曰: "我孔熯矣." 諲未詳.

엄연(儼然)은 공경하는 모습이다. 『서경』에 "밤낮으로 그 직책을 공손히
생각하라"[94]고 하였다. 『시경』에는 "내가 매우 경건히 한다"고 하였다.
인(諲)은 미상이다.

 儼, 魚儉反. 恪, 口各反. 祗, 旨夷反. 諲, 音因, 又音眞. 熯, 而善
反. 郭音罕. 『說文』·『蒼頡篇』皆同.

엄(儼)은 어(魚)와 검(儉)의 반절이다. 각(恪)은 구(口)와 각(各)의 반절이다.
지(祗)는 지(旨)와 이(夷)의 반절이다. 인(諲)은 음이 인(因), 또는 진(眞)이다.
한(熯)은 이(而)와 선(善)의 반절이다. 곽박은 음을 한(罕)이라고 하였다. 『설
문』과 『창힐편(蒼頡篇)』[95]에서도 모두 같다.

 皆謂謹敬也. 儼者, 郭云: "儼然, 敬貌." 『論語』云: "儼然人望而畏
之." 恪者, 心敬也. 「周書」 「微子之命」云: "恪愼克孝." 祗者, 「虞

---

94) 밤낮으로 …… 생각하라: 孔傳의 "言早夜敬思其職"을 따랐다.
95) 『蒼頡篇』: 書名. 1篇. 秦 李斯 撰. 史籒의 大篆을 생략하여 고친 것이다. 이른바 小
篆으로 쓰였다. 『漢書』 「藝文志」 '小學家流'에 나온다. 淸의 馬國翰의 輯本이 있는
데 4자 1구로 만들어 있어 후세의 千字文과 비슷하다.

書「大禹謨」云:"祗承于帝." 翼者, 小心之敬也.「大雅」「大明」云:"小心翼翼." 恭者, 敬貌也.「大雅」「桑柔」云:"溫溫恭人." 欽者,『堯典』云:"欽若昊天." ○云"『書』曰:夙夜惟寅"者,「虞書」「舜典」文. 云"『詩』曰:我孔熯矣"者,「小雅」「楚茨」文.

모두 삼가 공경함을 말한다. 엄(儼)에 대하여 곽박은 "엄연(儼然)은 공경하는 모습이다"고 하였는데,『논어』「요왈(堯曰)」에 "군자가 공경스런 모습을 하면 사람들이 바라보고 두려워한다"고 하였다. 각(恪)은 마음속으로 공경하는 것이다.『서경』「주서(周書)」「미자지명(微子之命)」에 "공경하고 삼가며 어버이를 효도로 잘 섬긴다"고 하였다. 지(祗)는『서경』「우서(虞書)」「대우모(大禹謨)」에 "공경히 요순(堯舜)을 이었다"[96]고 하였다. 익(翼)은 조심하면서 공경하는 것이다.「대아」「대명(大明)」에 "조심하여 삼가는 모습으로"[97]라 하였다. 공(恭)은 공경하는 모습이다.「대아」「상유(桑柔)」에 "온화하고 공손한 사람"[98]이라 하였다. 흠(欽)은『서경』「우서(虞書)」「요전(堯典)」에 "하늘을 공경하여 따르게 하다"[99]이고 하였다. ○주에서 인용한『서경』의 "숙야유인(夙夜惟寅)"은「우서(虞書)」「순전(舜典)」의 글이다.『시경』의 "아공한의(我孔熯矣)"는「소아」「초자(楚茨)」의 글이다.

 朝·旦·夙·晨·晙, 早也.

---

96) 공경히 …… 이었다 : 孔傳의 "敬承堯舜"을 따랐다.
97) 공경하고 …… 모습으로 : 鄭箋과 집전 모두 '恭愼貌'라 하였으며, 毛傳은 언급이 없다.
98) 온화하고 …… 사람 : 이 구절은『시경집전대전』에는「大雅」「抑」편과「小雅」「小宛」에 실려 있다.
99) 하늘을 …… 따르게 하다 : 孔傳의 "使敬順昊天"을 따랐다.

조(朝)·단(旦)·숙(夙)·신(晨)·준(晙)은, 조(早 : 새벽. 아침)이다.

 晙亦明也.

준(晙)도 또한 새벽이다.

 晙, 子峻反, 又音峻.

준(晙)은 자(子)와 준(峻)의 반절, 또는 음이 준(晙)이다.

早者,『說文』云:“晨也. 從日在甲上.” 十, 古文甲字. 今卽以不
晚爲早. 朝者,「鄘風」「蝃蝀」云:“崇朝其雨.” 毛傳云:“崇, 終也.
從旦至食時爲終朝.” 旦者,『說文』云:“明也. 從日在[100]一上, 一, 地也.”
「陳風」「東門之枌」云:“穀旦于差.” 夙者,「齊風」「東方未明」云:“不夙則
莫.[101]” 晨者,『說文』云:“晨, 昧爽也.” 「東方未明」云:“不能晨[102]夜.”
晙亦明之早也.

조(早)는 『설문』에 “신(晨)이다. 일(日)을 따르고 갑(甲) 위에 있다”고 하였
다. 십(十)은 갑(甲)의 고자(古字)이다.[103] 지금은 곧 늦지 않은 것을 조(早)라

---

100) 在 : 段注本『說文』에는 ‘見’으로 되어 있다.
101) 莫 : 暮로 읽는다.
102) 晨 : 『시경집전대전』에는 ‘辰’으로 되어 있다.
103) 十은 …… 古字이다 : 『今字解剖』(王有宗, 臺灣商務印書館股份有限公司, 民國 61
年, 2版)에 “十, 甲之省, 早字戎字如此作”이라 하여, ‘十’은 甲의 생략으로 早에 쓰인
다고 하였다. 早는 본래 晘로 되어 있다. 甲은 “象木戴孚甲之形, 借爲甲冑之甲”으로,
나무가 껍질을 달고 있는 모양인데, 甲冑로 假借된다. 이리하여 早는 『形字典』에 “早,
從日在甲上, 甲者, 首鎧, 從甲猶人首, 擧首見日爲早, 其本義作晨解, 卽晨間之稱”이

고 한다. 조(朝)는「용풍(鄘風)」「체동(螮蝀)」에 "아침이 끝날 때까지 비가
오다"고 하였다. 모전(毛傳)에 "숭(崇)은 종(終)이다. 새벽부터 아침 먹을 때
까지를 종조(終朝)라 한다"고 하였다. 단(旦)은『설문』에 "새벽이다. 일(日)
이 가로획(一:非文) 위에 있음을 따랐다. 가로획(一)은 지(地:땅)의 뜻이다"
고 하였다.「진풍(陳風)」「동문지분(東門之枌)」에 "좋은 아침이라, 말하노니
이때를 가려서 놀자"[104]고 하였다. 숙(夙)은「제풍(齊風)」「동방미명(東方未
明)」에 "새벽이 아니면 저녁에 한다"고 하였다. 신(晨)은『설문』에 "신(晨)
은 동틀 무렵이다"고 하였다.「동방미명(東方未明)」에 "새벽과 밤을 구별하
지 못한다"고 하였다. 준(晙) 역시 이른 새벽이다.

　　　　　昷 · 竢 · 替 · 戾 · 厎 · 止 · 徯, 待也.

수(昷) · 사(竢) · 체(替) · 려(戾) · 지(厎) · 지(止) · 혜(徯)는 대(待:기다리다)이다.

『書』曰: "徯我后." 今河北人語亦然. 替 · 戾 · 厎者, 皆止也. 止
亦相待也.

『서경』에 "우리의 임금을 기다린다"고 하였다. 지금의 하북인(河北人)들
의 말도 또한 그러하다. 체(替) · 려(戾) · 지(厎)는 모두 지(止)이다. 지(止)도
역시 기다림이다.

라 하여, 甲(鎧:투구) 즉 首(머리) 위에 日이 있는 것이 晨(새벽)이라고 풀이하였다.
104) 좋은 …… 놀자: 毛傳의 "穀, 善也", 鄭箋의 "旦, 明. 于, 曰. 差, 擇也", 孔穎達 疏의
　　 "見朝日善明, 無陰雲風雨, 則日可以相擇而行樂矣"를 따랐다. 집전은 "旣差擇善旦"
　　 이라 하여, '좋은 아침을 택하니'로 번역된다.

塈, 音須. 竢, 音仕. 字又作俟, 亦作竢, 音同. 替, 他計反. 戾, 音麗. 厎, 之視反, 字宜從一. 或作底, 非也. 底, 音丁禮反. 徯, 胡禮反.

수(塈)는 음이 수(須)이다. 사(竢)는 음이 사(仕)이다. 글자를 또 사(俟)로도 쓰며 또 사(竢)로도 쓰나 음은 같다. 체(替)는 타(他)와 계(計)의 반절이다. 려(戾)는 음이 려(麗)이다. 지(厎)는 지(之)와 시(視)의 반절인데, 글자는 일(一)을 따라야 옳다. 혹은 저(底)로도 쓰나 잘못이다. 저(底)는 음이 정(丁)과 례(禮)의 반절이다. 혜(徯)는 호(胡)와 례(禮)의 반절이다.

皆相待也. 塈者, 「邶風」「匏有苦葉」云:“印須我友.” 竢者, 「齊風」「著」篇云:“俟我于著乎而.” 塈‧須, 竢‧俟音義同. 替‧戾‧厎者, 郭云:“皆止也. 止亦相待也.” ○注『書』曰:徯我后”者, 「商書」「太甲」文.

모두 기다림이다. 수(塈)는 「패풍(邶風)」「포유고엽(匏有苦葉)」에 “나는 내 벗을 기다린다”고 하였다. 사(竢)는 「제풍(齊風)」「저(著)」편에 “나를 저(著)[105]에서 기다린다”고 하였다. 수(塈)와 수(須)는 음의가 같고, 사(竢)와 사(俟)도 음의가 같다. 체(替)‧려(戾)‧지(厎)에 대하여 곽박은 “모두 지(止)이다. 지(止)도 기다림이다”고 하였다. ○ 주에서 인용한 『서경』의 “혜아후(徯我后)”는 「상서(商書)」「태갑(太甲)」의 글이다.

 嘰‧幾‧朇‧殆, 危也.

---

105) 著 : 뜰과 병풍 사이를 말한다.

율(矞)・기(幾)・재(烖)・태(殆)는 위(危 : 위태롭다)이다.

幾猶殆也. 矞・烖, 未詳.

기(幾)는 태(殆)와 같다. 율(矞)・재(烖)는 미상이다.

矞, 郭音聿, 施音述. 幾, 音祈, 又音機. 烖, 音哉.

율(矞)에 대하여 곽박은 음을 율(聿), 시건(施乾)은 음을 술(述)이라 하였
다. 기(幾)는 음이 기(祈), 또는 기(機)이다. 재(烖)는 음이 재(哉)이다.

皆危險也. 『說文』云 : "危, 在高而懼." 幾者, 幾猶殆也. 「周書」
「顧命」云 : "無以釗冒貢于非幾." 殆者, 「小雅」「節南山」云 : "無
小人殆."

모두 위태로움이다. 『설문』에 "위(危)는 높은 곳에 있으면서 두려워하는
것이다"고 하였다. 기(幾)는 곽박주에서 "기(幾)는 태(殆)와 같다"고 하였다.
『서경』 「주서(周書)」 「고명(顧命)」에 "너희들은 쇠(釗 : 周 康王)를 그릇되고
위험한 일에 함부로 나아가도록 하지 말라"106)고 하였고, 태(殆)는 「소아」
「절남산(節南山)」에 "소인들의 말로 위태로움에 이르게 하지 말라"107)고
하였다.

---

106) 쇠를 …… 하지 말라 : 孔傳의 "汝無以釗冒進于非危之事"를 따랐다.
107) 소인들의 …… 하지 말라 : 毛傳의 "無以小人之言, 至於危殆也"를 따랐다. 鄭箋은
殆를 '近'이라 하여, '소인을 가까이 하지 말라'로 번역된다.

 幾, 汽也.

기(幾)는 기(汽 : 가깝다. 거의)이다.

 謂相摩近.

서로 닿아 가까움을 말한다.

 幾, 音祈, 又音沂. 郭音剴. 案, 剴, 音公哀反. 『說文』云 : "摩也."[108] 汽, 古愛反, 施音旣, 樊孫虛乞反. 摩, 莫河反. 近, 附近之近.

기(幾)는 음이 기(祈), 또는 기(沂)이다. 곽박은 음이 개(剴)라 하였다. 살펴건대, 개(剴)는 음이 공(公)과 애(哀)의 반절이다. 『설문』에 "마(摩)이다"고 하였다. 기(汽)는 고(古)와 애(愛)의 반절인데, 시건(施乾)은 음을 기(旣)라고 하였으며 번광과 손염은 허(虛)와 걸(乞)의 반절이라고 하였다. 마(摩)는 막(莫)과 하(河)의 반절이다. 근(近)은 부근(附近)의 근(近)이다.

『說文』云 : "剴, 摩也." 郭讀幾爲剴, 云 : "謂相摩近." 孫炎云 : "汽, 近也." 「大雅」 「民勞」云 : "汽[109]可小康." 鄭箋云 : "汽, 幾也." 反覆相訓, 故汽得爲幾也. 昭二十年 『左傳』 亦引此 『詩』. 杜預云 "汽,

---

108) 摩也 : 『설문』에는 "剴, 大鎌也. 一曰, 摩也"라고 하여, '큰 낫'의 뜻에 一曰(또 다른 뜻)로 '닿다'를 제시하였다.

109) 汽 : 『시경집전대전』에는 '汽'가 '迄'로 되어 있다. 이에 대해 毛傳은 '迄, 危也'라고 하였고, 鄭箋은 '迄, 幾也'라고 하였다.

期也." 然則期字雖別, 皆是近義, 言其近當如此『史記』稱漢高祖欲廢太子, 周昌曰 : "臣口不能言, 然臣期[110]知其不可. 陛下雖欲廢太子, 臣期不奉詔." 言期者, 意亦與此同也.

　　『설문』에 "개(劊)는 마(摩)이다"고 하였다. 곽박은 기(䃰)를 개(劊)로 읽고 "서로 닿아 가까운 것이다"고 하였다. 손염은 "기(汔)는 근(近)이다"고 하였다.「대아(大雅)」「민로(民勞)」에 "거의 조금 편안하게 할 수 있는가?"[111]라 하였는데, 정전(鄭箋)에는 "흘(汔)은 기(幾)이다"고 하였다. 반복(反覆)하여 서로 풀이하였기 때문에 흘(汔)이 기(幾)의 뜻이 된 것이다.『좌전』소공(昭公) 20년에도 역시 이『시경』을 인용하였는데, 두예(杜預)는 "기(汔)는 기(期)이다"고 하였다. 그렇다면 기(期)자가 비록 다르지만 모두 근(近 : 가깝다)의 뜻이니, 그 근(近)을 말할 때는 당연히 이와 같이 해야 한다.『사기(史記)』「장승상열전(張丞相列傳)」에 한 고조(漢高祖)가 태자를 폐(廢)하려 하자 주창(周昌)이 "신이 더듬거리는 버릇이 있어 입으로 말은 잘 못하지만, 신은 거의 그것이 불가함을 알고 있습니다. 폐하께서는 비록 태자를 폐하고자 하더라도, 신은 거의 폐하의 말을 받들 수가 없습니다"고 하였다. 기(期)를 말한 것은 의도가 역시 이와 동일하다.

 治・肆・古, 故也.

---

110) 期 : 邢昺은『史記』를 인용하면서 '期' 한 글자만 인용하고 '거의'라는 의미로 파악하였다.『史記』에는 '期期' 두 자가 있으며 말을 더듬거리는 모습이라고 하고, "昌, 爲人吃, 又盛怒"라고 하였다.

111) 거의 …… 있는가 : 鄭箋의 "王幾可以小安之乎"를 따랐다. 孔穎達 疏는 "王可以小省賦役而安息之"라고 하여, '거의 조금 편안케 할 수 있다'로 번역된다.『諺解』는 孔穎達의 疏를 따랐다.

치(治)・사(肆)・고(古)는 고(故 : 그러므로, 옛날)이다.

 治, 未詳. 肆・古見『詩』・『書』.

치(治)는 미상(未詳)이다. 사(肆)와 고(古)는 『시경』・『서경』에 보인다.

 治, 如字. 施, 直吏反.[112) 肆, 音四.

치(治)는 여자(如字)이다. 시건(施乾)은 직(直)과 리(吏)의 반절이라 하였다.
사(肆)는 음이 사(四)이다.

 肆之爲故, 語更端辭也.「商書」「湯誥」曰 : "肆台小子." 古之爲故,
謂舊故也.「周頌」「良耜」云 : "續古之人."

사(肆)가 고(故)의 뜻으로 쓰일 경우는 첫머리의 말을 바꿀 때 사용하는

---

112) 治 …… 直吏反 : 如字는 한 글자에 둘 또는 그 이상의 讀音이 있을 때, 本音에 따라
읽는 글자를 말한다. 治는 本音이 平聲으로, '다스리다'는 뜻이 되며, 直吏反은 去聲
으로, '다스려지다'는 뜻이 된다. 그 예로『孟子』「離婁上」의 "治人不治, 反其智"와
『集注』의 "治人之治, 平聲, 不治之治, 去聲"을 들 수 있는데, 이에 따르면 '治人之治'
는 '사람을 다스려도 다스려지지 않다'로 풀이된다. 이에 대해 더욱 자세하게 제시한
것은 "二帝三王之治(平聲, 澄之反, 鄒氏季友曰, 治字本平聲, 借用乃爲去聲, 故陸氏
於諸經中平聲者, 並無音, 乃音直吏反. …… 平聲者, 修理其事, 方用其力也. 去聲者,
事有條理, 已見其效也)天下之大經大法. …… 二帝三王之治(去聲), 本於道"(『五經讀
本』『書經集傳』「書經集傳序」, 中華書局有限公司, 民國 65年 再版)라고 하여, 治는
본래 平聲인데 이 경우 陸德明은 음을 표시하지 않고 去聲일 경우는 直吏反으로 표
시했다는 것이다. 그리하여 뜻이 平聲인 경우는 '理事(일을 다스리다)'이고, 去聲인 경
우는 '見效(효과를 보다. 다스려지다. 치적)'이다. 그리고 위의 '二帝三王之治 ……'는
평성의 경우, '二帝三王이 천하를 다스린 ……'으로 풀이되고, 거성인 경우 '二帝三王
의 치적은 ……'으로 풀이된다.

말이다. 「상서(商書)」 「탕고(湯誥)」에 "그러므로 나 소자(小子)가"라 하였다. 고(古)가 고(故)의 뜻으로 쓰일 경우는 구고(舊故)의 뜻이다. 「주송(周頌)」 「양사(良耜)」에 "옛 사람을 이어간다"고 하였다.

 肆·故, 今也.

사(肆)·고(故)는 금(今 : 옛날과 지금)이다.

 肆旣爲故, 又爲今. 今亦爲故, 故亦爲今. 此義相反而兼通者, 事例在下, 而皆見『詩』.

사(肆)가 이미 고(故)의 뜻이 되었는데, 또 금(今)의 뜻도 된다. 금(今)은 또한 고(故)의 뜻이 되므로 고(故)도 역시 금(今)의 뜻이다. 이것은 뜻이 상반(相反)되면서 겸통(兼通)하는 것으로 사례(事例)가 아래에 있으며, 모두 『시경』에 보인다.

爾雅疏 『詩』「大雅」「緜」篇云 : "肆不殄厥慍." 毛傳云 : "肆, 故今也." 卽以肆之一字爲故今, 因上起下之語. 郭氏字別爲義, 云 : "肆旣爲故, 又爲今. 今亦爲故, 故亦爲今, 此義相反而兼通者, 事例在下." "在下"者, 謂在下文"徂·在, 存也"注.

『시경』「대아」「면(緜)」편에 "예나 지금이나 오랑캐들의 성냄을 끊지 못하였다"고 하였는데, 모전(毛傳)에는 "사(肆)는 고금(故今)이다"고 하였다. 즉 사(肆) 한 글자로 고(故)와 금(今)의 뜻이 되는 것이니, 위의 구절을 따라서 아래 구절을 이어나가는 말이다. 곽박은 글자마다 별도의 뜻을 정하여, "사(肆)가 이미 고(故)의 뜻이 되고 또 금(今)의 뜻이 된다. 금(今) 또한 고(故)의 뜻이 되므로 고(故)도 역시 금(今)의 뜻이다. 이것은 뜻이 상반(相反)되면서 겸통(兼通)하는 것으로 사례(事例)가 아래에 있다"고 하였다. "아래에 있다(在下)"고 한 것은 아래 글의 "조(徂)·재(在)는 존(存)이다"에 대한 곽박의 주(注)에 있다는 것이다.

 惇·亶·祜·篤·掔·仍·肶·埤·竺·腹, 厚也.

돈(惇)·단(亶)·호(祜)·독(篤)·견(掔)·잉(仍)·비(肶)·비(埤)·축(竺)·복(腹)은 후(厚: 중후하다)이다.

 頻仍·埤益·肶輔, 皆重厚. 掔然, 厚貌. 餘皆見『詩』·『書』.

빈잉(頻仍)·비익(埤益)·비보(肶輔)는 모두 중후(重厚)하다는 뜻이다. 견연(掔然)은 중후한 모습이다. 나머지는 모두 『시경』·『서경』에 보인다.

爾雅音義 惇, 字又作憞, 丁門反. 亶, 多但反. 祜, 音戶. 掔, 却賢反, 又苦間苦忍二反. 仍, 本或作扔, 同, 汝烝反. 肶, 音毗, 本或作脾, 同. 埤, 避支反, 又音婢[113]. 竺, 字又作篤, 同, 丁毒反. 腹, 分伏反. 重, 直龍反.

---

113) 婢: 대본과 『석문』에 '桿'로 되어 있으나 『爾雅詁林』「爾雅音義攷證」에 따라 '婢'로 고쳤다.

돈(惇)은 글자를 또 돈(憻)으로도 쓰는데 정(丁)과 문(門)의 반절이다. 단(亶)은 다(多)와 단(但)의 반절이다. 호(祜)는 음이 호(戶)이다. 견(掔)은 각(却)과 현(賢)의 반절, 또는 고(苦)와 간(間), 고(苦)와 인(忍) 두 가지의 반절이다. 잉(仍)은 본에 따라 잉(扔)으로 되어 있는데 음의가 같으며, 여(汝)와 증(烝)의 반절이다. 비(妣)는 음이 비(毗)인데, 본에 따라 비(脾)로 되어 있는데 음의가 같다. 비(埤)는 피(避)와 지(支)의 반절, 또는 음이 비(婢)이다. 축(竺)은 글자를 또 독(篤)으로도 쓰는데 음의가 같으며 정(丁)과 독(毒)의 반절이다. 복(腹)은 분(分)과 복(伏)의 반절이다. 중(重)은 직(直)과 룡(龍)의 반절이다.

爾雅疏 皆重厚也. 惇者, 「周書」「武成」云: "惇信明義." 亶者, 誠之厚也. 「大雅」「桑柔」云: "逢天僤怒." 「小雅」「天保」云: "俾爾單厚." 「周頌」「昊天有成命」云: "單厥心." 皆訓厚也. 亶·僤·單音義同. 祜者, 福厚也. 篤者, 「周頌」「維天之命」云: "曾孫篤之." 掔然, 厚貌. 頻仍·埤益·妣輔, 皆重厚. 「釋天」云: "仍饑爲荐." 「邶風」「北門」云: "政事一埤益我." 「小雅」「節南山」云: "天子是毗." 又「采菽」云: "福祿膍之." 妣·毗·膍音義同. 腹者, 「小雅」「蓼莪」云: "出入腹我." 「月令」云: "水澤腹堅."

모두 중후(重厚)함이다. 돈(惇)은 「주서(周書)」「무성(武成)」에 "믿음을 두텁게 하고 의를 밝힌다"고 하였다. 단(亶)은 정성이 두터운 것이다. 「대아」「상유(桑柔)」에 "하늘의 심한 노여움을 만났다"고 하였다. 「소아」「천보(天保)」에 "그대들을 후하고 후하게 한다"고 하였다. 「주송」「호천유성명(昊天有成命)」에 "그 마음을 두텁게 한다"고 하였다. 모두 뜻이 후(厚)이다. 단(亶)·탄(僤)·단(單)은 음의가 같다. 호(祜)는 복이 두터운 것이다. 독(篤)은 「주송」「유천지명(維天之命)」에 "증손(曾孫)들이 후왕(後王)을 독실하게 하려 한다"[114]고 하였다. 견연(掔然)은 두터운 모양이다. 빈잉(頻仍)·비익(埤益)

---

114) 曾孫들이 …… 한다: 鄭箋의 "曾猶重也. 自孫之子而下, 事先祖. 皆稱曾孫. 是言曾孫, 欲使後王皆厚行之, 非唯今也"를 따랐다. 집전은 "曾孫, 後王也, …… 文王之道,

·비보(毗輔)는 모두 중후(重厚)하다는 뜻이다.『이아』「석천(釋天)」에 "기근이 심한 것을 천(荐)이라 한다"고 하였다.「패풍(邶風)」「북문(北門)」에 "부세(賦稅) 일이 저쪽에서 하나를 줄여 나에게 더한다"[115]고 하였다.「소아」「절남산(節南山)」에 "천자를 중후히 한다"고 하였다. 또「소아」「채숙(采菽)」에 "복록(福祿)을 후하게 한다"고 하였다. 비(毗)·비(吡)·비(膍)는 음의(音義)가 같다. 복(腹)은「소아」「육아(蓼莪)」에 "나가고 들어올 때 나를 후하게 해주셨다"고 하였다.『예기』「월령(月令)」에 "〈얼음이〉 못에 두텁고 견고하다"[116]고 하였다.

 載·謨·食·詐, 僞也.

재(載)·모(謨)·식(食)·사(詐)는 위(僞:거짓)이다.

 載者, 言而不信. 謨者, 謀而不忠.『書』曰 : "朕不食言."

재(載)는 말을 해도 믿지 않음이다. 모(謨)는 도모하였으나 진실되지 못한 것이다.『서경』에 "짐(朕)은 식언(食言)[117]하지 않는다"고 하였다.

後王又當篤厚之而不忘也"라 하여, '曾孫인 後王은 敦篤해야 할 것이다'로 번역된다.
115) 賦稅 …… 더한다 : 鄭箋의 "有賦稅之事, 則減彼一, 而以益我"를 따랐다. 집전은 "政事又一切以埤益我"라고 하여, '政務가 한결같이 나에게 더해진다'로 번역된다.
116) 못에 …… 견고하다 : 鄭注의 "腹, 厚也. 此月日在北陸, 氷堅厚之時也"를 따랐다.『集說』은 "腹, 猶內也"라 하여, '못이 속까지 견고하다'로 번역된다.
117) 食言 : 蔡沈傳에 "食言, 言已出而反吞之也"라고 하여, '食'이 '거짓'이라는 뜻임을 분명히 하였다.

謨, 亡胡反, 郭音慕. 詐, 側駕反. 謀, 亡侯反.

모(謨)는 망(亡)과 호(胡)의 반절이다. 곽박은 음을 모(慕)라고 하였다. 사(詐)는 측(側)과 가(駕)의 반절이다. 모(謀)는 망(亡)과 후(侯)의 반절이다.

 皆虛僞也. 郭云: "載者, 言而不信. 謨者, 謀而不忠"者, 以載詁爲言, 謨爲謀, 今又爲僞, 故以爲言而不信, 謀而不忠, 不信不忠, 則是僞也. 食者, 孫炎曰: "食, 言之僞也." 哀二十五年『左傳』云: "孟武伯惡郭重曰: '何肥也?' 公曰: '是食言多矣. 能無肥乎?'" 然則言而不行, 如食之消盡後終不行, 前言爲僞, 故通謂僞言爲食言. 故此訓食爲僞也. 詐者, 『方言』云: "膠 · 譎, 詐也, 涼州西南之間曰膠, 自關而東西或曰譎, 或曰膠. 詐, 通語也." ○注 "『書』曰: 朕不食言", 「商書」 「湯誓」文.

모두 허위(虛僞)라는 뜻이다. 곽박이 "재(載)는 말을 해도 믿지 않음이다. 모(謨)는 도모하였으나 진실하지 못한 것이다"고 하였다. 재(載)는 언(言)으로 풀이되고, 모(謨)는 모(謀)로 되는데, 지금 또 위(僞 : 거짓)도 되므로 말을 해도 믿지 않고, 도모하였는데도 진실하지 못함이 된다. 믿지 않고, 진실하지 못하면 이것이 위(僞)이다. 식(食)에 대하여 손염은 "식(食)은 말이 거짓된 것이다"고 하였다. 『좌전(左傳)』 애공(哀公) 25년에 "맹무백(孟武伯)이 곽중(郭重)을 싫어하여 '어찌 살이 많이 쪘는가?'라고 하자, 애공(哀公)이 '이 사람은 식언(食言)함이 많다. 살찌지 않을 수 있겠는가?'라 하였다"고 하였다. 그렇다면 말을 하고 실천하지 않음이 마치 먹어 소멸시키기를 다한 후에 끝내는 시행하지 않는 것과 같아서, 앞에 한 말이 거짓이 되기 때문에 통상 거짓말을 식언(食言)이라 한다. 그러므로 여기서 식(食)을 풀이하여 위(僞)라고 하였다. 사(詐)는 『방언』에 "교(膠) · 휼(譎)은 사(詐)이다. 양주(涼州) 서남(西南) 지역에서는 교(膠)라 하고, 함곡관(函谷關)에서 동서(東

西) 지역에서는 혹은 흉(謫) 혹은 교(膠)라고 한다. 사(詐)는 통용되는 말이다"118)고 하였다. ○ 주에서 인용한 『서경』의 "짐불식언(朕不食言)"은 「상서(商書)」「탕서(湯誓)」119)의 글이다.

 話·猷·載·行·訛, 言也.

화(話)·유(猷)·재(載)·행(行)·와(訛)는 언(言 : 말)이다.

 『詩』曰 : "愼爾出話." 猷者, 道, 道亦言也. 『周禮』曰 : "作盟詛之載." 今江東通謂語爲行. 世以妖言爲訛.

『시경』에 "네가 뱉어내는 말을 조심하라"120)고 하였다. 유(猷)는 도(道)와 같으며, 도(道) 역시 언(言)이다. 『주례(周禮)』에 "맹세하는 말을 책(策)에 기재한다"121)고 하였다. 지금의 강동(江東)에서는 통상 어(語)를 일러 행(行)이라 한다. 세상에서는 요사스런 말을 와(訛)라 한다.

 話, 胡快反. 猷, 音由, 字亦從犭. 行, 下庚反, 郭下孟反, 注同. 訛, 字又作吪, 亦作譌, 同, 五戈反. 盟, 音明. 詛, 側慮反. 妖, 於

---

118) 膠·謫은 …… 말이다 : 『방언』 권3-6에 나온다.
119) 湯誓 : 대본의 '湯誥'는 '湯誓'의 잘못이다.
120) 네가 …… 조심하라 : 원문의 話에 대하여 毛傳은 '善言'이라 하였고, 鄭箋은 '敎令'이라 하였다.
121) 맹세하는 …… 기재한다 : 『주례』의 본문은 "作盟詛之載辭"로 되어 있고, 鄭玄注에 "載辭, 爲辭而載之于策"이라 하고, 賈公彦疏에 "爲要誓之辭, 載之于策"이라 하였다. '盟詛'는 犧牲을 잡아 피를 마시고 神明에게 告하는 약속으로, 大事에는 盟이라 하고, 小事에는 詛라 한다.

喬反.

화(話)는 호(胡)와 쾌(快)의 반절이다. 유(猷)는 음이 유(由)인데 글자가 역시 견(犭)을 따른다. 행(行)은 하(下)와 경(庚)의 반절인데, 곽박은 하(下)와 맹(孟)의 반절이라고 하였으며, 주도 같다. 와(譌)는 글자를 또 와(吪)로도 쓰며 또한 와(譌)로도 쓰는데 음의가 같으며, 오(五)와 수(戌)의 반절이다. 맹(盟)은 음이 명(明)이다. 저(詛)는 측(側)과 려(慮)의 반절이다. 요(妖)는 어(於)와 교(喬)의 반절이다.

皆謂言辭也. 話者, 善言也, 孫炎曰 : "善人之言也." 猷者, 道也, 道亦言也. 載者, 載於簡策之言也. 郭云 : "今江東通謂語爲行. 世以妖言爲譌." ○云『詩』曰 : 愼爾出話"者,「大雅」「抑」篇文. 云『周禮』曰 : 作盟詛之載"者,「春官」「詛祝職」文也.

모두 언사(言辭 : 말)를 말한다. 화(話)는 선언(善言 : 좋은 말)인데 손염은 "선인(善人)의 말이다"고 하였다. 유(猷)는 도(道)인데, 도(道) 역시 말하는 것이다. 재(載)는 간책(簡策)에 실려 있는 말이다. 곽박은 "지금의 강동(江東)에서는 통상 어(語)를 일러 행(行)이라 한다. 세상에서는 요사스런 말을 와(譌)라고 한다"고 하였다. ○주에서 인용한 『시경』의 "신이출화(愼爾出話)"는 「대아」, 「억(抑)」편의 글이다. 『주례』의 "작맹저지재(作盟詛之載)"는 「춘관(春官)」 「저축직(詛祝職)」의 글이다.

 遘·逢, 遇也.

구(遘)・봉(逢)은 우(遇 : 만나다)이다.

 謂相遭遇.

서로 만나는 것을 말한다.

 遘・逢・遇, 遻也.

구(遘)・봉(逢)・우(遇)는 오(遻 : 부딪쳐서 만나다)이다.

 轉復爲相觸遻.

말을 돌려 다시 서로 맞딱뜨려 만나는 것이다.

 遘・逢・遇・遻, 見也.

구(遘)・봉(逢)・우(遇)・오(遻)는, 견(見 : 만나다)이다.

 行而相值, 卽見.

걸어가다가 서로 만남이 곧 견(見)이다.

 遘, 古豆反. 遻, 字又作迕, 同, 五故反. 復, 扶又反.

구(遘)는 고(古)와 두(豆)의 반절이다. 오(遻)는 글자를 또 오(迕)로도 쓰는
데 음의가 같으며, 오(五)와 고(故)의 반절이다. 부(復)는 부(扶)와 우(又)의 반
절이다.

 皆謂相遭遇·觸遻而相見也.「召南」「草蟲」云: "亦旣遘止."「周
書」「洪範」云: "子孫其逢吉."「鄭風」「野有蔓草」云: "邂逅相遇."
轉復相訓, 三者又爲相觸遻. 遘·逢·遇·遻四者, 皆行而相値之名. 行
而相値卽見也, 故又爲見.

모두 상호간에 만나고 맞딱뜨려 만나 서로 보는 것을 말한다.「소남」
「초충(草蟲)」에 "또한 이미 님을 만났다"고 하였다.「주서(周書)」「홍범(洪
範)」에 "자손이 그 길(吉)함을 만나리라"고 하였다.「정풍(鄭風)」「야유만초
(野有蔓草)」에 "우연히 맞닥뜨려 서로 만나다"고 하였다. 돌아가면서 서로
풀이하여 세 가지(遘·逢·遇)는 또한 맞닿아 만난다는 뜻이다. 구(遘)·봉
(逢)·우(遇)·오(遻) 네 가지는 모두 걸어가면서 서로 마주친다는 명칭이
다. 걸어가면서 서로 마주침이 곧 만남이므로 또 견(見)이라 한다.

顯·昭·覲·釗·覿, 見也.

현(顯)・소(昭)・근(覲)・소(釗)・적(覿)은 현(見: 드러나다)이다.

顯・昭, 明見也. 『逸書』曰 : "釗我周王."

현(顯)과 소(昭)는 밝게 드러나는 것이다. 『일주서(逸周書)』[122]에 "우리 주왕(周王)을 드러낸다"고 하였다.

釗, 工堯反, 又章堯反. 見, 賢遍反, 注同.

소(釗)는 공(工)과 요(堯)의 반절, 또는 장(章)과 요(堯)의 반절이다. 현(見)은 현(賢)과 편(遍)의 반절이며, 주(注)에서도 같다.

顯・昭明見也. 「周頌」「敬之」云 : "天維顯思." 又「時邁」云 : "明昭有周." 覲・釗・覿者, 皆下見上也. 「曲禮」云 : "天子當依而立, 諸侯北面而見天子曰覲." 「郊特牲」云 : "不敢私覿." ○注 『逸書』曰 : 釗我周王", 不在今 『尚書』之內, 故曰逸.

현(顯)・소(昭)는 밝게 드러내는 것이다. 「주송」「경지(敬之)」에 "하늘이 보인다"[123]고 하였다. 또 「주송」「시매(時邁)」에 "주(周)나라에 분명히 보인다"고 하였다. 근(覲)・소(釗)・적(覿)은 아래 사람이 윗사람을 알현(謁見)하는 것이다. 『예기』「곡례하(曲禮下)」에 "천자는 의(依)[124] 앞에 등지고 서

---

122) 『逸周書』 : 晉 武帝 때 魏의 安釐王의 무덤 속에서 발견한 책. 汲冢周書.
123) 顯 : 毛傳은 '見' 鄭箋은 '光'이라 하였다.
124) 依 : 천자가 있는 곳의 戶(문)와 牖(창문) 사이에 치는 병풍 모양의 물건. 붉은 바탕에 도끼 文樣이 수놓아져 있다.

있는데 제후(諸侯)가 북면(北面)을 하고 천자를 뵙는 것을 근(覲)이라 한다"
고 하였다. 『예기』「교특생(郊特牲)」에 "감히 사사로이 뵙지 않는다"고 하
였다. ○ 주에서 인용한『일서(逸書)』의 "소아주왕"은 지금의 『서경』에 없
으므로 일(逸 : 누락되다)이라 한 것이다.

監·瞻·臨·泣·覜·相, 視也.

감(監)·첨(瞻)·림(臨)·리(泣)·조(覜)·상(相)은 시(視 : 보다)이다.

皆謂察視也.

모두 찰시(察視 : 살펴보다)를 말한다.

監, 音鑒, 又工杉反, 字又作監. 泣, 音利, 又音類. 覜, 他弔反.
相, 施息亮反, 又息良反.

감(監)은 음이 감(鑒), 또는 공(工)과 삼(杉)의 반절이며, 글자를 또 감(監)
으로도 쓴다. 리(泣)는 음이 리(利), 또는 음을 류(類)라 한다. 조(覜)는 타(他)
와 조(弔)의 반절이다. 상(相)에 대하여 시건(施乾)은 식(息)과 량(亮)의 반절,
또는 식(息)과 량(良)의 반절이라 하였다.

皆謂察視也.「小雅」「節南山」云 : "何用不監." 又曰 : "民具爾瞻."
「大雅」「大明」云 : "上帝臨女."「文王世子」云 : "成王幼不能涖

阼." 覜者, 「考工記」云 : "瑑圭璋八寸, 璧琮八寸, 以覜聘." 鄭注云"頫, 視
也. 聘, 問也. 衆來曰覜, 特來曰聘." 相者, 「小雅」「小弁」云 : "相彼投兔."

　모두 찰시(察視 : 살펴보다)를 말한다. 「소아」「절남산(節南山)」에 "어찌하
여 살펴보지 아니하는가?"라 하였으며, 또 "백성들이 모두 너를 본다"고
하였다. 「대아」「대명(大明)」에 "상제(上帝)가 너를 보고 있다"고 하였다.
『예기』「문왕세자(文王世子)」에 "성왕(成王)이 어려서 왕위에 임할 수 없다"
고 하였다. 覜(조)는 『주례(周禮)』「고공기(考工記)」「옥인(玉人)」에 "무늬진
규장(珪璋) 팔촌(八寸)과 벽종(璧琮) 팔촌(八寸)으로 조빙(覜聘)한다"고 하였다.
정현의 주(注)에 "覜(조)는 시(視)이다. 빙(聘)은 문(問)이다. 여러 사람이 오는
것을 覜(조)라 하고, 특별히 오는 것[125]을 빙(聘)이라 한다"고 하였다. 상(相)
은 「소아」「소반(小弁)」에 "저 토끼를 덮치는 사람을 보라"[126]고 하였다.

 鞠・訩・溢, 盈也.

　국(鞠)・흉(訩)・일(溢)은 영(盈 : 가득 차서 많다)이다.

 『詩』曰 : "降此鞠訩."

---

125) 특별히 오는 것 : 天子가 일이 있을 때 不定期的으로 오는 일. 賈公彦疏에 "特來則
　　 天子有事乃來, 無常期者是也"라 하였다.
126) 저 토끼를 …… 보라 : 鄭箋의 "投, 掩. …… 視彼人將掩兔, 尙有先驅走之者"를 따랐
　　 다. 집전은 "投, 奔. …… 相彼被逐而投人之兔, 尙或有哀其窮而先脫之者"라고 하여,
　　 '저 쫓겨 달려드는 토끼를 본다'로 번역된다.

『시경』에 "이 많은 송사(訟事)를 내리셨다"[127]고 하였다.

 詾, 音凶.

흉(詾)은 음이 흉(凶)이다.

 皆爲盈多. 詾訟・滿溢, 皆盈多也. ○注"『詩』曰:降此鞫詾", 「小雅」「節南山」文. 毛傳云: "鞫, 盈. 詾, 訟也." 鄭箋云: "盈猶多也." 以盈者必多, 故鄭轉云盈猶多也.

모두 가득하다는 것이다. 흉송(詾訟)・만일(滿溢)은 모두 가득하여 많다는 뜻이다. ○주에서 인용한 『시경』의 "강차국흉(降此鞫詾)"은 「소아」「절남산(節南山)」의 글이다. 모전(毛傳)에 "국(鞫)은 영(盈), 흉(詾)은 송(訟)이다"고 하였다. 정전(鄭箋)에 "영(盈)은 다(多)와 같다"고 하였다. 가득한 것은 반드시 많기 때문에 정현이 전의(轉義)하여 "영(盈)은 다(多)와 같다"고 한 것이다.

經文 孔・魄・哉・延・虛・無・之・言, 間也.

공(孔)・백(魄)・재(哉)・연(延)・허(虛)・무(無)・지(之)・언(言)은 간(間:틈. 간극)이다.

---

127) 이 많은 …… 내리셨다: 鄭箋의 "乃下此多訟之俗"을 따랐다. 집전은 "鞫, 窮. 詾, 亂"이라 하여, '이 극한의 어지러움을 내리셨다'로 번역된다.

孔穴·延·魄·虛·無皆有間隙. 餘未詳.

공혈(孔穴)·연(延)·백(魄)·허(虛)·무(無)는 모두 간극(間隙)이 있는 것이다. 나머지는 미상(未詳)이다.

 間, 古閑反, 隙也. 舊音閑. 隙, 去戟反.

간(間)은 고(古)와 한(閑)의 반절로, 극(隙)이다. 구음(舊音)은 한(閑)이다. 극(隙)은 거(去)와 극(戟)의 반절이다.

 間謂間隙也. 孔者, 孔穴. 「小雅」「角弓」云: "如酌孔取." 魄者, 形也, 謂月之無光之處名魄也. 「康誥」云: "惟三月哉生魄." 延者, 今墓道也. 虛·無者, 空無所有也. 是皆有間隙也.

간(間)은 간극(間隙)을 말한다. 공(孔)은 빈 구멍이다. 「소아」 「각궁(角弓)」에 "만약 술을 따르거든 그릇의 빈 속에 담는 듯이 한다"[128]고 하였다. 백(魄)은 형(形)인데, 달의 빛 없는 곳을 백(魄)이라 부른다. 「주서(周書)」 「강고(康誥)」에 "3월 16일(비로소 달의 어두운 곳이 생겨나는 날)"이라 하였다. 연(延)은 지금의 묘도(墓道: 무덤 속에 통하는 길)이다. 허(虛)·무(無)는 비어서 없다는 것이다. 이것은 모두 간극(間隙)이 있는 것이다.

---

128) 만약 …… 듯이 한다 : 孔穎達 疏의 "如酌老者之酒, 則當如孔之有取. 孔者, 器中之所受也"를 따랐다. 집전은 "孔, 甚也. …… 酌之所取亦已甚矣"라고 하여, '술 따르기를 매우 많이 하는 듯하다'로 풀이된다.

 瘞·幽·隱·匿·蔽·竄, 微也.

예(瘞)·유(幽)·은(隱)·닉(匿)·폐(蔽)·찬(竄)은 미(微 : 도망가서 숨는다)이다.

 微謂逃藏也.『左傳』曰 : "其徒微之." 是也.

미(微)는 도망하여 숨는 것을 말한다.『좌전(左傳)』에 "그 무리들이 도망하여 숨었다"고 한 것이 이것이다.

 瘞, 猗例反, 郭音翳. 匿, 女力反. 蔽, 必曳反. 竄, 麤亂反.

예(瘞)는 의(猗)와 례(例)의 반절인데, 곽박은 음을 예(翳)라고 하였다. 닉(匿)은 녀(女)와 력(力)의 반절이다. 폐(蔽)는 필(必)과 예(曳)의 반절이다. 찬(竄)은 추(麤)와 란(亂)의 반절이다.

 微謂逃藏也. 瘞者, 埋藏之微也. 幽者, 深微也. 隱者, 潛[129]隱而微也. 匿者, 舍人曰 : "藏之微也." 蔽者, 覆障使微也. 竄者, 行之微也. 是皆微昧不顯揚也. ○案哀十六年傳云 : "楚白公勝作亂, 殺子西·子期. 葉公子高至. 遇箴尹固, 帥其屬, 將與白公. 子高曰 : '微二子者, 楚不國矣. 棄德從賊, 其可保乎?' 乃從葉公. 使與國人以攻白公. 白公奔山而縊, 其徒微之." 是也.

---

129) 潛 : 대본에는 '僭'으로 되어 있으나『爾雅詁林』「邢疏」에 따라 고쳤다.

미(微)는 도망하여 숨는 것을 말한다. 예(瘞)는 매장하여 숨기는 것이다. 유(幽)는 깊이 숨는 것이다. 은(隱)은 몰래 숨는 것이다. 닉(匿)에 대해서 사인(舍人)은 "감추어 숨기는 것이다"고 하였다. 폐(蔽)는 덮고 가려서 숨게 하는 것이다. 찬(竄)은 달아나 숨는 것이다. 이것은 모두 행적을 감추어 드러나지 않게 하는 것이다. ○ 살피건대,『좌전』애공 16년에 "초(楚)나라 백공(白公) 승(勝)이 난(亂)을 일으키고 자서(子西)와 자기(子期)를 죽였다. 섭공(葉公) 자고(子高)[130]가 이르렀다. 자고가 잠의 장관인 고(固)를 만났다. 고(固)가 자기 부하들을 통솔하여 백공(白公)에게 주려고 하였다. 자고(子高)가 말하기를 '두 사람이 없었다면[131] 초(楚)는 나라가 없었을 것입니다. 은혜를 저버리고 적(賊)을 따른다면 보전할 수 있겠습니까?'라고 하자, 고(固)가 섭공(葉公 : 子高)의 말을 따랐다. 섭공은 고(固)로 하여금 백성들과 함께 백공(白公)을 치도록 하였다. 백공은 산으로 달아나 목을 매고 죽으니, 그 일당들이 백공의 시체를 감추었다"고 한 것이 이것이다.

 訖·徽·妥·懷·安·按·替·戾·底·廢[132]·尼·定·曷·遏, 止也.

흘(訖)·휘(徽)·타(妥)·회(懷)·안(安)·안(按)·체(替)·려(戾)·저(底)·폐(廢)·니(尼)·정(定)·갈(曷)·알(遏)은 지(止 : 머물다)이다.

 妥者, 坐也. 懷者, 至也. 按, 抑. 替·廢皆止住也. 戾·底義見『詩』.『國語』曰 : "戾久將底."『孟子』曰 : "行或尼之." 今以逆相止爲遏. 徽未詳.

---

130) 子高 : 葉公의 字이다.
131) 두 사람이 없었다면 : 子西와 子期를 말하며 이 둘은 이미 勝에 의해 죽었다.
132) 廢 :『爾雅詁林』「音義攷證」에 '廢'는 '底'의 잘못이라 하였다.

타(妥)는 좌(坐: 앉다)의 뜻이다. 회(懷)는 지(至: 이르다)의 뜻이다. 안(按)은
억(抑: 억제하다)이다. 체(替)·폐(廢)는 모두 지주(止住: 머물다)이다. 려(戾)·저
(底)는 뜻이 『시경』에 보인다. 『국어』에 "머무름이 오래되면 장차 주저앉
게 된다"고 하였다. 『맹자』에 "가는 것도 혹은 저지시킨다"고 하였다. 지
금은 대항하여 막는 것을 알(遏)이라 한다. 휘(徽)는 미상(未詳)이다.

妥, 孫他果反, 郭他回反, 又他罪反. 劉昌宗『音儀禮』同, 『字林』
亦同. 按, 一旦反. 底, 丁禮反. 厎, 之視反. 尼, 施女乙反, 謝羊
而反. 曷, 何末反. 遏, 烏割反. 抑, 於力反.

타(妥)에 대하여 손염은 타(他)와 과(果)의 반절이라 하였고, 곽박은 타(他)
와 회(回)의 반절, 또는 타(他)와 죄(罪)의 반절이라고 하였다. 유창종(劉昌
宗)[133]의 『음의례(音儀禮)』와 『자림』에서도 같다. 안(按)은 일(一)과 단(旦)의
반절이다. 저(底)는 정(丁)과 례(禮)의 반절이다. 지(厎)는 지(之)와 시(視)의 반
절이다. 니(尼)에 대하여 시건(施乾)은 녀(女)와 을(乙)의 반절이라 하였고,
사교(謝嶠)는 양(羊)과 이(而)의 반절이라 하였다. 갈(曷)은 하(何)와 말(末)의
반절이다. 알(遏)은 오(烏)와 할(割)의 반절이다. 억(抑)은 어(於)와 력(力)의 반
절이다.

皆謂止住也. 訖者, 終止也. 妥者, 坐止也. 懷, 至止也. 安, 休止
也. 按·抑·替·廢皆止住也.「大雅」云: "以按徂旅."「小雅」云
: "勿替引之." 定者, 靜止也. 曷者, 俗以抑止爲曷. 今以逆相止爲遏. 餘皆
見注. ○云"戾·底義見『詩』"者,「小雅」「采菽」云: "亦是戾矣." 底者, 在
物之下, 是亦止也. 凡注言見『詩』, 今『毛詩』無者, 蓋在齊·魯·韓『詩』
也. 云"『國語』曰: 戾久將底"者, 案「晉語」云: "文公在翟十二年, 狐偃曰

---

133) 劉昌宗: 經學者. 『尙書音』·『毛詩音』·『左傳音』·『周禮音』·『儀禮音』·『禮記
音』을 저술하였다(『五經總義類』「古經解鉤沈」卷1 下).

'曰吾來此也, 非以翟爲榮, 可以成事也. 吾曰奔而易達, 困而有資, 休以擇利, 可以戾也.' 今戾久矣, 戾久將底, 底著滯淫, 誰能興之? 盍速行乎!" 是其事也. 云"『孟子』曰: 行或尼之"者, 案『孟子』: "魯平公將見孟子, 嬖人臧倉止之. 樂正子見孟子, 曰: '克告於君, 君爲來見也, 嬖人有臧倉沮君, 君是以不來也.' 曰: '行或使之, 止或尼之, 行止非人所能也. 吾之不遇魯侯, 天也. 臧氏之子, 焉能使予不遇哉?'" 是其事也. 此云"行或尼之"者, 所見本異, 或傳寫誤.

　　모두 머문다는 뜻이다. 흘(訖)은 마쳐 머무름이다. 타(妥)는 앉아서 머물음이다. 회(懷)는 도착해서 머무름이다. 안(安)은 쉬면서 머무름이다. 안(按)·억(抑)·체(替)·폐(廢)는 모두 '머문다'는 뜻이다. 「대아」「황의(皇矣)」에 "조(徂)나라의 병사들을 막는다"[134]고 하였다. 「소아」「초자(楚茨)」에 "〈제사를〉 폐지하지 말고 오래 가도록 하소서"[135]라 하였다. 정(定)은 고요히 머무름이다. 갈(曷)은 세속에서 억제하여 머물게 하는 것을 갈(曷)이라 한다. 지금은 맞딱뜨려 서로 막는 것을 알(遏)이라 한다. 나머지는 모두 주에 보인다. ○ 주에서 말한 "려저의현『시』(戾·底義見『詩』)"는 「소아」「채숙(采菽)」에 "또한 여기에서 머문다"[136]고 하였다. 저(底)는 사물의 아래에 있는 것을 뜻하는데, 이것 또한 지(止)가 된다. 주에서 『시경』에 나타나 있다고 하였는데, 지금의 『모시(毛詩)』에는 없고 아마 『제시(齊詩)』·『노시(魯詩)』·『한시(韓詩)』에 있을 것이다. 주에서 말한 『국어』의 "려구장저(戾久將底)"는 살펴건대, 「진어사(晉語四)」에 "진 문공(晉文公)이 적(翟)땅에 12년 동안 있었다. 호언(狐偃)[137]이 말하기를 '지난날에 내가 여기에 온 것은 적(翟)에서

---

134) 조나라의 …… 막는다: 鄭箋의 "以却止徂國之兵衆. …… 按, 安旦反"을 따랐다. 집전은 "按, 晉遏. …… 按, 遏也. 徂旅, 密師之往共者也"라고 하여, '按'의 음이 '알'로 되고, '가는 군대를 막는다'로 번역된다.
135) 폐지하지 …… 하소서: 毛傳의 "替, 廢. 引, 長也"를 따랐다.
136) 또한 …… 머문다: 鄭箋의 "諸侯有盛德者, 亦優游自安止於是"를 따랐다.
137) 狐偃: 晉文公의 舅(외삼촌). 字는 子犯. 『大學』「傳10章」에는 '舅犯'으로 되어 있

즐겁게 살려고 해서가 아니라, 적(翟)에서 귀국하여 왕위에 오르는 일을 이룰 수 있기 때문입니다. 제가 다음과 같이 말한 적이 있습니다. '적(翟) 은 진(晉)과 거리가 가까워 망명할 때 쉽게 도달하고, 곤궁할 때 물자가 있고, 여기에서 휴식을 취하면서 귀국하기에 유리한 때를 택할 수 있으니, 머물 수 있어서였습니다. 지금 머문 지 오래 되었습니다. 오래 머물면 장 차 주저앉게 됩니다. 주저앉으면 태만한 마음이 따라 생기니, 누가 일을 일으키겠습니까? 어찌 빨리 이곳을 떠나지 않습니까?'라고 한 것이 바로 그 일이다. 주에서 말한 『맹자』의 "행혹니지(行或尼之)"는 살피건대, 『맹 자』 「양혜왕하(梁惠王下)」에 "노평공(魯平公)이 맹자를 만나 보려고 하자, 임금의 총애를 받는 장창(臧倉)이란 이가 못 가게 했다. 악정자(樂正子)가 맹자를 뵙고 '제가 임금에게 고하였더니, 임금이 와서 만나려고 하였는데, 임금의 총애를 받는 장창이란 이가 있어 임금을 막았습니다. 임금이 이 때문에 오지 않았습니다'라고 하였다. 맹자가 '가는 것도 혹은 하게 되는 것도 있으며, 멈추는 것도 혹은 저지되는 것이 있다. 가고 멈추는 것은 사 람이 할 수 있는 것이 아니다. 내가 노(魯)나라 임금을 만나지 못하는 것 은 하늘이 하는 것이다. 장씨(臧氏)의 아들이 어찌 나로 하여금 만나지 못 하게 할 수 있겠는가?'고 하였다"고 한 것이 그 일이다. 곽박의 주에서 "행혹니지(行或尼之)"라 한 것은, 보았던 책이 다르거나 혹 전사(傳寫)의 잘 못인 것 같다.

 豫·射, 厭也.

다. '舅'가 '외삼촌'인지 '妻父'인지 명확히 한 것은 『四書類』 「四書夢引」 권2에 "舅 犯曰, 母之兄弟曰舅, 妻之父亦曰舅, 此是母舅"라 하여 '외삼촌'이라고 한 것이 보인 다. 그리고 『左傳』 「僖公」 24년의 "所不與舅同心者"의 注에 "文公, 狐偃之甥"이라 하여, 문공은 호언의 생질, 즉 호언은 문공의 외삼촌임이 드러난다.

예(豫)·역(射)은 염(厭: 싫증내다)이다.

『詩』曰: "服之無斁." 豫未詳.

『시(詩)』에 "정리하면서 싫증냄이 없다"[138]고 하였다. 예(豫)는 미상(未詳)이다.

射, 羊石反, 字又作斁, 同. 厭, 於豔反.

역(射)은 양(羊)과 석(石)의 반절이며, 글자를 또 역(斁)으로도 쓰며 음의가 같다. 염(厭)은 어(於)와 염(豔)의 반절이다.

謂厭倦也云. ○注"『詩』曰: 服之無斁", 「周南」「葛覃」文也.

물리어 싫증이 남을 말한다. ○주에서 인용한『시경』의 "복지무역(服之無斁)"은 「주남」「갈담(葛覃)」의 글이다.

烈·績, 業也.

---

138) 정리하면서 …… 없다: 鄭箋의 "服, 整也. …… 乃能整治之無厭倦"을 따랐다. 『諺解』는 "닙옴에 슬홈이 업도다"고 하여 '입음에 싫음이 없다'로 풀이하였다.

열(烈)·적(績)은 업(業: 업적)이다.

 謂功業也.

공업(功業)을 말한다.

 謂功業也. 烈者, 「周頌」「執競」云: "無競維烈." 績者, 「大雅」「文王有聲」云: "維禹之績."

공업(功業)을 말한다. 열(烈)은 「주송」「집경(執競)」에 "굳세지 아니한가! 무왕(武王)이 은(殷)나라를 이긴 공이"[139]라 하였다. 적(績)은 「대아」「문왕유성(文王有聲)」에 "우(禹) 임금의 업적이다"고 하였다.

 績·勳, 功也.

적(績)·훈(勳)은 공(功: 공로)이다.

 謂功勞也.

공로(功勞)를 말한다.

---

139) 굳세지 …… 이긴 공이 : 毛傳의 "無競, 競也. 烈, 業也"와 鄭箋의 "競, 彊也. 能持彊道者, 唯有武王爾, 不彊乎其克商之功業"을 따랐다.

謂功勞也. 績者,「虞書」「大禹謨」云:“嘉乃丕績.” 勳者, 案『周禮』「司勳職」云:“王功曰勳.” 鄭注云:“輔成王業若周公.”

공로(功勞)를 말한다. 적(績)은 「우서(虞書)」「대우모(大禹謨)」에 “너의 큰 공적을 가상히 여긴다”고 하였다. 훈(勳)은 『주례(周禮)』「사훈직(司勳職)」에 “왕을 위해 세운 공적을 훈(勳)이라 한다”고 하였다. 정현은 “왕업(王業)을 도와 완성하기를 주공(周公)처럼 한다”고 하였다.

 功·績·質·登·平·明·考·就, 成也.

공(功)·적(績)·질(質)·등(登)·평(平)·명(明)·고(考)·취(就)는 성(成 : 이루 다)이다.

功績皆有成. 『詩』曰 : “質爾民人.” 『禮記』曰 : “年穀不登.” 『穀梁傳』曰 : “平者成也.” 事有分明, 亦成濟也.

공적(功績)은 모두 이룸이 있다. 『시경』에 “그대 백성들의 일을 이루어라”고 하였다. 『예기』에 “그 해에 곡식이 익지 않았다”고 하였다. 『곡량전』에 “평(平)은 성(成)이다”고 하였다. 일에 분명(分明)함이 있으면 또한 성제(成濟 : 성취)한다.

皆謂成濟也. 勳·功·績·業皆有成也. 事有分明亦成濟也. 「舜典」云:“三載考績.” 「周頌·敬之」云:“日就月將.” 皆言成功也. ○云『詩』曰:質爾民人”者,「大雅」「抑」篇文. 云『禮記』曰:年穀不登”

者, 下「曲禮」文. 云"『穀梁傳』曰 : 平者成也"者, 宣十五年文也.

모두 성취(成就)함을 말한다. 훈(勳)·공(功)·적(績)·업(業)에는 모두 성
취가 있다. 일에 분명함이 있으면 또한 성취한다. 「우서」「순전(舜典)」에
"3년마다 공적을 고과(考課)한다"고 하였다. 「주송(周頌)」「경지(敬之)」에
"나날이 이루고 다달이 나아간다"고 하였다. 모두 공(功)을 이루었다는 것
을 말한다. ○ 주에서 인용한 『시경』의 "질이민인(質爾民人)"은 「대아(大雅)」
「억(抑)」편의 글이다. 『예기』의 "연곡불등(年穀不登)"은 「곡례하(曲禮下)」의
글이다. 『곡량전』의 "평자성야(平者成也)"는 선공(宣公) 15년의 글이다.

 楛·梗·較·頲·庭·道, 直也.

곡(楛)·경(梗)·각(較)·정(頲)·정(庭)·도(道)는 직(直 : 곧다)이다.

 楛·梗·較·頲, 皆正直也. 『詩』曰 : "旣庭且碩." 頲道無所屈.

곡(楛)·경(梗)·각(較)·정(頲)은 모두 반듯하고 곧다는 뜻이다. 『시경』에
"나온 싹이 이미 곧고도 크다"고 하였다. 정도(頲道)는 구부러짐이 없는
것이다.

 楛, 古沃反, 郭音角. 梗, 古杏反. 較, 古學反. 頲, 他鼎反.

곡(梏)은 고(古)와 옥(沃)의 반절인데, 곽박은 음(音)이 각(角)이라 하였다. 경(梗)은 고(古)와 행(杏)의 반절이다. 각(較)은 고(古)와 학(學)의 반절이다. 정(頲)은 타(他)와 정(鼎)의 반절이다.

 梏·梗·較·頲皆正直也. 庭, 條直也. 道者, 頲道無所屈. ○注 "『詩』曰 : 旣庭且碩", 「小雅」「大田」文.

곡(梏)·경(梗)·각(較)·정(頲)은 모두 반듯하고 곧다는 뜻이다. 정(庭)은 가지가 곧은 것이다. 도(道)는 곧아서 구부러짐이 없는 것이다. ○ 주에서 말한 『시경』의 "기정차석(旣庭且碩)"은 「소아」「대전(大田)」의 글이다.

 密·康, 靜也.

밀(密)·강(康)은 정(靜 : 안정되다)이다.

 皆安靜也.

모두 편안하고 고요함이다.

 密, 亡筆反.

밀(密)은 망(亡)과 필(筆)의 반절이다.

皆安靜也.「周頌」「昊天有成命」:"夙夜基命宥密."「大雅」「生
民」云:"不康禋祀."

모두 편안하고 고요함이다.「주송」「호천유성명(昊天有成命)」에 "아침부
터 밤까지 천명을 따르기 시작하여 너그럽고 안정된 정치를 펼친다"[140]
고 하였다.「대아」「생민(生民)」에 "안정되게 인사(禋祀)를 지낸다"[141]고 하
였다.

 豫·寧·綏·康·柔, 安也.

예(豫)·녕(寧)·수(綏)·강(康)·유(柔)는 안(安:안락)이다.

 皆見『詩』·『書』.

모두『시경』·『서경』에 보인다.

 皆安樂也.「大雅」「板[142]」篇云:"不敢戲豫."「虞書」「大禹謨」云:
"萬邦咸寧."「商書」「太甲」云:"撫綏萬邦."「大雅」「民勞」云:"汔
可小康."「虞書」「舜典」云:"柔遠能邇."

---

140) 아침부터 …… 펼친다 : 鄭箋의 "早夜始順天命, 不敢解倦, 行其寬仁安靜之政, 以定
天下"를 따랐다.
141) 안정되게 …… 지낸다 : 毛傳의 "不康, 康也"와 鄭箋의 "康寧, 皆安也"를 따랐다. 禋
祀는 몸을 정결히 하여 제사를 지내는 것을 말한다.
142) 板 : 대본에는 '板田'으로 되어 있으나『시경집전대전』에 따라 고쳤다.

모두 편안하고 즐거운 것이다. 「대아」「판(板)」편에 "감히 안일하게 지
내지 말라"[143]고 하였다. 「우서(虞書)」「대우모(大禹謨)」에 "모든 나라가 다
편안하다"고 하였다. 「상서(商書)」「태갑(太甲)」에 "온 나라를 위무(慰撫)하
여 편안하게 한다"고 하였다. 「대아」「민로(民勞)」에 "거의 조금 편안해
졌다"[144]고 하였다. 「우서(虞書)」「순전(舜典)」에 "멀리 있는 이를 편안하게
해 주고, 가까이 있는 이를 능히 편안하게 해준다"[145]고 하였다.

 平·均·夷·弟, 易也.

평(平)·균(均)·이(夷)·제(弟)는 이(易 : 간이하다)이다.

 皆謂易直.

모두 간이함을 말한다.

 易, 以豉反, 注同.

이(易)는 이(以)와 시(豉)의 반절인데, 주에서도 같다

---

143) 감히 …… 지내지 말라 : 毛傳의 "戲豫, 逸豫也"를 따랐다.
144) 거의 …… 편안해졌다 : 鄭箋의 "汔, 幾也"를 따랐다.
145) 멀리 …… 해준다 : 孔傳의 "言當安遠, 乃能安近"을 따랐다.

易者不難也. 和平・均一, 皆易直也.「周頌」「天作」云 : "岐有夷之行."「大雅」「泂酌」云 : "豈弟君子."

이(易)는 어렵지 않다는 뜻이다. 화평(和平)・균일(均一)은 모두 간이함이다.「주송(周頌)」「천작(天作)」에 "기방(岐邦)에 평탄한 길이 있다"[146]고 하였다.「대아」「형작(泂酌)」에 "화락한 군자들이여"라 하였다.

 矢, 弛也.

시(矢)는 시(弛 : 활시위를 느슨하게 하다)이다.

 弛, 放.

이는 방(放 : 풀어놓다)이다.

 弛, 易也.

시(弛)는 이(易 : 느슨하게 하다)이다.

---

146) 岐邦에 …… 있다 : 鄭箋의 "又以岐邦之君, 有佼易之道故也"를 따랐다.

 相延易.

서로 늘여 느슨하게 하는 것이다.

 弛, 尸紙反. 弛易, 施李音尸紙反, 下音亦. 顧謝本弛作施, 并易皆以豉反, 注同.

시(弛)는 시(尸)와 지(紙)의 반절이다. 시이(弛易)에 대해 시건(施乾)과 이순(李巡)은 시(弛)의 음은 시(尸)와 지(紙)의 반절이며, 아래[易]의 음은 역(亦)이라고 하였다. 고야왕(顧野王)과 사교(謝嶠)의 본에는 이(弛)를 시(施)로 썼는데, 이(易)와 아울러 모두 이(以)와 시(豉)의 반절이며, 주에도 같다.

 郭云 : "弛, 放也." 以弓釋弦曰弛, 故云 "弛, 放." 『禮記』「雜記」云 : "一張一弛." 弛又爲易, 謂相延易也.

곽박은 "이(弛)는 방(放)의 뜻이다"고 하였다. 활에서 활줄을 풀어놓는 것을 이(弛)라 한다. 그러므로 곽박은 "이(弛)는 방(放)의 뜻이다"고 한 것이다. 『예기』「잡기(雜記)」에 "한 번 팽팽히 당기고 한 번 느슨하게 한다"고 하였다. 이(弛) 또한 이(易)의 뜻으로 쓰이므로 주에서 "상연이(相延易)"라 한 것이다.

 希·寡·鮮, 罕也.

희(希)·과(寡)·선(鮮)은 한(罕 : 드물다)이다.

 罕亦希也.

한(罕)도 희(希)의 뜻이다.

 鮮, 寡也.

선(鮮)은 과(寡 : 적다)이다.

 謂少.

적음을 말한다.

 鮮, 息淺反, 下同. 罕, 火旱反.

선(鮮)은 식(息)과 천(淺)의 반절이며 아래 글에서도 같다. 한(罕)은 화(火)와 한(旱)의 반절이다.

 皆簡少之稱也.『論語』云: “希不失矣.” 『易』「說卦」云: “巽爲寡髮.” 「大雅」「抑」篇云: “鮮不爲則.” 郭云: “罕亦希也.” 「鄭風」「大

叔于田」云 : “叔發罕忌.” 鮮又爲寡. 轉互相訓, 皆謂希少爾.

　　모두 간략하고 적은 것의 명칭이다. 『논어』 「계씨(季氏)」에 “잃지 않음이 드물다”[147]고 하였다. 『주역』 「설괘(說卦)」에 “선(巽)의 형상이 사람에게는 머리카락이 적음이 된다”[148]고 하였다. 「대아」 「억(抑)」에 “다른 사람의 모범이 되지 않음이 드물다”고 하였다. 곽박은 “한(罕)도 희(希)이다”고 하였다. 「정풍(鄭風)」 「대숙우전(大叔于田)」에 “숙(叔)[149]이 발사하기를 드문드문한다”고 하였다. 선(鮮)도 또한 과(寡)의 뜻이다. 돌려가며 서로 풀이되는데, 모두 희소(希少 : 적다)를 말한다.

 酬·酢·侑, 報也.

　　수(酬)·작(酢)·유(侑)는 보(報 : 보답하다)이다.

 此通謂相報答, 不主於飮酒.

　　이것은 일반적으로 서로 보답하는 것을 말하며 술 마시는 것을 위주로 함이 아니다.

---

147) 잃지 …… 드물다 : 『논어』의 원문인 “孔子曰 : 天下無道, 則禮樂征伐, 自諸侯出, 自諸侯出, 蓋十世希不失矣”을 따라 풀이하였다.
148) 巽의 …… 것이다 : 『주역』의 원문인 “巽爲木, 爲風 …… 其于人也寡髮”을 따랐다.
149) 叔 : 人名. 春秋時代 鄭莊公의 동생인 共叔段을 이른다.

酢, 才各反. 侑, 本或作宥, 同, 于救反.

작(酢)은 재(才)와 각(各)의 반절이다. 유(侑)는 본에 따라 유(宥)로 되어 있
는데 음의가 같으며 우(于)와 구(救)의 반절이다.

 皆相報答也. 郭云"此通謂相報答, 不主于飮酒"者. 以飮酒之禮,
主人酌酒於賓曰獻; 賓旣卒爵, 洗而酌主人曰酢; 主人旣卒酢爵,
又酌自飮, 卒爵, 復酌進賓曰酬. 故說者以酬·酢主謂飮酒相報答. 郭以
『易』「繫辭」云:"可與酬酢", 謂應對萬物也.「小雅」「楚茨」云:"萬壽攸
酢." 是神報主人也. 故云"不主于飮酒." 侑者, 案「公食大夫禮」賓三飯之
後, 云"公受宰夫束帛以侑." 注云:"束帛, 十端帛也. 侑猶勸也. 主國君
以爲食賓, 殷勤之意未至, 復發幣以勸之, 欲其150)深安賓也." 是侑者, 主
人所以報賓也.

모두 서로 보답하는 것이다. 곽박은 "이것은 일반적으로 서로 보답하
는 것이며, 술 마시는 것을 위주로 함이 아니다"고 하였다. 음주(飮酒)의
예(禮)에 있어 주인(主人)이 손님에게 술을 따라 주는 것을 '헌(獻)'이라 한
다. 손님이 잔을 다 마시고 씻어 주인에게 술을 따라 주는 것을 '작(酢)'이
라 한다. 주인이 따라 받은 술잔을 다 마시고, 또 술을 따라 자신이 마셔
잔을 마시고 나서, 다시 손님에게 술을 따라 올리는 것을 '수(酬)'라 한다.
그러므로 주석가들이 '수(酬)와 작(酢)'을 술 마시는데 있어서 서로 보답하
는 것을 위주로 풀이한 것이다. 곽박은 『주역』「계사전상(繫辭傳上)」의 "응
대 보답할 수 있다"151)를 만물(萬物)에 응대(應對)하는 것으로 풀이하였다.

---

150) 其:『儀禮』의 鄭注에는 '用'으로 되어 있다.
151) 응대 …… 수 있다: 王弼注에 "酬酢, 猶應對也"라 하고, 孔穎達 疏에 "酬酢, 謂應對
報答"이라고 하였다.

「소아」「초자(楚茨)」에 "영원토록 장수함으로 보답하는 바로다"이라 하였 는데, 이것은 신이 주인에게 보답하는 것이다. 그러므로 곽박이 "술을 마 시는 것을 위주로 함이 아니다"고 한 것이다. 유(侑)에 대해 『의례』「공사 대부례(公食大夫禮)」에서 손님이 세 번 밥을 뜬 후에 "공(公)이 재부(宰夫 : 요 리사)에게 속백(束帛)을 받아 그것으로 손님에게 권한다"고 하였다. 정현은 "속백(束帛)은 10단(端)의 비단이다. 유(侑)는 권(勸 : 권하다)이다. 주인 쪽 나 라의 임금이 생각하기를 손님에게 식사를 대접하는 데에 은근한 뜻이 지 극하지 못하다고 하여, 다시 비단을 내어서 권하니, 손님을 매우 편안케 하려는 것이다"고 하였다. 여기서의 유(侑)는 주인(主人)이 손님에게 보답 하는 것이다.

 毗劉, 暴樂也.

비류(毗劉)는 박락(暴樂 : 잎이 떨어져 가지가 앙상한 모양)이다.

 謂樹葉缺落蔭疏, 爆樂見『詩』.

나무의 잎이 떨어져 그늘이 성긴 것을 말하며, 박락(爆樂)은 『시경』에 보인다.

 毗, 如字. 樊光本作庇, 云 : "蔭也." 暴, 本又作爆, 同, 邦角反. 樂, 本又作爍, 郭音洛, 又力角反. 蔭, 於禁反, 又作廕, 同.

비(毗)는 여자(如字)이다. 번광본(樊光本)에는 비(庀)로 되어 있으며 "음(蔭 : 그늘지다)의 뜻이다"고 하였다. 박(暴)은 본에 따라 박(爆)으로 되어 있는데 음의가 같고, 방(邦)과 각(角)의 반절이다. 락(樂)은 본에 따라 락(爍)으로 되어 있는데, 곽박은 음이 락(洛)이고 또 력(又)과 각(角)의 반절이라 하였다. 음(蔭)은 어(於)와 금(禁)의 반절, 또한 음(廕)으로 쓰는데 음의가 같다.

 舍人曰 : "毗劉, 爆樂之意也. 木枝葉稀疎不均, 爲爆爆樂." 郭云 "謂樹葉缺落蔭疏, 爆樂見『詩』"者, 「大雅」「桑柔」云 : "捋采其劉." 毛傳云 : "劉, 爆爍而希也." 是矣.

사인(舍人)은 "비유(毗劉)는 박락(爆樂)의 뜻이다. 나뭇가지의 잎이 드문드문하여 고르지 못한 것을 박락(爆樂)이라 한다"고 하였다. 곽박이 주에서 "수엽결락음소, 박락현『시』(樹葉缺落蔭疏, 爆樂見『詩』)"라 한 것은, 「대아」「상유(桑柔)」에 "뽕잎을 따고 나니 나뭇잎이 떨어져 가지가 앙상하다"[152]고 하였는데, 모전(毛傳)에 "유(劉)는 나뭇가지의 잎이 떨어져 듬성듬성하고 성긴 것이다"고 한 것이 이것이다.

 覭髳, 茀離也.

맥몽(覭髳)은 불리(茀離 : 풀이 무성하다)이다.

 謂草木之叢茸翳薈也. 茀離卽彌離, 彌離猶蒙蘢耳. 孫叔然字別爲義, 失矣.

---

152) 뽕잎을 …… 앙상하다 : 鄭箋의 "及已捋采之, 則葉爆爍而疏"를 따랐다.

풀·나무가 무성하여 덮어 가리는 것이다. 불리(茀離)는 곧 미리(彌離)인데, 미리(彌離)는 몽롱(蒙蘢)과 같다. 손숙연(孫叔然)[153]은 글자마다 따로 뜻을 풀이하였는데 잘못이다.

爾雅
音義 覛, 郭亡革反, 又莫經反. 夣, 音蒙. 茀, 音弗. 叢, 才工反. 茸, 如容反, 或如融反. 薈, 烏會反.

맥(覛)에 대해 곽박은 망(亡)과 혁(革)의 반절, 또는 막(莫)과 경(經)의 반절이라고 하였다. 몽(夣)은 음이 몽(蒙)이다. 불(茀)은 음이 불(弗)이다. 총(叢)은 재(才)와 공(工)의 반절이다. 용(茸)은 여(如)와 용(容)의 반절, 혹은 여(如)와 융(融)의 반절이다. 회(薈)는 오(烏)와 회(會)의 반절이다.

爾雅
疏 郭云: "謂草木之叢茸翳薈也. 茀離卽彌離, 彌離猶蒙蘢耳. 孫叔然字別爲義, 失矣." 郭以時驗而爲此解. 孫氏每字各別爲義, 故云"失矣."

곽박은 "풀·나무가 무성하여 덮어 가리는 것이다. 불리(茀離)는 곧 미리(彌離)인데, 미리(彌離)는 몽롱(蒙蘢)과 같다. 손염은 글자마다 따로 뜻을 풀이하였으나 잘못이다"고 하였는데, 곽박이 당시에 경험하고 이렇게 해석한 것이다. 손염이 글자마다 각각 구별하여 뜻을 풀이하였으므로 곽박이 "잘못이다"고 한 것이다.

 蠱·謟·貳, 疑也.

---

153) 叔然: 叔然은 孫炎의 字이다.

고(蠱)・도(謟)・이(貳)는 의(疑 : 의심하다)이다.

 蠱惑有貳心者皆疑也.『左傳』曰 : “天命不謟.”

미혹되어 두 마음이 있는 것은 모두 의(疑)이다. 『좌전』에 “천명(天命)은 의심할 수 없다”고 하였다.

 蠱, 音古. 謟, 郭音綯, 他刀反, 字或作慆. 沈勅檢反.

고(蠱)는 음이 고(古)이다. 도(謟)에 대해 곽박은 음이 도(綯)이고 타(他)와 도(刀)의 반절이라고 하였다. 글자가 혹 도(慆)로 되어 있다. 심선은 칙(勅) 과 검(檢)의 반절이라고 하였다.[154]

皆謂疑惑也. 郭云“蠱惑有貳心者皆疑也”者, 案昭元年『左傳』: “晉趙孟問於醫和曰 : ‘何謂蠱?’ 對曰 : ‘淫溺惑亂之所生也. 於文, 皿蟲爲蠱, 穀之飛亦爲蠱. 在『周易』, 女惑男・風落山謂之蠱.’” 是蠱惑 也. 貳者, 心疑不一也.「大雅」「大明」云 : “無貳爾心.” 毛傳云 : “無敢懷貳 心也.” 云“『左傳』曰 : ‘天命不謟’”者, 哀十七年葉公子高辭也.

모두 의혹(疑惑)을 뜻한다. 곽박은 “미혹되어 두 마음이 있는 것은 모두 의(疑)이다”고 하였다. 살피건대, 『좌전』 소공(昭公) 원년에 “진(晉)의 조맹 (趙孟)이 의사(醫師)인 화(和)에게 묻기를 ‘무엇을 고(蠱)라 하는가?’라고 하 였다. 대답하기를 ‘탐닉・혹란(惑亂)이 만들어내는 것입니다. 문자에 그릇

154) 심선은 …… 하였다 : 沈旋의 반절로 읽을 경우는 글자가 ‘謟’이다. 郝懿行은 『爾雅 義疏』에서 沈旋이 ‘勅檢反’으로 읽은 것은 잘못이라고 하였다.

(Ⅲ)과 벌레(蟲)가 합하여 고(蠱)자가 됩니다. 곡식에 나르는 벌레도 고(蠱)입니다. 『주역』에 있어서는 여자가 남자를 홀리는 것과 바람이 산의 나무에 불어 떨어지는 것을 고(蠱)라 합니다155)"고 하였는데, 이것이 고혹(蠱惑)이다. 이(貳)는 마음이 의심스러워 한결같지 못함이다. 「대아」「대명(大明)」에 "네 마음을 둘로 하지 마라"고 하였는데, 모전(毛傳)에는 "감히 두 마음을 품지 말라"156)고 하였다. 주에서 말한 『좌전』의 "천명부도(天命不諂)"는 애공(哀公) 17년에 섭공(葉公)인 자고(子高)가 한 말이다.

楨・翰・儀, 榦也.

정(楨)・한(翰)・의(儀)는 간(榦 : 줄기)이다.

『詩』曰: "維周之翰." 儀表亦體榦也.

『시경』에 "오직 주(周)나라의 줄기이다"고 하였다. 의표(儀表)도 체간(體榦 : 몸체)이다.

楨, 音貞. 榦, 本又作幹. 胡旦反, 又作翰.

---

155) 여자가 …… 蠱라 한다 : 『周易』 「蠱卦」의 해설을 이와 같이 한 것이다. 蠱는 아래가 巽(☴)이고 위가 艮(☶)이다. 巽은 長女이고 風이며, 艮은 少男이고 山이다. 長女와 少男은 짝이 안 되므로 惑이라 하였고, 산에 있는 나무는 바람을 만나면 떨어진다.
156) 감히 …… 품지 말라 : 鄭箋은 "하늘이 너[武王]를 살피시니 너는 의심을 가져서는 안 된다"고 하여 '疑心'으로 보았다. 집전도 "貳, 疑也"라 하였다.

정(楨)은 음이 정(貞)이다. 간(幹)은 본에 따라 간(幹)으로 되어 있다. 호(胡)와 단(旦)의 반절이며, 또 한(翰)으로 되어 있다.

舍人曰：“楨, 正也, 築墙所立兩木也. 幹所以當墙兩邊障土者也. 「大雅」「文王」云：“維周之楨.” 又「崧高」云：“維周之翰.” 儀表亦體幹也.

사인(舍人)은 “정(楨)은 정(正: 바로잡다)인데, 담장을 쌓을 때 세우는 양쪽 나무이다. 간(幹)은 담장 양쪽에 대어 흙을 막는 나무다”고 하였다. 「대아」「문왕(文王)」에 “오직 주(周)나라의 기둥이다”고 하였으며, 또한 「대아」「숭고(崧高)」에 “유주지한(維周之翰)”이라 하였다. 의표(儀表)[157] 역시 체간(體幹)이다.

弼·棐·輔·比, 俌也.

필(弼)·비(棐)·보(輔)·비(比)는 보(俌: 돕다)이다.

『書』曰：“天畏[158]棐忱.” 『易』曰：“比, 輔也.” 俌猶輔也.

『서경』에 “하늘은 두려우나, 진실함을 돕는다”고 하였다. 『주역』에 “비

---

157) 儀表 : 郝懿行은 『爾雅義疏』에서 ‘儀’는 ‘檥(整船回濟處 : 배를 바로잡아 돌리는 나루터)’의 假借字인데 곽박이 이를 몰랐다고 하였다. 그 예로 『說文』(6篇 上-31)의 ‘檥, 幹也’를 인용하였다.
158) 畏 : 대본에는 ‘威’로 되어 있으나 『서경집전대전』에 따라 고쳤다. 疏에서도 같다.

(比)는 보(輔)이다"고 하였다. 보(俌)는 보(輔)와 같다.

 棐, 音匪. 比, 毗志反, 注同. 俌, 音輔, 郭方輔反, 『字林』音甫. 諶, 市林反, 本今作忱.

비(棐)는 음이 비(匪)이다. 비(比)는 비(毗)와 지(志)의 반절이며, 주(注)에서도 같다. 보(俌)는 음이 보(輔)인데, 곽박은 방(方)과 보(輔)의 반절이라고 하였다. 『자림(字林)』은 음이 보(甫)라고 하였다. 심(諶)은 시(市)와 림(林)의 반절인데 본에 따라 지금은 침(忱)으로 되어 있다.

 俌猶輔也. 弼者, 「商書」「說命」云 : "夢帝賚予良弼." 棐者, 「周書」「康誥」云 : "天畏棐忱." 輔者, 「商書」「湯誓」云 : "爾尙輔予一人." 比者, 『易』「比卦」「象」云 : "比, 輔也."

보(俌)는 보(輔)와 같다. 필(弼)은 「상서(商書)」「열명(說命)」에 "상제께서 선량한 보필자를 나에게 주는 꿈을 꾸었다"고 하였다. 비(棐)는 「주서(周書)」「강고(康誥)」에 "천외비침(天畏棐忱)"이라 하였다. 보(輔)는 「상서(商書)」「탕서(湯誓)」에 "너는 거의 나 한 사람을 도와야 한다"159)고 하였다. 비(比)는 『주역』「비괘(比卦)」「단사(象辭)」에 "비(比)는 보(輔)이다"고 하였다.

經文 疆·界·邊·衛·圉, 垂也.

강(疆)·계(界)·변(邊)·위(衛)·어(圉)는 수(垂 : 변방. 변경)이다.

---

159) 너는 …… 도와야 한다 : 孔傳의 "汝庶幾輔成我"를 따랐다.

爾雅注 疆場·竟界·邊旁·營衛·守圉皆在外垂也.『左傳』曰 : “聊以固吾圉也.”

강역(疆場)·경계(竟界)·변방(邊旁)·영위(營衛)·수어(守圉)는 모두 변경 지방에 있다.『좌전(左傳)』에 “잠시 우리의 변방을 굳게 지키려함이다”[160]고 하였다.

爾雅音義 壃, 字又作畺, 音姜. 經典作疆, 假借字. 圉, 魚呂反. 場, 羊石反, 『廣雅』云 : “界也.” 旁, 步郎反. 聊, 音遼.

강(壃)은 글자를 또 강(畺)으로도 쓰는데 음은 강(姜)이다. 경전(經典)에는 강(疆)으로 되었는데 가차자(假借字)이다. 어(圉)는 어(魚)와 여(呂)의 반절이다. 역(場)은 양(羊)과 석(石)의 반절이다.『광아(廣雅)』에 “계(界 : 경계)이다”고 하였다. 방(旁)은 보(步)와 랑(郎)의 반절이다. 료(聊)는 음이 료(遼)이다.

爾雅疏 謂四垂也. 郭云 : “疆場·竟界·邊旁·營衛·守圉皆在外垂也.” 舍人曰 : “圉, 拒邊垂也.” 孫炎曰 : “圉, 國之四垂也.” ○注云 “『左傳』曰 : 聊以固吾圉也”, 隱十一年鄭伯辭也.

사방의 변경을 말한다. 곽박(郭璞)은 “강역(疆場)·경계(竟界)·변방(邊旁)·영위(營衛)·수어(守圉)는 모두 변경 지방에 있다”고 하였다. 사인(舍人)은 “어(圉)는 방어하는 변경이다”고 하였다. 손염(孫炎)은 “어(圉)는 나라의 사방 변방이다”고 하였다. ○주에서 인용한『좌전(左傳)』의 “요이고오어야(聊以固吾圉也)”는 은공(隱公) 11년에 정백(鄭伯)이 한 말이다.

---

160) 잠시 …… 함이다 :『會箋本』은 “亦聊, 以固吾圉也”라 하고, 會箋에 “聊, 無聊之聊, 賴也”라고 하여, ‘또한 의뢰하여, 우리 변방을 굳게 지킨다’로 번역된다.

 昌·敵·彊·應·丁, 當也.

창(昌)·적(敵)·강(彊)·응(應)·정(丁)은 당(當 : 적당하다. 당하다)이다.

 『書』曰: "禹拜昌言." 彊者, 好與物相當値.

『서경』에 "우(禹) 임금이 정당한 말에 대하여 절하다"[161]고 하였다. 강(彊)은 사물과 서로 마주치는 것을 좋아함이다.

 敵, 音狄. 彊, 巨良反, 下注同. 應, 本或作膺, 同, 於矜反. 好, 呼報反.[162]

적(敵)은 음이 적(狄)이다. 강(彊)은 거(巨)와 량(良)의 반절이며, 아래의 주도 같다. 응(應)은 본에 따라 응(膺)으로 되어 있는데 음의가 같으며, 어(於)와 긍(矜)의 반절이다. 호(好)는 호(呼)와 보(報)의 반절이다.

 皆相當也. 昌者, 言當也. 敵者, 仇匹相當也. 文六年『左傳』曰: "敵惠敵怨." 彊者, 好與物相當値. 應者, 對當也.「大雅」「下武」云: "應侯順德." 丁者,「雲漢」云: "寧丁我躬." ○注 "『書』曰: 禹拜昌言",「虞書」「大禹謨」文.

---

161) 우(禹) 임금 …… 절하다 : 孔氏傳의 "昌, 當也. 以益言爲當"을 따랐다. 蔡沈의 집전에는 "盛德之言"이라 하였다.

162) 好, 呼報反 : 이 반절은 去聲 號韻으로, '愛也(좋아하다)', 또는 '喜也(기뻐하다)'의 뜻이 된다. 好의 本音義는 許皓切 上聲 皓韻으로, '媄也(예쁘다)', 또는 '善也(좋다)'의 뜻이 된다.

모두 상당(相當)함이다. 창(昌)은 당(當)을 말한다. 적(敵)은 원수끼리 상대
하는 것인데, 『좌전(左傳)』 문공(文公) 6년에 "은혜로 대하고 원망으로 대한
다"163)고 하였다. 강(彊)은 사물과 서로 마주치는 것을 좋아하는 것이다.
응(應)은 마주한다는 뜻이다. 「대아」 「하무(下武)」에 "순한 덕에 응한다"164)
고 하였다. 정(丁)은 「대아」 「운한(雲漢)」에 "어찌하여 내 몸에 이런 일을
당하게 하는가?"라 하였다. ○ 주에서 인용한 『서경』의 "우배창언(禹拜昌
言)"은 「우서(虞書)」 「대우모(大禹謨)」의 글이다.

 浡·肩·搖·動·蠢·迪·俶·厲, 作也.

발(浡)·견(肩)·요(搖)·동(動)·준(蠢)·적(迪)·숙(俶)·려(厲)는 작(作:일어
나다)이다.

 浡然, 興作貌. 蠢, 動作.『公羊傳』曰 : "俶甚也."『穀梁傳』曰 :
"始厲樂矣." 肩見『書』. 迪未詳.

발연(浡然)은 일어나는 모습이다. 준(蠢)은 동작(動作)함이다.『공양전』에
"눈이 내리기를 처음에 너무 심해서이다"고 하였다.『곡량전』에 "비로소
일어나 음악을 연주하였다"고 하였다. 견(肩)은 『서경』에 보이며, 적(迪)은
미상이다.

---

163) 은혜로 …… 대한다 : 杜注의 "敵, 猶對也"를 따랐다.
164) 순한 …… 응한다 : 毛傳의 "應, 當. 俟, 維也"를 따랐다.

浡, 步忽反. 蠢, 尺允反. 俶, 昌育反.

발(浡)은 보(步)와 홀(忽)의 반절이다. 준(蠢)은 척(尺)과 윤(允)의 반절이다.
숙(俶)은 창(昌)과 육(育)의 반절이다.

 皆興作也. 浡然, 興作貌. 莊公十一年『左傳』曰 : "禹湯罪己, 其
興也浡然." 肩者, 勝任之作也. 搖者, 「考工記」「矢人」云 : "夾而
搖之, 以視其豐殺之節也." 動者, 「商書」「咸有一德」云 : "德惟一, 動罔不
吉." 蠢者, 「鄕飮酒義」云 : "春之爲言蠢也." 俶者, 始作也. 厲者, 『方言』
云 : "厲・卬,165) 爲也. 甌越曰卬, 吳曰厲." 爲亦作也. ○云"『公羊傳』曰 :
俶甚也"者, 隱九年云 : "三月庚辰, 大雨雪. 何以書? 記異也. 何異爾? 俶
甚也." 云"『穀梁傳』曰 : 始厲樂矣"者, 隱五年云 : "九月, 考仲子之宮. 初
獻六羽, 始僭樂矣.166) 『尸子』曰 : '舞夏, 自天子至諸侯皆用八佾. 初獻六
羽, 始厲樂矣.'"

모두 흥작(興作)이다. 발연(浡然)은 일어나는 모습이다. 『좌전(左傳)』 장공
(莊公) 11년에 "우(禹)와 탕(湯)은 자기에게 죄를 돌려 그 나라가 흥함이 활
발하였다"고 하였다. 견(肩)은 임무를 감당하는 일어남이다. 요(搖)는 『주
례』「고공기(考工記)」「시인(矢人)」에 "끼워서 흔들어보아 그 넉넉하거나
부족함의 정도를 살핀다"고 하였다. 동(動)은 「상서(商書)」「함유일덕(咸有
一德)」에 "덕이 한결같으면 움직일 때마다 길하지 아니함이 없다"고 하였
다. 준(蠢)은 『예기』「향음주의(鄕飮酒義)」에 "춘(春 : 봄)이란 말은 준(蠢 : 움직

---

165) 卬 : 대본의 '卬'은 訛字이다. 다음의 '卬'도 같다. 『疏證』에 "卬, 各本訛作卬"이라
하였다.

166) 始僭樂矣 : 원문의 일부가 생략되어 있는데 穀梁子가 '初獻六羽'에 대해 해석한 말
이다.

여 살아나다)[167]이다"고 하였다. 숙(俶)은 시작(始作)이라는 뜻이다. 려(厲)는
『방언』에 "려(厲)와 인(印)은 위(爲)이다. 구월(甌越)에서는 인(印)이라 하고
오(吳)에서는 려(厲)라 한다"[168]고 하였다. 위(爲)도 역시 작(作)이다. ○ 주에
서 인용한 『공양전(公羊傳)』의 "숙심아(俶甚也)"는 은공(隱公) 9년에 "삼월(三
月) 경진(庚辰)에 크게 눈이 내렸다. 어째서 기록하는가? 괴이한 사건을 기
록함이다. 어째서 기이하다고 하는가? 눈이 내렸는데 처음에 너무 많이
내려서이다"고 하였다. 『곡량전(穀梁傳)』의 "시려악의(始厲樂矣)"는 은공(隱
公) 5년에 "9월에 중자(仲子)[169]를 제사지낼 사당을 완성하였다. '초헌육우
(初獻六羽 : 처음으로 六羽[170]를 연주해 올리다)'에 대해 곡량자(穀梁子)는 은공이
처음으로 신분에 벗어난 음악을 연주하였다고 해석하였다. 『시자(尸子)』에
는 '하무(夏舞)를 춤에 있어서 천자부터 제후(諸侯)까지 모두 팔일무(八佾舞)
를 추고 있는데, 초헌육우(初獻六羽)는 은공이 처음으로 연주한 것이다'고
하였다"[171]고 하였다.

茲・斯・咨・呰・已, 此也.

자(茲)・사(斯)・자(咨)・자(呰)・이(已)는 차(此 : 이. 이것)이다.

---

167) 蠢 : 鄭注에 "蠢, 動生之貌也"라 하였다.
168) 厲・印은 …… 厲라 한다 : 『방언』 권6-12에 나온다.
169) 仲子 : 孝公의 妾이며 惠公의 母. 仲子는 妾이므로 그의 아들 惠公까지만 제사할
    수 있는 것인데, 隱公이 제사함은 적합하지 않다고 하여 이를 기록한 것이다(「楊土勛
    疏」).
170) 六羽 : 古代 諸侯의 舞樂. 六佾이라고도 한다.
171) 穀梁子는 …… 것이다 : 穀梁子는 신분에 벗어난 樂을 연주하였다고 풀이하였고, 尸
    子에는 隱公이 스스로 등급을 낮추어 六羽를 연주하였다고 본 것이다(始用六, 穀梁
    子言其僭, 『尸子』言其始降(『范寧集解』)).

呰‧已皆方俗異語.

자(呰)와 이(已)는 모두 지역에 따라 다른 말이다.

 呰, 子爾反, 或子移反. 郭音些. 案『廣雅』: "些, 辭也. 息計反, 又
息賀反, 謂語餘聲也." 已, 音以.

　자(呰)는 자(子)와 이(爾)의 반절, 혹은 자(子)와 이(移)의 반절이다. 곽박은
음을 사(些)라 하였다. 살피건대, 『광아』에 "사(些)는 사(辭)이다. 식(息)과 계
(計)의 반절, 또는 식(息)과 하(賀)의 반절로, 말의 나머지 소리를 말한다"고
하였다. 이(已)는 음이 이(以)이다.

 此者對彼之稱, 言近在是也. 玆者, 「虞書」「大禹謨」云: "念玆在
玆." 斯者, 「召南」「殷其雷」云: "何斯違斯." 呇與玆同. 呰‧已與
此皆音相近, 故得爲此也. 郭云: "呰‧已皆方俗異語."

　차(此:이)는 피(彼:저)에 대응하는 명칭으로, 가깝게 여기에 있음을 말한
것이다. 자(玆)는 「우서(虞書)」「대우모(大禹謨)」에 이 사람을 생각함은 이
사람에게 공이 있어서이다"172)라 하였다. 사(斯)는 「소남(召南)」「은기뢰(殷
其雷)」에 "어찌하여 이 사람은 이곳을 떠나는가?"라 하였다. 자(呇)는 자(玆)
와 같다. 자(呰)‧이(已)는 차(此)와 함께 모두 음이 서로 가깝기 때문에 차
(此)의 뜻이 된다. 곽박(郭璞)은 "자(呰)와 이(已)는 모두 지역에 따라 다른
말이다"고 하였다.

---

172) 이 사람을 …… 있음이다: 孔傳의 "念此人, 在此功"을 따랐다.

 嗟・咨, 䶈也.

차(嗟)・자(咨)는 차(䶈: 감탄사)이다

 今河北人云䶈歎. 音兎罝.

지금의 하북(河北) 사람들은 차탄(䶈歎)이라고 한다. 음은 토저(兎罝)의 저
(罝)이다.

 䶈, 本或作䶈. 『字林』云 : "皆古嗟字." 罝, 音嗟.

차(䶈)는 본에 따라 자(䶈)로 되어 있다. 『자림(字林)』에는 "모두 차(嗟)의
고자이다"고 하였다. 저(罝)는 음이 차(嗟)이다.

 皆歎也. 「周南」「卷耳」云 : "嗟我懷人." 「堯典」云 : "疇咨若時登
庸." 郭云 : "今河北人云䶈歎."

모두 감탄사(感歎辭)이다. 「주남(周南)」「권이(卷耳)」에 "아! 내가 사람을
생각한다!"고 하였다. 「우서(虞書)」「요전(堯典)」에 "아! 누가 이 일을 순히
하여, 등용할 수 있는가?"[173]라고 하였다. 곽박은 "지금의 하북(河北) 사람

---

173) 누가 …… 등용할 수 있는가? : 孔氏傳의 "疇, 誰. 庸, 用也. 誰能咸熙庶績, 順是事
者, 將登用之"를 따랐다. 집전에는 "咨, 訪問也. 若, 順. 庸, 用也. 堯言誰爲我訪問能
順時爲治之人, 而登用之乎"라 하여, '누가 때에 순히 하는 사람을 찾아내어 등용하게
하겠는가?'로 번역된다.

들은 차탄(嗟歎)이라 한다"고 하였다.

 閑·狎·串·貫, 習也.

한(閑)·압(狎)·관(串)·관(貫)은 습(習: 익숙하다. 익히다)이다.

 串, 厭串; 貫, 貫忕也. 今俗語皆然.

관은 염관(厭串), 관(貫)은 관세(貫忕)이다. 지금의 속어(俗語)가 모두 그러하다.

 狎, 乎甲反. 串, 郭音五患反, 沈謝古患反. 貫, 古患反. 厭, 於豔反. 忕, 音逝, 又時設反. 張揖『雜字』音曳云: "狃忕, 過度."

압(狎)은 호(乎)와 갑(甲)의 반절이다. 관(串)에 대하여 곽박은 음을 오(五)와 환(患)의 반절이라 하였으며, 심선(沈旋)과 사교(謝嶠)는 고(古)와 환(患)의 반절이라 하였다. 관(貫)은 고(古)와 환(患)의 반절이다. 염(厭)은 어(於)와 염(豔)의 반절이다. 세(忕)는 음이 서(逝), 또는 시(時)와 설(設)의 반절이다. 장읍(張揖)의 『잡자(雜字)』에는 음을 예(曳)라 하고 "유세(狃忕)는 과도(過度: 지나치다)의 뜻이다"고 하였다.

 皆便習也. 莊二十二年『左傳』曰: "敎其不閑於敎訓." 「曲禮」曰: "賢者狎而敬之." 「大雅」「皇矣」云: "串夷載路." 「齊風」「猗嗟」云

: "射則貫兮." 皆是習也. 郭云 "串, 厭串; 貫, 貫忕也, 今俗語皆然" 者, 當東晋時有此厭串·貫忕之語, 故以爲證也.

모두 편습(便習 : 익히다)이다. 『좌전』 장공(莊公) 22년에 "그 가르침을 익히지 않음을 용서해 주었다"[174]고 하였다. 『예기』 「곡례(曲禮)」에 "현자(賢者)에게는 그의 행동을 익히고 공경한다"[175]라 하였다. 「대아」 「황의(皇矣)」에 "법도(法度)를 익혀 위대하게 된다"[176]고 하였으며, 「제풍(齊風)」 「의차(猗嗟)」에 "활쏘기는 익숙하다"[177]고 하였으니, 모두 습(習)의 뜻이다. 곽박이 말한 "관, 염관; 관, 관세야. 금속어개연(串, 厭串; 貫, 貫忕也, 今俗語皆然)"은 동진(東晋)시대에 염관(厭串)·관세(貫忕)라는 말이 있었기 때문에 증거로 삼은 것이다.

 曩·塵·佇·淹·留, 久也.

낭(曩)·진(塵)·저(佇)·엄(淹)·류(留)는 구(久 : 오래다)이다.

 塵垢·佇企·淹滯皆稽久.

---

174) 그 가르침을 …… 주었다 : 『左傳句讀直解』의 "赦其不閑習教訓之罪"를 따랐다.

175) 賢者에게는 …… 恭敬한다 : 鄭箋의 "習其所行也"를 따랐다.

176) 法度를 …… 된다 : 毛傳의 "串, 習, 夷, 常, 路, 大"를 따랐다. 그러나 句의 풀이가 없어서 정확한 번역이 어렵다. 鄭箋은 "串夷, 卽混夷, 西戎國名也. 路, 應也"라 하였으며, 집전은 未詳이라고 하면서도 鄭箋의 뜻을 따라, "串夷 오랑캐가 길에 가득히 도망갔다"로 풀이된다.

177) 활쏘기는 익숙하다 : 원문의 貫에 대하여 鄭箋은 "貫, 習也"라 하고, 毛傳과 집전은 '적중하다'는 의미로 '中'이라 하였다.

진구(塵垢)・저기(佇企)・엄체(淹滯)는 모두 계구(稽久 : 오래다)이다.

 曩, 奴黨反.

낭(曩)은 노(奴)와 당(黨)의 반절이다.

 曩儤・塵垢・佇企・淹滯・留止皆稽久也. 通見『詩』・『書』.

낭향(曩儤)・진구(塵垢)・저기(佇企)・엄체(淹滯)・유지(留止)는 모두 계구(稽久)이다.『시경』・『서경』에 두루 보인다.

 逮・及・暨, 與也.

체(逮)・급(及)・기(暨)는 여(與 : 함께 하다)이다.

 『公羊傳』曰 : "會及暨皆與也." 逮亦及也.

『공양전』에 "회(會)・급(及)・기(暨)는 모두 여(與)이다"고 하였다. 체(逮)도 역시 급(及)이다.178)

---

178) 逮도 …… 及이다 :『방언』권3-8에 나온다.

逮, 音代. 一音大計反. 暨, 其器反.

체(逮)는 음이 대(代)이다. 일음(一音)은 태(大)와 계(計)의 반절이다. 기(暨)는 기(其)와 기(器)의 반절이다.

 皆相親與也. "『公羊傳』曰：會及暨皆與也"者, 隱元年文也. ○ 云"逮亦及也"者『方言』文.

모두 서로 친하게 함께 함이다. 『공양전』의 "회급기개여야(會及暨皆與也)"는 은공(隱公) 원년의 글이다. ○ "체역급야(逮亦及也)"는 『방언』의 글이다.

 騭・假・格・陟・躋・登, 陞也.

즐(騭)・가(假)・격(格)・척(陟)・제(躋)・등(登)은 승(陞：오르다)이다.

 『方言』曰："魯衛之間曰騭, 梁益曰格." 『禮記』曰："天王登遐." 『公羊傳』曰："躋者何? 陞也."

『방언』에 "노(魯)와 위(衛) 지역에서는 즐(騭), 양주(梁州)와 익주(梁州)에서는 격(格)이라 한다"고 하였다. 『예기』에 "천왕(天王)이 높은 곳에 오른다"[179]고 하였으며, 『공양전』에는 "제(躋)는 무엇인가? 승(陞)이다"고 하였다.

---

179) 천왕이 …… 오른다 : 천왕을 告喪할 때 하는 말이다. 『禮記』 「曲禮下」에는 "告喪曰天王登假"라 하여, '遐'가 '假'로 되어 있는데, 표점본 주에서 '假'는 틀린 글자라고 하였다.

隲, 之實反, 又音陟. 假, 音遐. 躋, 子兮反. 陞, 音升.

즐(隲)은 지(之)와 실(實)의 반절, 또는 음이 척(陟)이다. 하(假)는 음이 하(遐)이다. 제(躋)는 자(子)와 혜(兮)의 반절이다. 승(陞)은 음이 승(升)이다.

 皆謂陞上. 陟者, 「周南」「卷耳」云:"陟彼高岡." 餘見注. ○云"『方言』曰"者, 案彼云:"躡‧郅(音質)‧跂(音企)‧佫‧躋‧踰(音躍), 登也. 自關而西, 秦晉之間曰躡, 東齊海岱之間謂之躋, 魯衛曰郅, 梁益之間曰佫, 或曰跂." 隲郅‧格佫, 音義同. 云"『禮記』曰:天王登遐"者, 下「曲禮」文. 云"『公羊傳』曰:躋者何? 陞也"者, 文二年文也.

모두 위로 오름을 말한다. 척(陟)은 「주남」「권이(卷耳)」에 "척피고강(陟彼高岡:저 높은 언덕에 오른다)"이라 하였다. 나머지는 곽박의 주에 보인다. ○ 주에서 "『방언』왈(『方言』曰)"이라 한 것은 살피건대, 『방언』에 "섭(躡)‧질(郅, 음은 質)‧기(跂, 음은 企) 격(佫)‧제(躋)‧약(踰, 음은 躍)은 등(登)이다. 함곡관에서 서쪽으로 진(秦)과 진(晉)의 지역에서는 섭(躡), 동제(東齊)와 해대(海岱) 지역에서는 제(躋), 노(魯)와 위(衛)에서는 질(郅), 양주(梁州)와 익주(益州) 지역에서는 격(佫), 혹은 기(跂)라 한다"[180]고 하였다. 즐(隲)과 질(郅), 격(格)과 격(佫)은 음의가 같다. 주에서 말한 『예기』의 "천왕등하(天王登遐)"는 「곡례하(曲禮下)」의 글이다. 『공양전』의 "제자하, 승야(躋者何? 陞也)"는 문공(文公) 2년의 글이다.

---

180) 躡‧郅 …… 跂라 한다:『방언』권1-12에 나온다.

 揮·盝·歇·涸, 竭也.

휘(揮)·녹(盝)·헐(歇)·학(涸)은 갈(竭 : 마르다)이다.

 「月令」曰 : "毋[181]盝[182]陂池." 『國語』曰 : "水涸而成梁." 揮振去 水亦爲竭. 歇, 通語.

『예기』「월령(月令)」에 "저수지의 물을 마르게 해서는 안 된다"고 하였다. 『국어(國語)』에는 "10월에 물이 마르면 교량을 만든다"이라 하였다. 다거두어 물을 없애는 것도 역시 갈(竭)이다. 헐(歇)은 통용되는 말이다.

 揮, 許韋反. 盝, 音鹿. 歇, 虛謁反. 涸, 戶各反. 渴, 音竭, 本或作竭. 毋, 音無, 本今作無. 漉, 音鹿. 去, 起呂反.

휘(揮)는 허(許)와 위(韋)의 반절이다. 록(盝)은 음이 록(鹿)이다. 헐(歇)은 허(虛)와 알(謁)의 반절이다. 학(涸)은 호(戶)와 각(各)의 반절이다. 갈(渴)은 음이 갈(竭)인데 본에 따라 갈(竭)로 되어 있다. 무(毋)는 음이 무(無)인데 본에 따라 지금은 무(無)로 되어 있다. 록(漉)은 음이 록(鹿)이다. 거(去)는 기(起)와 여(呂)의 반절이다.

 皆謂竭盡也. 揮者, 郭云 : "揮振去水亦爲竭." 「曲禮」曰 : "飮玉 器[183]者弗揮." 是也. 盝卽漉也. 郭云"歇, 通語", 謂歇卽竭之通

---

181) 毋 : 대본에는 '無'로 되어 있으나 十三經注疏本 『禮記』와 『釋文』에 따라 고쳤다. 阮元의 校勘記에도 '無'로 쓰는 것은 잘못이라고 하였다.
182) 漉 : 經은 '盝'이고 注는 '漉'인데, 이는 經과 注가 다른 글자로 된 증거라고 하였다 (臺本注).

語也. 涸, 水竭也. ○云“「月令」曰：毋漉陂池”者, 案「月令」：“仲春之月：是月也, 毋竭川澤, 毋漉陂池, 毋焚山林.” 鄭注云：“順陽養物也. 畜水曰陂, 穿地通水曰池.” 云“『國語』曰：水涸而成梁”者, 案『周語』：“定王使單襄公聘於宋, 遂假道於陳, 以聘楚. 單子歸, 告王曰：‘陳侯不有大咎, 國必亡.’ 王曰：‘何故？’ 對曰：‘夫辰角見而雨畢, 天根見而水涸, 本見而草木節解, 駟見而隕霜, 火見而淸風戒寒, 故先王之敎曰：雨畢而除道, 水涸而成梁, 草木節解而備藏, 隕霜而冬裘具, 淸風至而修城郭宮室.’ 今陳國火朝覿矣, 而道路若塞, 野場若棄, 澤不陂障, 川無舟梁, 是廢先王之敎也.” 引之者, 證涸爲水竭.

모두 고갈되어 없어졌음을 말한다. 휘(揮)는 곽박이 “거두어 물을 없애는 것도 역시 갈(竭)이다”고 하였다. 『예기』「곡례상(曲禮上)」에 “옥 술잔의 술을 마시는 자는 다 마시지 아니한다”고 하였다. 녹(盝)은 즉 록(漉)이다. 곽박(郭璞)이 “헐(歇)은 통용되는 말이다”고 하였는데, 헐(歇)은 곧 갈(竭)의 통용어임을 말한 것이다. 학(涸)은 ‘물이 마르다’는 뜻이다. ○주에서 인용한 『예기』「월령(月令)」의 “무록피지(毋漉陂池)”는 살피건대, 「월령(月令)」에 “2월이다. 이 달에는 천택(川澤)의 물을 고갈시켜서는 안 되며, 저수지의 물을 마르게 해서는 안되며, 산림을 태워서는 안 된다”고 하였다. 정현의 주에는 “양(陽)의 기운에 순응(順應)하여 만물을 기른다. 물을 담아두는 것을 피(陂)라 하고, 땅을 파서 물을 통(通)하게 하는 것을 지(池)라 한다”고 하였다. 주에서 말한 『국어』의 “수학이성량(水涸而成梁)”은 살피건대, 「주어 중(周語中)」에 “주(周)의 정왕(定王)이 선양공(單襄公)을 사신 보내 송(宋)에 빙문(聘問)을 가도록 하였다. 드디어 진(陳)의 길을 빌려서 초(楚)에도 빙문(聘問)을 하였다. 선양공이 돌아와 주의 정왕에게 보고하기를 ‘진후(陳侯)가 큰 허물이 있는 것은 아니지만 나라는 반드시 망할 것입니다’고 하였

183) 飮玉爵：대본에는 ‘執玉器’로 되어 있으나 十三經注疏本 『禮記』에 따라 고쳤다.

다. 왕이 '어째서인가?'라고 하자, 대답하기를 '각수(角宿)184)가 나타나면 우기(雨氣)가 다하고, 천근성(天根星)이 나타나면 물이 마르고, 본성(本星)185)이 나타나면 초목이 시들어 잎이 떨어지고, 사성(馴星)186)이 나타나면 서리가 내리고, 화성(火星)187)이 나타나면 바람이 차가워져 추위를 경계해야 합니다. 그러므로 선왕의 가르침에 우기가 다하면 길을 소제하고, 물이 마르면 교량을 만들고, 초목이 시들어 잎이 떨어지면 양식을 준비하여 저장하고, 서리가 내리면 가죽옷을 갖추고, 찬바람이 오면 성곽(城郭)과 궁실(宮室)을 수리한다'고 하였습니다. 지금의 진(陳)나라는 화성(火星)이 아침에 나타났는데도 도로는 막혀 있는 것 같고, 들판은 버려진 듯하고, 못은 막지도 않고, 냇물에는 주량(舟梁 : 배다리)이 없습니다. 이것이 선왕의 가르침을 폐하는 것입니다"고 하였다. 이 대목을 인용한 것은 학(涸)이 '물이 마르다'는 것을 증명함이다.

 扭 · 拭 · 刷, 清也.

진(扭) · 식(拭) · 쇄(刷)는 청(清 : 청결하게 하다)이다.

 振訊 · 扐拭 · 掃刷, 皆所以爲絜清.

진신(振訊) · 문식(扐拭) · 소쇄(掃刷)는 모두 청결하게 하는 것이다.

---

184) 角宿 : 東方七宿의 하나. 東方 七宿는 角 · 亢 · 氐 · 房 · 心 · 尾 · 箕이다.
185) 本星 : 星名으로 氐宿이다.
186) 馴星 : 星名으로 房宿이다.
187) 火星 : 星名으로 心宿이다.

爾雅音義 抵, 音震. 拭音式. 刷, 字又作㕞, 所劣反,[188]『說文』云 : "刮也." 『廣雅』云 : "削也." 淸, 如字.『劉音儀禮』[189]慈性反. 抆, 亡粉反. 掃, 素老反.

진(抵)은 음이 진(震)이다. 식(拭)은 음이 식(式)이다. 쇄(刷)는 글자를 또 쇄(㕞)로도 쓰는데 소(所)와 열(劣)의 반절이다.『설문』에는 "괄(刮 : 문지르다) 이다"고 하였다.『광아』에는 "삭(削)이다"고 하였다. 청(淸)은 여자(如字)이 다.[190]『유음의례(劉音儀禮)』에는 자(慈)와 성(性)의 반절이라 하였다. 문(抆) 은 망(亡)과 분(粉)의 반절이다. 쇄(掃)는 소(素)와 로(老)의 반절이다.

爾雅疏 郭云 : "振訊 · 抆拭 · 掃刷, 皆所以爲絜淸."『禮記』「喪大記」云 : "抵用巾." 哀十四年『公羊傳』云 : "反袂拭面."『周禮』「凌人職」云 : "夏, 頒氷掌事, 秋, 刷." 後鄭云 : "秋凉氷不用, 可以淸除其室."

곽박(郭璞)은 "진신(振訊) · 문식(抆拭) · 소쇄(掃刷)는 모두 청결하게 함이 다"고 하였다.『예기』「상대기(喪大記)」에 "깨끗이 하는 데는 수건을 사용 한다"고 하였다.『공양전』애공(哀公) 14년에 "소매에 엎어[191] 얼굴을 닦 는다"고 하였다.『주례』「천관(天官)」「능인직(凌人職)」에 "여름에 얼음을 나누어주는 일을 관장하고, 가을에 깨끗하게 청소한다"고 하였다. 정현(鄭 玄)은 "가을에는 날씨가 서늘해서 얼음을 사용하지 않으므로 그 얼음 창 고를 청소할 수 있다"고 하였다.

---

188) 刷 …… 所劣反 : 음 '쇄'는 최근에 쓰인 것이다.『新字典』(1915)에도 '쇄'로 보인다.
189)『劉音儀禮』: 劉昌宗이 지은『儀禮音』을 말함.
190) 淸은 如字이다 : 淸을 본음대로 독해함을 말한다. 淸의 본음은 圊 平聲 庚韻으로 '㵾水之貌(물이 맑은 모양)'이다. 그 외에 音婧 去聲 敬韻으로 '淸通(서늘하다)' 등이 있는데, 이는 如字가 아니다(『중사전』).
191) 소매에 엎어 : 원문 '反袂'라는 소매에 얼굴을 대어 눈물을 닦음을 말함.

 鴻·昏·於·顯·間, 代也.

홍(鴻)·혼(昏)·오(於)[192]·현(顯)·간(間)은 대(代: 교대하다. 바뀌다)이다.

 鴻鴈知運代. 昏主代明, 明亦代昏, 顯卽明也. 間錯亦相代. 於義未詳.

홍안(鴻雁: 기러기)은 계절의 운행이 바뀌는 것을 안다. 혼(昏)은 명(明: 밝음)을 주관하여 교대하고, 명(明)역시 혼(昏)을 교대하고, 현(顯)은 곧 명(明)이다. 간착(間錯) 역시 서로 바뀌는 것이다. 오(於)는 뜻이 미상이다.

間, 古莧反, 注同. 謝古閑反, 郭古鴈反, 施胡瞎反.

간(間)은 고(古)와 현(莧)의 반절이며 주(注)에서도 같다. 사교(謝嶠)는 고(古)와 한(閑)의 반절, 곽박은 고(古)와 안(鴈)의 반절, 시건(施乾)은 호(胡)와 할(瞎)의 반절이라고 하였다.

皆謂更代也. 云"鴻鴈知運代"者, 鴻雁之屬, 九月而南, 正月而北, 是知其時運而更代南北也. 云"昏主代明"者, 釋經昏字也. 日入後二刻半爲昏. 昏來則明往, 故云"昏主代明." 云"明亦代昏"者, 釋經顯也, 顯卽明也. 云"間錯亦相代"者, 謂間厠交錯亦相更代也. 「儀禮」「鄕飮酒」云: "乃間歌「魚麗」." 鄭注云"間, 代也. 謂一歌則一吹." 是也. 又「周頌」「桓」篇云: "皇以間之."

192) 於: 『爾雅詁林』「注疏參義」에는 "於, 音烏"라 하였다.

모두 경대(更代 : 번갈아 교대하다)를 말한다. 주에서 말한 "홍안지운대(鴻鴈知運代)"는 기러기 따위들이 9월에 남으로 정월(正月)에 북으로 가는데, 이는 계절의 운행을 알아서 남과 북을 교대로 오가는 것이다. 주에서 말한 "혼주대명(昏主代明)"은 『이아』 경문(經文)의 혼(昏)자를 풀이한 것이다. 해가 진 뒤 이각(二刻) 반이 혼(昏)[193]이다. 혼(昏)이 오면 명(明)은 가므로 "혼주대명(昏主代明)"이라 한 것이다. "명역대혼(明亦代昏)"은 경문의 현(顯)자를 풀이한 것인데, 현(顯)은 곧 명(明)이다. "간착역상대(間錯亦相代)"는 끼어들어서 뒤섞이어 또한 서로 교대함을 말한다. 『의례(儀禮)』 「향음주(鄕飮酒)」에 "이에 번갈아 가며 「소아」 「어리(魚麗)」를 노래하였다"고 하였는데, 정현(鄭玄)은 "간(間)은 대(代)이다. 한 번 노래하면 한 번은 악기를 부는 것을 말한다"고 주석하였다. 「주송(周頌)」 「환(桓)」편에 "하늘이 무왕(武王)으로 은(殷)나라를 대신하게 하였다"[194]고 하였다.

 饁·饟, 饋也.

엽(饁)·양(饟)은 궤(饋 : 들밥을 먹였다)이다.

 『國語』曰 : "其妻饁之."

『국어』에 "그 아내가 음식을 먹였다"고 하였다.

---

193) 昏 : 해가 진 뒤 36분 정도. 刻은 시간을 나타내는 단위인데 14분 24초 정도이다. 하루가 100刻이다.
194) 하늘이 …… 하였다 : 모전의 "間, 代也"와 鄭箋의 "天以武王代之"를 따랐다. 집전에는 "間字之義未詳"이라 하여, 모른다고 하였다.

饁, 于輒反, 『字林』于怯反. 饟, 式亮反. 饋也, 本或作餽, 同, 巨
愧反.

엽(饁)은 우(于)와 첩(輒)의 반절이다. 『자림(字林)』에는 우(于)와 겁(怯)의
반절이라 하였다. 양(饟)은 식(式)과 량(亮)의 반절이다. 궤(饋)는 본에 따라
궤(餽)로 되어 있는데 음의가 같으며 거(巨)와 괴(愧)의 반절이다.

 饋者, 以食遺與也. 野饋曰饁. 舍人曰 : "饟, 自家之野也." ○注
"『國語』曰 : 其妻饁之"者, 「晉語」云 : "臼季使, 舍於冀野. 冀缺
耨, 其妻饁之, 敬, 相待如賓. 從而問之, 冀芮之子, 與之歸. 旣復命, 而進
之曰 : '臣得賢人, 敢以告.'" 是也.

궤(饋)는 먹는 것을 주는 것이다. 들에서 주는 것을 엽(饁)이라 한다. 사
인은 "양(饟)은 집에서 들로 가지고 가는 것이다"고 하였다. ○ 주에서 인
용한 『국어』의 "기처엽지(其妻饁之)"는 살피건대, 「진어오(晉語五)」에 "구계
(臼季)가 사신으로 가다가 기읍(冀邑)의 교외에서 머물렀다. 기결(冀缺)[195]이
김을 맬 때 그의 아내는 음식을 날랐는데, 공경하여 손님을 접대하는 것
과 같았다. 따라가서 물으니 기예(冀芮)의 아들이라고 하여 그와 함께 돌아
갔다. 진문공(晉文公)에게 경과보고를 하고 나서 기결(冀缺)을 추천하며 '신
(臣)이 현인(賢人)을 얻어서 감히 고합니다'고 하였다"고 한 것이 이것이다.

遷·運, 徙也.

---

195) 冀缺 : 郤缺, 또는 郤芮子라고도 한다.

천(遷)·운(運)은 사(徙: 옮기다)이다.

 今江東通言遷徙.

지금 강동(江東)에서는 두루 천사(遷徙)라고 한다.

 遷, 七延反, 注同. 徙, 斯尒反.

천(遷)은 칠(七)과 연(延)의 반절이며 주도 같다. 사(徙)는 사(斯)와 이(尒)의
반절이다.

 皆謂移徙也.「大雅」「皇矣」云 : "帝遷明德."『易』曰 : "日月運行."
郭云"今江東通言遷徙"者, 時驗而言也.

모두 이사(移徙)를 말한다.「대아」「황의(皇矣)」에 "상제(上帝)의 뜻이 명
덕(明德)의 군주에게로 가다"[196]라 하였다. 『주역』「계사상(繫辭上)」에 "일
월(日月)이 운행한다"고 하였다. 곽박이 말한 "금강동통언천사(今江東通言遷
徙)"은 당시의 경험으로 한 말이다.

 秉·拱, 執也.

---

196) 상제의 …… 가다 : 鄭箋의 "天意去殷之惡, 就周之德"을 따랐다.

병(秉)·공(拱)은 집(執 : 양손으로 잡다)이다.

 兩手持爲拱.

양손으로 잡음을 공(拱)이라 한다.

 拱, 九勇反.

공(拱)은 구(九)와 용(勇)의 반절이다.

 皆謂持執也.「周書」「金縢」云 : “植璧秉珪.” 郭云“兩手持爲拱”,
『老子』云 : “雖有拱璧.”

모두 잡음을 말한다.「주서(周書)」「금등(金縢)」에 “벽(璧)을 놓고 규(珪)를
잡았다”[197]고 하였다. 주에서 곽박이 말한 “양수지위공(兩手持爲拱)”은『노
자』62장에 “비록 두 손으로 잡을 만한 구슬이 있더라도”라 하였다.

 廞·熙, 興也.

흠(廞)·희(熙)는 흥(興 : 일다)이다.

---

197) 벽을…… 잡았다: 孔傳의 “植, 置也”를 따랐다. 音은 孔傳에 “植, 時織反, 徐音置”
라 하여, ‘식’·‘치’ 두 가지를 제시하였다.

『書』曰: "庶績咸熙." 廞見『周官』.

『서경』에 "여러 공적이 모두 일어난다"고 하였다. 흠(廞)은『주관(周官)』에 보인다.

廞, 郭音歆, 又音欽,『字林』火欽反. 興, 如字, 又許應反.

흠(廞)에 대하여 곽박은 음을 흠(歆)이라 하였으며, 또 음이 흠(欽)이라고 하였다.『자림』에는 화(火)와 흠(欽)의 반절이라 하였다. 홍(興)은 여자(如字), 또는 허(許)와 응(應)의 반절이다.

皆謂興作. 郭云 "『書』曰: 庶績咸熙" 者,「虞書」「舜典」文. 云 "廞見『周官』" 者,『周官』卽『周禮』也.「笙師職」云: "大喪, 廞其樂器." 鄭注: "廞, 興也. 興謂作之."

모두 홍작(興作)을 말한다. 주에서 곽박이 말한『서경』의 "서적함희(庶績咸熙)"는「우서(虞書)」「순전(舜典)」의 글이다. "흠현『주관』(廞見『周官』)"이라 한 것은『주관』은 곧『주례』인데,「생사직(笙師職)」에 "대상(大喪)에는 악기(樂器)의 일을 일으킨다"고 하였고, 정현(鄭玄)의 주에는 "흠(廞)은 홍(興)이니, 홍(興)은 일으킴을 말한다"고 하였다.

衛・蹶・假, 嘉也.

위(衛)・궤(蹶)・가(假)는 가(嘉 : 가상히 여기다)이다.

『詩』敘序曰 : "「假樂」, 嘉成王也." 餘未詳.

『시경』 서(敍)에 "「가락(假樂)」은 성왕(成王)을 가상히 여긴 것이다"고 하였다. 나머지는 미상이다.

 蹶, 居衛反, 下同. 假, 戶嫁反.

궤(蹶)는 거(居)와 위(衛)의 반절이며 아래도 같다. 가(假)는 호(戶)와 가(嫁)의 반절이다.

 謂嘉美也. 郭云"『詩』敍曰 :「假樂」, 嘉成王也"者,「大雅」「假樂」篇敍也.

가미(嘉美)를 말한다. 주에서 곽박이 말한 『시경』 서(敍)의 "「가락」가성왕야「假樂」嘉成王也"는 「대아」「가락(假樂)」편의 서(敍)이다.

 廢・稅・赦, 舍也.

폐(廢)・세(稅)・사(赦)는 사(舍 : 방치하다)이다.

『詩』曰 : "召伯所稅198)." 舍, 放置.

『시경』에 "소백(召伯)이 두고 간 것이다"고 하였다. 사(舍)는 방치(放置)함
이다.

 廢, 字亦作癈, 同, 甫穢反. 稅, 始銳反. 舍, 音捨, 注同.

폐(廢)는 글자를 또한 폐(癈)로도 쓰나 음의가 같으며, 보(甫)와 예(穢)의
반절이다. 세(稅)는 시(始)와 예(銳)의 반절이다. 사(舍)는 음이 사(捨)이며 주
(注)에서도 같다.

 皆舍置也. 廢者, 宣八年『公羊傳』云 : "廢其無聲者." 赦者, 放置也.
「虞書」「舜典」云 : "眚災肆赦." 郭云『詩』曰 : 召伯所稅"者, 「召南」
「甘棠」文也.

모두 '버려 두다'는 뜻이다. 폐(廢)는 『공양전』 선공(宣公) 8년에 "그 소
리 안 나는 것은 그냥 둔다"고 하였다. 사(赦)는 '방치(放置)한다'는 뜻이다.
「우서(虞書)」「순전(舜典)」에 "과오로 해를 끼친 사람은 너그럽게 놓아둔
다"199)고 하였다. 주에서 곽박이 말한 『시경』의 "소백소세(召伯所稅)"는
「소남(召南)」「감당(甘棠)」의 글이다.

---

198) 稅 : 『시경집전대전』에는 '說'로 되어 있다.
199) 과오로 …… 놓아둔다 : 孔傳의 "過而有害, 當緩赦之"를 따랐다.

棲遲 · 憩 · 休 · 苦 · 㕤 · 䫻 · 呬, 息也.

서지(棲遲) · 게(憩) · 휴(休) · 고(苦) · 괴(㕤) · 희(䫻) · 희(呬)는 식(息 : 휴식하다. 쉬다)이다.

爾雅注 棲遲, 游息也. 苦勞者, 宜止息. 憩見『詩』. 㕤 · 䫻 · 呬皆氣息貌. 今東齊呼息爲呬也.

서지(棲遲)는 다니면서 쉬는 것이다. 고생하고 수고한 자는 당연히 멈춰서 쉬어야 한다. 게(憩)는 『시경』에 보인다. 괴(㕤) · 희(䫻) · 희(呬)는 모두 숨을 쉬는 모습이다. 지금 동제(東齊)에서는 숨쉬는 것을 희(呬)라 한다.

爾雅音義 棲, 音西. 遲, 直釐反. 憩, 起例反, 本或作愒, 同. 㕤, 古怪反, 又墟季反, 『字林』以爲喟, 丘愧反. 孫本作快. 郭"音苦槩反. 又作噴, 墟愧苦怪二反." 䫻, 郭施謝海拜反. 孫虛貴反. 顧乎被反. 呬, 郭許四反. 孫許器反. 施火季反.

서(棲)는 음이 서(西)이다. 지(遲)는 직(直)과 리(釐)의 반절이다. 게(憩)는 기(起)와 예(例)의 반절이며, 본에 따라 게(愒)로 되어 있는데 음의가 같다. 괴(㕤)는 고(古)와 괴(怪)의 반절, 또는 허(墟)와 계(季)의 반절이다. 『자림』에는 위(喟)의 뜻으로 구(丘)와 괴(愧)의 반절이라 하였다. 손염의 본에는 쾌(快)로 되어 있다. 곽박은 "음을 고(苦)와 개(槩)의 반절이라 하였으며, 또 귀(噴)로 쓰는데 허(墟)와 괴(愧), 고(苦)와 괴(怪)로 두 가지의 반절이다"고 하였다. 희(䫻)에 대하여 곽박(郭璞) · 시건(施乾) · 사교(謝嶠)는 해(海)와 배(拜)의 반절이라 하였고, 손염(孫炎)은 허(虛)와 귀(貴)의 반절이라 하였고, 고야왕(顧野

王)은 호(乎)와 피(被)의 반절이라 하였다. 희(呬)에 대하여 곽박(郭璞)은 허(許)와 사(四)의 반절이라 하였고, 손염(孫炎)은 허(許)와 기(器)의 반절이라 하였고, 시건(施乾)은 화(火)와 계(季)의 반절이라 하였다.

爾雅疏 皆止息也. 舍人曰:"棲遲, 行步之息." 郭云:"棲遲, 游息也." 「陳風」「衡門」云:"衡門之下, 可以棲遲." 憩者, 「召南」「甘棠」云:"召伯所憩." 休者, 止而息也. 「周南」「漢廣」云:"不可休息." 苦者, 郭云:"苦勞者, 宜止息." 呬・齂・呬者, 郭云:"皆氣息貌." 案『方言』云:"呬・喙・呬, 息也. 周鄭宋沛之間曰呬, 自關而西・秦晉之間或曰喙, 或曰呬, 東齊曰呬." 故郭云:"今東齊呼息爲呬也."

모두 '쉬다'는 뜻이다. 사인(舍人)은 "서지(棲遲)는 걸어가다가 쉬는 것이다"고 하였다. 곽박(郭璞)은 "서지(棲遲)는 다니면서 쉬는 것이다"고 하였다. 「진풍(陳風)」「형문(衡門)」에 "형문(衡門)의 아래에서 쉴 수 있다"고 하였다. 게(憩)는 「소남(召南)」「감당(甘棠)」에 "소백(召伯)이 쉬던 곳이다"고 하였다. 휴(休)는 '멈추어 쉰다'는 뜻이다. 「주남(周南)」「한광(漢廣)」에 "쉴 수 없다"고 하였다. 고(苦)에 대하여 곽박은 "고생하고 수고한 자는 당연히 멈춰서 쉬어야 한다"고 하였다. 괴(呬)・희(齂)・희(呬)에 대하여 곽박은 "모두 숨을 쉬는 모습이다"고 하였다. 살피건대, 『방언』에 "식(呬)・훼(喙)・희(呬)는 식(息)이다. 주(周)・정(鄭)・송(宋)・패(沛)의 지역에서는 식(呬)이라 하고, 함곡관 서쪽으로 진(秦)・진(晉)의 지역에서는 혹 훼(喙)라 하고 혹은 식(呬)이라 하고, 동제(東齊)에서는 희(呬)라 한다"[200]고 하였다. 그러므로 곽박은 "지금의 동제(東齊)에서는 숨쉬는 것을 희(呬)라 한다"고 하였다.

---

200) 呬・喙 …… 呬라 한다:『방언』권2-9에 나온다.

 供·峙·共, 具也.

공(供)·치(峙)·공(共)은 구(具 : 갖추다)이다.

 皆謂備具.

모두 갖춘다는 뜻이다.

 供, 如字, 又居用反. 峙, 直紀反. 共, 音恭.

공(供)은 여자(如字), 또는 거(居)와 용(用)의 반절이다. 치(峙)는 직(直)과 기(紀)의 반절이다. 공(共)은 음이 공(恭)이다.

爾雅疏 皆謂備具也. 供者,『論語』云 : "子路共之", 供·共音義同. 峙者, 「周書」「費誓」云 : "峙乃糗糧." 「周頌」「臣工」云 : "庤乃錢鎛", 峙·庤音義同. 共者, 「小雅」「小明²⁰¹⁾」云 : "靖共爾位."

모두 준비하여 갖추는 것을 말한다. 공(供)은『논어』「향당(鄉黨)」에 "子路(자로)가 잡아 요리하여 올리다"²⁰²⁾라 하였는데, 공(供)과 공(共)은 음의(音義)가 같다. 치(峙)는 「주서(周書)」「비서(費誓)」에 "너의 마른 식량을 준비하라"고 하였다. 「주송(周頌)」「신공(臣工)」에는 "너의 호미와 가래를 준비하

---

201) 小明 : 대본의 '小旻'은 '小明'의 잘못이다.
202) 자로가 …… 올리다 : 何晏注의 "子路以其時物, 故共具之"를 따랐다.

라"고 하였는데, 치(峙)와 치(庤)는 음의가 같다. 공(共)은 「소아(小雅)」 「소명(小明)」에 "네 지위를 도모하여 갖춘다"고 하였다.

愖・憐・惠, 愛也.

모(愖)・련(憐)・혜(惠)는 애(愛 : 아끼다. 사랑하다)이다.

愖, 韓鄭語, 今江東通呼爲憐.

모(愖)는 한(韓)과 정(鄭)의 말이다. 지금 강동에서는 통칭하여 부르기를 련(憐)이라 한다.

愖, 亡矩反, 又音無. 憐, 力田反.

모(愖)는 망(亡)과 구(矩)의 반절, 또는 음이 무(無)이다. 련(憐)은 력(力)과 전(田)의 반절이다.

愛謂寵惜也. 『方言』云 : "憮・俺・憐・牟, 愛也. 韓鄭曰憮, 晉衛曰俺, 汝潁之間曰憐, 宋魯之間曰牟, 秦或曰憐. 憐, 通語也." 故郭云 : "愖, 韓鄭語, 今江東通呼爲憐." 愖・憮音義同. 惠者, 仁愛也. 『邶』「北風」云 : "惠而好我."

애(愛)는 총석(寵惜 : 아끼고 사랑하다)을 말한다. 『방언』에 "무(憮) · 엄(俺) · 련(憐) · 모(牟)는 애(愛)이다. 한(韓)과 정(鄭)에서는 무(憮), 진(晉)과 위(衛)에서는 엄(俺), 여수(汝水)와 영수(潁水) 지역에서는 련(憐), 송(宋)과 노(魯) 지역에서는 모(牟), 진(秦)에서는 혹 련(憐)이라 한다. 련(憐)은 공통적인 말이다"고 하였다. 그러므로 곽박(郭璞)은 "모(憗)는 한(韓)과 정(鄭)의 말이다. 지금 강동에서는 통칭하여 부르기를 련(憐)이라 한다"고 하였다. 모(憗)와 무(憮)는 음의가 같다. 혜(惠)는 인애(仁愛)의 뜻이다. 「패풍(邶風)」「북풍(北風)」에 "사랑하여 나를 좋아하는 이와"[203]라 하였다.

娠 · 蠢 · 震 · 戁 · 妯 · 騷 · 感 · 訛 · 蹶, 動也.

신(娠) · 준(蠢) · 진(震) · 난(戁) · 축(妯) · 소(騷) · 감(感) · 와(訛) · 궤(蹶)는 동(動 : 요동하다)이다.

 娠猶震也. 『詩』曰 : "憂心且妯", "無感我帨兮", "或寢或訛." 蠢 · 戁 · 騷 · 蹶, 皆搖動貌.

신(娠)은 진(震)과 같다. 『시경』에 "근심스런 마음이 또 움직이는도다"고 하였고, "내 수건을 흔들지 말라"고 하였고, "혹은 자고 혹은 움직이는도다"고 하였다. 준(蠢) · 난(戁) · 소(騷) · 궤(蹶)는 모두 요동(搖動)하는 모양이다.

 娠, 指愼反, 又音身. 蠢, 尺允反. 戁, 奴板反. 妯, 顧依『詩』紑留反, 郭盧篤反, 又徒歷反. 騷, 蘇刀反. 訛, 五禾反. 帨, 始銳反.

---

203) 사랑하여 …… 이와 : 鄭箋의 "性仁愛, 而又好我者"를 따랐다.

『毛詩』傳云 : "佩巾也."

　신(娠)은 지(指)와 신(愼)의 반절, 또는 음이 신(身)이다. 준(蠢)은 척(尺)과
윤(允)의 반절이다. 난(戁)은 노(奴)와 판(板)의 반절이다. 축(妯)에 대하여 고
야왕(顧野王)은 『시경』에 근거하여 칙(勅)과 류(留)의 반절이라 하였으며, 곽
박은 노(盧)와 독(篤)의 반절, 또는 도(徒)와 역(歷)의 반절이라고 하였다. 소
(騷)는 소(蘇)와 도(刀)의 반절이다. 와(訛)는 오(五)와 화(禾)의 반절이다. 세
(帨)는 시(始)와 예(銳)의 반절인데 모전(毛傳)에는 "〈몸에〉 차는 수건이다"
고 하였다.

爾雅
疏 皆謂動作. 娠者, 『說文』云 : "妊‧娠, 動也.[204]" 郭云"娠猶震也"
者, 以「大雅」「生民」云 : "載震載夙." 昭元年『左傳』曰 : "邑姜方
震大叔." 哀元年『左傳』曰 : "后緡方震." 皆謂有身爲震, 故云"娠猶震也."
蠢者, 郭云 : "蠢‧戁‧騷‧蹶皆搖動貌." 「小雅」「采芑」云 : "蠢爾蠻荊."
震者, 「大雅」「常武」云 : "震驚徐方." 戁者, 恐動也. 「商頌」「長發」云 : "不
戁不竦." 騷者, 「大雅」「常武」云 : "徐方繹騷." 蹶者, 「大雅」「緜」篇云 :
"文王蹶厥生." ○云 "『詩』曰 : 憂心且妯"者, 「小雅」「鼓鍾」文. 云 "無感我
帨兮"者, 「召南」「野有死麕」文. 云 "或寢或訛"者, 「小雅」「無羊」文.

　모두 동작(動作)을 말한다. 신(娠)은 『설문』에 "임(妊)‧신(娠)은 동(動)이
다"고 하였다. 곽박이 "신(娠)은 진(震)과 같다"고 한 것은 「대아」「생민(生
民)」의 "임신하시고 조심한다"[205]고 하였고, 『좌전』 소공(昭公) 원년에 "읍
강(邑姜)[206]이 바야흐로 태숙(大叔)을 임신하였다"고 하였고, 『좌전』 애공(哀

---

204) 妊‧娠, 動也 : 段注本 『說文』에는 "妊, 孕也. 娠, 女妊身動也"라 되어 있다.
205) 임신하시고 조심한다 : 鄭箋의 "夙之言肅也. …… 於是遂有身, 而肅戒不復御"를 따
　　랐다.
206) 邑姜 : 武王의 妃. 成王과 虞叔을 낳았는데, 虞叔이 大叔이다.

公) 원년에 "后(후)인 縉(민)이 바야흐로 임신하였다"에서 모두 아이를 가진 것을 진(震)이라 하였기 때문에 곽박이 "신(娠)은 진(震)과 같다"고 한 것이다. 준(蠢)에 대하여 곽박은 "준(蠢)·난(戁)·소(騷)·궤(蹶)는 모두 요동(搖動)하는 모양이다"고 하였다. 「소아」「채기(采芑)」에 "함부로 날뛰는 저 형주(荊州)의 만족(蠻族)들"이라 하였다. 진(震)에 대하여 「대아」「상무(常武)」에 "서방(徐207)方)을 진동하니"라 하였다. 난(戁)은 두려워서 움직이는 것인데, 「상송(商頌)」「장발(長發)」에 "두려워하지 않고 겁내지 않는다"고 하였다. 소(騷)에 대하여 「대아」「상무(常武)」에 "서방(徐方)에서 소동이 났다고 아뢴다"208)고 하였다. 궤(蹶)에 대하여 「대아」「면(緜)」편에 "문왕(文王)이 그 백성을 움직였다"209)고 하였다. ○ 주에서 인용한 『시경』의 "우심차축(憂心且妯)"은 「소아」「고종(鼓鐘)」의 글이며, "무감아세혜(無感我帨兮)"는 「소남」「야유사균(野有死麇)」의 글이며, "혹침혹와(或寢或訛)"는 「소아」「무양(無羊)」의 글이다.

 覆·察·副, 審也.

복(覆)·찰(察)·부(副)는 심(審 : 살피다)이다.

 覆校·察視·副長皆所爲審諦.

---

207) 徐 : 國名.
208) 서방에서 …… 아뢴다 : 毛傳의 "繹, 陳. 騷, 動也"와 鄭箋의 "繹當作驛. 騷, 恐動"을 따랐다. 집전도 "繹, 連絡也. 騷, 搖動"이라 하여 '騷'에 대한 풀이가 일치한다.
209) 문왕이 …… 움직였다 : 鄭箋의 "文王動其縣縣民初生之道, 謂廣其德而王業大. …… 跪, 具危反"을 따랐다.

복교(覆校)・찰시(察視)・부장(副長)은 모두 행하는 것을 자세하게 살핀다는 뜻이다.

覆, 芳福反, 後注同. 副, 音赴. 校, 音敎. 長, 丁丈反, 下文幷注同. 諦, 音帝.

복(覆)은 방(芳)과 복(福)의 반절인데, 뒤의 주(注)에서도 같다. 부(副)는 음이 부(赴)이다. 교(校)는 음이 교(敎)이다. 장(長)은 정(丁)과 장(丈)의 반절인데 아래 글과 주에서도 아울러 같다.[210] 체(諦)는 음이 제(帝)이다.

郭云 : "覆校・察視・副長皆所爲審諦." 覆者, 「月令」「季春」云 : "命舟牧覆舟, 五覆五反." 察者, 「周書」「呂刑」云 : "惟察惟法." 副者, 次長之稱.

곽박은 "복교(覆校)・찰시(察視)・부장(副長)은 모두 행하는 것을 자세하게 살핀다는 뜻이다"고 하였다. 복(覆)은 『예기』「월령(月令)」의 계춘(季春)에 "주목(舟牧 : 배를 담당하는 관리)에게 명하여 배를 살펴보라고 하는데, 다섯 번 엎어보고 다섯 번 뒤집어본다"[211]고 하였다. 찰(察)은 「주서(周書)」「여형(呂刑)」에 "죄인의 말을 살피고 법리(法理)로 한다"[212]고 하였다. 부(副)는 두 번째 장(長)의 칭호이다.

---

210) 長은 …… 아울러 같다 : 長을 上聲으로 읽으라는 의미다. 年長, 首長, 長子 등의 뜻으로 쓰인다. 평성이면 長短의 長이다. 다음에 나오는 글과 곽박의 주에서는 모두 상성으로 읽으라고 하였다.

211) 舟牧에게 …… 뒤집어본다 : 鄭箋의 "覆反舟者, 備傾漏也"라 하였다. 覆反에 대하여 『禮記集說大全』에는 "嚴陵方氏曰, 覆以視表, 反以視裏"라고 하여, 覆은 배의 밖을 살피고, 反은 안을 살피는 것으로 풀이하였다.

212) 살피고 …… 한다 : 孔傳의 "惟當淸察罪人之辭, 附以法理"를 따랐다.

 契·滅·殄, 絶也.

계(契)·멸(滅)·진(殄)은 절(絶 : 끊다)이다.

 今江東呼刻斷物爲契斷.

지금 강동(江東)에서 물건을 깎아 자르는 것을 부르기를 계단(契斷)이라 한다.

爾雅
音義 契, 郭苦計反, 字又作挈. 顧苦結反, 注同.『左傳』云 : "盡借邑人之車, 契其軸." 是也. 殄, 大典反. 刻, 音克. 斷, 大管反.

계(契)에 대해서 곽박은 고(苦)와 계(計)의 반절이라 하였는데 글자를 또 계(挈)로도 쓴다. 고야왕은 고(苦)와 결(結)의 반절이라 하였는데 주(注)에서도 같다.『좌전』에 "그 고을 사람들의 수레를 모두 빌어서 수레의 축(軸)을 잘랐다"고 한 것이 이것이다. 진(殄)은 대(大)와 전(典)의 반절이다. 각(刻)은 음이 극(克)이다. 단(斷)은 대(大)와 관(管)의 반절이다.

爾雅
疏 皆謂斷絶. 契者, 郭云 : "今江東呼刻斷爲契斷." 定九年『左傳』曰 : "盡借邑人之車, 契其軸." 杜注云 : "契, 刻也." 滅者,「小雅」「正月」云 : "寧或滅之." 殄者,「大雅」「桑柔」云 : "不殄心憂."

모두 단절(斷絶)을 말한다. 계(契)에 대해서 곽박은 "금강동호각단위계단(今江東呼刻斷爲契斷)"이라 하였다.『좌전』정공(定公) 9년에 "그 고을 사람들의 수레를 모두 빌어서 수레의 축(軸)을 잘랐다"고 하였는데, 두주(杜注)에 "계(契)는 각(刻)이다"고 하였다. 멸(滅)은 「소아」 「정월(正月)」에 "어찌 불을 끌 수 있으랴?"고 하였다. 진(殄)은 「대아」 「상유(桑柔)」에 "마음의 근심을 끊지 못하였다"고 하였다.

 那[213]・臻・仍・迺・侯, 乃也.

나(那)・진(臻)・잉(仍)・내(迺)・후(侯)는 내(乃 : 이에. 어조사)이다.

 迺卽乃. 餘未詳.

내(迺)는 곧 내(乃)이다. 나머지는 미상이다.

 乃, 語辭也. 迺・乃音義同. 「大雅」「緜」篇云: "迺慰迺止." 是也.

내(乃)는 어조사이다. 내(迺)와 내(乃)는 음의가 같다. 「대아」 「면(緜)」편에 "이에 안정되고 이에 거처했다"고 한 것이 이것이다.

 迪・繇・訓, 道也.

---

213) 那 : 대본에는 '郡'으로 되어 있으나 校勘記에 따라 '那'로 고쳤다.

적(迪)·유(繇)·훈(訓)은 도(道 : 법도, 가르치다)이다.

義皆見『詩』·『書』.

뜻이 모두 『시경』과 『서경』에 보인다.

迪, 音狄. 繇, 音由. 道, 如字, 或徒報反, 非.

적(迪)은 음이 적(狄)이다. 유(繇)는 음이 유(由)이다. 도(道)는 여자(如字)인
데, 혹 도(徒)와 보(報)의 반절[214]이라 하나 잘못이다.

「虞書」「大禹謨」云 : “惠迪吉.” 「小雅」「巧言」云 : “秩秩大猷.”
猷·繇音義同. 「周書」「顧命」云 : “命汝嗣訓.”

「우서(虞書)」「대우모(大禹謨)」에 “도(道)를 따르면 길하다”고 하였다. 「소
아」「교언(巧言)」에 “질서 있는 큰 법도”라 하였다. 유(猷)와 유(繇)는 음의
가 같다. 「주서」「고명(顧命)」에 “너에게 명하노니, 도를 이어라”[215]고 하
였다.

僉·咸·胥, 皆也.

---

214) 徒步切 : 道를 去聲으로 읽는다는 의미다. 거성으로 읽으면 ‘인도하다’ 등으로 쓰인
다. 上聲으로 읽으면 ‘길’, ‘가르침’, ‘이치’ 등의 뜻이다.
215) 너에게 …… 이어라 : 孔傳의 “命汝繼嗣其道”를 따랐다.

첨(僉)·함(咸)·서(胥)는 개(皆 : 다, 모두)이다.

 東齊曰胥, 見『方言』.

동제(東齊)에서는 서(胥)라 하는데 『방언』에 보인다.

 僉, 七廉反. 胥, 息廬反.

첨(僉)은 칠(七)과 렴(廉)의 반절이다. 서(胥)는 식(息)과 려(廬)의 반절이다.

謂衆皆也.「舜典」云 : “僉曰 : ‘伯禹作司空.’”「商書」云 : “咸有一德.” 郭云“東齊曰胥, 見『方言』”者, 案『方言』云 : “僉·胥, 皆也. 自山而東·五國之郊曰僉, 東齊曰胥.” 是也.

모두를 말한다.「우서(虞書)」「순전(舜典)」에 “모두 말하기를 ‘백우(伯禹)를 사공(司空)으로 삼아야 합니다’”라고 하였다.「상서(商書)」「함유일덕(咸有一德)」에 “모두 순일한 덕을 가지다”고 하였다. 〈주에서〉 곽박이 말한 “동제왈서, 현『방언』(東齊曰胥, 見『方言』)”은 살피건대, 『방언』에 “첨(僉)·서(胥)는 개(皆)이다. 태산(泰山)에서 동쪽과, 오국(五國)216)의 교외(郊外)에서는 첨(僉)이라 하고, 동제(東齊)에서는 서(胥)라 한다”217)고 한 것이 이것이다.

---

216) 五國 : 齊·韓·魏·趙·宋을 말한다.
217) 僉·胥 …… 胥라 한다 : 『방언』 권7-2에 나온다.

 育·孟·耆·艾·正·伯, 長也.

육(育)·맹(孟)·기(耆)·애(艾)·정(正)·백(伯)은 장(長 : 우두머리)이다.

 育·養亦爲長, 正·伯皆官長.

육(育)·양(養)도 역시 장(長)이다. 정(正)·백(伯)은 모두 관리의 장이다.

 耆, 巨之反,『禮記』云 : "六十日耆." 艾, 五盍反, 下同.『禮記』曰 : "五十曰 : 艾."

기(耆)는 거(巨)와 지(之)의 반절이다.『예기』「곡례상(曲禮上)」에 "60살을 기(耆)라 한다"고 하였다. 애(艾)는 오(五)와 개(盍)의 반절이며 아래에서도 같다.『예기』「곡례상(曲禮上)」에 "50살을 애(艾)라 한다"고 하였다.

皆謂長上也. 郭云 : "育·養亦爲長."「邶」「谷風」云 : "旣生旣育." 鄭箋云 : "育謂長老也." 孟, 庶長也. 又「周書」「康誥」云 : "王若曰 孟侯." 孔安國云 : "孟, 長也, 五侯之長也." 耆·艾皆老長也.『曲禮』曰 : "五十曰艾, 服官政. 六十曰耆, 指使." 正·伯皆官長.「大雅」「雲漢」云 : "以戾庶正."「盤庚」云 : "邦伯師長."

모두 우두머리를 말한다. 곽박은 "육(育)·양(養)도 또한 장(長)이 된다"고 하였다.「패풍(邶風)」「곡풍(谷風)」에 "재물도 있고 나이도 들었다"[218]고 하

---

218) 재물도 …… 들었다 : 鄭箋에 "生, 謂財業也"를 따랐다. 집전은 "今旣遂其生矣"라고

였는데, 정전(鄭箋)에 "육(育)은 장로(長老)이다"고 하였다. 맹(孟)은 무리의 우두머리이다. 또 「주서(周書)」 「강고(康誥)」에 "왕은 이와 같이 말하였다. '맹후여!'"라 하였는데, 공안국은 "맹(孟)은 장(長)이다. 오후(五侯)의 우두머리이다"고 하였다. 기(耆)와 애(艾)는 모두 늙었다는 의미다. 『예기』 「곡례 상(曲禮上)」에 "50살을 애(艾)라 하니 관청의 정무를 맡아 다스리고, 60살을 기(耆)라 하니 사람을 가리켜 부린다"[219]고 하였다. 정(正)·백(伯)은 모두 관리의 우두머리이다. 「대아」 「운한(雲漢)」에 "모든 관리의 우두머리를 안정시킨다"고 하였다. 「상서(商書)」 「반경(盤庚)」에 "방백(邦伯)과 사장(師長)"이라 하였다.

 艾, 歷也.

애(艾)는 력(歷 : 경력)이다.

 長者多更歷.

장자(長者)는 경력이 많다.

 更, 音庚.

하여, '이미 살만하고 이미 생활하게 되었다'로 번역된다.
219) 가리켜 부린다 : 鄭玄 注의 "指事, 使人也"를 따랐다.

경(更)은 음이 경(庚)이다.

艾又爲歷. 郭云 : "長者多更歷."

애(艾)는 또 력(歷)이다. 곽박은 "장자(長者)는 경력이 많다"고 하였다.

厤・秭・算, 數也.

력(厤)・자(秭)・산(算)은 수(數 : 셈하다)이다.

厤, 厤數也. 今以十億爲秭. 『論語』云 : "何足算也."

력(厤)은 력수(厤數 : 일일이 셈하다)이다. 지금은 십억을 자(秭)라 한다. 『논
어』「자로(子路)」에 "하족산야(何足算也 : 어찌 따질 수 있겠는가?)"라 하였다.

秭, 音姊. 算, 字又作筭, 素緩反. 郭息轉反. 數, 色具反, 注同,
謝色主反.

자(秭)는 음이 자(姊)이다. 산(算)은 글자를 또 산(筭)으로도 쓰며, 소(素)와
완(緩)의 반절이다. 곽박은 식(息)과 전(轉)의 반절이라 하였다. 수(數)는 색
(色)과 구(具)의 반절이며 주에서도 같다. 사교(謝嬌)는 색(色)과 주(主)의 반
절이라 하였다.

 皆算數也. 郭云 : "厤, 厤數也." 推律所生之數. 「虞書」「大禹謨」
云 : "天之厤數在汝躬." 秭者, 「周頌」「豐年」云 : "萬億及秭." 毛
傳云 : "數萬至萬曰億. 數億至億曰秭." 郭云"今以十億爲秭"者, 以時驗
而言也. ○案『論語』: "子貢問曰 : '今之從政者何如?' 子曰 : '噫! 斗筲之
人, 何足算也.'" 鄭曰 : "算, 數也."

　　모두 셈하는 것이다. 곽박은 "력(厤)은 력수(厤數)이다"고 하였다. 생겨나
는 수를 하나 하나 세는 것을 말한다. 「우서(虞書)」「대우모(大禹謨)」에 "하
늘의 역수(厤數)[220]가 너의 몸에 있다"고 하였다. 자(秭)는 「주송(周頌)」「풍
년(豐年)」에 "만‧억 및 자(秭)이다"고 하였는데, 모전(毛傳)에 "수가 만(萬)
이 만(萬)에 미침을 억(億)이라 하고, 수가 억(億)이 억(億)에 미침을 자(秭)라
한다"[221]고 하였다. 곽박이 "지금은 십억을 자(秭)라고 한다"고 한 것은
당시의 경험으로 한 말이다. ○살피건대, 『논어』「자로(子路)」에 "자공(子
貢)이 묻기를 '지금 정사에 종사하는 자들은 어떻습니까?'라고 하니, 공자
가 대답하기를 '아! 한 말이나 한 말 두 되 들어갈 정도의 좁은 소견을 가
진 사람들을 어찌 따질 수 있겠는가?'라 하였다"고 하였는데, 정현은 "산
(算)은 수(數)이다"고 하였다.

經文

歷, 傅也.

　　역(歷)은 부(傅 : 가깝다)이다.

---

220) 厤數 : 제왕이나 왕조가 교체되는 차례. 또는 天道. '일일이 셈하다'는 뜻에서 전환되
　　어 '帝位에 오르는 運'으로 쓰인 것이다. 歷數.
221) 秭 : 萬×萬이 億이고, 億×億이 秭라는 의미다.

傳近.

부근(傳近 : 가깝다)이다.

 傳, 符付反, 注同.

부(傳)는 부(符)와 부(付)의 반절이며 주(注)에서도 같다.

 謂傳近也. 隱十一年『左傳』云 : "庚辰, 傳於許."

부근(傳近)을 말한다. 『좌전』 은공 11년에 "경진(庚辰)일에 허(許)나라에
가까이 갔다"고 하였다.

 艾·歷·覛·胥, 相也.

애(艾)·력(歷)·맥(覛)·서(胥)는 상(相 : 보다)이다.

 覛謂相視也. 『公羊傳』曰 : "胥盟者何? 相盟[222]也." 艾·歷未詳.

---

222) 胥盟者何, 相盟也 : 盟은 『標點本』「公羊傳」에는 '命'으로 쓰였고, 그 注에 완원 교
감기에 근거하여 '盟'은 '命'의 잘못이라고 하였다.

맥(覒)은 보는 것을 말한다. 『공양전』에 "서맹(胥盟)이라는 것은 어떤 것인가? 보고서 맹서하는 것이다"고 하였다. 애(艾)와 력(歷)은 미상이다.

 覒, 字又作脈, 亡革反. 相, 息羊反, 讀者, 或息亮反, 今不用.

맥(覒)은 글자를 또 맥(脈)으로도 쓰는데, 망(亡)과 혁(革)의 반절이다. 상(相)은 식(息)과 양(羊)의 반절이다. 독자(讀者)들이 혹 식(息)과 량(亮)의 반절[223)]이라고 하나 지금은 채용하지 않는다.

 皆謂相視也. 覒者, 郭云 : "覒謂相視也." 『說文』云 : "覒, 邪視也." 郭云 "『公羊傳』曰 : 胥盟者何? 相盟也"者, 桓三年文.

모두 보는 것을 말한다. 맥(覒)에 대해서 곽박은 "맥(覒)은 보는 것을 말한다"고 하였다. 『설문』에 "맥(覒)은 흘겨보는 것이다"고 하였다. 〈주에서〉 곽박이 말한 『공양전』의 "서맹자하? 상맹야(胥盟者何? 相盟也)"는 환공(桓公) 3년의 글이다.

 乂·亂·靖·神·弗·淈, 治也.

예(乂)·란(亂)·정(靖)·신(神)·불(弗)·굴(淈)은 치(治 : 다스리다)이다.

---

223) 相은 …… 반절 : 息羊反은 平聲 陽韻이고, 息亮反은 去聲 漾韻이다. 두 가지로 독음되는 현상을 보여 주는 것이다.

『論語』曰：“予有亂臣十人.” 漏,『書』敍作汩, 音同耳. 神, 未詳.
餘並[224]見『詩』・『書』.

『논어』에 "나(武王)는 다스리는 신하(亂臣) 열 사람을 두었다"고 하였다.
굴(漏)은 『서경』의 서(敍)에 골(汩)로 되어 있는데 음이 같다. 신(神)은 미상
이다. 나머지는 모두 『시경』과 『서경』에 보인다.

义, 字又作嫛, 亦作刈, 同, 魚廢反. 漏, 郭古沒反, 又胡忽反. 治,
直吏反, 謝如字. 汩, 古沒反.

예(义)는 글자를 에(嫛)로 쓰고, 역시 예(刈)로도 쓰는데 음의가 같으며
어(魚)와 폐(廢)의 반절이다. 굴(漏)에 대해서 곽박은 고(古)와 몰(沒)의 반절,
또는 호(胡)와 홀(忽)의 반절이라고 하였다. 치(治)는 직(直)과 리(吏)의 반절
인데, 사교(謝嶠)는 여자(如字)[225]라고 하였다. 골(汩)은 고(古)와 몰(沒)의 반
절이다.

皆治理也. 舍人曰：“亂, 义之治也.” 孫炎曰：“亂, 治之理也.” 云
“『論語』曰：予有亂臣十人”者,「泰伯」篇文也. “漏,『書』敍作汩,
音同耳”者,「虞書」敍云：“帝釐下土, 方設居方, 別生分類, 作「汩作」.” 孔
傳云：“汩, 治. 作, 興也. 言其治民之功興, 故爲「汩作」之篇, 亡.” 云“餘並
見『詩』・『書』”者,「堯典」[226]云：“有能俾义”「小雅」「菀柳」云：“俾予靖
之.”「大雅」「生民」云：“茀厥豐草.” 弗・茀音義同.

---

224) 並：대본에는 없으나 校勘記에 따라 삽입하였다.
225) 治는 …… 如字：直과 吏의 반절인 경우는 去聲으로 '見效(효과를 보다. 치적)'이고,
    如字인 경우는 平聲으로 '理事(일을 다스리다)'이다.
226)『堯典』：대본에는 『舜典』으로 되어 있다.

모두 치리(治理 : 다스리다)이다. 사인(舍人)은 "란(亂)은 정의(正義)의 다스림
이다"고 하였고, 손염(孫炎)은 "란(亂)은 통치의 다스림이다"고 하였다. 주
(注)에서 말한 『논어』의 "여유난신십인(予有亂臣十人)"은 「태백(泰伯)」편의
글이다. "굴,『서』서작골, 음동이(淈,『書』敍作汩, 音同耳)"는 「우서(虞書)」「순
전(舜典)」227)의 서(敍)에 "순제(舜帝)가 사방의 제후를 다스리고 관직을 설
치하여 그곳에 살게 했다. 족성(族姓)을 구별하고 같은 부류(部類)로 나누
고228) 「골작(汩作)」편을 지었다"고 하였다. 공전(孔傳)에는 "골(汩)은 치(治)
이며, 작(作)은 흥(興)이다. 그 백성을 다스리는 공적이 일어났기 때문에 「골
작(汩作)」편을 지었으나 잃었다"고 하였다. "여병현『시』·『서』(餘並見『詩』·
『書』)"라 한 것은 「우서」, 「요전(堯典)」에 "능력 있는 자가 있으면 그로 하
여금 다스리게 한다"고 하였다. 「소아」, 「울류(菀柳)」에 "나로 하여금 다스
리라고 한다"229)고 하였다. 「대아」, 「생민(生民)」에 "저 무성한 풀을 다스
린다"고 하였다. 불(弗)과 불(艴)은 음의가 같다.

 頤·艾·育, 養也.

이(頤)·애(艾)·육(育)은 양(養 : 기르다. 양육하다)이다.

 汝潁梁宋之間曰艾, 『方言』云.

---

227) 十三經注疏本의 『書經』 「舜典」 뒷부분에 나온다.
228) 舜帝가 …… 나누고 : 孔傳의 "言舜理四方諸侯, 各設其官居其方. …… 生, 姓也. 別
其姓族, 分其類, 使相從"을 따랐다.
229) 나로 …… 한다 : 靖의 해석이 제각각 다르다. 毛傳은 治, 鄭箋은 謀, 집전은 定이라
하였다. 여기서는 毛傳을 따랐다.

여(汝)・영(潁)・양(梁)・송(宋)의 지역에서는 애(艾)라 한다고 『방언』에서 말하였다.

 頤, 以之反.

이(頤)는 이(以)와 지(之)의 반절이다.

 頤者, 『易』曰 : "頤, 貞吉." 育者, 『易』「無妄」象曰 : "先王以茂對 時育萬物." 郭云 "汝潁梁宋之間曰艾, 『方言』云" 者, 案 『方言』云 : "台・胎・陶・鞠, 養也. 晉衛燕趙曰台, 陳楚韓鄭之間曰鞠, 秦或曰陶, 汝潁梁宋之間曰胎, 或曰艾." 是也.

이(頤)는 『주역』 「이괘(頤卦)」에 "이괘(頤卦)는 바르면 길(吉)하다"[230]고 하였다. 육(育)은 『주역』 「무망괘(無妄卦)」의 상(象)에 "선왕은 이 괘를 본받 아서 성대하게 때에 당하여 만물을 기른다"[231]고 하였다. 곽박이 말한 "여영양송지간왈애, 『방언』운(汝潁梁宋之間曰艾, 『方言』云)"은 살피건대, 『방 언』에 "이(台)[232]・태(胎)・도(陶)・국(鞠)은 양(養)이다. 진(晉)・위(衛)・연 (燕)・조(趙)의 지역에서는 이(台), 진(陳)・초(楚)・한(韓)・정(鄭)의 지역에서 는 국(鞠), 진(秦)의 지역에서는 혹 도(陶), 여(汝)・영(潁)・양(梁)・송(宋)의 지 역에서는 태(胎) 혹은 애(艾)라 한다"[233]고 한 것이 이것이다.

---

230) 頤卦 : 頤卦는 艮(☶)이 위, 震(☳)이 아래이다. 즉 上下가 陽爻이고 가운데 四爻는 陰이다. 음식을 씹어서 몸을 기르는 형상이다.
231) 선왕은 …… 기른다 : 孔穎達 疏의 "言先王以此无妄盛事, 當其无妄之時, 育養萬物 也"를 따랐다.
232) 台 : 이 구절에 대해 곽박은 "台猶頤也. 音怡"라 하였다. 『방언』도 곽박이 주석을 하 였다.
233) 台・胎 …… 艾라 한다 : 『방언』 권1-3에 나온다.

 汱・渾・隕, 隊也.

견(汱)・혼(渾)・운(隕)은 추(隊: 떨어지다)이다.

 汱・渾皆水落貌.

견(汱)・혼(渾)은 모두 물이 떨어지는 모양이다.

 汱, 姑犬反, 施胡犬反, 顧徒盖反, 字宜作汱. 渾, 胡本反. 隕, 于敏反. 隊, 直類反.

견(汱)은 고(姑)와 견(犬)의 반절이다. 시건(施乾)은 호(胡)와 견(犬)의 반절이라 하였다. 고야왕은 도(徒)와 개(盖)의 반절이며, 글자를 대(汱)로 써야 옳다고 하였다. 혼(渾)은 호(胡)와 본(本)의 반절이다. 운(隕)은 우(于)와 민(敏)의 반절이다. 추(隊)는 직(直)과 류(類)의 반절이다.

 皆隊落也. 郭云: "汱・渾皆水落貌." 『春秋』僖公十六年經云: "星隕如雨."

모두 추락(隊落)함이다. 곽박은 "견(汱)과 혼(渾)은 모두 물이 떨어지는 모양이다"고 하였다. 『춘추』희공(僖公) 16년[234] 경문(經文)에 "별이 떨어지는 것이 비와 같다"고 하였다.

---

234) 희공(僖公) 16년: 대본에는 희공 16년이라 되어 있으나 莊公 7년의 기사이다. 十三經注疏本에도 희공 16년이라 되어 있으나, 校勘記에는 언급이 없다.

 際·接·爇, 捷也.

제(際)·접(接)·삽(爇)은 첩(捷: 서로 연이어지다)이다.

 捷謂相接續也.

첩(捷)은 서로 접속(接續)함을 말한다.

 爇, 所甲反. 捷, 才接反.

삽(爇)은 소(所)와 갑(甲)의 반절이다. 첩(捷)은 재(才)와 접(接)의 반절이다.

郭云 : "捷謂相接續也." 際者相會之捷也.『左傳』曰 : "爾未際也." 「小雅」「菀柳」云 : "無自瘵焉." 鄭箋云 : "瘵, 接也." 接者, 「曾子問」云 : "接祭而已." 謂捷速而祭也. 爇者未詳.

곽박은 "첩(捷)은 서로 접속(接續)함을 말한다"고 하였다. 제(際)는 서로 만나는 접속함이다.『좌전』소공 4년에 "너는 대부들과 만나지 않았다"고 하였다. 「소아」「울류(菀柳)」에 "스스로 만나지 말라"고 하였는데, 정현은 전(箋)에서 "채(瘵)[235]는 접(接)이다"고 하였다. 접(接)은『예기』「증자문(曾子問)」에서 "첩제(捷祭: 빨리 제사하다)할 뿐이다"고 하였는데, 속히 제사를 지냄을 뜻한다. 삽(爇)은 미상이다.

---

235) 瘵 : 鄭玄은 '接', 毛傳은 '疾', 집전은 '病'이라 하였다.

 毖·神·溢, 愼也.

비(毖)·신(神)·일(溢)은 신(愼 : 신중하다)이다.

 神未詳. 餘見『詩』·『書』.

신(神)은 미상이다. 나머지는 『시경』·『서경』에 보인다.

 毖, 音秘. 溢, 音逸.

비(毖)는 음이 비(秘)이다. 일(溢)은 음이 일(逸)이다.

 謂謹愼也. 毖者,「周書」「洛誥」云:“夙夜毖祀.” 溢者, 舍人曰:
“溢, 行之愼.”「周頌」「維天之命」云 :“假以溢我.” 故注云“見
『書』·『書』.”

근신(謹愼)을 말한다. 비(毖)는 「주서(周書)」「낙고(洛誥)」에 “일찍 일어나
고 밤늦게 자며 제사를 신중히 할 뿐이다”[236]고 하였다. 일(溢)에 대하여
사인(舍人)은 “일(溢)은 행동이 신중함이다”고 하였다. 「주송(周頌)」「유천지
명(維天之命)」에 “아름다운 도로써 나를 넘쳐흐르게 한다”고 하였다. 그러
므로 주에서 “『시경』·『서경』에 보인다”고 하였다.

---

236) 일찍 …… 신중히 한다 : 孔傳의 “徒早起夜寐, 愼其祭祀而已, 無所能”을 따랐다.

 鬱陶·繇, 喜也.

울도(鬱陶)·유(繇)는 희(喜 : 기쁘다)이다.

 『孟子』曰 : “鬱陶[237]思君.” 『禮記』曰 : “人喜則斯陶, 陶斯詠, 詠斯猶.” 猶卽繇也, 古今字耳.

『맹자』에 “마음으로 기뻐하면서 임금(舜)을 그리워하였습니다”고 하였다. 『예기』에 “사람이 기쁘면 마음이 흐뭇하고, 마음이 흐뭇하면 읊조리고, 읊조리면 기뻐한다[238]”고 하였다. 유(猶)는 곧 유(繇)이며, 유(繇)와 유(猶)는 고금자(古今字)이다.

 陶, 徒刀反. 繇, 音由, 一音遙.

도(陶)는 도(徒)와 도(刀)의 반절이다. 유(繇)는 음이 유(由)이며 일음(一音)은 요(遙)이다.

皆謂歡悅. 鬱陶者, 心初悅而未暢之意也. ○云“『孟子』曰 : 鬱陶思君”者, 案『孟子』云 : “象往入舜宮, 舜在牀琴, 曰 : ‘鬱陶思君爾’, 忸怩.” 趙氏注云 : “象見舜生在牀鼓琴, 愕然, 反辭曰 : ‘我鬱陶思君, 故來.’ 爾, 辭也. 忸怩而慙, 是其情也.” 云“『禮記』曰 : 人喜則斯陶, 陶斯詠, 詠斯猶”者, 下「檀弓」文. 鄭注云 : “陶, 鬱陶也. 詠, 謳也. 猶當爲搖,

---

237) 鬱陶 : 十三經注疏本에는 '郁陶'로 되어 있다.
238) 읊조리면 기뻐한다 : 鄭注에서는 “猶當爲搖, 聲之誤也. 搖謂身動搖也”라 하여, '猶' 를 '搖'의 誤字로 처리하여, '움직이다'로 풀이하였다.

聲之誤也. 搖謂身動搖也. 秦人猶·繇聲相近.” 云“猶卽繇也, 古今字耳”
者, 言『禮記』“猶”卽此經“繇”也, 古今字異耳.

모두 기뻐함을 말한다. 울도(鬱陶)는 마음이 처음에 즐거우나 발산되지
못하는 의미다. ○ 주에서 인용한 『맹자』의 “울도사군(鬱陶思君)”은 살피건
대, 『맹자』 「만장 상(萬章上)」에 “상(象)이 순(舜)의 집에 들어가자, 순(舜)이
침상에서 금(琴)을 타고 있었다. 상(象)이 ‘마음으로 기뻐하면서 임금님을
그리워하였습니다’라 하고 부끄러워했다”고 하였다. 조기(趙岐)239)는 풀이
하기를 “상(象)은 순(舜)이 살아서 침상에서 거문고를 타는 것을 보자, 놀라
면서 말을 바꾸어 ‘내가 마음으로 기뻐하면서 임금님을 그리워했기 때문
에 왔습니다’고 하였다. 이(爾)는 어사이다. 얼굴을 붉히면서 부끄러워한 것
이 바로 그의 심정이다”고 하였다. 주에서 말한 『예기』의 “인희즉사도, 도
사영, 영사유(人喜則斯陶, 陶斯詠, 詠斯猶)”는 「단궁하(檀弓下)」의 글이다. 정현
은 “도(陶)는 울도(鬱陶)이다. 영(詠)은 구(謳:노래하다)이다. 유(猶)는 마땅히
요(搖)가 되어야 하는데, 소리가 잘못 전해진 것이다. 요(搖)는 몸이 동요함
이다. 진(秦)나라 사람들은 유(猶)와 요(搖)는 소리가 서로 비슷했다”고 하였
다. 주에서 “유즉유야, 고금자이(猶卽繇也, 古今字耳)”라 한 것은 『예기』의 유
(猶)가 곧 이 『이아』 경문(經文)의 유(繇)와 같은데 고금자(古今字)로 다르게
되었을 뿐임을 말한다.

誐·豂, 獲也.

239) 趙岐 : ?~201. 東漢 京兆 長陵 사람. 초명은 嘉, 字는 邠卿·臺卿. 經史에 밝았고
才藝가 뛰어났다. 저서로 최초의 『孟子』 주석서인 『孟子章句』와 『三輔決錄』이 있다.

괵(馘)·제(穧)는 획(獲 : 획득하다)이다.

今以獲賊耳爲馘, 獲禾爲穧. 並見『詩』.

지금은 적의 귀를 잘라 바치는 것을 괵(馘)이라 하고, 벼를 거두는 것을 제(穧)라 한다. 모두『시경』에 보인다.

馘, 古獲反, 本又作聝, 音同. 穧, 本或作齊, 同, 才細反, 依注字宜從禾. 穧禾, 一本作獲禾, 戶郭反.

괵(馘)은 고(古)와 획(獲)의 반절로, 본에 따라 괵(聝)으로 되어 있는데 음이 같다. 제(穧)는 본에 따라 제(齊)로 되어 있는데 음의가 같으며 재(才)와 세(細)의 반절이다. 주(注)에 의한다면 글자는 마땅히 화(禾)를 따라야 한다. 확화(穧禾)는 어떤 본에는 획화(獲禾)로 되어 있는데, 호(戶)와 곽(郭)의 반절이다.

皆謂克獲也. 郭云"今以獲賊耳爲馘"者,「大雅」「皇矣」云 : "攸馘安安." 毛傳云 : "不服者殺而獻其左耳曰馘."「魯頌」「泮水」云 : "在泮獻馘." 鄭箋云 : "馘, 所格者之左耳." 皆謂臨陣格殺之, 而取其耳也. 云"獲禾爲穧"者,「小雅」「大田」云 : "此有不斂穧." 穧者, 禾之鋪而未束, 故云"獲禾爲穧." 是並見『詩』也.

모두 전쟁에 이겨서 획득하는 것을 말한다. 주에서 곽박이 말한 "금이획적이위괵(今以獲賊耳爲馘)"은「대아」「황의(皇矣)」에 "획득한 귀(耳)를 바침에 천천히 예절에 따라서 한다"[240]고 하였는데, 모전(毛傳)에 "항복하지 않은 자를 죽여 왼쪽 귀를 바치는 것을 괵(馘)이라 한다"고 하였다.「노송

(魯頌)」「반수(泮水)」에 "반궁(泮宮)에 있으면서 벤 적의 귀를 바친다"[241]고 하였는데, 정전(鄭箋)에는 "괵(馘)은 싸워서 죽인 자의 왼쪽 귀이다"고 하였다. 모두 적진에 나아가 격투하여 죽이고서 그 귀를 잘라옴을 말한다. 주에서 말한 "획화위제(獲禾爲秷)"는 「소아」 「대전(大田)」에 "여기에 거두지 않은 벤 벼가 있다"고 하였는데, 제(秷)는 벤 벼를 늘어놓고 아직 묶지 않은 것이므로 "획화위제(獲禾爲秷)"라 한 것이다. 이것은 모두 『시경』에 보인다.

 阻・艱, 難也.

조(阻)・간(艱)은 난(難 : 험난하다)이다.

 皆險難.

모두 험난(險難)함이다.

 難, 奴旦反, 注同, 一音如字.

---

240) 획득한 …… 따라서 한다 : 鄭箋의 "及獻所馘, 皆徐徐以禮爲之, 不尙促速也"를 따랐다.
241) 泮宮에서 …… 바친다 : 鄭箋의 "在泮宮使武臣獻馘"을 따랐다. '泮'은 泮宮으로 제후의 국도에 세운 학교를 말하는데, 그 주위를 반쯤 물로 돌린다. 이에 대하여 천자의 국도에 세운 학교를 辟雍이라 하는데, 사방을 완전히 물로 돌린다.

난(難)은 노(奴)와 단(旦)의 반절이며 주(注)에서도 같다. 일음은 여자(如字)
이다.242)

 皆險難也.「秦風」「蒹葭」云 : “道阻且長.”「商書」「說命」云 : “非
知之艱.”

모두 험난(險難)함이다.「진풍(秦風)」「겸가(蒹葭)」에 “길이 험하고 길다”
고 하였다.「상서(商書)」「열명(說命)」에 “아는 것이 어려운 것이 아니다”고
하였다.

 剡・挈, 利也.

염(剡)・략(挈)은 리(利 : 날카롭다)이다.

 『詩』曰 : “以我剡耜.”

『시경』에 “나의 날카로운 보습으로”라고 하였다.

剡, 羊冉反. 挈, 力約反,『詩』本作畧. 耜, 音似.

---

242) 難은 …… 如字이다 : 奴旦反인 경우는 去聲 翰韻으로 ‘험난하다’이고, 如字인 경우
는 平聲 寒韻으로 ‘어렵다’이다(『중문대사전』).

염(剡)은 양(羊)과 염(冉)의 반절이다. 략(詻)은 력(力)과 약(約)의 반절인데, 『시경』에는 본래 략(畧)으로 되어 있다. 사(耝)는 음이 사(似)이다.

 皆耝之利也.「小雅」「大田」云:“以我覃耝.” 剡·覃音義同.「周頌」「載芟」云:“有略其耝.” 詻·畧略音義同.

모두 보습의 날카로움을 뜻한다.「소아」「대전(大田)」에 "나의 날카로운 보습으로"라 하였다. 염(剡)과 염(覃)은 음의(音義)가 같다.「주송(周頌)」「재삼(載芟)」에 "날카로운 그 보습을 가지고"라 하였다. 략(詻)과 략(畧)은 음의(音義)가 같다.

 允·任·壬, 佞也.

윤(允)·임(任)·임(壬)은 녕(佞: 아첨하다)이다.

『書』曰:“而難任人.” 允信者, 佞人似信. 壬猶任也.

『서경』에 "아첨하는 이를 거절해야 한다"[243]고 하였다. 윤(允)은 신(信)인데 아첨하는 사람은 믿음이 가는 듯하다. 임(壬)은 임(任)과 같다.

---

243) 아첨하는 …… 거절해야 한다 : '難'에 대하여 孔傳에는 '拒'라고 하였고, 蔡沈의 집전에는 '拒絶'이라 하였다.

任, 而鴆反, 又而淫反, 注同. 壬, 而今反, 注同.

임(任)은 이(而)와 짐(鴆)의 반절, 또는 이(而)와 음(淫)의 반절이며 주(注)에
서도 같다. 임(壬)은 이(而)와 금(今)의 반절이며 주(注)도 같다.

 皆謂諂佞也. 允, 信也. 佞人似信. 任者, 孫炎云 : “似可任之佞
也.” 「虞書」「舜典」云 : “而難任人.” 壬猶任也. 「皐陶謨」云 : “何
畏乎巧言・令色・孔壬?”

모두 아첨함을 말한다. 윤(允)은 신(信 : 믿다)이다. 아첨하는 사람은 미더
운 듯하다. 손염은 “신임할 수 있을 것 같은 아첨이다”[244]고 하였다. 「우
서(虞書)」「순전(舜典)」에 “이난임인(而難任人)”이라 하였다. 임(壬)은 임(任)과
같다. 「우서(虞書)」「고요모(皐陶謨)」에 “어찌 말을 교묘히 하고, 얼굴빛을
잘 꾸미며, 매우 아첨하는 사람을 두려워하랴?”[245]라 하였다.

 俾・拼・抨, 使也.

비(俾)・병(拼)・평(抨)은 사(使 : 시키다)이다.

 皆謂使令. 見『詩』.

---

244) 신임할 …… 아첨이다 : ‘任’에 대하여 『爾雅詁林』「義疏」에는 “…… 相與信爲任, 是
    皆任訓爲信也”라 하여, ‘信’으로 풀이하였다.
245) 어찌 …… 두려워하랴? : 孔疏의 “何所畏懼于彼巧言令色爲甚佞之人”을 따랐다.

모두 부리고 명령함을 말한다. 『시경』에 보인다.

 俾·拼·抪·使, 從也.

비(俾)·병(拼)·평(抪)·사(使)는 종(從: 따르다)이다.

 四者又爲隨從.

네 가지는 또한 따른다는 뜻이다.

俾, 必尒反. 拼, 北萌反, 以利使人曰拼, 從手. 抪, 普耕反. 案『字書』: 拼抪並音普耕補耕二反, 訓義亦同. 今旣二字相隨, 故多互其讀也. 亦從手, 彈也. 字又作伻, 音同, 使人也. 令, 力呈反.

비(俾)는 필(必)과 이(尒)의 반절이다. 병(拼)은 북(北)과 맹(萌)의 반절인데, 이익으로 사람을 부리는 것을 병(拼)이라 하여 수(手)를 따른다. 평(抪)은 보(普)과 경(耕)의 반절이다. 살피건대, 『자서』에 병(拼)과 평(抪)은 모두 음이 보(普)와 경(耕), 보(補)와 경(耕) 두 가지의 반절이고, 훈의(訓義)도 같다. 지금은 두 자가 서로 붙어〈음의를〉따르므로 대부분 바꾸어서도 읽는다. 또한 수(手)를 따르는데 탄(彈: 튕기다)이다.[246) 글자를 또한 팽(伻)으로도 쓰는데 음이 같으며 사람을 부린다는 뜻이다. 령(令)은 력(力)과 정(呈)의 반절이다.

---

246) 또한 …… 彈이다: 抪은 手(才)가 딸려 있고, '使'·'從'의 뜻 이외에 '彈'의 뜻도 있음을 말한 것이다.

 皆謂使令・隨從也. 郭云“見『詩』”者,「魯頌」「閟宮」云 : “俾爾熾
而昌.” 「大雅」「桑柔」云 : “荓云不逮.” 拼・荓音義同, 抨義亦同.
此皆爲使令也. 俾・拼・抨・使四者又爲隨從.

　　모두 사령(使令)과 수종(隨從)을 말한다. 주에서 곽박이 말한 “현『시』(見
『詩』)”는 「노송(魯頌)」 「비궁(閟宮)」에 “너로 하여금 성하고 번창하게 한다”
고 한 것과 「대아」 「상유(桑柔)」에 “사람들로 하여금 이르러 오지 못하게
한다”[247]고 한 것이다. 병(拼)과 병(荓)은 음의(音義)가 같으며, 평(抨)의 뜻도
또한 같다. 이것은 모두 사령(使令)이다. 비(俾)・병(拼)・평(抨)・사(使) 네 가
지는 또 수종(隨從)의 뜻이다.

 儴・仍, 因也.

　　양(儴)・잉(仍)은 인(因 : 따르다)이다.

 皆謂因緣.

　　모두 인연(因緣)함을 말한다.

 儴, 樊孫如羊反, 引『論語』: “其父攘羊.” 釋之作攘, 注云 : “因來
而盜曰攘.” 施息羊反.

───────────────

247) 하여금 …… 한다 : 鄭箋의 “使不及門”을 따랐다.

양(儀)에 대하여 번광과 손염은 여(如)와 양(羊)의 반절이라 하였고, 『논어』에 "그 아버지가 양(羊)을 훔쳤다"고 한 것을 이끌어서 양(攘 : 훔치다)으로 해석한 것이다. 주(注)에서 "오는 것을 따라 훔치는 것을 양(攘)이라 한다"고 하였다. 시건은 시(息)와 양(羊)의 반절이라 하였다.

 皆因緣也. 「費誓」曰 : "無敢寇攘." 鄭注云 : "因其亡失曰攘." 儀·攘音義同. 施博士讀曰襄. 「周書」「君奭」云 : "襄我二人." 郭無明說, 義得兩通. 『論語』云 : "仍舊貫."

모두 인연(因緣)함이다. 『서경』「주서(周書)」「비서(費誓)」에 "감히 도적질하지 말라"고 하였다. 정주(鄭注)에 "도망하여 잃어버린 것을 훔치기를 인하여 함을 양(攘)이라 한다"고 하였다. 양(儀)과 양(攘)은 음의가 같다. 시건(施乾) 박사[248]는 양(襄)이라고 읽었다. 「주서(周書)」「군석(君奭)」에 "우리 두 사람[249]을 따르라"고 하였다. 곽박은 분명한 설명을 하지 않았으나, 뜻은 두 가지 다 통한다. 『논어』「선진(先進)」에 "옛 일을 그대로 따른다"고 하였다.

 董·督, 正也.

동(董)·독(督)은 정(正 : 바르게 다스리다)이다.

 皆謂御正.

---

248) 시건(施乾) 박사 : 시건은 관직이 박사였다.
249) 두 사람 : 孔傳에는 文王과 武王, 蔡沈의 집전에는 周公과 君奭으로 보았다.

모두 바르게 다스림을 말한다.

 督, 多毒反.

독(督)은 다(多)와 독(毒)의 반절이다.

 皆謂御正也.「虞書」「大禹謨」云:"董之用威."『春秋』僖公十二年『左傳』云:"謂督不忘."

모두 바르게 다스림을 말한다.「우서(虞書)」「대우모(大禹謨)」에 "위엄으로 바르게 다스린다"[250]고 하였다.『춘추좌전』희공(僖公) 12년에 "너의 공적이 바르기 때문에 잊을 수 없다고 여긴다"[251]고 하였다.

 享, 孝也.

향(享)은 효(孝: 효도하다)이다.

 享祀, 孝道.

향사(享祀)는 효도함이다.

---

250) 위엄으로 …… 다스린다 : 孔傳에는 "威以督之"라 하여 '董'을 '督'으로 풀이하였다.
251) 너의 …… 여긴다 : 孔穎達 正義에 "謂女功德正而不可忘"을 따랐다.

享, 虛丈反, 下注同.

항(享)은 허(虛)와 장(丈)의 반절이며 아래의 주(注)도 같다.

 享祀, 孝道也.「小雅」「信南山²⁵²⁾」云 : "享於祖考."

향사(享祀)는 효도함이다.「소아」「신남산(信南山)」에 "조상에게 향사(享祀)한다"고 하였다.

 珍・享, 獻也.

진(珍)・향(享)은 헌(獻 : 바치다)이다.

 珍物宜獻.『穀梁傳』曰 : "諸侯不享覲."

진귀(珍貴)한 물건이 바치기에 적당한 것이다.『곡량전(穀梁傳)』에 "제후가 물건을 바치지도 뵙지도 않는다"고 하였다.

 致物於尊者曰獻. 珍者, 珍物宜獻也. 享者,『周禮』「大行人」云 : "廟中將幣三享." 鄭司農云 : "三享, 三獻也." 郭云『穀梁傳』曰 :

---

252) 信南山 : 대본에는 '南山'으로 되어 있으나 阮元의 校勘記에 따라 고쳤다.

諸侯不享覲"者, 僖[253]五年文.

높은 사람에게 물건을 바치는 것을 헌(獻)이라 한다. 진(珍)은 진귀(珍貴)한 물건이 바치기에 적당한 것이다. 향(享)에 대하여 『주례』「대행인(大行人)」에 "종묘에서 폐백을 세 번 올린다"고 하였는데, 정사농(鄭司農)은 "삼향(三享)은 삼헌(三獻)이다"고 하였다. 주에서 곽박이 말한 『곡량전』의 "제후불향근(諸侯不享覲)"은 희공(僖公) 5년의 글이다.

 縱・縮, 亂也.

종(縱)・축(縮)은 난(亂 : 어지럽히다)이다.

 縱放・掣縮, 皆亂法也.

종방(縱放)・체축(掣縮)은 모두 법(法)을 어지럽히는 것이다.

 縱, 子用反. 縮, 所六反. 掣, 昌世反.

종(縱)은 자(子)와 용(用)의 반절이다. 축(縮)은 소(所)와 육(六)의 반절이다. 체(掣)는 창(昌)과 세(世)의 반절이다.

---

253) 僖 : 대본의 '隱'은 '僖'의 잘못이다.

放縱・掣縮, 皆亂法也.「大雅」「民勞」云 : "無縱詭隨."

　　방종(放縱)・체축(掣縮)은 모두 법(法)을 어지럽힘이다.「대아」「민로(民勞)」
에 "남의 착함을 속이거나 남의 악함을 따르는 사람의 말을 듣지 말라"[254]
고 하였다.

 探・篡・俘, 取也.

　　탐(探)・찬(篡)・부(俘)는 취(取 : 빼앗다)이다.

　『書』曰 : "俘厥寶玉." 篡者, 奪取也. 探者, 摸取也.

　　『서경』에 "그 보옥(寶玉)을 빼앗았다"고 하였다. 찬(篡)은 탈취(奪取)함이
다. 탐(探)은 더듬어서 빼앗음이다.

　探, 吐南反. 篡, 初患反. 俘, 音孚. 摸, 亡各樓胡二反.

　　탐(探)은 토(吐)와 남(南)의 반절이다. 찬(篡)은 초(初)와 환(患)의 반절이다.
부(俘)는 음이 부(孚)이다. 모(摸)는 망(亡)과 각(各), 루(樓)와 호(胡) 두 가지의
반절이다.

---

254) 남의 …… 말라 : 鄭箋의 "無聽於詭人之善不肯行, 而隨人之惡者"를 따랐다.

 郭云 : "探者, 摸取也. 篡者, 奪取也." 李巡曰 : "囚敵曰俘, 伐執之曰取." ○云 : "『書』曰 : "俘厥寶玉"者, 「商書」敍云 : "夏師敗績, 湯遂從之, 遂伐三朡, 俘厥寶玉." 孔氏云 : "俘, 取也."

곽박은 "탐(探)은 더듬어서 취함이다. 찬(篡)은 탈취(奪取)함이다"고 하였다. 이순(李巡)은 "적을 가두어 놓음을 부(俘)라 하고, 정벌해서 잡는 것을 취(取)라 한다"고 하였다. ○ 주에서 인용한 『서경』의 "부궐보옥(俘厥寶玉)"은 「상서(商書)」「탕서(湯誓)」의 서(敍)[255]에 "하(夏)의 군대가 패배하였다. 탕(湯)이 드디어 그들을 쫓아가서, 드디어 삼종(三朡 : 국명)을 치고 그 보옥(寶玉)을 취하였다"고 하였는데, 공씨(孔氏)는 "부(俘)는 취(取)이다"고 하였다.

 徂・在, 存也.

조(徂)・재(在)는 존(存 : 있다)이다.

 以徂爲存, 猶以亂爲治, 以曩爲曏, 以故爲今. 此皆詁訓義有反覆旁通, 美惡不嫌同名.

조(徂)를 존(存)이라 하는 것은 난(亂 : 어지럽다)을 치(治 : 다스려지다)라 하고 낭(曩 : 오래)을 향(曏 : 조금 전)이라 하고 고(故 : 옛날)를 금(今 : 지금)이라 하는 것과 같다.[256] 이는 모두 풀이함에 뜻이 반대로 널리 통함이 있어, 미칭

---

255) 敍 : 『서경집전대전』에는 「湯誓」의 뒤에 실려 있다.
256) 徂를 …… 것과 같다 : 한 글자에 상대되는 두 가지 의미가 있는 것을 예시한 것이다. 결국 亂에는 '다스리다', 曩에는 '조금 전', 故에는 '지금'의 뜻이 있어, 일상 쓰이는 의미와 반대로 나타남을 보인 것이다.

과 악칭이 같은 이름을 꺼리지 않는다.

 治, 直吏反. 曩, 乃朗反. 嚮, 許亮反, 本今作鄉.

치(治)는 직(直)과 이(吏)의 반절이다.[257] 낭(曩)은 내(乃)와 랑(朗)의 반절이다. 향(嚮)은 허(許)와 랑(亮)의 반절인데, 본에 따라서 지금은 향(鄉)으로 되어 있다.

 「鄭風」「出其東門」云 : "匪我思且." 鄭箋云 : "非我思存也." 徂·且音義同. 在訓存者, 常語也." 上云"徂, 往也", 往則非存, 故郭氏引類以曉人也. 云"美惡不嫌同名"者, 案隱七年『公羊傳』云 : "貴賤不嫌同號, 美惡不嫌同辭." 何休云 : "若繼體君亦稱卽位, 繼弑君亦稱卽位, 皆有起文, 美惡不嫌同辭." 是也. 若此篇往也·死也, 亦稱徂, 是惡也; 存也, 亦稱徂, 是美也. 各有其義, 故稱"美惡不嫌同名."

「정풍(鄭風)」「출기동문(出其東門)」에 "내 마음에 두지 않는다"고 하였는데, 정전(鄭箋)에는 "비아사존(非我思存 : 내 마음에 존재가 없다)"[258]이라 하였다. 조(徂)와 조(且)는 음의(音義)가 같다. 재(在)를 존(存)으로 풀이하는 것은 일상어(日常語)이다. 앞글에서 "조(徂)는 왕(往)이다"고 하였는데, 갔으면 있는 것이 아니므로, 곽박은 비슷한 글을 인용하여 사람들을 이해시킨 것이다. 주(注)에서 말한 "미악불혐동명(美惡不嫌同名)"은 살피건대, 『공양전(公羊傳)』 은공(隱公) 7년에 "귀하거나 천하거나 같은 호칭을 꺼리지 않으며,[259] 아름답거나 악하거나 같은 말을 꺼리지 않는다"고 하였다. 하휴(何

---

257) 治는 …… 반절이다 : '다스려지다'로, 亂의 상대 의미이니, 去聲이다. '다스리다'는 平聲이다.

258) 非我思存 : 鄭箋에는 "皆非我思所存也"로 되어 있다.

休)는 "창업주가 아닌 정체(正體)를 계승한 임금[260]도 '즉위(卽位)'라고 일컫고, 시해(弑害)를 계승한 임금도 '즉위(卽位)'라고 말할 수 있는 것과 같아서, 모두 즉위라고 시작하는 글이 있어 미칭·악칭이 같은 말을 꺼리지 않는다"고 한 것이 이것이다. 이 편의 '왕(往)·사(死)도 역시 조(徂)를 일컫는다'와 같은 것은 악(惡)이고, '존(存)도 역시 조(徂)를 일컫는다'와 같은 것은 미(美)이다. 각각 그 뜻이 있으므로 "미악불혐동명(美惡不嫌同名)"이라 말하였다.

 在·存·省·士, 察也.

재(在)·존(存)·성(省)·사(士)는 찰(察 : 관찰하다. 살피다)이다.

 『書』曰 : "在璿璣玉衡." 士, 理官, 亦主聽察. 存卽在.

『서경』에 "선기옥형(璿璣玉衡)[261]을 관찰한다"고 하였다. 사(士)는 이관(理官)으로 역시 청찰(聽察 : 들어살피다)을 주관한다. 존(存)은 곧 재(在)이다.

 省, 息井反. 璿, 音旋, 又音璇.

---

259) 貴賤不嫌同號 : 신분이 귀하거나 천하거나 같은 호칭을 사용하지 따로 구별하지 않음을 말함. 당시 小國인 滕國은 子爵이었으나 그 임금이 죽음에 滕子라 하지 않고, 大國인 齊侯와 똑같이 '侯'라는 칭호를 사용했다는 의미다.
260) 正體를 계승한 임금 : 先君의 正體를 계승하여 즉위한 임금. 創業主와 相對語이다
261) 璇璣玉衡 : 天體를 관측하는 기구. 일명 渾天儀라고도 한다.

성(省)은 식(息)과 정(井)의 반절이다. 선(璿)은 음이 선(旋), 또는 선(璇)이다.

 謂審察也.「虞書」「舜典」云 : “在璿璣玉衡, 以齊七政.” 存卽在也. 省謂視察.『論語』云 : “吾日三省吾身.” 士者, 理獄之官, 亦主聽察.「虞書」「舜典」舜命皐陶云 : “汝作士.”

심찰(審察 : 살피다)을 말한다.「우서(虞書)」「순전(舜典)」에 “선기옥형(璿璣玉衡)을 관찰해서 칠정(七政)262)을 가지런히 한다”고 하였다. 존(存)은 곧 재(在)이다. 성(省)은 시찰(視察 : 보아 살피다)이다.『논어』「학이(學而)」에 “나는 하루에 세 가지 일로 나 자신을 살핀다”고 하였다. 사(士)는 옥사(獄事)를 다스리는 관리인데, 역시 청찰(聽察)을 주관한다.「우서(虞書)」「순전(舜典)」에 순(舜)이 고요(皐陶)에게 명하여, “네가 사(士)가 되어라”고 하였다.

 烈・栵, 餘也.

열(烈)・얼(栵)은 여(餘 : 나머지. 그루터기)이다.

 晉衛之間曰蘗, 陳鄭之間曰烈.263)

진(晉)과 위(衛) 지역에서는 얼(蘗)이라 하고, 진(陳)과 정(鄭) 지역에서는 열(烈)이라 한다.

---

262) 七政 : 日月五星에 대한 정책. 五星은 水・火・木・金・土星이다.
263) 晉・衛 …… 間曰烈 :『방언』권1-2에 나오는 것으로『방언』에는 “陳・鄭之間曰栵, 晉・衛之間曰烈”로 되어 있어 郭注 및 邢疏와는 약간 다르다.

爾雅音義 枿, 吾割反, 本或作櫱, 又作朾,264) 注作櫱, 並同, 『說文』作蘖以
櫱朾爲古文, 櫱爲或體, 云: "伐木之餘."

얼(枿)은 오(吾)와 할(割)의 반절이다. 본에 따라 혹은 얼(櫱), 또는 얼(朾)
로도 되어 있고, 주에는 얼(櫱)이라고 하였으나 모두 같다. 『설문』에는 얼
(蘖)로 되어 있고, 얼(櫱)과 얼(朾)을 고자(古字)로 하고, 얼(櫱)은 혹체(或
體)265)로 하고, '나무를 벤 나머지'라고 하였다.

爾雅疏 謂遺餘也. 『詩』「大雅」「雲漢」敍云: "宣王承厲王之烈." 李巡曰:
"枿, 槁木之遺也." 『商書』「盤庚」云: "若顚木之有由櫱." 枿・櫱
音義同. 郭云"晉・衛之間曰櫱, 陳・鄭之間曰烈"者, 『方言』文.

남긴 나머지를 말한다. 『시경』「대아」「운한(雲漢)」의 서(敍)에 "선왕(宣
王)이 여왕(厲王)이 남긴 나머지를 이었다"고 하였다. 이순은 "얼(枿)은 고
목(槁木)의 나머지이다"고 하였다. 「상서(商書)」「반경(盤庚)」에 "쓰러진 나
무에 움[由櫱]266)이 있는 것과 같다"고 하였다. 얼(枿)과 얼(櫱)은 음의가
같다. 주에서 곽박이 말한 "진위지간왈얼, 진정지간왈열(晉衛之間曰櫱, 陳鄭
之間曰烈)"은 『방언』의 글이다.

 迓, 迎也.

아(迓)는 영(迎: 맞이하다)이다.

---

264) 朾: 음은 '얼'. 『석문』의 '朾'은 '朾'의 잘못이다.
265) 或體: 異體字의 일종. 一字로서 모양이 다른 漢字.
266) 由櫱: 움. 櫱은 '그루터기'에서 '그루터기에서 난 곁싹'으로 轉義된 것이다.

『公羊傳』曰 : "跛者迓跛者."

『공양전』에 "절뚝발이가 절뚝발이를 맞이한다"고 하였다.

訝, 五駕反, 本又作迓. 跛, 布我反.

아(訝)는 오(五)와 가(駕)의 반절인데, 본에 따라 또 아(迓)로 되어 있다.
파(跛)는 포(布)와 아(我)의 반절이다.

謂相逢迎也. ○云"『公羊傳』曰 : 跛者迓跛者", 此成二年傳文.
案彼云 : "晉郤克與臧孫許同時而聘于齊. 蕭同姪子[267]者, 齊君
之母也; 踊於棓而窺客, 則客或跛或眇. 於是使跛者迓跛
者, 眇者迓眇者." 是也. 引之以證迓爲迎也. 宣二[268]年『左傳』曰 : "狂狡輅鄭人." 杜注
云 : "輅, 迎也." 『周禮』「秋官」有訝士, 及『聘禮』云 : "厥明, 訝賓於館." 鄭
注皆云 : "迓, 迎也." 「召南」「鵲巢」云 : "百兩御之." 鄭注云"御, 迎也." 字
形雖別, 音義實同. 蓋以作非一人, 致玆異也. 當以迓爲正字, 餘皆假借.

서로 만나 맞이함을 말한다. ○ 주에서 인용한 『공양전』의 "파자아파자
(跛者迓跛者)"는 성공(成公) 2년 전(傳)의 글이다. 살피건대, 『공양전』에
"진(晉)의 극극(郤克)과 장손허(臧孫許)가 동시에 제(齊)나라를 빙문하였다.
소동(蕭同 : 국명)의 임금 질자(姪子 : 姪女)는 제경공(齊頃公)의 어머니이다. 사
다리에 올라가 빈객(賓客)을 살펴보았는데 빈객 중에 어떤 이는 절뚝발이

---

267) 蕭同姪子 : 『공양전』을 주석한 何休는 '蕭同'을 國名으로 보았다. 『좌전』에는 "蕭同
叔子"라 되어 있어, 蕭를 國名, 同叔을 蕭나라 임금의 字로 보았다.
268) 二 : 대본의 '三'은 '二'의 잘못이다.

고 어떤 이는 애꾸눈이었다. 이에 절뚝발이로 하여금 절뚝발이를 맞이하게 하고 애꾸눈으로 하여금 애꾸눈을 맞이하게 하였다"고 한 것이 이것이다. 곽박은 이 문장을 인용하여 아(迓)가 영(迎)의 뜻이 되는 것을 증명하였다. 『좌전』 선공(宣公) 2년에 "광교(狂狡: 宋의 大夫)가 정(鄭)나라 사람을 맞이하였다"고 하였는데, 두예(杜預)의 주(注)에 "아(輅)는 영(迎)이다"고 하였다. 『주례』 「추관(秋官)」에는 아사(訝士)[269]가 있고, 『의례』 「빙례(聘禮)」에는 "그 다음 날에 빈객을 객관으로 맞이한다"고 하였는데, 정주는 모두 "아(迓)는 영(迎)이다"고 하였다. 「소남(召南)」 「작소(鵲巢)」에 "백 대의 수레로 맞이한다"고 하였는데, 정현의 주에 "아(御)는 영(迎)이다"고 하였다. 자형(字形)[270]은 비록 다르지만 음의는 실상 같다. 대체로 글을 짓는 이가 한 사람이 아니기 때문에 이러한 차이를 부르게 된 것이다. 당연히 아(迓)를 정자(正字)로 하고, 나머지는 모두 가차(假借)로 해야 한다.

 元・良, 首也.

원(元)・량(良)은 수(首: 머리)이다.

 『左傳』曰 : "狄人歸先軫之元." 良, 未聞.

『좌전』에 "적인(狄人)이 선진(先軫)의 머리를 돌려주었다"고 하였다. 량(良)은 듣지 못하였다.

---

269) 訝士 : 周의 官職名. 獄訟 및 賓客을 送迎하는 일을 관장한다.
270) 字形 : 輅・訝・迓・御를 말한다. 迓는 本字이고, 輅・訝・御는 假借字이다.

 軫, 之忍反.

진(軫)은 지(之)와 인(忍)의 반절이다.

 謂頭首也. 郭云“『左傳』曰 : 狄人歸先軫之元”者, 僖三十三年, “狄伐晉, 及箕. 八月戊子,[271] 晉侯敗狄於箕, 郤缺獲白狄子. 先軫曰 : ‘匹夫逞志于君, 而無討, 敢不自討乎?’ 免胄入狄師, 死焉. 狄人歸其元, 面如生.” 是也. 引證元爲首. 良, 未詳.

머리를 말한다. 주에서 곽박이 말한 『좌전』의 “적인귀선진지원(狄人歸先軫之元)”은 희공(僖公) 33년에 “적(狄)이 진(晉)을 치고 기(箕 : 晉의 箕邑)에 당도했다. 8월 무자(戊子)에 진후(晉侯)가 기(箕)에서 적(狄)을 패퇴(敗退)시키고 극결(郤缺)이 적(狄) 일종인 백적(白狄)의 임금[272]을 잡았다. 선진(先軫)이 말하기를 ‘필부인 내가 임금에게 제멋대로 행동을 하였는데도 임금은 나를 벌주지 않으셨다. 감히 내 스스로 벌을 주어야 하지 않겠는가?’ 하고서는 투구를 벗고 적(狄)의 군사에 들어가서 죽었다. 적인(狄人)이 그 머리를 돌려주니, 얼굴이 살아 있는 것 같았다”고 한 것이 이것이다. 이 대목을 인용하여 원(元)이 수(首)가 되는 것을 증명하였다. 량(良)은 미상(未詳)이다.

【經文】 薦·摯, 臻也.

---

271) 戊子 : 대본에는 ‘戊午’로 되어 있으나 十三經注疏本 『左傳』에 따라 고쳤다.
272) 白狄의 임금 : 子爵임. 『左傳句讀直解』에 “白狄之君 子爵也”라 하였다.

천(薦)·지(摯)는 진(臻 : 이르다)이다.

薦, 進也. 摯, 至也. 故皆爲臻, 臻, 至273)也.

천(薦)은 진(進)이다. 지(摯)는 지(至)이다. 때문에 모두 진(臻)이라 하며, 진(臻)은 지(至)이다.

薦, 遭練反. 摯, 之二反. 臻, 則巾反.

천(薦)은 조(遭)와 련(練)의 반절이다. 지(摯)는 지(之)와 이(二)의 반절이다. 진(臻)은 칙(則)과 건(巾)의 반절이다.

臻, 至也. 薦進·執摯皆所以表至也.

진(臻)은 지(至)이다. 천진(薦進)·집지(執摯)는 모두 표문(表文)을 가지고 정성을 나타내며 이르는 것이다.

賡·揚, 續也.

갱(賡)·양(揚)은 속(續 : 잇다)이다.

---

273) 臻臻至 : 대본에는 '臻至'로 되어 있으나 『이아고림』「郭注」에 따라 고쳤다.

『書』曰:"乃賡載歌." 揚, 未詳.

『서경』에 "이에 이어서 노래를 완성하다[載274)]"라 하였다. 양(揚)은 미
상(未詳)이다.

 賡, 古孟反, 沈孫音庚. 『說文』以爲"古文續." 續, 似欲反.

갱(賡)은 고(古)와 맹(孟)의 반절이다. 심선(沈旋)과 손염(孫炎)은 음을 경
(庚)이라 하였다. 『설문(說文)』에는 "속(續)의 고자(古字)이다"고 하였다. 속
(續)은 사(似)와 욕(欲)의 반절이다.

 謂相繼續也. 郭云"『書』曰 : 乃賡載歌"者, 「虞書」「益稷」文.

서로 계속(繼續)함을 말한다. 주에서 곽박이 인용한 『서경』의 "내갱재가
(乃賡載歌)"는 「우서(虞書)」 「익직(益稷)」의 글이다.

 祔·祪, 祖也.

부(祔)·궤(祪)는 조(祖:조상. 선조)에 대한 것이다.

---

274) 載 : 孔傳과 집전에 모두 '成'이라 하였다.

祔, 付也, 付新死者於祖廟. 祧, 毁廟主.

　　부(祔)는 부(付 : 붙여 제사지내다)인데, 새로 죽은 사람의 신주를 조상의 사당에 붙여 제사지내는 것이다. 궤(祧)는 사당의 신주(神主)를 모셔 냄이다.

 祔, 音附, 郭音付. 祧, 俱毁反.

　　부(祔)는 음이 부(附)인데, 곽박은 음을 부(付)라고 하였다. 궤(祧)는 구(俱)와 훼(毁)의 반절이다.

謂先祖也. 『說文』云 : "祔, 後死者合食於先祖也." 郭云 : "祔, 付也, 付新死者於祖廟." 「士虞記」云 : "明日以[275]其班祔." 毁廟之主名祧.

　　선조(先祖)에 대한 것을 말한다. 『설문』에 "부(祔)는 후사자(後死者 : 뒤에 죽은 후손)를 선조(先祖) 신주에게 합쳐 제사지내는 것이다"고 하였다. 곽박(郭璞)은 "부(祔)는 부(付)인데, 새로 죽은 사람을 조상의 사당에 붙여 제사지내는 것이다"고 하였다. 『의례(儀禮)』「사우례(士虞禮)」에 "졸곡(卒哭) 다음날 그 소목(昭穆)의 자리에 합사(合祀)한다"고 하였다. 친속(親屬)·대수(代數)가 다한 사당의 신주(神主)를 모셔 내감을 궤(祧)라 한다.

---

275) 以 : 대본에는 '于'로 되어 있으나 十三經注疏本 『儀禮』에 따라 고쳤다.

 卽, 尼也.

즉(卽)은 닐(尼 : 가깝다)이다.

 卽猶今也. 尼者近也. 『尸子』曰 : "悅尼而來遠."

즉(卽)은 금(今 : 지금)과 같다. 닐(尼)은 근(近)이다. 『시자(尸子)』에 "가까이 있는 사람을 기쁘게 하고 멀리 있는 사람을 오게 한다"고 하였다.

 尼, 本亦作昵, 同. 女乙反, 謝羊而反, 顧奴啓反, 下同.

닐(尼)은 본에 따라 닐(昵)로 되어 있는데 음의가 같으며, 녀(女)와 을(乙)의 반절이다. 사교(謝嶠)는 양(羊)과 이(而)의 반절, 고야왕(顧野王)은 노(奴)와 계(啓)의 반절이라 하였으며 아래도 같다.

 尼, 近也. 言卽今相近也.

닐(尼)은 근(近)이다. 즉(卽)은 금(今)이니 서로 가깝다는 말이다.

 尼, 定也.

닐(尼)은 정(定: 그치다)이다.

 尼者止也, 止亦定.

닐(尼)은 지(止: 그치다)이고, 지(止) 또한 정(定)이다.

 尼詁爲止, 止卽定. 舍人曰: "尼者, 私之定也."

닐(尼)은 풀이가 지(止)로 되고, 지(止)는 곧 정(定)이다. 사인은 "니(尼)는 사사로움에 머무는 것이다"고 하였다.

 邇·幾·暱, 近也.

이(邇)·기(幾)·닐(暱)은 근(近: 친근하다. 가깝다)이다.

 暱, 親近也.

닐(暱)은 친근(親近)이다.

 幾, 音機, 又音祈. 暱, 女乙反.

기(幾)는 음이 기(機), 또는 음이 기(祈)이다. 닐(暱)은 녀(女)와 을(乙)의 반절이다.

 皆謂殆近也. 邇者, 「鄭風」「東門之墠」云 : "其室則邇." 幾者, 「聘義」曰 : "日幾中而後禮成." 暱者, 郭云 : "親近也." 「小雅」「菀柳」云 : "無自暱焉."

모두 가까이 함을 말한다. 이(邇)는 「정풍(鄭風)」「동문지선(東門之墠)」에 "님의 그 집은 가까이 있다"고 하였다. 기(幾)는 『예기』「빙의(聘義)」에 "해가 중천에 가까워진 다음에 예(禮)를 마친다"고 하였다. 닐(暱)은 곽박은 "친근이다"고 하였다. 「소아」「울류(菀柳)」에 "스스로 가까이 하지 말라"고 하였다.

 妥 · 安, 坐也.

타(妥) · 안(安)은 좌(坐 : 편안히 앉다)이다.

 『禮記』曰 : "妥而后傳命."

『예기』에 "편안히 앉은 후에 말을 한다"고 하였다.

妥, 郭他回反, 沈他果反. 傳, 直孿反.

타(妥)에 대하여 곽박은 타(他)와 회(回)의 반절, 심선(沈旋)은 타(他)와 과(果)의 반절이라 하였다. 전(傳)은 직(直)과 련(攣)의 반절이다.

 安定之坐也. ○云 "『禮記』曰 : 妥而后傳命"者, 案「士相見禮」云 : "凡言, 非對也, 妥而后傳言." 鄭注云 : "凡言, 謂已爲君言事也. 妥, 安坐也. 傳言, 猶出言也." 此言 "『禮記』曰 : 妥而后傳命"者, 傳寫誤 也. 或所見本異.

안정된 앉음이다. ○주에서 인용한 『예기』의 "타이후전명(妥而后傳命)" 은 살피건대, 『의례(儀禮)』 「사상견례(士相見禮)」에 "임금께 무릇 말함에는 대답이 아니면 임금께서 편안히 앉으신 다음에 말을 한다"[276]고 하였다. 정현의 주석에는 "범언(凡言)은 자기가 임금을 위하여 사건을 말함이다. 타(妥)는 편안히 앉음이다. 전언(傳言)은 출언(出言)과 같다"고 하였다. 곽박이 "『예기』왈 : 타이후전명(『禮記』曰 : 妥而后傳命)"이라 하였는데, 전사(傳寫) 의 잘못이거나, 혹 보았던 책이 달라서이다.

 貉·縮, 綸也.

맥(貉)·축(縮)은 륜(綸 : 노끈. 묶다)이다.

 綸者繩也, 謂牽縛縮貉之. 今俗語亦然.

---

276) 무릇 …… 말을 한다 : 鄭注에는 "若君問, 可對則對, 不待安坐也"라고 하여, 임금의
질문에는 편안히 앉으시기를 기다리지 않고 대답한다고 하였다. 그리고 '妥'의 주체는
賈公彦의 疏에 "亦當量君安坐"라고 하여, '임금'으로 나타나고 있다.

류(綸)은 승(繩:묶다)이다. 결박하여 묶음을 말한다. 지금의 속어(俗語) 또한 그러하다.

 貉, 亡白反, 下同, 施胡各反. 綸, 音倫. 繩, 音乘.

맥(貉)은 망(亡)과 백(白)의 반절이며, 아래도 같고, 시건은 호(胡)와 각(各)의 반절이라 하였다. 류(綸)는 음이 류(倫)이다. 승(繩)은 음이 승(乘)이다.

 郭云"綸者繩也, 謂牽縛縮貉之. 今俗語亦然"者, 據時驗而言也. 「大雅」「緜」篇云:"其繩則直, 縮板以載."

곽박이 "윤자승야, 위견박축맥지. 금속어역연(綸者繩也, 謂牽縛縮貉之. 今俗語亦然)"이라 한 것은 당시의 경험에 근거해서 말한 것이다. 「대아」「면(緜)」편에 "그 먹줄은 곧으니, 담틀을 묶어 위아래를 잇는다"[277]고 하였다.

 貉·嘆·安, 定也.

맥(貉)·막(嘆)·안(安)은 정(定:고요하고 안정하다)이다.

 皆靜定. 見『詩』.

---

277) 그 먹줄은 …… 잇는다 : 孔穎達 疏의 "…… 以繩縮束其板. 板滿築訖, 則升下于上, 以相承載"를 따랐다.

모두 고요하고 안정함이다. 『시경』에 보인다.

 嘆, 音莫, 本亦作莫.

막(嘆)은 음이 막(莫)인데 본에 따라 막(莫)으로 되어 있다.

 皆靜定也. 「大雅」「皇矣」云 : "貊其德音." 毛傳云 : "貊, 靜也." 鄭
箋云 : "德正應和曰貊." 嘆者, 「皇矣」又云 : "求民之莫." 鄭箋云 :
"求民之定." 謂所歸就也. 貉貊・嘆莫音義同. 安者, 「小雅」「斯干」云 :
"乃安斯寢."

모두 정정(靜定)함이다. 「대아」「황의(皇矣)」에 "그의 좋은 말을 편안히
여겼다"고 하였다. 모전(毛傳)에는 "맥(貊)은 정(靜)이다"고 하였다. 정전(鄭
箋)에는 "덕이 올바르고 조화를 이루는 것을 맥(貊)이라 한다"고 하였다.
막(嘆)은 「대아」「황의(皇矣)」에 또 이르기를 "백성의 안정을 구한다"고 하
였다. 정전(鄭箋)에서 "백성의 안정을 구하는 것이다"고 하였으니, 귀착(歸
着)해야 할 곳을 말한다. 맥(貉)과 맥(貊), 막(嘆)과 막(莫)은 음의가 같다. 안
(安)은 「소아」「사간(斯干)」에 "내안사침(乃安斯寢 : 이 궁궐을 편안히 여긴다)"이
라고 하였다.

經文 伊, 維也.

이(伊)는 유(維 : 발어사)이다.

 發語辭.

발어사(發語辭)이다.

 伊·維, 侯也.

이(伊)·유(維)는 후(侯: 발어사)이다.

 『詩』曰: "侯誰在矣." 互相訓.

『시경』에 "누가 있는가"라 하였으니, 이(伊)·유(維)와 상호적으로 풀이하였다.

 皆發語辭. 轉互相訓. 「邶」「谷風」云: "伊余來墍." 「大雅」「大明」云: "維此文王." 「小雅」「六月」云: "侯誰在矣."

모두 발어사(發語辭)인데, 돌아가면서 서로 풀이하였다. 「패풍(邶風)」「곡풍(谷風)」에 "나에게 와서 쉬었다"278)고 하였다. 「대아」「대명(大明)」에 "이 문왕(文王)"이라 하였으며, 「소아」「유월(六月)」에 "후수재의(侯誰在矣)"라 하였다.

---

278) 나에게 …… 쉬었다 : 鄭箋의 "不念往昔年稚我始來之時, 安息我"를 따랐다.

 時‧寔, 是也.

시(時)‧식(寔)은 시(是 : 이)이다.

 『公羊傳』曰 : “寔來者何? 是來也.”

『공양전』에 “식래(寔來)는 무슨 뜻인가? 이 사람이 온다는 의미이다”고
하였다.

 是, 此也.「秦風」「駟驖」云 : “奉時辰牡.” 郭云『公羊傳』曰 : 寔
來者何? 是來也”者, 案『春秋』桓五年“冬, 州公如曹.” 六年“春,
正月, 寔來.”『公羊傳』曰 : “‘寔來’者何? 猶曰 : ‘是人來’也.” 引之證寔爲
是也.

시(是)는 차(此)이다.「진풍(秦風)」「사철(駟驖)279)」를 바친
다”고 하였다. 주에서 곽박이 말한 『공양전』의 “식래자하, 시래아(寔來者
何? 是來也)”는 살펴건대, 『춘추』 환공(桓公) 5년에 “겨울에 주공(州公)280)이
조(曹)나라로 갔다”고 하였으며 6년에 “봄 정월에 이 사람이 왔다”고 하였
고, 『공양전』에 “‘식래’자하? 유왈 : ‘시인래’아(寔來者何? 猶曰 : 是人來也)”라
하였는데, 이것을 인용하여 식(寔)이 시(是)가 됨을 증명하였다.

---

279) 辰牡 : 계절에 따라 사냥하여 먹는 수컷의 짐승. 보통 봄‧가을에는 鹿‧豕, 여름에
    는 麋. 겨울에는 狼이다.
280) 州公 : 州나라 군주인 淳于公을 말한다.

 卒·猷·假·輟, 已也.

졸(卒)·유(猷)·가(假)·철(輟)은 이(已:그치다)이다.

 猷·假未詳.

유(猷)·가(假)는 미상이다.

 卒, 子恤反, 又作殚, 下同. 猷, 音由. 假, 古雅反. 輟, 丁劣反.
已, 音以.

졸(卒)은 자(子)와 휼(恤)의 반절, 또는 졸(殚)로 쓰며 아래도 같다. 유(猷)
는 음이 유(由)이다. 가(假)는 고(古)와 아(雅)의 반절이다. 철(輟)은 정(丁)과
렬(劣)의 반절이다. 이(已)는 음이 이(以)이다.

 皆謂終已也. 卒者, 終盡之已也. 輟, 止已也.『論語』云:"耰而
不輟."

모두 끝나서 그침을 뜻한다. 졸(卒)은 끝나 그침이다. 철(輟)은 멈추어서
그침이다.『논어』「미자(微子)」에 "나란히 밭 갈기를 그치지 아니한다"고
하였다.

 求·酋·在·卒·就, 終也.

구(求)·추(酋)·재(在)·졸(卒)·취(就)는 종(終:이루다. 성취하다. 끝내다)이다.

 『詩』曰:"嗣先公爾酋矣." 成就亦終也. 其餘未詳.

『시경』에 "선군(先君)의 공(功)을 이어 네가 이루었다"[281]고 하였다. 성취(成就)도 종(終)이다. 나머지는 미상이다.

 殏, 巨牛反, 又作求. 酋, 在由反, 又子由反. 郭音遒. 就, 如字, 或作噈, 子六子合二反, 又作殧, 同. 殁, 音終, 本又作終.

구(殏)는 거(巨)와 우(牛)의 반절, 또는 구(求)로 되어 있다. 추(酋)는 재(在)와 유(由)의 반절, 또는 자(子)와 유(由)의 반절이다. 곽박은 음을 주(遒)라고 하였다. 취(就)는 여자(如字)이나 혹 축(噈)으로도 쓰며 자(子)와 육(六), 자(子)와 합(合) 두 가지의 반절이고 또한 축(殧)으로도 쓰는데 음의가 같다. 종(殁)은 음이 종(終)이고 본에 따라 또 종(終)으로 되어 있다.

皆謂終盡也. 求者, 「大雅」「下武」云:"世德作求." 郭云『詩』曰: 嗣先公爾酋矣"者, 「大雅」「卷阿」文. 卒者, 「邶風」「日月」云:"畜我不卒." 就者, 凡事物成就亦終也.

---

281) 嗣先公爾酋矣:『시경집전대전』에는 "似先公酋矣"로 되어 있어 '嗣'가 '似'로 되고, '爾'자는 없다. 毛傳과 집전 모두 "酋, 終也"라 하였으며, 鄭箋은 "嗣先君之功而終成之"라 하였다.

모두 끝마침을 말한다. 구(求)는 「대아」「하무(下武)」에 "대대로의 덕으로 공을 성취하였다"[282]고 하였다. 곽박이 말한 『시경』의 "사선공이추의(嗣先公爾酋矣)"는 「대아」「권아(卷阿)」의 글이다. 졸(卒)은 「패풍(邶風)」「일월(日月)」에 "나를 길러주심을 마치지 못하셨도다"고 하였다. 취(就)는 무릇 사물이 성취(成就)하는 것이니, 역시 '마치다'는 뜻이다.

 崩·薨·無祿·卒·徂落·殂, 死也.

붕(崩)·훙(薨)·무록(無祿)·졸(卒)·조락(徂落)·에(殂)는 사(死 : 죽다)이다.

 古者死亡, 尊卑同稱耳. 故『尙書』堯曰"徂落", 舜曰"陟方乃死."

옛날에 사망(死亡)은 신분이 높고 낮아도 명칭이 같았다. 그러므로 『상서』에서 요(堯)에 대해서는 "조락(徂落)이다"고 하였고, 순(舜)에 대해서는 "길에 올라서 죽었다"[283]고 하였다.

 薨, 火弘反. 殂, 音徂, 本又作徂. 殞, 音落, 本又作落. 殂, 於計反. 稱, 尺證反.

훙(薨)은 화(火)와 홍(弘)의 반절이다. 조(殂)는 음이 조(徂)인데 본에 따라 조(徂)로 되어 있다. 락(殞)은 음이 락(落)이며, 본에 따라 락(落)으로 되어 있다.

---

282) 대대로의 …… 성취하였다 : 鄭箋의 "以其世世積德, 庶爲終成其大功"을 따랐다.
283) 길에 …… 죽었다 : 공전의 "方, 道也. 舜卽位五十年, 升道南方巡守, 死於蒼梧之野而葬焉"을 따랐다. 집전은 "陟方, 猶言升遐也"라 하였다.

에(殪)는 어(於)와 계(計)의 반절이다. 칭(稱)은 척(尺)과 증(證)의 반절이다.

爾雅疏 此皆死之別稱也.「曲禮」云:"天子死曰崩, 諸侯曰薨, 大夫曰卒, 士曰不祿, 庶人曰死." 鄭注云:"異死名也, 爲人褻其無知, 若猶不同然也. 自上顚壞曰崩. 薨, 顚壞之聲. 卒, 終也. 不祿, 不終其祿. 死之言澌也.[284] 精神澌盡也." 又曰:"壽考曰卒, 短折曰不祿." 鄭注云:"祿謂有德行. 任爲大夫·士而不爲者, 老而死, 從大夫之稱; 少而死, 從士之稱." 此云"無祿"者, 卽彼之"不祿"也. 徂落者, 李巡曰:"徂落, 堯死之稱." 注云"古者死亡, 尊卑同稱耳, 故『尙書』堯曰'徂落', 舜曰'陟方乃死'"者, 皆「虞書」·「舜典」文也. 謂之徂落者, 蓋徂爲往也. 言人命盡而往落者, 若草木葉落也. 殪者, 案隱九年『左傳』云:"衷戎師, 前後擊之, 盡殪." 杜注云:"殪, 死也."

이것은 모두 사(死)의 다른 명칭이다. 『예기』「곡례하(曲禮下)」에 "천자(天子)의 죽음을 붕(崩), 제후(諸侯)는 훙(薨), 대부(大夫)는 졸(卒), 사(士)는 불록(不祿), 서인(庶人)은 사(死)라 한다"고 하였는데, 정현의 주에 "사(死)의 명칭을 달리한 것은 사람들이 죽은 사람의 지각없음을 경시하기 때문에 이처럼 오히려 명칭을 같게 하지 않은 것이다.[285] 위로부터 엎어져 내리는 것을 붕(崩)이라 한다. 훙(薨)은 엎어져 내리는 소리이다. 졸(卒)은 마친다는 뜻이다. 불록(不祿)은 그 녹(祿:福祿)을 마치지 못한 것이다. 사(死)라는 말은 시(澌:없어지다)이니, 정신(精神)이 다 없어진다는 것이다"고 하였다. 또 「곡례하」에 "수고(壽考:장수하다)를 졸(卒), 단절(短折:단명하다)을 불록(不祿)이라 한다"고 하였다. 정현은 "녹(祿)은 덕행(德行)이 있음을 말한다. 대부(大夫)나

---

284) 死之言澌也: '之言'은 雙聲, 또는 疊韻으로 풀이할 때의 訓詁用語이다. 死는 心聲 旨韻이고, 澌는 心聲 寘韻이므로(『한어대자전』), 死와 澌는 雙聲이다.

285) 死의 …… 것이다: 孔穎達 疏의 "但生時尊卑著見可識, 而死蘊爲野土, 嫌若可棄而稱輕褻之, 故爲制尊卑之名, 則明其猶有貴賤之異也"를 따랐다.

사(士)로 임명은 되었으나 그 직책을 수행하지 않은 사람이 늙어서 죽었으면 대부(大夫)의 명칭을 따르고, 젊어서 죽으면 사(士)의 명칭을 따른다"고 하였다. 여기(爾雅)에서 무록(無祿)이라고 한 것은 곧 「곡례(曲禮)」의 불록(不祿)이다. 조락(徂落)에 대하여 이순(李巡)은 "조락은 요 임금이 죽었을 때의 명칭이다"고 하였다. 주에서 "옛날에 사망(死亡)은 신분이 높고 낮아도 명칭이 같았다. 그러므로 『상서』에서 요(堯)에 대해서는 '조락(徂落)'이라 하였고, 순(舜)에 대해서는 '척방내사(陟方乃死)'라 하였는데, 모두 「우서(虞書)」 「순전(舜典)」의 글이다. 조락(徂落)이라고 한 것은 대개 조(徂)는 왕(往 : 가다)이라는 의미다. 말하자면 사람의 목숨이 다하면 조락(徂落)하는 것은 초목(草木)의 잎이 떨어지는 것과 같다. 에(殪)는 『좌전(左傳)』 은공(隱公) 9년에 "융사(戎師)가 가운데에 들어오자 앞뒤로 치니,[286] 모두 죽었다"고 하였는데, 두예(杜預)의 주에 "에(殪)는 사(死)이다"고 하였다.

---

286) 戎師가 …… 치니 : 杜預 注의 "戎前後及中三處受敵, 故曰衷戎師", 그리고 孔穎達 疏의 "中謂第二伏擊其中也. 衷戎師者, 謂戎師在三伏之中"을 따랐다.